SCRIPTORVM CLASSICORVM
BIBLIOTHECA OXONIENSIS

OXONII

E TYPOGRAPHEO CLARENDONIANO

M. FABI QVINTILIANI

INSTITVTIONIS ORATORIAE
LIBRI DVODECIM

RECOGNOVIT
BREVIQVE ADNOTATIONE CRITICA INSTRVXIT

M. WINTERBOTTOM

TOMVS I
LIBRI I–VI

OXONII
E TYPOGRAPHEO CLARENDONIANO

This book has been printed digitally and produced in a standard specification in order to ensure its continuing availability

OXFORD
UNIVERSITY PRESS

Great Clarendon Street, Oxford OX2 6DP

Oxford University Press is a department of the University of Oxford.
It furthers the University's objective of excellence in research, scholarship,
and education by publishing worldwide in

Oxford New York

Auckland   Cape Town   Dar es Salaam   Hong Kong   Karachi
Kuala Lumpur   Madrid   Melbourne   Mexico City   Nairobi
New Delhi   Shanghai   Taipei   Toronto
With offices in
Argentina   Austria   Brazil   Chile   Czech Republic   France   Greece
Guatemala   Hungary   Italy   Japan   South Korea   Poland   Portugal
Singapore   Switzerland   Thailand   Turkey   Ukraine   Vietnam

Oxford is a registered trade mark of Oxford University Press
in the UK and in certain other countries

Published in the United States
by Oxford University Press Inc., New York

© Oxford University Press 1970

Not to be reprinted without permission
The moral rights of the author have been asserted
Database right Oxford University Press (maker)

Reprinted 2005

All rights reserved. No part of this publication may be reproduced,
stored in a retrieval system, or transmitted, in any form or by any means,
without the prior permission in writing of Oxford University Press,
or as expressly permitted by law, or under terms agreed with the appropriate
reprographics rights organization. Enquiries concerning reproduction
outside the scope of the above should be sent to the Rights Department,
Oxford University Press, at the address above

You must not circulate this book in any other binding or cover
And you must impose this same condition on any acquirer

ISBN   0-19-814654-X

Antony Rowe Ltd., Eastbourne

PRAEFATIO

1. In textu *Institutionis Oratoriae* constituendo, ut primus uidit uir acutissimus, Carolus Halm,[1] fundamento nitimur duplici. Hinc enim habemus codicem Ambrosianum E. 153 sup., hinc Bernensem 351, utrumque saeculi noni. Sed quia ambo miserrime sunt mutili,[2] aduocandus est (nec hoc eundem Halmium fefellit) tertius codex, Bambergensem dico M. 4. 14, ita mixtus ut pars antiquior, quam e Bernensi transcriptam esse constat, saeculo decimo adhibito quodam alterius stirpis codice partim correcta partim suppleta sit prout aderat aut deficiebat ipsa: et hic, nisi quod initium deest, hodie exstat integer. His tribus auxilia quaedam recentiora addidit idem uir doctus (quamquam ipse nihil nisi coniecturas inde prouenire confitetur), plura quidem sed uix firmiora Ludouicus Radermacher, alii. Ego te, lector beneuole, reuocabo (ut spero) ad iudicia seueriora; nam plerumque tribus illis ueteribus codicibus utendum esse censeo, ceteros neglegendos. Rationes meas plenissime exposui alibi:[3] hic adumbrare tantum libet.

2. Circa Annum Domini 850 Seruatus Lupus, monasterii Ferrariensis abbas, litteris ad abbatem Eboracensem missis, rogauit ut exemplar *Institutionis* sibi commodaretur;[4] idque, ut coniectare licet, impetrauit: nam paucis post annis

---

[1] Cuius editionem (Lipsiae, 1868–9) etiam hodie temere neglegemus.

[2] Ambrosiano, praeterquam quod primum folium hodie mutilum uidemus (infra, § 7a), quinto decimo iam saeculo defuerunt ea folia quae 9. 4. 135 *acria*–12. 11. 22 *instruxit* continebant. Bernensis autem et mutilus est et ex mutilo descriptus; eo tempore quo scriptus est (ut prolem eius inspicienti clarum est) continebat 1. 1. 6 *-uerim nec de patribus*–5. 14. 12 *igitur animal*: 8. 3. 64 *ex his*–8. 6. 17 *similitudine*: 8. 6. 67 *superiectio*–9. 3. 2 *eiusmodi*: 10. 1. 107 *nulla*–11. 1. 71 *paulo*: 11. 2. 33 *-plici motu*–12. 10. 43 *delectare*. Hodie incipit 1. 2. 5 *licet*.

[3] *Bulletin of the Institute of Classical Studies* Supplement 25 (1970).

[4] *Monumenta Germaniae historica* Epist. vi. 62.

PRAEFATIO

codicem quidem Quintiliani, sed minime integrum posside-
B bat.[1] Hic, credo, aut noster Bernensis fuit aut ualde similis
Bernensi: qui non modo mutilus et est et semper fuit (duas
enim partes tantummodo totius libri continet) sed, ut uiri
codicum peritissimi iudicant, ipsum Lupum redolet.[2]
Exstant alii hodie codices quos uel eaedem uel fere eaedem
foedant lacunae; sed omnium—pace dixerim eorum qui aliquid momenti posuerunt in quibusdam—fontem et originem
N adfirmo esse Bernensem. Nam Parisinum latinum 18527
(quo usus est Radermacher) ex illo deriuatum esse eo conuincitur quod hic illic uerba in margine Bernensis notitiae
gratia adnotata in textu perperam ponit, neglecto loci sensu.[3]
Necnon codex ille amissus ex quo defluxerunt altera parte
D J Parisinus latinus 7719, altera Cantabrigiensis Ioannensis
91,[4] e Bernensi sine dubio descendit, quippe qui semel ea
uerba omiserit quae unam lineam eius expleant:[5] nec desunt
Mp alia argumenta. Montepessulanum H 336 a Bernensi deriua-
A₁ tum esse demonstrauit Maximilianus Bonnet.[6] Ambrosianus
denique F. 111 sup., eiusdem fere temporis cuius est Bernensis atque fortasse et ipse Ferrariensis, eo Bernensis esse
proles probatur quod in libro quarto totam columnam eius
temere neglegit.[7] Hanc eandem columnam omittunt mutili
quidam recentiores, in Italia saeculo quarto decimo scripti,
K inter quos numeratur Petrarchae ille Parisinus latinus 7720:
unde nouimus eos ab Ambrosiano defluxisse. Omnes[8] igitur
mutilos praeter Bernensem sine periculo neglegemus si quidem ueritatem traditam quaerimus; si quid noui et boni
hic illic praebent, id felici tribuendum est coniecturae. Et
certe nonnihil fructus hinc prouenit: nonnumquam enim

[1] *Monumenta Germaniae historica* Epist. vi. 91.
[2] P. Lehmann, *Philologus* 89 (1934), 356.
[3] e.g. 2. 3. 8 *minus ⟨perspicuitas⟩ ualet.*
[4] Quem laudo Magistro sociisque eius collegii benigne permitten-
tibus.
[5] 5. 13. 28 (*o*)*rationem–pluribus.*
[6] *Revue de Philologie* 11 (1887), 89–90.
[7] 4. 1. 35 *nec uideo*–39 *uideretur.*
[8] Sed non omnes hic memoro.

PRAEFATIO

correctiones quas postea uiri docti litteris renascentibus excogitauerunt hic praesumuntur.

3. Hactenus mutili. At per eosdem annos scribebantur integri quoque, non multi tamen, et in Germania tantummodo. Latebat quidem ipse Ambrosianus: qui quomodo Bambergensi cognatus sit postea disserendum est. Sed Bambergensis, ita ut exposui correctus et suppletus, generauit Harleianum 2664 (codicem post multos annos Almelouenianum,[1] ex eoque deinceps et Sangallensem (hodie Turicensem 288) et Laurentianum 46. 7, qui usque ad quartum decimum saeculum Argentorati custodiebatur: quibus addendus est ex his duobus uelut compactus Vaticanus Palatinus latinus 1557, in Italia quarto decimo saeculo scriptus. Omnes hos palam est nihil posse conferre traditae ueritatis: omnes nihilominus emendata quaedam habent, praecipueque Turicensis, cuius decimos primos libros non sine acumine (quamquam, ut ipse testatur, sine exemplari) correxit Ekkehardus qui dicitur quartus,[2] monachus Sangallensis, qui saeculo undecimo plurimas lectiones et bonas et malas quas recentioribus codicibus dederunt editores solus inuenit.

H

T

F

t

4. Sequitur igitur ut recentiorum illorum rationem reddam. Ineunte saeculo quinto decimo uiri docti Italici, sicut iam pridem Seruatus Lupus, mutilum Quintilianum habebant, integrum desiderabant. Latebant secundum Rhenum codices integri plura iam saecula: latebant, inquam, donec clarissimus ille librorum indagator Poggius ex turri quadam squalida Sangallensem tandem eruit. Hoc anno 1416: ex quo usque ad finem fere saeculi scribebantur passim Quintiliani per Italiam Galliam Germaniam; quorum etiam hodie centum ferme habemus. Ex paucis eorum Ludouicus Radermacher sibi uisus est aliquid et boni et antiqui extrahere posse; ego spero me satis demonstrasse[3] recentiores hos saltem etiam deteriores esse, ut qui paene omnes aut ex

[1] *Classical Review* 12 (1962), 121–2; 14 (1964), 243.
[2] Vt conicit A. Bruckner, *Scriptoria Medii Aeui Heluetica* iii (Geneuae, 1938), 126.
[3] *Classical Quarterly* 17 (1967), 339–69.

PRAEFATIO

Turicensi apographoque eius Poggiano aut ex Laurentiano aut ex mutilis (iisque aetatis recentioris) nuper correctis et suppletis effluxerint. Coniecturis profecto abundant: quarum auctores praecipue memoro duos, illum, quisquis erat, qui anno 1418 (uel paulo prius) uulgarem quendam mutilum exemplarque Poggiani inter se contulit ex iisque uelut editionem acutissime fecit, et Laurentium Vallam, qui anno 1444 codicem suum (hodie Parisinum latinum 7723) manu sua correxit. Sed alii quoque codices, ut infra exponam, nonnihil conferunt.

5. Haec igitur auxilia ad textum Quintiliani constituendum habui. Permultos codices inspiciamus licet: ad tres illos reuoluimur ueteres. Nemo dubitat quin, ubi adsunt,
A Ambrosianus et Bernensis dominentur ac, nisi quod Ambrosianus hic illic interpolatorem redolet, idem fere ualeant.
Bg Cui opinioni minime repugno. At quod ad Bambergensem pertinet, partem quidem antiquiorem ex Bernensi descriptam eoque neglegendam esse consensus est, sed de ceteris non tam dubitatur quam non quaeritur. Nam et Halm et Radermacher id quod est uerissimum confirmant, partem recentiorem Ambrosiano cognatam esse, praeterea nihil. Sed accuratius inuestiganti clarum est ea quae in Bambergensi
b G correcta et suppleta sint ex ipso Ambrosiano fontem ducere. Nam nonnullis locis id praebet Bambergensis quod uix scripsisset nisi qui correctiones in Ambrosiano scriptas male accepisset. Itaque 6. 2. 22, ubi pro uerbo quod est *Priameia* Ambrosianus dat *paemia*, corrector uetus ita litteras omissas superscripsit ut ambigi possit ad quem locum pertineant; Bambergensis ante correctionem *ripemea* habet. Inde, si quando deficiente Bernensi adsunt et Ambrosianus et Bambergensis, hic mea sententia neglegendus est, ille audiendus. Excipiantur tamen haec duo: primum, nonnumquam Bambergensis id recte dat in quo Ambrosianus errauerat, sed raro, et ubi facillime corrigendum erat; deinde, quod multo maioris sit momenti, quintum quodque uerbum (ut ita dicam) Ambrosiani saeculo nono correctum est, siue recte

siue perperam, et saepe ita ut lectio uetus omnino euanuerit. His locis, quantum ad sex primos libros pertinet, Bambergensis aut correctus aut suppletus id plerumque praebet quod corrector ille scripsit. At postea, et usque ad finem Ambrosiani, Bambergensis eo prodest quod fere semper id habet quod aut habuit aut uidetur habuisse Ambrosianus *nondum correctus*. Itaque nonnumquam, et praecipue ubi deficit Bernensis, unicam ueritatem e Bambergensi eruere possumus quam alioqui corrector Ambrosiani celasset. Vnde haec? Inde, ut puto, quod eodem tempore corrigebatur et supplebatur Bambergensis (aut, ut potius crediderim, scribebatur is codex ex quo defluit Bambergensis ille renouatus) quo corrigebatur Ambrosianus. Quae eo audentius conicio quod uir doctissimus, B. Bischoff, mihi scribit et Ambrosianum et Bambergensis partem recentiorem Italiae attribui posse.

6. His expositis, restat ut apparatus mei critici rationem reddam. Quattuor partes discernere placet, prout adsunt primarii (ut dicitur) codices:

(*a*) *Adsunt AB* (1. 2. 5–5. 14. 12: 8. 3. 64–8. 6. 17: 8. 6. 67–9. 3. 2)

Omnes fere uariantias Bernensis adnoto, plurimas (neglectis stultissimis) Ambrosiani, quod ad primam utriusque manum attinet. Ea quae in Bernensi siue Lupus **B²** siue alius mutauit fere numquam adnotatione digna iudicaui. De correctore Ambrosiani magis laboro: 'hunc' **a** (ut Halmium aduocem) 'aliud exemplar Quintiliani ad manus habuisse hinc apparet, quod et uoces singulae et totae sententiae uel partes sententiarum, quas priores in transcribendo omiserant, ab eo recte expletae apparent, sed maior pars lectionum inlatarum deterior est quam ueteres, siue corrector codice iam interpolato usus est siue in mendis suo Marte corrigendis ipse rem infeliciter gessit.' Hanc igitur in his capitibus sequor uiam, ut

(*a*) ubi et ueterem lectionem et inlatam legere potui, nihil adnotem si aut haec aut illa manifeste uera est, confirmante Bernensi;

PRAEFATIO

(b) ubi lectio noua in rasura scripta est *eademque a Bernensi discrepat*, eam adnotem.[1]

Bambergensis correctorem plerumque neglego nisi uel felici coniectura attigit uerum uel id habet quod primam manum Ambrosiani, in ipso Ambrosiano occultam, detegere uidetur (supra, § 5)—nec hoc semper.

(β) *Adsunt Bb* (10. 1. 107–11. 1. 71: 11. 2. 33–12. 10. 43)

Omnes fere uariantias Bernensis adnoto. Si quae corrector Bambergensis ineptius mutauit neglexi.

(γ) *Adsunt AG* (5. 14. 12–8. 3. 64: 8. 6. 17–67: 9. 3. 2–9. 4. 135: 12. 11. 22–31)

Omnes fere uariantias Ambrosiani adnoto, neglectis alterius manus ineptiis ubi alteram legere potui. Bambergensem[2] omnino neglexi, nisi aut hic illic coniectura uera probabilisue effulget aut id praebetur quod primam manum Ambrosiani, hodie deletam, reuelat (hic quoque ineptiis omissis).Quam rationem secutus uereor ne nonnullis uidear plura quam debui textui sine adnotatione inseruisse quae corrector ille Ambrosiani nobis tradit. Si qui ita iudicant, mihi ignoscant rogo, Halmium consulant.

(δ) *Adest G* (9. 4. 135–10. 1. 107: 11. 1. 71–11. 2. 33: 12. 10. 43–12. 11. 22)

Passim his capitibus ineptit Bambergensis, ut qui (mea quidem sententia) ex Ambrosiano nondum correcto originem ducat. Sed ea, ut spero, lectori praebeo quae et satis qualis sit codex demonstrent et textum meum non onerent sed sustineant.

7. Hos fere semper habemus primarios codices. Multi alii tributum quoddam coniecturarum conferunt: de quibus plura in sequentibus. Nunc dicendum est duobus de locis quibus ratione opus est dissimili.

(a) In initio totius libri non solum Bernensis sed etiam Am-

[1] In his lectionibus si non totum uerbum corrector mutauit, uetera rectis, noua inclinatis litteris, deleta asteriscis indico.

[2] In quo ubi scriba quod scripserat ipse corrigit, utor nota 'g'.

brosianus nos deficit, quippe cuius primum folium hodie grauiter sit lacerum. Hic (ut alibi[1] exposui) succurrit Vaticanus latinus 1761, qui quinto decimo saeculo prima V₁ illa uerba ex Ambrosiano nondum mutilo recepit: interim Bambergensi et ipso deficiente subit in locum eius Harleianus; itaque ex his duobus Ambrosianum, ubi deest *ep. Tryph.* 1–*pr.* 5, uelut construxi. Inde usque ad 1. 1. 6 solo Ambrosiano nitimur: quo loco incepit nono saeculo Bernensis, ut probat proles eius, quamquam ipse hodie nonnisi a 1. 2. 5 initium ducit. Sed non omnino in his paginis mortuus est, ut quem codices ex eo descripti nobis repraesentent. Adhibui ergo 1. 1. 6 **(B)** *nec de patribus*–8 *sciant* Bambergensem et (deficiente hodie Ambrosiano F. 111 sup.) Petrarchensem illum Parisinum latinum 7720: 1. 1. 8 *nihil est*–1. 2. 5 *seuera fuerit* et hos et Montepessulanum.

(*b*) Nota illa κρίσις auctorum quam legimus 10. 1. 46–131 partim in Bambergensis parte recentiore, partim in Bernensi tradita est. At insuper (ut alibi disputaui),[2] simul cum loco qui est 12. 10. 10–15, uia alia et separata ad nos uenit. Nam haec fragmenta ex codice qui similis quidem erat Bernensi sed paulo melior et aut integer aut minus mutilus excerpsit aliquis aliquando, ut libellum de auc- γ toribus faceret. Cuius libelli duplicem habemus prolem: hinc Parisinum latinum 7696 ff. 123ᵛ–127ᵛ (e Floriacensi **X** monasterio oriundum), inde Parisinum latinum 7231 **Y** ff. 60ʳ–61ᵛ, utrumque saeculi undecimi.[3] Horum neuter ex altero defluit. Eadem fragmenta inuenimus quibusdam saeculorum recentiorum codicibus mutilis addita; sed, ut nunc credo, haec ex uno codice[4] qui ex Parisino latino δ 7696 exscriptus est pendent, eoque sunt neglegenda.

[1] *Classical Quarterly* 17 (1967), 123–7.
[2] Ibid. 12 (1962), 169–75. Nonnulla correxi apud *Bulletin of the Institute of Classical Studies* Supplement 25 (1970), 31.
[3] G. Billanovich, *Italia Medioevale e Umanistica* 5 (1962), 116, 161.
[4] Qui construendus est ex Parisinis latinis 7719, 14146 et Leidensi Voss. lat. 4to. 77.

PRAEFATIO

8. Interdum (utinamque saepius!) auxilia extrinsecus ad-
Vt. sumimus. Nam quarto (ut uidetur) saeculo Iulius Victor in
Arte sua Rhetorica[1] multa ex Quintiliano non tam exscripsit
quam breuiauit et accommodauit ad suos usus. Vnicum
(quod scio) huius Artis codicem, Vaticanum Ottobonianum
latinum 1968 duodecimi saeculi, denuo contuli; sed raro in
meo quidem apparatu testificatur Victor codicibus ipsius
Quintiliani repugnantibus, nisi ubi merito de uera lectione
n dubitetur. Quaedam confert Parisinus latinus 7530 ff. 222r–
224v,[2] octauo saeculo exaratus (hunc quoque ipse non sine
fructu contuli), quaedam ille qui ea ex codice Ambrosianae
'Cass.' stirpis excerpsit quae in aliquot Cassiodori codicibus inuenimus[3] (quorum lectiones qua est humanitate mecum com-
municauit R. A. B. Mynors). Si qui alii ante saeculum nonum
Institutione usi sunt, suo quemque loco memoro.

9. His igitur adminiculis noster nititur textus. 'At enim
multos alios codices in apparatu uideo.' Et merito: nam ubi
codices alius ex alio describuntur, idque per multa saecula,
textus et melior fit et peior. Apparent pro rectis praua: in-
becillitati id debemus humanae. Apparent pro prauis recta:
humano id debemus ingenio. Itaque, quamquam (ut sum-
matim dicam) omnes nostri auctoris codices ex Ambrosiano
Bernensi Bambergensi quodam modo descendunt, annis
procedentibus non solum errores nouos praebent, sed etiam
quaedam emendatiora. Id recte dictum esse de codicibus
quinti decimi saeculi plerique consentiunt: idem dicendum
est etiam de Nostradamensi, de Bambergensi. In omnibus
igitur codicibus potest latere ueritas; sed non omnes omnis
aetatis conferre potui. Hanc ergo in uenandis emendationibus uiam secutus sum. Vbi lectio in codicibus primariis
tradita aut errat aut errare potest uideri, uera uel ueriora
alibi quaesiui; seruato temporis ordine his demum locis
inspexi, quantum ad codices medii aeui pertinet, *N*, *T* (et,

---

[1] Edidit K. Halm, *Rhetores Latini Minores* (Lipsiae, 1863), 371–448.
[2] Edidit F. A. Eckstein (Halle, 1852).
[3] Edidit K. Halm, *Rhetores Latini Minores*, 501–4.

PRAEFATIO

si ille nondum correctus ueritatem dedit, etiam *H*), *J*, *R*,[1]
E,[2] *D*, Florilegium Gallicum,[3] *K*[4] (et, si ille ueritatem dedit,
etiam A_1): quorum plerique non ubique adsunt. Deinde, ut
ad codices quinti decimi saeculi ueniam, hos adii:

Laurentianum 46. 9, in quo legimus: 'Vespasianus do- **1418**
mini Manni de Tuderto mihi scripsi sub annis domini
MCCCCXVIII.' Hic illam quam dixi (supra, § 4) acutissi-
mam editionem primus continet. Vbicumque nouam
ueritatem dedit, consului etiam Vindobonensem 3135 **1416**
'quem feci scribi ego Antonius Bartholomei Franchi de
Pisis Constantie a.d. MCCCCXVI': hic nobis in locum
amissi Poggiani subit.

Harleianum 2662 'per manus Gasparis Cyrri' anno 1434 **1434**
exaratum.

Parisinum latinum 7723, in quo habemus: 'Laurentius Valla **P**
hunc codicem sibi emendauit ipse 1444', quamquam ipse
codex aliquanto antiquior est. Hic nondum correctus
emendationibus scatet: quibus multas alias duo tresue
uiri docti, inter quos solum ipsum Vallam possum nominare, addiderunt. Has correctiones ita demum distinxi, ut,
communi omnibus nota data, si quam emendationem et hic **p**
et in Vaticano latino 1766 (sub Papa Nicolao Quinto, qui
sedem Romanam tenebat aa. 1447–1455, scripto), qui a
Parisino descendit, inueni, notae asteriscum addam; si **p***
quam et hic et in Harleiano 4995 (qui et ipse a Vallensi
defluit), notam numerus 1470, quo anno ille scriptus est, **p (1470)**

---

[1] Id est, Leidensem Voss. lat. 4to. 77. Descendit, ut puto, ex **R**
Ioannensi.
[2] Hic breuiarium est *Institutionis*, quod composuit monachus **E**
Beccensis, Stephanus Rothomagensis, quodque continet Parisinus
latinus 14146 ff. 47^v–128^v. Stephanus sine dubio amisso mutilo
Beccensi usus est, quem plenius repraesentat nobis Parisinus latinus
7719.
[3] De quo consulendus est A. Gagnér, *Florilegium Gallicum* (Lund, **Flor.**
1936). Contuli Quintiliani excerpta in Parisino latino 17903 (saec.
XIII) ff. 103^r–109^r.
[4] Cuius corrector Petrarcha est ipse. **k**

xiii

PRAEFATIO

sequatur; similiter *p* (*ed. Camp.*) etc., prout coniectura in editionibus ueteribus primum apparet, adnotem.

His inspectis, elegi ut scrutarer ueterem illum Lauren-
f tianum 46. 7, ut correctorem eius recentem deprenderem, Londinensem Burneianum 243, Oxoniensem D'Orville 13:
M non sine fructu. Pauca dedi ex Vaticano latino 1762, quem scripsit Iohannes Nardi Fusci de Itro, pauca ex Monacensi 23473, aliis: sed hos non omni loco adii. Plura sine dubio alibi inuenire potui: haec sufficere confido. Id solum addiderim, ubicumque lectiones laudo codices aut ipsos aut luce expressos ipse inspexi: et si quid hic illic iis discrepat quae priores adfirmarunt, id non semper fuerit meae incuriae.

10. Idem dicere licet de editionibus post annum 1470 uulgatis; non omnes (sescentae sunt) conferre potui. Sed si quid dubii remanebat codicibus excussis, omni loco eas solas editiones consului quas asterisco infra (pp. xvi–xvii) notaui.

11. De re orthographica alibi scripsi plura fortasse quam debui.[1] Id hic dicatur, omnia fere uerba norma constanti scripta me dare esse conatum: quam normam non arbitrio meo constitui, sed quantum potui secundum id quod in Ambrosiano et praecipue Bernensi inueni. Hi codices me hortantur ut (exempli gratia) uarietate quadam naturali *accommodo* sed *adclamatio*, *impetro* sed *inpendo* scribam: neque alia monent harum rerum periti. Sed eo ratio duxit ut his acceptis alia quoque codicibus relinquerem: quare hic inuenies quae fortasse displicebunt, *beniuolentia* et *inchoo*, *exto* et *tralatio*. Si pecco, spero me peccare constanter.

12. Spero id lectoribus meis fore utile, quod fere omnibus uirorum doctorum coniecturis quas laudo certum quendam locum adsignaui: idque interdum in ipso apparatu critico; sed si ibi nomen tantum auctoris addidi, is aut inter editores Quintiliani infra pp. xvi–xvii (e.g. *Meister*) aut inter uiros

---

[1] u. p. v adn. 3 supra. Hic monendum est de uulgari illa pronominum discrepantia (*hi*/*ii*: *his*/*iis*) me nihil adnotare nisi ubi id quod scribo a lectione aut *amborum* codicum primariorum aut unius, si unus adest, dissentit.

doctos infra pp. xvii–xxii facile deprehendetur. Si plura eiusdem scripta distinguenda sunt, annum nomini plerumque adieci (e.g. *Meister 1856*): idque in indice uirorum doctorum litteris pernigris notaui.

13. Inter hos fluctus tam diu laboranti multi mihi benignissime subuenerunt. Multum et collegio Mertonensi et Aedi Christi debeo. Pecuniam Oxonii Concilium opibus Crauenianis dispensandis praefectum, Londinii Aerarium inquisitionis causa constitutum liberaliter subministrauit. Nec defuerunt amici. Haec studia tam comiter quam erudite uelut ab incunabulis fouit R. A. B. Mynors. De ueteribus Quintiliani codicibus me benignissime adiuuit B. Bischoff. Consilium librosque in primis suppeditauit R. G. Austin. Scidas et hic et J. Adamietz M. Coffey E. Courtney P. J. Parsons D. A. F. M. Russell N. G. Wilson humanissime perscrutati sunt, suam quisque partem *Institutionis* sortiti. Peregrinantem innumeri bibliothecarii me beneuole exceperunt. His omnibus maximas ago gratias.

M. W.

Scribebam Oxonii

INDEX EDITORVM ET VIRORVM DOCTORVM QVI INFRA LAVDANTVR

Editiones et translationes totius operis

*Camp(anus)	Romae, 1470
*Jens(on)	Venetiis, 1471
Zar(othus)	Mediolani, 1476
———	Taru(isii), 1482
———	Ven(etiis), 1493
*Ald(us)	Venetiis, 1514
*Asc(ensius)	Parisiis, 1516
———	Col(oniae), 1521
*———	Col(oniae), 1527
———	Bas(ileae), 1529
Asc(ensius)	Parisiis, 1531
Gryph(ius)	Lugduni, 1531, 1536
Vasc(osanus)	Parisiis, 1538
*Vasc(osanus)	Parisiis, 1542
Stoer	Geneuae, 1580
Leid(ensis)	Lugduni Batauorum, 1665
Gibson	Oxonii, 1693
*Obrecht	Argentorati, 1698
Rollin	Parisiis, 1715
†Gedoyn	Parisiis, 1718
*Burman	Lugduni Batauorum, 1720
Capperonnier	Parisiis, 1725
*Gesner	Gottingae, 1738
*Spalding	Lipsiae, 1798–1816
Pottier	Parisiis, 1812
Wolff	Lipsiae, 1816, 1821
Luenemann	Hannouerae, 1826

* Has omni loco adii (u. Praef. § 10).
† Translationes.

INDEX EDITORVM

Gernhard	Lipsiae, 1830
Zumpt	Lipsiae, 1831
Bonnell	Lipsiae, 1854
†Watson	Londinii, 1856
*Halm	Lipsiae, 1868–9
Meister	Lipsiae, 1886–7
†Butler	Londinii, 1921–2
*Radermacher	Lipsiae, 1907, 1935

Editiones singulorum librorum

Frotscher (10)	Lipsiae, 1826
Herzog (10)	Lipsiae, 1830
Meyer (H.) (1–4)	Lipsiae, 1833
Peterson (10)	Oxonii, 1891
Colson (1)	Cantabrigiae, 1924
Niedermann (1)	Neocomi Heluetiorum, 1947
Austin (12)	Oxonii, 1948
Adamietz (3)	Monachii, 1966

Viri docti

AERODIUS (P.) M. F. Quintiliani Declamationes CXXXVII P. Aerodii ... scholiis illustratae (Parisiis, 1563), p. 180.

AHRENS (H. L.) *Zeitschrift für d. Altert.* 1 (1843), 158.

AISTERMANN (J.) De M. Valerio Probo Berytio (Bonnae, 1910), pp. 88–92.

ALLEN (W. S.) Vox Latina (Cambridge, 1965), pp. 56–9.

AMMON (G.) *Bursians Jahresberichte* 109 **(1901)**, 111, 113, 120.
Philologus 85 **(1929)**, 87–90.

ANDRESEN (G.) *Rhein. Mus.* 30 (1875), 507–22.

AUSTIN (R. G.) *Class. Rev.* 59 **(1945)**, 44.

BADIUS (J.) apud edit. Asc. 1516.

BAHLMANN (F.) Quaestiones Quintilianeae (Berlin, 1859), p. 17.

BARWICK (K.) *Philologus* 91 (1936), 94–7, 101–7.

BEARE (W.) *Class. Rev.* 51 (1937), 213–15.

BECHER (F.) Quaestiones grammaticae ad librum decimum Quintiliani (Nordhausen, **1879**).
Philologus 45 **(1886)**, 724–5.
Bursians Jahresberichte 51 (1887), 55, 58 = **1887-1**.
Hermes 22 (1887), 138–41 = **1887-2**.
Deutsche Literaturzeitung 12 **(1891)**, 584.

* Has omni loco adii (u. Praef. § 10).
† Translationes.

INDEX VIRORVM DOCTORVM

BERGK (T.) Auslautendes D im alten Latein (Halle, 1870), p. 125 adn. 1.
BIRT (T.) *Rhein. Mus.* 34 (1879), 22.
BOHERIUS (J.) J. B(oherii) de priscis Graecorum ac Latinorum literis dissertatio, p. 569 (hanc inuenies subiectam *Palaeographiae Graecae*, opera Bernardi de Montfaucon editae, Parisiis, 1708).
BONNELL (E.) **Lexicon** Quintilianeum (Leipzig, 1834).
BONNET (M.) *Revue de Philologie* 11 **(1887)**, 90; 16 **(1892)**, 170; 17 **(1893)**, 117, 119.
BUECHELER (F.) *Rhein. Mus.* 38 **(1883)**, 509; 54 **(1899)**, 2-3.
BUTTMANN (P.) apud edit. Spaldingii, uol. 4.
BYWATER (I.) *Journal of Philology* 31 (1910), 205.
CAMERON (A.) *Class. Rev.* 16 (1966), 17.
CASTIGLIONI (L.) *Rivista di Filologia* 65 (1937), 75.
CHRIST (W. VON) apud editionem Halmii.
CLAUSSEN (J. D. D.) *Jahrb. f. class. Philologie*, Supplementband 6 **(1872)**, 320-36.
Neue Jahrbücher f. Philologie 111 **(1875)**, 151.
COLEMAN (R.) *Classical Quarterly* 13 (1963), 1-10.
CONRAD (F. C.) *Misc. Lipsiensia Noua* 4 (1745), 517.
CORNELISSEN (J. J.) *Mnemosyne* 3 (1875), 76-8.
CRUSIUS (C.) Probabilia Critica (Lipsiae, 1753), pp. 91, 99.
CUIACIUS (I.) I. Cuiacii . . . obseruationum et emendationum libri (Colon. Agr., 1598), p. 365.
DANIEL apud edit. Leid. 1665. At u. Spaldingium ad 6. 2. 11.
DETLEFSEN (D.) uide K. Barwick, *Philologus* 91 (1936), 97.
DOERRY (K. A. A.) De difficilioribus . . . Quintiliani locis (Progr. Rawicz, 1863), pp. 13-14.
EHWALD (R.) *Phil. Anzeiger* 9 (1878), 566.
EITREM (S.) *Nordisk Tidsskrift for Filologi* 6 (1917), 161.
EMLEIN (F.) De locis quos ex Ciceronis orationibus in Inst. Or. duodecim libris laudauit Quintilianus (Karlsruhe, 1907), pp. 42 adn. 1, 63, 67.
ENDERLEIN (F. L.) Commentatio de Bambergensi codice institutionum Quintiliani manu scripto (Sueuofurti, 1842), p. 13 adn. 20.
ERASMUS (D.) e.g. Desid. Erasmi . . . Adagiorum Chiliades (Hanouiae, 1617), p. 574.
FABER (G.) Kritische Beiträge zu Quintilian lib. I und II (Progr. Aschaffenburg, 1875).
FRANCIUS (P.) apud editionem Burmanni.
FREUND (W.) *Neue Jahrbücher für Philologie* 13 (1835), 285, 290-1.
GABLER (X.) De elocutione M. Fabi Quintiliani (Borna-Leipzig, 1910).

INDEX VIRORVM DOCTORVM

GALLAEUS apud editionem Burmanni.
GEBHARD apud editionem Burmanni.
GEEL (J.) *Bibliotheca Critica Nova* 3 (1827), 272-3, 279.
GEMOLL (W.) *Wochenschrift für klass. Philologie* 4 **(1887)**, 1137-8; 7 **(1890)**, 1316; 25 **(1908)**, 43.
GENSLER (W. A. F.) Analectorum ad editionem M. F. Quintiliani Spaldingianam specimen (Coburg, 1822), pp. 44-8, 61-2.
GERTZ (M. C.) Studia critica in L. Annaei Senecae dialogos (Hauniae, **1874**).
  Opuscula philologica ad I. N. Madvigium (Hauniae, **1876**), 92-149.
GOIDANICH (P. G.) *Lincei Rendiconti Morali* 1950, serie 8, vol. 5, 284-8.
GULIELMIUS (J.) Iani Gulielmii Verisimilium libri tres (Antwerp, 1582), pp. 92-3.
HALM (K.) *Sitzungsberichte d. kön. bay. Akad. d. Wiss. zu München* **1863**, I. 390 adn. 3.
HAPPEL (R. F.) Analecta critica ad Quintiliani inst. orat. libros VII, VIII, IX (Halae, 1810), pp. 2-6, 14-16, 34.
HAUPT (M.) *Rhein. Mus.* 1 **(1842)**, 474.
  Hermes 4 **(1870)**, 335-6; 5 **(1871)**, 318; 7 **(1873)**, 181-2, 375.
HEINISCH Animaduersiones ad locos quosdam Quintiliani difficiliores (Breslau, 1828).
HEINZE (R.) *Hermes* 60 (1925), 201 adn. 2.
HENDRICKSON (G. L.) *Classical Philology* 12 (1917), 91 adn. 4.
HERAEUS (W.) *Rhein. Mus.* 79 (1930), 253-78.
HEY (O.) Festschrift zum 25jährigen Stiftungsfest des Historisch-philologischen Vereines der Universität München (München, 1905), p. 42.
HIECKE (H.) De pace Cimonica (diss. Gryphiswaldensis, 1863), p. 52.
HIRT (P.) Substantivierung des Adjektivums bei Quintilian (Berlin, 1890), p. 14.
JAHN (O.) *Philologus* 26 (1867), 12.
JEEP (J.) Georgio ... Krueger ... congratulantur gymnasii Guelferbytani praeceptores (Guelferbyti, ?1868), pp. 8-13.
JORDAN (H.) Kritische Beiträge zur Geschichte der lateinischen Sprache (Berlin, 1879), pp. 309-10.
KAIBEL (G.) *Hermes* 25 (1890), 109.
KAYSER (L.) *Neue Jahrbücher für Philologie* 93 (1866), 844.
KEIL (H.) apud editionem Halmii.
KIDERLIN (M.) Beiträge zur Kritik ... von Quintilian (Buch I) (Augsburg, **1877**).
  Neue Jahrbücher für Philologie 131 **(1885)**, 114-36.
  Blätter für d. bay. Gymn. 22 **(1886)**, 203-9, 366-77.
  Neue phil. Rundschau, 1887, 87, 91, 136-8 = **1887-1**.

INDEX VIRORVM DOCTORVM

Wochenschrift für klass. Philologie 4 (1887), 45 = **1887-2**.
Neue Jahrbücher für Philologie 137 (1888), 489–508 = **1888-1**.
Zeitschrift für d. öst. Gymn. 39 (1888), 385–411 = **1888-2**.
Hermes 23 (1888), 175–6 = **1888-3**.
Jahresberichte des philol. Vereins zu Berlin 14 (1888), 64–5, 71–2 = **1888-4**.
Blätter für d. bay. Gymn. 24 (1888), 89–90 = **1888-5**.
Blätter für d. bay. Gymn. 25 (1889), 511–13 = **1889-1**.
Neue Jahrbücher für Philologie 139 (1889), 486–98 = **1889-2**.
Philologus 2 (1889), 78–9, 84–5 = **1889-3**.
Zeitschrift für d. öst. Gymn. 41 (1890), 1061–74 = **1890-1**.
Philologus 3 (1890), 470–1, 477 = **1890-2**.
Blätter für d. bay. Gymn. 27 (1891), 184–9 = **1891-1**.
Abhandlungen . . . W. von Christ (München, 1891), pp. 77–87 = **1891-2**.
Neue Jahrbücher für Philologie 143 (1891), 133–5, 848–50 = **1891-3**.
Rhein. Mus. 46 (1891), 9–20 = **1891-4**.
Blätter für d. bay. Gymn. 28 (1892), 249–52 = **1892-1**.
Neue Jahrbücher für Philologie 145 (1892), 506–9 = **1892-2**.
Philologus 5 (1892), 554–6 = **1892-3**.
Neue Jahrbücher für Philologie 147 (1893), 70 = **1893-1**.
Philologus 6 (1893), 501–2 = **1893-2**.
KLOTZ (A.) *Rhein. Mus.* 80 (1931), 137–43.
KROLL (W.) *Rhein. Mus.* 60 **(1905)**, 555; 73 **(1920)**, 254–9, 271–2.
Satura Berolinensis (Berlin, **1924**), pp. 64–5.
KUEHNERT (F.) *Listy filologické* 87 (1964), 41 adn. 22.
LAMBINUS (D.) Titi Lucretii Cari De Rerum Natura Libri Sex a Dionysio Lambino . . . illustrati (Parisiis, 1563), p. 85.
LANA (I.) Quintiliano, il 'Sublime' e gli 'esercizi preparatori' di Elio Teone (Torino, 1951), p. 70.
LANE (G. M.) *Harvard Studies in Classical Philology* 1 (1890), 90–1.
LANGE (A. G.) Vindiciae Tragoediae Romanae (Lipsiae, 1822), p. 47.
LEEMANS (C.) *Revue Archéologique* 9 (1852), 82.
LEO (F.) *Hermes* 49 (1914), 194 adn. 2.
'G. S. M.' *Ergänzungsblätter zur Jenaischen Allgemeinen Literatur-Zeitung* 1821, 78–80.
MADVIG (J. N.) **Adv**(ersaria) **Crit**(ica) (Hauniae, 1873), ii. 535–41.
Opusc(ula) **Acad**(emica[2]) (Hauniae, 1887).
MÄHLY (J.) Zur Kritik lateinischer Texte (Basel, **1886**), 15–16.
Blätter für d. bay. Gymn. 24 **(1888)**, 481.
MAI (A.) M. Tulli Ciceronis De Re Publica (Romae, 1822), p. 1.
MEISTER (F.) *Philologus* 8 **(1853)**, 183–4.
Zeitschrift für d. Altert. 14 **(1856)**, 126.
Quaestiones Quintilianeae (Liegnitz, **1860**).

INDEX VIRORVM DOCTORVM

Philologus 18 (1862), 506, 518–19, 521 = **1862-1**.
Neue Jahrbücher für Philologie 85 (1862), 645 = **1862-2**.
Quaestionum Quintilianearum pars II (Breslau, **1865**).
Rhein. Mus. 22 **(1867)**, 461.
Philologus 35 **(1876)**, 546, 550–1, 694–5.
Philologus 42 **(1884)**, 152.
MEYER (W.) apud editionem Halmii.
MOORE (C. H.) *American Journal of Philology* 19 (1898), 312–13.
MÜLLER (H. J.) *Zeitschrift für d. Gymn.* 31 **(1877)**, 736.
Deutsche Literaturzeitung 8 **(1887)**, 11.
MÜLLER (I.) *Bursians Jahresberichte* 6 **(1876)**, 270, 277, 282, 290; 18 **(1879)**, 161.
MURETUS (M. A.) e.g. M. Antonii Mureti Variarum Lectionum libri XVIIII (Halis Saxonum, 1791), 18. 20, 19. 6.
NAYLOR (H. D.) *Class. Rev.* 37 (1923), 157.
NIPPERDEY (K.) *Philologus* 6 (1851), 139–40.
NOHL (H.) *Hermes* 12 (1877), 518.
NOLTE (H.) *Philologus* 21 (1864), 307.
OSANN (F.) Analecta Critica (Berolini, **1816**), p. 111.
Adnotationes criticae in Quintiliani Inst. Orat. Lib. X (Gissae, 1841–58).
PETERS (H.) Beiträge zur ... Quintilians Institutio Oratoria (Cassel, 1889), p. 19.
PHILANDER (G.) Castigationes ... in ... Quintilianum (Lugduni, 1535).
PITHOEUS (P.) Quod ad 1. 4. 9 pertinet, u. *Jurisprudentia uetus ante-Justinianea ex recensione ... Antonii Schultingii* (Lipsiae, 1737), p. 748. Alia inuenies apud editionem Leid. 1665.
RADERMACHER (L.) *Rhein. Mus.* 60 **(1905)**, 242–3.
Wiener Studien 52 **(1934)**, 109–10; 53 **(1935)**, 165–7.
REGIUS (R.)[1] apud edit. Ven. 1493. Quod ad 12. 7. 4 pertinet, u. *Ducenta problemata in totidem inst. orat. Quintiliani deprauationes* (Venetiis, **1492**).
RICHARDS (H.) *Academy* 41 (1892), 185.
RITSCHL (F.) *Rhein. Mus.* 22 (1867), 599–611.
RITTER (F.) *Neue Jahrbücher für Philologie* 38 (1843), 57.
ROSCHER (W. H.) *Neue Jahrbücher für Philologie* 101 (1870), 210.
SALMASIUS (C.) Epistolarum liber primus (Lugduni Batauorum, 1656), p. 206.
SARPE (G.) Analectorum ad G. L. Spaldingii M. F. Quinctilianum specimen (Halis Saxonum, **1815**).
Quaestiones Philologicae (Rostochii, **1819**).
SCHENKL (K.) apud editionem Meisterii.

[1] *Regius* † eas lectiones indicat quas R. in exemplaribus inuenerat.

INDEX VIRORVM DOCTORVM

SCHNEIDER (J. G.) Aristotelis Politicorum libri octo (Francofurti ad Viadrum, 1809), 2. 491.
SCHNEIDEWIN (F. G.) Simonidis Cei carminum reliquiae (Brunsuigae, 1835), XII.
SCHOELL (F.) *Rhein. Mus.* 34 **(1879)**, 86; 40 **(1885)**, 321 adn. 1; 55 **(1900)**, 489–90.
SCHOENE (H.) *Rhein. Mus.* 73 (1920), 139.
SCHUETZ (C. G.) (ut uidetur) *Allgemeine Literatur-Zeitung*, **1804**, 2. 158.
Opuscula philologica (Halae, **1830**), 315–19.
SEYFFERT (M.) *Zeitschrift für d. Gymn.* 15 (1861), 297–8.
SLOTHOUWER (V.) *Acta literaria societatis Rheno-Trajectinae* 3 (1801), 126–31.
SPENGEL (L.) Συναγωγὴ Τεχνῶν (Stuttgartiae, 1828), p. 101 adn. 41.
STAENDER (J.) Quaestiones Quintilianeae (Bonn, 1865), p. 34.
STROUX (J.) Handschriftliche Studien zu Cicero de Oratore (Basel, **1921**), p. 166 adn. 3.
Philologus 85 **(1930)**, 322–54; 91 **(1936)**, 222–37.
TEUFFEL (W.) *Neue Jahrbücher für Philologie* 89 (1864), 172.
TOERNEBLADH (R.) Quaestiones criticae Quintilianeae (Calmariae, 1860), pp. 18–28, 37.
'TURNEBUS' apud edit. T. Richardi (Parisiis, 1556).
USENER (H.) *Neue Jahrbücher für Philologie* 139 (1889), 394.
VASSIS (S.) = Σ. Βάσης, Ἐθνικὸν πανεπιστήμιον· ἐπιστημονικὴ ἐπετηρὶς, Z' (1910–11), 177–83.
VERDIÈRE (R.) *Eos* 53 (1963), 401–2.
VICTORIUS (P.) Commentarii in tres libros Aristotelis de arte dicendi (Florentiae, 1548).
VOLKMANN (R.) Animaduersiones criticae (Jaurauiae, **1869**), p. 1.
Die Rhetorik[2] (Leipzig, **1885**), xi.
WALTER (F.) *Rhein. Mus.* 91 (1942), 5–6.
WEIDNER (A.) Criticarum scriptionum specimen (Köln, 1864), p. 10.
WELLS (A. F.) *Journal of Roman Studies* 39 (1949), 204.
WILKINS (A. S.) *Class. Rev.* 6 (1892), 33.
WINTERBOTTOM (M.) *Philologus* 108 (1964), 122–4 = **1964-1**.
Class. Rev. 14 (1964), 14 = **1964-2**.
Class. Rev. 17 **(1967)**, 264.
WOEHRER (P. J.) De A. Cornelii Celsi rhetorica = *Dissertationes philologae Vindobonenses*, **1903**, 147.
Zeitschrift für d. öst. Gymn. 60 **(1909)**, 30.
WOELFFLIN (E.) *Archiv für lat. Lexikographie* 3 **(1886)**, 86.
Hermes 25 **(1890)**, 327.
ZUMPT (K.) apud edit. Spaldingii, vol. 5 = **Zumpt***.

COMPENDIORVM INDEX

AS	Artium Scriptores, ed. L. Radermacher (1951).
CGL	Corpus Glossariorum Latinorum, ed. G. Goetz.
CIL	Corpus Inscriptionum Latinarum.
FGH	Fragmente der griechischen Historiker, ed. F. Jacoby.
FOR	Oratorum Romanorum fragmenta², ed. H. Meyer (1842).
GL	Grammatici Latini, ed. H. Keil.
ORF	Oratorum Romanorum fragmenta², ed. H. Malcovati (1955).
PL	Patrologiae Cursus, series Latina (ed. Migne).
PLG	Poetae Lyrici Graeci, ed. T. Bergk (1882).
RLM	Rhetores Latini Minores, ed. K. Halm (1863).
SRF	Scaenicorum Romanorum fragmenta, ed. A. Klotz, 1 (1953).
SVF	Stoicorum ueterum fragmenta, ed. H. von Arnim.

SIGLA

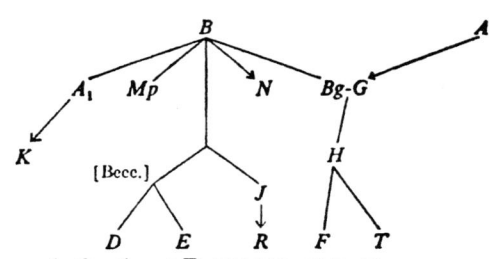

A		Ambrosianus E. 153 sup., saec. IX
	A¹	idem nondum correctus
	a	corrector eius aequaeuus

Codices mutili

B		Bernensis 351, saec. IX
	B¹	idem nondum correctus
	B²	corrector eius aequaeuus
A₁		Ambrosianus F. 111 sup., saec. IX
N		Parisinus lat. 18527 (Nostradamensis), **saec. X**
Mp		Montepessulanus H 336, saec. XI
J		Cantabrigiensis Ioannensis 91, saec. XII
R		Leidensis Voss. lat. q. 77, saec. XII
[*E*		Breuiarium Stephani Rothomagensis (Parisinus lat. 14146), saec. XII]
D		Parisinus lat. 7719, saec. XIII
K		Parisinus lat. 7720, saec. XIV
	k	eiusdem corrector (Petrarcha)

Codices suppleti

⎧ *Bg*		pars antiquior Bambergensis M. 4. 14 (**saec. X**)
⎨	*b*	corrector eiusdem (saec. X)
⎩ *G*		supplementum eius (saec. X)
	g	scriba supplementi ipse se **corrigens**
H		Harleianus 2664, saec. X

XXV

SIGLA

F		Laurentianus 46. 7, saec. X
	f	corrector eiusdem (saec. XV)
T		Turicensis 288, saec. XI
	t	corrector eiusdem (Ekkehardus IV), saec. XI

Codices recentiores (saec. xv)

1416		Vindobonensis 3135
1418		Laurentianus 46. 9
1434		Harleianus 2662
1461		Marcianus 4111
1470		Harleianus 4995
M		Monacensis 23473
P		Parisinus lat. 7723
	p	correctores eius
	p*	correctiones quas dant et *p* et Vaticanus lat. 1766
V_1		Vaticanus lat. 1761

Nomine laudantur

(Londinensis) Burn(eianus) 243
(Oxoniensis) D'Orv(ille) 13
(Oxoniensis) Add. C 169
Vat(icanus) lat(inus) 1762
Vat(icanus) lat(inus) 1766

Codices fragmentorum 10. 1. 46–131, 12. 10. 10–15

X	Parisinus lat. 7696, saec. XI
Y	Parisinus lat. 7231, saec. XI
γ	consensus eorum
[δ	consensus codicum *DER*, qui separatim habent 10. 1. 46–107, 12. 10. 10–15]

Laudantur etiam

Vt. = Iulius Victor
Π } de quibus uide Praef. § 8
'Cass(iodorus)'

Vdalrici Bambergensis epitome rhetorica, ex Vindobonensi 2521, saec. XII
Flor(ilegium Gallicum), ex Parisino lat. 17903, saec. XIII
(Francisci) Patr(icii Epitome), ex Londinensi Add. 11671, saec. XV

SIGLA

His compendiis utor:
        conf(irmat)
        conl(ato)
        inu(erso) ord(ine)
        m(anus) rec(ens)
        s(upra) l(ineam)
        → utitur, sed non ad uerbum
        ∼ repugnante

M. Fabius Quintilianus Tryphoni suo salutem. Efflagitasti **1**
cotidiano conuicio ut libros quos ad Marcellum meum de
institutione oratoria scripseram iam emittere inciperem.
Nam ipse eos nondum opinabar satis maturuisse, quibus
5 componendis, ut scis, paulo plus quam biennium tot alioqui
negotiis districtus inpendi: quod tempus non tam stilo quam
inquisitioni operis prope infiniti et legendis auctoribus, qui
sunt innumerabiles, datum est. Vsus deinde Horati consilio, **2**
qui in arte poetica suadet ne praecipitetur editio 'nonumque
10 prematur in annum', dabam his otium, ut refrigerato inuentionis amore diligentius repetitos tamquam lector perpen-
derem. Sed si tantopere efflagitantur quam tu adfirmas, **3**
permittamus uela uentis et oram soluentibus bene precemur.
Multum autem in tua quoque fide ac diligentia positum est,
15 ut in manus hominum quam emendatissimi ueniant. Vale.

9 *388*

Hanc epistulam usque ad infiniti *(l. 7) nunc praebet A: inde HV*$_1$
aduocaui]   M. FABI QVINTILIANI INSTITVTIONIS ORATORIAE AD
VI*TORIVM MARCELLVM LIBRI V IIII (IIII *part. in rasura*) *A*
8 datus *H*   9 nonum- *V*$_1$, *Hor.*: nouum- *H*(?)   12 flagitan-
tur *V*$_1$ 13 oram *V*$_1$: auram *H*   15 uale *V*$_1$: *om. H*

LIBER PRIMVS

⟨PROHOEMIVM⟩

Post impetratam studiis meis quietem, quae per uiginti 1
annos erudiendis iuuenibus inpenderam, cum a me quidam
familiariter postularent ut aliquid de ratione dicendi com-
ponerem, diu sum equidem reluctatus, quod auctores utriusque linguae clarissimos non ignorabam multa quae ad hoc
opus pertinerent diligentissime scripta posteris reliquisse.
Sed qua ego ex causa faciliorem mihi ueniam meae depreca- 2
tionis arbitrabar fore, hac accendebantur illi magis, quod
inter diuersas opiniones priorum et quasdam etiam inter se
contrarias difficilis esset electio, ut mihi si non inueniendi
noua, at certe iudicandi de ueteribus iniungere laborem non
iniuste uiderentur. Quamuis autem non tam me uinceret 3
praestandi quod exigebatur fiducia quam negandi uerecundia, latius se tamen aperiente materia plus quam impone-
batur oneris sponte suscepi, simul ut pleniore obsequio
demererer amantissimos mei, simul ne uulgarem uiam ingressus alienis demum uestigiis insisterem. Nam ceteri fere 4
qui artem orandi litteris tradiderunt ita sunt exorsi quasi per-
fectis omni alio genere doctrinae summam †in eloquentiae†
manum imponerent, siue contemnentes tamquam parua quae
prius discimus studia, siue non ad suum pertinere officium
opinati, quando diuisae professionum uices essent, seu, quod
proximum uero, nullam ingenii sperantes gratiam circa res
etiamsi necessarias, procul tamen ab ostentatione positas,
ut operum fastigia spectantur, latent fundamenta. Ego cum 5

A (qui usque ad p. 4. 6 ualde mutilus est) et, eo deficiente, H V₁] pro-
hemium *in indice A*   8 opus *H*: tempus *V₁*   17 pleniori *V₁*
18 demererer *V₁*: de me mererer *H*   19 uestigiis *hic H, post* insisterem
V₁   21 ine / loquentiae *H*: in / in eloquencia *V₁*: eloquenti(a)e
1418: eloquentia *Halm*: *del. Schoell 1885, fort. recte*   25 uero *H*:
uero est *V₁*   26 procul *H*: procul dubio *V₁*

existimem nihil arti oratoriae alienum sine quo fieri non
posse oratorem fatendum est, nec ad ullius rei summam nisi
praecedentibus initiis perueniri, ad minora illa, sed quae si
neglegas non sit maioribus locus, demittere me non recusabo,
nec aliter quam si mihi tradatur educandus orator studia
6 eius formare ab infantia incipiam. Quod opus, Marcelle
Vitori, tibi dicamus, quem cum amicissimum nobis tum
eximio litterarum amore flagrantem non propter haec modo,
quamquam sint magna, dignissimum hoc mutuae inter nos
caritatis pignore iudicabamus, sed quod erudiendo Getae
tuo, cuius prima aetas manifestum iam ingenii lumen ostendit, non inutiles fore libri uidebantur quos ab ipsis dicendi
uelut incunabulis per omnes quae modo aliquid oratori
futuro conferant artis ad summam eius operis perducere
7 festinabimus, atque eo magis quod duo iam sub nomine
meo libri ferebantur artis rhetoricae neque editi a me neque
in hoc comparati. Namque alterum sermonem per biduum
habitum pueri quibus id praestabatur exceperant, alterum
pluribus sane diebus, quantum notando consequi potuerant,
interceptum boni iuuenes sed nimium amantes mei temerario
8 editionis honore uulgauerant. Quare in his quoque libris
erunt eadem aliqua, multa mutata, plurima adiecta, omnia
uero compositiora et quantum nos poterimus elaborata.
9 Oratorem autem instituimus illum perfectum, qui esse
nisi uir bonus non potest, ideoque non dicendi modo eximiam
10 in eo facultatem sed omnis animi uirtutes exigimus. Neque
enim hoc concesserim, rationem rectae honestaeque uitae,
ut quidam putauerunt, ad philosophos relegandam, cum
uir ille uere ciuilis et publicarum priuatarumque rerum administrationi accommodatus, qui regere consiliis urbes, fundare legibus, emendare iudiciis possit, non alius sit profecto
11 quam orator. Quare, tametsi me fateor usurum quibusdam

A (*aut HV*₁)]   4 demittere *H*: dimittere *A*   6 marcelle
p*: m̃ *a in ras.* (marce *H*)   7 Vitori *Nohl*: uitor. *A*: uictori *1418*
12 discendi *a*   15 destinabamus *H*, *edd.*   20 boni *P*:
bini *A*   26 exigemus *a*

quae philosophorum libris continentur, tamen ea iure uereque contenderim esse operis nostri proprieque ad artem oratoriam pertinere. An, si frequentissime de iustitia fortitudine temperantia ceterisque similibus disserendum est, adeo ut uix ulla possit causa reperiri in quam non aliqua ex his incidat quaestio, eaque omnia inuentione atque elocutione sunt explicanda, dubitabitur, ubicumque uis ingenii et copia dicendi postulatur, ibi partes oratoris esse praecipuas? Fueruntque haec, ut Cicero apertissime colligit, quemadmodum iuncta natura, sic officio quoque copulata, ut idem sapientes atque eloquentes haberentur. Scidit deinde se studium, atque inertia factum est ut artes esse plures uiderentur. Nam ut primum lingua esse coepit in quaestu institutumque eloquentiae bonis male uti, curam morum qui diserti habebantur reliquerunt: ea uero destituta infirmioribus ingeniis uelut praedae fuit. Inde quidam contempto bene dicendi labore ad formandos animos statuendasque uitae leges regressi partem quidem potiorem, si diuidi posset, retinuerunt, nomen tamen sibi insolentissimum adrogauerunt, ut soli studiosi sapientiae uocarentur; quod neque summi imperatores neque in consiliis rerum maximarum ac totius administratione rei publicae clarissime uersati sibi umquam uindicare sunt ausi: facere enim optima quam promittere maluerunt. Ac ueterum quidem sapientiae professorum multos et honesta praecepisse et, ut praeceperint, etiam uixisse facile concesserim: nostris uero temporibus sub hoc nomine maxima in plerisque uitia latuerunt. Non enim uirtute ac studiis ut haberentur philosophi laborabant, sed uultum et tristitiam et dissentientem a ceteris habitum pessimis moribus praetendebant. Haec autem quae uelut propria philosophiae adseruntur, passim tractamus omnes. Quis enim non de iusto, aequo ac bono, modo non et uir pessimus, loquitur? Quis non etiam rusticorum aliqua de causis naturalibus quaerit?

9 *inu. I. 3–4: de orat. 3. 56 seq.*

A]   32 et *A*: om. *Vat. lat. 1766*: sit *Burman*

Nam uerborum proprietas ac differentia omnibus qui sermonem curae habent debet esse communis. Sed ea et sciet optime et eloquetur orator: qui si fuisset aliquando perfectus, non a philosophorum scholis uirtutis praecepta peterentur. Nunc necesse est ad eos [aliquando] auctores recurrere, qui desertam, ut dixi, partem oratoriae artis, meliorem praesertim, occupauerunt, et uelut nostrum reposcere, non ut illorum nos utamur inuentis, sed ut illos alienis usos esse doceamus. Sit igitur orator uir talis qualis uere sapiens appellari possit, nec moribus modo perfectus (nam id mea quidem opinione, quamquam sunt qui dissentiant, satis non est), sed etiam scientia et omni facultate dicendi; qualis fortasse nemo adhuc fuerit, sed non ideo minus nobis ad summa tendendum est: quod fecerunt plerique ueterum, qui, etsi nondum quemquam sapientem repertum putabant, praecepta tamen sapientiae tradiderunt. Nam est certe aliquid consummata eloquentia neque ad eam peruenire natura humani ingenii prohibet. Quod si non contingat, altius tamen ibunt qui ad summa nitentur quam qui praesumpta desperatione quo uelint euadendi protinus circa ima substiterint.

Quo magis impetranda erit uenia si ne minora quidem illa, uerum operi quod instituimus necessaria, praeteribo. Nam liber primus ea quae sunt ante officium rhetoris continebit. Secundo prima apud rhetorem elementa et quae de ipsa rhetorices substantia quaeruntur tractabimus. Quinque deinceps inuentioni (nam huic et dispositio subiungitur), quattuor elocutioni, in cuius partem memoria ac pronuntiatio ueniunt, dabuntur. Vnus accedet in quo nobis orator ipse informandus est: ubi qui mores eius, quae in suscipiendis discendis agendis causis ratio, quod eloquentiae genus, quis agendi debeat esse finis, quae post finem studia, quantum nostra ualebit infirmitas disseremus. His omnibus admiscebitur, ut quisque locus postulabit, docendi ratio quae

A]   3 loquetur A^1 5 aliquando *post Spaldingium del. Radermacher*   8 illorum nos *A* : nos illorum *Bg, fort. elegantius*   29 ubi Spalding: ut *A* : et *H. Meyer*

non eorum modo scientia quibus solis quidam nomen artis
dederunt studiosos instruat et, ut sic dixerim, ius ipsum
rhetorices interpretetur, sed alere facundiam, uires augere
eloquentiae possit. Nam plerumque nudae illae artes nimiae **24**
subtilitatis adfectatione frangunt atque concidunt quidquid
est in oratione generosius, et omnem sucum ingenii bibunt
et ossa detegunt, quae ut esse et adstringi neruis suis debent,
sic corpore operienda sunt. Ideoque nos non particulam **25**
illam, sicuti plerique, sed quidquid utile ad instituendum
oratorem putabamus in hos duodecim libros contulimus,
breuiter omnia demonstraturi: nam si quantum de quaque
re dici potest persequamur, finis operis non reperietur. Illud **26**
tamen in primis testandum est, nihil praecepta atque artes
ualere nisi adiuuante natura. Quapropter ei cui deerit ingenium non magis haec scripta sint quam de agrorum cultu
sterilibus terris. Sunt et alia ingenita cuique adiumenta, uox, **27**
latus patiens laboris, ualetudo, constantia, decor, quae si
modica optigerunt, possunt ratione ampliari, sed nonnumquam ita desunt ut bona etiam ingenii studiique corrum-
pant: sicut haec ipsa sine doctore perito, studio pertinaci,
scribendi legendi dicendi multa et continua exercitatione
per se nihil prosunt.

1. Igitur nato filio pater spem de illo primum quam optimam capiat: ita diligentior a principiis fiet. Falsa enim est
querela, paucissimis hominibus uim percipiendi quae tradantur esse concessam, plerosque uero laborem ac tempora tar-
ditate ingenii perdere. Nam contra plures reperias et faciles
in excogitando et ad discendum promptos. Quippe id est
homini naturale, ac sicut aues ad uolatum, equi ad cursum,
ad saeuitiam ferae gignuntur, ita nobis propria est mentis
agitatio atque sollertia: unde origo animi caelestis creditur.
Hebetes uero et indociles non magis secundum naturam ho- **2**
minis eduntur quam prodigiosa corpora et monstris insignia,

A]   4 nimia *Bg*   20 sicut *A*: sicut et *Bg*   23 QVEM
AD MODVM PRIMA ELEMENTA TRADENDA SVNT (sint *in indice*) Igitur *A*
28 discendum *Bg*: dicendum *A*

sed hi pauci admodum fuerunt. Argumentum, quod in pueris elucet spes plurimorum: quae cum emoritur aetate, manifestum est non naturam defecisse sed curam. 'Praestat
3 tamen ingenio alius alium.' Concedo; sed plus efficiet aut minus: nemo reperitur qui sit studio nihil consecutus. Hoc qui peruiderit, protinus ut erit parens factus, acrem quam maxime datur curam spei futuri oratoris inpendat.
4 Ante omnia ne sit uitiosus sermo nutricibus: quas, si fieri posset, sapientes Chrysippus optauit, certe quantum res pateretur optimas eligi uoluit. Et morum quidem in his haud
5 dubie prior ratio est, recte tamen etiam loquantur. Has primum audiet puer, harum uerba effingere imitando conabitur, et natura tenacissimi sumus eorum quae rudibus animis percepimus: ut sapor quo noua inbuas durat, nec lanarum colores quibus simplex ille candor mutatus est elui possunt. Et haec ipsa magis pertinaciter haerent quae deteriora sunt. Nam bona facile mutantur in peius: quando in bonum ueteris uitia? Non adsuescat ergo, ne dum infans quidem est, sermoni qui dediscendus sit.
6 In parentibus uero quam plurimum esse eruditionis optauerim. Nec de patribus tantum loquor: nam Gracchorum eloquentiae multum contulisse accepimus Corneliam matrem, cuius doctissimus sermo in posteros quoque est epistulis traditus, et Laelia C. filia reddidisse in loquendo paternam elegantiam dicitur, et Hortensiae Q. filiae oratio apud triumuiros habita legitur non tantum in sexus honorem.
7 Nec tamen ii quibus discere ipsis non contigit minorem

9 *SVF* 3. 734   11 §§ 5-34 *passim usus est S. Hieronymus, ep.*
107. 4 *et* 9

A, et post optauerim (*l.* 21) (*B*), *de quo uid. Praef.* § 7(*a*)]   1 *locus*
uix sanus admodum. Fuerit (*ita Bg*) *dist. F: malim delere* sed
. . . fuerunt   14 *imbuas A*: imbuas uasa *Hagenbuch* (*ap. H.*
Meyer)   16 qu(a)e *t*: quo *A, fort. recte*   17 nam *ante* quando
add. a   24 Laelia C. filia *H. Meyer*: lelia *a in ras.*: lelii filia *K*
(*et b*: *quid Bg, incertum*)   25 Hortensiae Q. filiae *H. Meyer*: hortensiae *que filiae A*: hortensie filie *K* (*quid Bg, ignotum*)   27 nec
A: ne (*B*)

INSTITVTIO ORATORIA   1. 1. 13

curam docendi liberos habeant, sed sint propter hoc ipsum ad cetera magis diligentes.

De pueris inter quos educabitur ille huic spei destinatus **8** idem quod de nutricibus dictum sit. De paedagogis hoc amplius, ut aut sint eruditi plane, quam primam esse curam uelim, aut se non esse eruditos sciant. Nihil est peius iis qui paulum aliquid ultra primas litteras progressi falsam sibi scientiae persuasionem induerunt. Nam et cedere praecipiendi partibus indignantur et uelut iure quodam potestatis, quo fere hoc hominum genus intumescit, imperiosi atque interim saeuientes stultitiam suam perdocent. Nec minus **9** error eorum nocet moribus, si quidem Leonides Alexandri paedagogus, ut a Babylonio Diogene traditur, quibusdam eum uitiis inbuit quae robustum quoque et iam maximum regem ab illa institutione puerili sunt persecuta.

Si cui multa uideor exigere, cogitet oratorem institui, rem **10** arduam etiam cum ei formando nihil defuerit, praeterea plura ac difficiliora superesse: nam et studio perpetuo et praestantissimis praeceptoribus et plurimis disciplinis opus est. Quapropter praecipienda sunt optima: quae si quis **11** grauabitur, non rationi defuerint sed homini. Si tamen non continget quales maxime uelim nutrices pueros paedagogos habere, at unus certe sit adsiduus loquendi non imperitus, qui, si qua erunt ab iis praesente alumno dicta uitiose, corrigat protinus nec insidere illi sinat, dum tamen intellegatur id quod prius dixi bonum esse, hoc remedium.

A sermone Graeco puerum incipere malo, quia Latinum, **12** qui pluribus in usu est, uel nobis nolentibus perbibet, simul quia disciplinis quoque Graecis prius instituendus est, unde et nostrae fluxerunt. Non tamen hoc adeo superstitiose fieri **13** uelim ut diu tantum Graece loquatur aut discat, sicut

13 *SVF 3 Diog. 51*

$A(B)$]   5 plane $a(B)$: plene A^1 10 quo A : qua (B), *non male*
19 pluribus (B) 21 defuerit (B) 22–3 pedagogis habere A : habere pedagogus (B) *ut uid.*   28 perhibet $A^1(B)$ 31 graece loquatur A : *inu. ord.* (B)

1. 1. 14   M. FABI QVINTILIANI

plerisque moris est. Hoc enim accidunt et oris plurima uitia in peregrinum sonum corrupti et sermonis, cui cum Graecae figurae adsidua consuetudine haeserunt, in diuersa quoque
14 loquendi ratione pertinacissime durant. Non longe itaque Latina subsequi debent et cito pariter ire. Ita fiet ut, cum aequali cura linguam utramque tueri coeperimus, neutra alteri officiat.

15 Quidam litteris instituendos qui minores septem annis essent non putauerunt, quod illa primum aetas et intellectum disciplinarum capere et laborem pati posset. In qua sententia Hesiodum esse plurimi tradunt qui ante grammaticum Aristophanen fuerunt (nam is primus ὑποθήκας, in quo
16 libro scriptum hoc inuenitur, negauit esse huius poetae); sed alii quoque auctores, inter quos Eratosthenes, idem praeceperunt. Melius autem qui nullum tempus uacare cura uolunt, ut Chrysippus. Nam is, quamuis nutricibus triennium dederit, tamen ab illis quoque iam formandam quam
17 optimis institutis mentem infantium iudicat. Cur autem non pertineat ad litteras aetas quae ad mores iam pertinet? Neque ignoro toto illo de quo loquor tempore uix tantum effici quantum conferre unus postea possit annus; sed tamen mihi qui id senserunt uidentur non tam discentibus in hac
18 parte quam docentibus pepercisse. Quid melius alioqui facient ex quo loqui poterunt (faciant enim aliquid necesse est)? aut cur hoc quantulumcumque est usque ad septem annos lucrum fastidiamus? Nam certe quamlibet paruum sit quod contulerit aetas prior, maiora tamen aliqua discet
19 puer ipso illo anno quo minora didicisset. Hoc per singulos prorogatum in summam proficit, et quantum in infantia praesumptum est temporis adulescentiae adquiritur. Idem

---

11 *frg. 285 Merkelbach–West*   16 *SVF 3. 733*

$A(B)$]   1 hoc $A(B)$: hinc P accedunt (B) 6 ceperimus AK: cęperimus Mp: coepimus Bg 10 possit A 12 primum ypothethicas A 17 formandum A 18 infantium 1418: infantum (B): infantis A 22 id senserunt (B): dissenserunt A 28 ipso illo A: *inu. ord.* (B) 29 annos *post* prorogatum *add. a*   30 est *om.* (B)

etiam de sequentibus annis praeceptum sit, ne quod cuique discendum est sero discere incipiat. Non ergo perdamus primum statim tempus, atque eo minus quod initia litterarum sola memoria constant, quae non modo iam est in paruis, sed tum etiam tenacissima est.

Nec sum adeo aetatium inprudens ut instandum protinus teneris acerbe putem exigendamque plane operam. Nam id in primis cauere oportebit, ne studia qui amare nondum potest oderit et amaritudinem semel perceptam etiam ultra rudes annos reformidet. Lusus hic sit, et rogetur et laudetur et numquam non fecisse se gaudeat, aliquando ipso nolente doceatur alius cui inuideat, contendat interim et saepius uincere se putet: praemiis etiam, quae capit illa aetas, euocetur.

Parua docemus oratorem instituendum professi, sed est sua etiam studiis infantia, et ut corporum mox fortissimorum educatio a lacte cunisque initium ducit, ita futurus eloquentissimus edidit aliquando uagitum et loqui primum incerta uoce temptauit et haesit circa formas litterarum: nec, si quid discere satis non est, ideo nec necesse est. Quodsi nemo reprehendit patrem qui haec non neglegenda in suo filio putet, cur improbetur si quis ea quae domi suae recte faceret in publicum promit? Atque eo magis quod minora etiam facilius minores percipiunt, et ut corpora ad quosdam membrorum flexus formari nisi tenera non possunt, sic animos quoque ad pleraque duriores robur ipsum facit. An Philippus Macedonum rex Alexandro filio suo prima litterarum elementa tradi ab Aristotele summo eius aetatis philosopho uoluisset, aut ille suscepisset hoc officium, si non studiorum initia et a perfectissimo quoque optime tractari et pertinere ad summam credidisset? Fingamus igitur Alexandrum dari nobis, impositum gremio dignum tanta cura infantem

$A(B)$] 3 tempus *om.* (B) 11 fecisse $A(B)$: scisse P: profecisse *Andresen (cf. 10. 1. 112)* 13 putet (B): putet et A 15 professi sed A : professis et (B) 22 cur A : et cur (B) 30 quoque (B): horum A 31 credidissent *amicus quidam Spaldingii*

1. 1. 25   M. FABI QVINTILIANI

(quamquam suus cuique dignus est): pudeatne me in ipsis statim elementis etiam breuia docendi monstrare compendia? Neque enim mihi illud saltem placet, quod fieri in plurimis uideo, ut litterarum nomina et contextum prius quam for-
25 mas paruoli discant. Obstat hoc agnitioni earum, non inten- 5
dentibus mox animum ad ipsos ductus dum antecedentem memoriam secuntur. Quae causa est praecipientibus ut, etiam cum satis adfixisse eas pueris recto illo quo primum scribi solent contextu uidentur, retro agant rursus et uaria permutatione turbent, donec litteras qui instituuntur facie 10
norint, non ordine: quapropter optime sicut hominum pariter
26 et habitus et nomina edocebuntur. Sed quod in litteris obest
in syllabis non nocebit. Non excludo autem id quod est notum irritandae ad discendum infantiae gratia, eburneas
etiam litterarum formas in lusum offerre, uel si quid aliud 15
quo magis illa aetas gaudeat inueniri potest quod tractare intueri nominare iucundum sit.

27   Cum uero iam ductus sequi coeperit, non inutile erit eos ta-
bellae quam optime insculpi, ut per illos uelut sulcos ducatur stilus. Nam neque errabit quemadmodum in ceris (contine- 20
bitur enim utrimque marginibus neque extra praescriptum egredi poterit) et celerius ac saepius sequendo certa uestigia firmabit articulos neque egebit adiutorio manum suam
28 manu super imposita regentis. Non est aliena res, quae fere ab honestis neglegi solet, cura bene ac uelociter scribendi. 25
Nam cum sit in studiis praecipuum, quoque solo uerus ille profectus et altis radicibus nixus paretur, scribere ipsum, tardior stilus cogitationem moratur, rudis et confusus intellectu caret: unde sequitur alter dictandi quae transferenda
29 sunt labor. Quare cum semper et ubique, tum praecipue in 30

A (B)]   2 etiam ... compendia *non intellego*   3 illud A:
ullus (B)   4 contextus (B)   13 in syllabis A: syllabis (B)
14 notum A (B): nouatum *Schoell 1885: alii alia*   14-15 eburneas
etiam A: eburnea sed iam (B)   15 uel (B): et A   18 eos (B):
eas A   19 sulco A   23 formabit (B)   24 res *a in ras.*:
om. B   27 ipsam A   28-9 intellectus *haeret* A   29 quae
A: quae et (B)

epistulis secretis et familiaribus delectabit ne hoc quidem neglectum reliquisse.

Syllabis nullum compendium est: perdiscendae omnes nec, ut fit plerumque, difficillima quaeque earum differenda, ut in nominibus scribendis deprehendantur. Quin immo ne primae quidem memoriae temere credendum: repetere et diu inculcare fuerit utilius et in lectione quoque non properare ad continuandam eam uel adcelerandam, nisi cum inoffensa atque indubitata litterarum inter se coniunctio suppeditare sine ulla cogitandi saltem mora poterit. Tunc ipsis syllabis uerba complecti et his sermonem conectere incipiat: incredibile est quantum morae lectioni festinatione adiciatur. Hinc enim accidit dubitatio intermissio repetitio plus quam possunt audentibus, deinde cum errarunt etiam iis quae iam sciunt diffidentibus. Certa sit ergo in primis lectio, deinde coniuncta, et diu lentior, donec exercitatione contingat emendata uelocitas. Nam prospicere in dextrum, quod omnes praecipiunt, et prouidere non rationis modo sed usus quoque est, quoniam sequentia intuenti priora dicenda sunt, et, quod difficillimum est, diuidenda intentio animi, ut aliud uoce aliud oculis agatur. Illud non paenitebit curasse, cum scribere nomina puer, quemadmodum moris est, coeperit, ne hanc operam in uocabulis uulgaribus et forte occurrentibus perdat. Protinus enim potest interpretationem linguae secretioris, id est quas Graeci glossas uocant, dum aliud agitur ediscere, et inter prima elementa consequi rem postea proprium tempus desideraturam. Et quoniam circa res adhuc tenues moramur, ii quoque uersus qui ad imitationem scribendi proponentur non otiosas uelim sententias habeant, sed honestum aliquid monentis. Prosequitur haec memoria in senectutem et inpressa animo rudi usque ad mores proficiet. Etiam dicta clarorum uirorum et electos ex poetis

A(B)] 5 nominibus *Bg, Mp corr.*: omnibus *A K* (*et ante corr. Mp*) deprehendatur (*B*) 10 tunc (*B*): tum *A* 12 hinc *A*: hic (*B*) 16 lentior *A*: lentius ordo (*B*) 25 id est quas (quam *Bg Mp*) . . . uocant *A*(*B*): *del. Becher (ap. Radermacher 1. 359)* 30 prosequantur *A*

1. 1. 37   M. FABI QVINTILIANI

maxime (namque eorum cognitio paruis gratior est) locos
ediscere inter lusum licet. Nam et maxime necessaria est
oratori, sicut suo loco dicam, memoria; et ea praecipue fir-
matur atque alitur exercitatione et in his de quibus nunc
loquimur aetatibus, quae nihildum ipsae generare ex se 5
queunt, prope sola est quae iuuari cura docentium possit.
37 Non alienum fuerit exigere ab his aetatibus, quo sit absolu-
tius os et expressior sermo, ut nomina quaedam uersusque
adfectatae difficultatis ex pluribus et asperrime coeuntibus
inter se syllabis catenatos et ueluti confragosos quam cita- 10
tissime uoluant (χαλινοί Graece uocantur): res modica dictu,
qua tamen omissa multa linguae uitia, nisi primis eximuntur
annis, inemendabili in posterum prauitate durantur.

2. Sed nobis iam paulatim adcrescere puer et exire de
gremio et discere serio incipiat. Hoc igitur potissimum loco 15
tractanda quaestio est, utiliusne sit domi atque intra priua-
tos parietes studentem continere, an frequentiae scholarum
2 et uelut publicatis praeceptoribus tradere. Quod quidem
cum iis a quibus clarissimarum ciuitatium mores sunt instituti, tum eminentissimis auctoribus uideo placuisse. Non est 20
tamen dissimulandum esse nonnullos qui ab hoc prope publico more priuata quadam persuasione dissentiant. Hi duas
praecipue rationes sequi uidentur: unam, quod moribus
magis consulant fugiendo turbam hominum eius aetatis quae
sit ad uitia maxime prona, unde causas turpium factorum 25
saepe extitisse utinam falso iactaretur: alteram, quod, quisquis futurus est ille praeceptor, liberalius tempora sua inpen-
3 surus uni uidetur quam si eadem in pluris partiatur. Prior
causa prorsus grauis: nam si studiis quidem scholas prodesse,
moribus autem nocere constaret, potior mihi ratio uiuendi 30
honeste quam uel optime dicendi uideretur. Sed mea quidem

$A(B)$]   1 cognitio paruis A: *inu. ord.*(B)   6 iuuare (B)
11 ΧΑΔΕΙΝΟΙ (B)   12 multae A 13 durentur (B), *non male*
14 VTILIVS DOMI AN IN (*om. hic A, in indice hab.*) SC(H)OLIS ERUDIANTVR
Sed $A(B)$ 18 publicatis (B): p*ublicis*∗ A 19 ciuitatium
Bg Mp^1: ciui*tatum* A, K Mp *corr.*   23 praecipuas (B)   27 libe-
ralis (B)

14

sententia iuncta ista atque indiscreta sunt: neque enim esse oratorem nisi bonum uirum iudico et fieri, etiam si potest, nolo. De hac igitur prius.

Corrumpi mores in scholis putant: nam et corrumpuntur 4 interim, sed domi quoque, et sunt multa eius rei exempla, tam hercule quam conseruatae sanctissime utrubique opinionis. Natura cuiusque totum curaque distat. Da mentem ad peiora facilem, da neglegentiam formandi custodiendique in aetate prima pudoris, non minorem flagitiis occasionem secreta praebuerint. Nam et potest turpis esse domesticus ille praeceptor, nec tutior inter seruos malos quam ingenuos parum modestos conuersatio est. At si bona ipsius indoles, 5 si non caeca ac sopita parentium socordia est, et praeceptorem eligere sanctissimum quemque, cuius rei praecipua prudentibus cura est, et disciplinam quae maxime seuera fuerit licet, et nihilo minus amicum grauem uirum aut fidelem libertum lateri filii sui adiungere, cuius adsiduus comitatus etiam illos meliores faciat qui timebantur.

Facile erat huius metus remedium. Vtinam liberorum nos- 6 trorum mores non ipsi perderemus! Infantiam statim deliciis soluimus. Mollis illa educatio, quam indulgentiam uocamus, neruos omnis mentis et corporis frangit. Quid non adultus concupiscet qui in purpuris repit? Nondum prima uerba exprimit, iam coccum intellegit, iam conchylium poscit. Ante 7 palatum eorum quam os instituimus. In lecticis crescunt: si terram attigerunt, e manibus utrimque sustinentium pendent. Gaudemus si quid licentius dixerint: uerba ne Alexandrinis quidem permittenda deliciis risu et osculo excipimus.

Nec mirum: nos docuimus, ex nobis audierunt; nostras ami- 8 cas, nostros concubinos uident; omne conuiuium obscenis

A(B): deinde, a licet (l. 16), AB]   3 nolo *(B)*: uolo *a (totum contextum om. A¹)*   hac *(sc.* causa) *(B)*: hac re *A*   4 corrumpuntur *(B)*: -antur *A*   10–11 esse domesticus ille *(B)*: domesticus esse *A*   13 est *a in ras.*: om. *(B)*   16 et *om. A*   uirum *B*: *uirum* liberum *A*   18 facit qui timebuntur *B*   23 concupisset *B*   qui *om. A¹B, fort. recte*   24 coccum *B*: locum *a in ras.*   conchylium *B*: cunnellum *A*   25 os *B*: mores *A (corr. ex* ores?)   29 audiunt *A*

1.2.9   M. FABI QVINTILIANI

canticis strepit, pudenda dictu spectantur. Fit ex his consuetudo, inde natura. Discunt haec miseri antequam sciant uitia esse: inde soluti ac fluentes non accipiunt ex scholis mala ista, sed in scholas adferunt.

9 'Verum in studiis magis uacabit unus uni.' Ante omnia nihil prohibet esse illum nescio quem unum etiam cum eo qui in scholis eruditur. Sed etiamsi iungi utrumque non posset, lumen tamen illud conuentus honestissimi tenebris ac solitudini praetulissem: nam optimus quisque praeceptor **10** frequentia gaudet ac maiore se theatro dignum putat. At fere minores ex conscientia suae infirmitatis haerere singulis et officio fungi quodam modo paedagogorum non indignantur. **11** Sed praestet alicui uel gratia uel pecunia uel amicitia ut doctissimum atque incomparabilem magistrum domi habeat, num tamen ille totum in uno diem consumpturus est aut potest esse ulla tam perpetua discentis intentio quae non ut uisus oculorum optutu continuo fatigetur, cum praesertim **12** multo plus secreti temporis studia desiderent? Neque enim scribenti ediscenti cogitanti praeceptor adsistit: quorum aliquid agentibus cuiuscumque interuentus impedimento est. Lectio quoque non omnis nec semper praeeunte uel interpretante eget: quando enim tot auctorum notitia contingeret? **13** Modicum ergo tempus est quo in totum diem uelut opus ordinetur, ideoque per plures ire possunt etiam quae singulis tradenda sunt. Pleraque uero hanc condicionem habent, ut eadem uoce ad omnis simul perferantur. Taceo de partitionibus et declamationibus rhetorum, quibus certe quantuscumque numerus adhibeatur, tamen unusquisque totum **14** feret (non enim uox illa praeceptoris ut cena minus pluribus sufficit, sed ut sol uniuersis idem lucis calorisque largitur): grammaticus quoque si de loquendi ratione disserat, si quaestiones explicet, historias exponat, poemata enarret,

AB]   3 inde *B*: deinde *a* (*quid A*[1], *incertum*)   ex *om. B*   6 illum *A*: istum *B*   8 possit *A*   10 put*at* at *A* (at *s.l.*): putat *B*   15 num *B*: non *A*   22 notitiam *A*
31 si[2] *A* (*cf. 2. 13. 3*): *om. B*   32 quaestionis *B*   narret *A*

tot illa discent quot audient. 'At enim emendationi praelec- 15
tionique numerus obstat.' Sit incommodum (nam quid fere
undique placet?): mox illud comparabimus commodis.

'Nec ego tamen eo mitti puerum uolo ubi neglegatur.' Sed
neque praeceptor bonus maiore se turba quam ut sustinere
eam possit onerauerit, et in primis ea habenda cura est ut is
omni modo fiat nobis familiariter amicus, nec officium in
docendo spectet sed adfectum. Ita numquam erimus in
turba. Nec sane quisquam litteris saltem leuiter inbutus eum 16
in quo studium ingeniumque perspexerit non in suam quoque gloriam peculiariter fouebit. Et ut fugiendae sint magnae
scholae (cui ne ipsi quidem rei adsentior, si ad aliquem merito concurritur), non tamen hoc eo ualet ut fugiendae sint
omnino scholae. Aliud est enim uitare eas, aliud eligere.

Et si refutauimus quae contra dicuntur, iam explicemus 17
quid ipsi sequamur. Ante omnia futurus orator, cui in maxi- 18
ma celebritate et in media rei publicae luce uiuendum est,
adsuescat iam a tenero non reformidare homines neque illa
solitaria et uelut umbratica uita pallescere. Excitanda mens
et attollenda semper est, quae in eius modi secretis aut lan-
guescit et quendam uelut in opaco situm ducit, aut contra
tumescit inani persuasione: necesse est enim nimium tribuat
sibi qui se nemini comparat. Deinde cum proferenda sunt 19
studia, caligat in sole et omnia noua offendit, ut qui solus
didicerit quod inter multos faciendum est. Mitto amicitias, 20
quae ad senectutem usque firmissime durant religiosa quadam necessitudine inbutae: neque enim est sanctius sacris
isdem quam studiis initiari. Sensum ipsum, qui communis
dicitur, ubi discet cum se a congressu, qui non hominibus
solum sed mutis quoque animalibus naturalis est, segregarit?
Adde quod domi ea sola discere potest quae ipsi praecipien- 21
tur, in schola etiam quae aliis. Audiet multa cotidie probari,

16 §§ *18, 19, 22* → *Vt. p. 445. 7–10, 24–7*

AB]   6 primis *A*: plurimis *B*   ea *om. A*   8 numquam
B: non *A*   11 et *B*: sed *A*   19 umbratili *B*   20 eius *A*,
Vt.: huius *B*   26 firmissimae *A*   31 adde quod *A*: at *B*

multa corrigi, proderit alicuius obiurgata desidia, proderit
laudata industria, excitabitur laude aemulatio, turpe ducet
cedere pari, pulchrum superasse maiores. Accendunt omnia
haec animos, et licet ipsa uitium sit ambitio, frequenter
tamen causa uirtutum est. Non inutilem scio seruatum esse
a praeceptoribus meis morem, qui, cum pueros in classis distribuerant, ordinem dicendi secundum uires ingenii dabant,
et ita superiore loco quisque declamabat ut praecedere profectu uidebatur: huius rei iudicia praebebantur. Ea nobis
ingens palma, ducere uero classem multo pulcherrimum.
Nec de hoc semel decretum erat: tricesimus dies reddebat
uicto certaminis potestatem. Ita nec superior successu curam
remittebat et dolor uictum ad depellendam ignominiam concitabat. Id nobis acriores ad studia dicendi faces subdidisse
quam exhortationem docentium, paedogogorum custodiam,
uota parentium, quantum animi mei coniectura colligere
possum, contenderim. Sed sicut firmiores in litteris profectus
alit aemulatio, ita incipientibus atque adhuc teneris condiscipulorum quam praeceptoris iucundior hoc ipso quod
facilior imitatio est. Vix enim se prima elementa ad spem
tollere effingendae quam summam putant eloquentiae audebunt: proxima amplectentur magis, ut uites arboribus adplicitae inferiores prius adprendendo ramos in cacumina euadunt.
Quod adeo uerum est ut ipsius etiam magistri, si tamen
ambitiosis utilia praeferet, hoc opus sit, cum adhuc rudia
tractabit ingenia, non statim onerare infirmitatem discentium, sed temperare uires suas et ad intellectum audientis
descendere. Nam ut uascula oris angusti superfusam umoris
copiam respuunt, sensim autem influentibus uel etiam instillatis complentur, sic animi puerorum quantum excipere
possint uidendum est: nam maiora intellectu uelut parum
apertos ad percipiendum animos non subibunt. Vtile igitur
habere quos imitari primum, mox uincere uelis: ita paulatim

AB]   6–7 distribuerent *A*   10 palma A^1B: palmae contentio *a*   22 amplectuntur *B*   23 a*p*praehendendo *A* (*qui longam huius uerbi similiumque formam fere semper praebet*)   31 possunt *A*   est *om. B*   33 uelis (*ex* uelix) *B*: ueli*t A*

et superiorum spes erit. His adicio praeceptores ipsos non idem mentis ac spiritus in dicendo posse concipere singulis tantum praesentibus quod illa celebritate audientium instinctos. Maxima enim pars eloquentiae constat animo: hunc **30**
adfici, hunc concipere imagines rerum et transformari quodam modo ad naturam eorum de quibus loquitur necesse est. Is porro quo generosior celsiorque est, hoc maioribus uelut organis commouetur, ideoque et laude crescit et impetu augetur et aliquid magnum agere gaudet. Est quaedam **31**
tacita dedignatio uim dicendi tantis comparatam laboribus ad unum auditorem demittere: pudet supra modum sermonis attolli. Et sane concipiat quis mente uel declamantis habitum uel orantis uocem incessum pronuntiationem, illum denique animi et corporis motum, sudorem, ut alia praeteream, et fatigationem audiente uno: nonne quiddam pati furori simile uideatur? Non esset in rebus humanis eloquentia si tantum cum singulis loqueremur.

3. Tradito sibi puero docendi peritus ingenium eius in primis naturamque perspiciet. Ingenii signum in paruis praecipuum memoria est: eius duplex uirtus, facile percipere et fideliter continere. Proximum imitatio: nam id quoque est docilis naturae, sic tamen ut ea quae discit effingat, non habitum forte et ingressum et si quid in peius notabile est. Non dabit mihi spem bonae indolis qui hoc imitandi studio **2**
petet, ut rideatur; nam probus quoque in primis erit ille uere ingeniosus. Alioqui non peius duxerim tardi esse ingeni quam mali: probus autem ab illo segni et iacente plurimum aberit. Hic meus quae tradentur non difficulter accipiet, quaedam **3**
etiam interrogabit: sequetur tamen magis quam praecurret. Illud ingeniorum uelut praecox genus non temere umquam peruenit ad frugem. Hi sunt qui parua facile faciunt et **4**
audacia prouecti quidquid illud possunt statim ostendunt,

AB] 6 loquitur (*sc.* orator) *AB*: loquimur *P* 11 dimittere *A* 17 loqueretur *A.* 18 QVA RATIONE IN PARVIS (VARIIS *B*) INGENIA DINOSCANTVR ET QVA TRACTANDA SINT Tradito *AB*
19 prospiciet *B* 29 praecurret *A* : procurret *B*

possunt autem id demum quod in proximo est: uerba continuant, haec uultu interrito, nulla tardati uerecundia proferunt: non multum praestant, sed cito; non subest uera uis nec penitus inmissis radicibus nititur, ut quae summo solo sparsa sunt semina celerius se effundunt et imitatae spicas herbulae inanibus aristis ante messem flauescunt. Placent haec annis comparata; deinde stat profectus, admiratio decrescit.

6   Haec cum animaduerterit, perspiciat deinceps quonam modo tractandus sit discentis animus. Sunt quidam, nisi institeris, remissi, quidam imperia indignantur, quosdam continet metus, quosdam debilitat, alios continuatio extundit, in aliis plus impetus facit. Mihi ille detur puer quem laus **7** excitet, quem gloria iuuet, qui uictus fleat. Hic erit alendus ambitu, hunc mordebit obiurgatio, hunc honor excitabit, in hoc desidiam numquam uerebor.

8   Danda est tamen omnibus aliqua remissio, non solum quia nulla res est quae perferre possit continuum laborem, atque ea quoque quae sensu et anima carent ut seruare uim suam possint uelut quiete alterna retenduntur, sed quod studium discendi uoluntate, quae cogi non potest, constat. **9** Itaque et uirium plus adferunt ad discendum renouati ac recentes et acriorem animum, qui fere necessitatibus re- **10** pugnat. Nec me offenderit lusus in pueris (est et hoc signum alacritatis), neque illum tristem semperque demissum sperare possim erectae circa studia mentis fore, cum in hoc **11** quoque maxime naturali aetatibus illis impetu iaceat. Modus tamen sit remissionibus, ne aut odium studiorum faciant negatae aut otii consuetudinem nimiae. Sunt etiam nonnulli acuendis puerorum ingeniis non inutiles lusus, cum positis inuicem cuiusque generis quaestiunculis aemulantur. **12** Mores quoque se inter ludendum simplicius detegunt: modo nulla uideatur aetas tam infirma quae non protinus quid

AB]	2–3 perferunt B	5 fundunt A	17 tamen B:
autem A	20 retinentur A	21 dicendi A^1B	25 illum A:
ullum B	31 cuiuscunque p^*		

rectum prauumque sit discat, tum uel maxime formanda cum simulandi nescia est et praecipientibus facillime cedit; frangas enim citius quam corrigas quae in prauum induruerunt. Protinus ergo ne quid cupide, ne quid improbe, ne quid 13 inpotenter faciat monendus est puer, habendumque in animo semper illud Vergilianum:

'adeo in teneris consuescere multum est'.

Caedi uero discentis, quamlibet id receptum sit et Chry- 14 sippus non improbet, minime uelim, primum quia deforme atque seruile est et certe (quod conuenit si aetatem mutes) iniuria: deinde quod, si cui tam est mens inliberalis ut obiurgatione non corrigatur, is etiam ad plagas ut pessima quaeque mancipia durabitur: postremo quod ne opus erit quidem hac castigatione si adsiduus studiorum exactor adstiterit. Nunc fere neglegentia paedagogorum sic emendari uidetur 15 ut pueri non facere quae recta sunt cogantur, sed cur non fecerint puniantur. Denique cum paruolum uerberibus coegeris, quid iuueni facias, cui nec adhiberi potest hic metus et maiora discenda sunt? Adde quod multa uapulantibus dictu 16 deformia et mox uerecundiae futura saepe dolore uel metu acciderunt, qui pudor frangit animum et abicit atque ipsius lucis fugam et taedium dictat. Iam si minor in eligendis 17 custodum et praeceptorum moribus fuit cura, pudet dicere in quae probra nefandi homines isto caedendi iure abutantur, quam det aliis quoque nonnumquam occasionem hic miserorum metus. Non morabor in parte hac: nimium est quod intellegitur. Quare hoc dixisse satis est: in aetatem infirmam et iniuriae obnoxiam nemini debet nimium licere. Nunc 18 quibus instituendus sit artibus qui sic formabitur ut fieri

7 *georg.* 2. 272   8–9 *SVF* 3. 736

AB]   1 dicat *B*   8 discentis *B*: discipulos *A*   id *B*: et *A*
11 iniuria *B*: -iae *A*   16 cur *AB*: quod *Philander*: cum *ed. Ald.*
21 frangit *A ut uid.* (*cf.* 11. 3. 170): refrangit *B* (refringit *ed. Camp.*)
22 eligendis *B*: deligendis *a* (degendis *A*[1])   23 et *B*: uel *A*
26 morabor *A*: moueor *B*   est *A*: esse *B*   28 *possis* decet (*at cf.* 3. 9. 8)

1. 4. 1   M. FABI QVINTILIANI

possit orator, et quae in quaque aetate inchoanda, dicere ingrediar.
4. Primus in eo qui scribendi legendique adeptus erit facultatem grammaticis est locus. Nec refert de Graeco an de Latino loquar, quamquam Graecum esse priorem placet: 2 utrique eadem uia est. Haec igitur professio, cum breuissime in duas partis diuidatur, recte loquendi scientiam et poetarum enarrationem, plus habet in recessu quam fronte 3 promittit. Nam et scribendi ratio coniuncta cum loquendo est et enarrationem praecedit emendata lectio et mixtum his omnibus iudicium est: quo quidem ita seuere sunt usi ueteres grammatici ut non uersus modo censoria quadam uirgula notare et libros qui falso uiderentur inscripti tamquam subditos summouere familia permiserint sibi, sed auctores alios 4 in ordinem redegerint, alios omnino exemerint numero. Nec poetas legisse satis est: excutiendum omne scriptorum genus, non propter historias modo, sed uerba, quae frequenter ius ab auctoribus sumunt. Tum neque citra musicen grammatice potest esse perfecta, cum ei de metris rhythmisque dicendum sit, nec si rationem siderum ignoret poetas intellegat, qui, ut alia mittam, totiens ortu occasuque signorum in declarandis temporibus utuntur, nec ignara philosophiae, cum propter plurimos in omnibus fere carminibus locos ex intima naturalium quaestionum subtilitate repetitos, tum uel propter Empedoclea in Graecis, Varronem ac Lucretium 5 in Latinis, qui praecepta sapientiae uersibus tradiderunt: eloquentia quoque non mediocri est opus, ut de unaquaque earum quas demonstrauimus rerum dicat proprie et copiose. Quo minus sunt ferendi qui hanc artem ut tenuem atque ieiunam cauillantur. Quae nisi oratoris futuri fundamenta

AB]   3 DE GRAMMATICE (-ICA *B*) Primus *AB*   4 grammaticis] *sic A* (*corr. ex* -ici ?), *B*   6 utrimque *a*   9 promittat *A*   loquendi *Madvig, fort. recte*   10 narrationem praecedet *B*   11 quo *A*: quod *B*   13–14 subditos *B*: subito *A*   18 citra *B*: extra *A*   21 omittam *A* (*at cf. 5. 10. 92*)   22 utuntur *A*: utantur *B*   25 enpodoclen *A*   28 proprie et copiose *B*: copiose et proprie *A*   30 futura *B*

INSTITVTIO ORATORIA 1. 4. 10

fideliter iecit, quidquid superstruxeris corruet: necessaria pueris, iucunda senibus, dulcis secretorum comes, et quae uel sola in omni studiorum genere plus habeat operis quam ostentationis.

Ne quis igitur tamquam parua fastidiat grammatices elementa, non quia magnae sit operae consonantes a uocalibus discernere ipsasque eas in semiuocalium numerum mutarumque partiri, sed quia interiora uelut sacri huius adeuntibus apparebit multa rerum subtilitas, quae non modo acuere ingenia puerilia, sed exercere altissimam quoque eruditionem ac scientiam possit. An cuiuslibet auris est exigere litterarum sonos? Non hercule magis quam neruorum. Aut grammatici saltem omnes in hanc descendent rerum tenuitatem, desintne aliquae nobis necessariae litterae, non cum Graeca scribimus (tum enim ab isdem duas mutuamur), sed proprie in Latinis: ut in his 'seruus' et 'uulgus' Aeolicum digammon desideratur, et medius est quidam u et i litterae sonus (non enim sic 'optimum' dicimus ut 'opimum'), et ⟨in⟩ 'here' neque e plane neque i auditur; an rursus aliae redundent, praeter illam adspirationis, quae si necessaria est, etiam contrariam sibi poscit, et k, quae et ipsa quorundam nominum nota est, et q, cuius similis effectu specieque, nisi quod paulum a nostris obliquatur, coppa apud Graecos nunc tantum in numero manet, et nostrarum ultima, qua tam carere potuimus quam psi non quaerimus? Atque etiam in ipsis uocalibus grammatici est uidere an aliquas pro consonantibus usus

AB] 3 in *A*: om. *B* 6 *post* elementa *titulum* de litteris *dant AB* (*eiecit t*) 11 auris *A*: artis *B* 12 aut *AB* (*interrogatiue*): at *k* (?), *1418* (*fort. recte*) 13–14 desint aliquaene *B* 14 litterarum *A* 17 et¹ *B*: ut *A* 18 optimum *B*: optumum *A* ut *A*¹*B*: aut *a*: uel *Buecheler* (*ap. Halm*) optimum *B*: optimum *A* de hoc loco uid. quae disputauerunt Goidanich, Allen: 'optimum' dicimus ut ⟨aut 'optumum' aut⟩ 'optimum' *Ritschl: alii alia in add. Philander* 19 redundent. ⟨ut⟩ *Sarpe 1815* (*nisi huic praeponas illud* ut k *pro et* k—*infra l.* 21—*quod uoluit Capperonnier*) 20 notam *add. post* adspirationis *ed. Leid.* (*post* illam *Halm*) contraria *B* 22 effectus speciesque *A* 23 cappa *AB*: *corr. Gallaeus, Boherius* 25 psi *Pithoeus:* si *AB* quaesissemus *a in ras.*

1.4.11 M. FABI QVINTILIANI

acceperit, quia 'iam' sicut 'tam' scribitur et 'uos' ut 'cos'. At quae ut uocales iunguntur aut unam longam faciunt, ut ueteres scripserunt, qui geminatione earum uelut apice utebantur, aut duas: nisi quis putat etiam ex tribus uocalibus syllabam fieri si non aliquae officio consonantium fungantur. **11** Quaeret hoc etiam, quo modo duabus demum uocalibus in se ipsas coeundi natura sit, cum consonantium nulla nisi alteram frangat: atqui littera i sibi insidit ('conicit' enim est ab illo 'iacit') et u, quo modo nunc scribitur 'uulgus' et 'seruus'. Sciat etiam Ciceroni placuisse 'aiio' 'Maiiam'que geminata i scribere: quod si est, etiam iungetur ut consonans.

12 Quare discat puer quid in litteris proprium, quid commune, quae cum quibus cognatio: nec miretur cur ex 'scamno' fiat 'scabillum' aut a 'pinno', quod est acutum, securis utrimque habens aciem 'bipennis', ne illorum sequatur errorem qui, quia a pennis duabus hoc esse nomen existi- **13** mant, pennas auium dici uolunt. Neque has modo nouerit mutationes, quas adferunt declinatio aut praepositio, ut 'secat secuit', 'cadit excidit', 'caedit excidit', 'calcat exculcat' (et fit a 'lauando' 'lotus' et inde rursus 'inlutus', et mille alia), sed et quae rectis quoque casibus aetate transierunt. Nam ut 'Valesii' 'Fusii' in 'Valerios' 'Furios'que uenerunt, ita 'arbos', 'labos', 'uapos' etiam et 'clamos' ac 'lases' fuerunt: **14** atque haec ipsa s littera ab his nominibus exclusa in quibusdam ipsa alteri successit: nam 'mertare' atque 'pultare'

AB]   1 tam *AB*: etiam *Ritschl* (*at uid. quae de hoc loco disputauerunt Aistermann, Coleman*)   uos *ed. Jens.*: quos *AB*   cos *AB*: tuos *Ritschl*   1-2 at quae] atque *AB*   4 duas] *i.e.* δίφθογγον (*quod huic substituere uoluit Ritschl*)   8 litteram *A*   conicit *A*[1]: coniicit *aB, fort. recte*   10 aiio maiiamque *A*: aiioaii/aiiamque *B*   13 ediscat *A*   14 nec *A*: ne *B*   15 scabellum *a*   pinno *A*: pinna *B*   16 bipinnis *A*   17 pennis *J*: pinnis *AB*   18 pinnas *A*   20 excidit[1] *AB*: cecidit *R*[1] (*ut Gibson*)   excidit[2] *A*: excudit *B*   21 inlutus *B*[1] (*ut uidetur*), *Bahlmann*: inlatus *B corr.* (*nisi* inlotus *ut N*): illitus *A*   alia *B*: talia *A*   22 sed et *B*: sed *A*   24 ac lases *B*: aetatis *A*   25 atque *A*: as et *B*: set *Halm 1863*   ipsa *om.* P (*simili ratione* ipsa *l.* 26 *om. Burn.* 243, *ut coni. Meister 1876*)

24

INSTITVTIO ORATORIA 1. 4. 18

dicebant, quin 'fordeum' 'faedos'que pro adspiratione uelut simili littera utentes: nam contra Graeci adspirare ei solent, ut pro Fundanio Cicero testem qui primam eius litteram dicere non possit inridet. Sed b quoque in locum **15** aliarum dedimus aliquando, unde 'Burrus' et 'Bruges' et 'balaena'. Nec non eadem fecit ex 'duello' 'bellum', unde 'Duellios' quidam dicere 'Bellios' ausi: quid 'stlocum' 'stlites'que? Quid t litterae cum d quaedam cognatio? Quare **16** minus mirum si ⟨in⟩ uetustis operibus urbis nostrae et celebribus templis legantur 'Alexanter' et 'Cassantra'. Quid o atque u permutata inuicem? ut 'Hecoba' et 'nutrix Culchidis' et 'Pulixena' scriberentur, ac, ne in Graecis id tantum notetur, 'dederont' et 'probaueront'. Sic *'Οδυσσεύς*, quem *'Ολισσέα* fecerant Aeolis, ad 'Vlixem' deductus est. Quid? non e quo- **17** que i loco fuit: 'Menerua' et 'leber' et 'magester' et 'Diioue Victore', non 'Diioui Victori'? Sed mihi hunc locum signare satis est: non enim doceo, sed admoneo docturos. Inde in syllabas cura transibit, de quibus in orthographia pauca adnotabo.

Tum uidebit, ad quem hoc pertinet, quot et quae partes orationis, quamquam de numero parum conuenit. Veteres **18** enim, quorum fuerunt Aristoteles quoque atque Theodectes, uerba modo et nomina et coniunctiones tradiderunt,

3 *frg. orat. V. 7*

AB] 1 faedosque *Halm*: fredosque *A*: foedusque *B*   uelut *A*: uel *B*: f ut *Christ*   2 ei *B*: Φ *A*: f *Halm 1863*   6 balaena *ed. Vasc. 1542*: belena *AB (accedente Prisciano, qui nostrum laudat GL 2. 18. 11)*   7 Duellios *ed. Camp. (cf. Cic. orat. 153)*: duellos *A*: duillos *B*: Duelios *prob. Mai*   Bellios *ed. Gryph. 1536 (et A- ?)*: bellos *aB*: Belios *Halm*   stlocum *N*: stloccum *B*: stilocum *A*: stlocus *Spalding, fort. recte*   8 stlitesque *B*: si et litesque *A*   9 in *add. ed. Asc. 1531*   et *B*: ac *A*   10 cassantra *A*: cassentra *B*   11 permutatae *a, fort. recte*   ut *B*: et *A*   notrix *a*   Culchidis *Seyffert (u. Bonnell, Meister 1862-2)*: culcides *AB*   12 polixena *A malim tantum id*   13 dederont ... probaueront *ed. Ven. 1493*: -unt ... -unt *AB*   odysseus *A*: ΟΔΥΣΣΕΙΣ *B*   olissea *B*[1] (odissea *uoluit B*[2]): *olyssea A*: *'Ολι-* an *'Ολυ- rectius, incertum*   15 ⟨ut⟩ menerua *P*   diioue *D*: diiioue *B*: deioue *A*: Dioue *Halm*   16 diioui *B*: deioui *A*: Dioui *Halm*   uictori *om. A*[1]*B*   22 coniunctiones *ed. Ald.*: coniunctiones *AB (qui eundem errorem exhibent p. 26. 3 et 7)*

25

uidelicet quod in uerbis uim sermonis, in nominibus materiam (quia alterum est quod loquimur, alterum de quo loquimur), in conuinctionibus autem complexum eorum esse iudicauerunt: quas coniunctiones a plerisque dici scio, sed haec **19** uidetur ex syndesmo magis propria tralatio. Paulatim a philosophis ac maxime Stoicis auctus est numerus, ac primum conuinctionibus articuli adiecti, post praepositiones: nominibus appellatio, deinde pronomen, deinde mixtum uerbo participium, ipsis uerbis aduerbia. Noster sermo articulos non desiderat ideoque in alias partes orationis spar- **20** guntur, sed accedit superioribus interiectio. Alii tamen ex idoneis dumtaxat auctoribus octo partes secuti sunt, ut Aristarchus et aetate nostra Palaemon, qui uocabulum siue appellationem nomini subiecerunt tamquam speciem eius, at ii qui aliud nomen, aliud uocabulum faciunt, nouem. Nihilominus fuerunt qui ipsum adhuc uocabulum ab appellatione diducerent, ut esset uocabulum corpus uisu tactuque manifestum: 'domus' 'lectus', appellatio cui uel alterum deesset uel utrumque: 'uentus' 'caelum' 'deus' 'uirtus'. Adiciebant et adseuerationem, ut 'eheu', et tractionem, ut **21** 'fasciatim': quae mihi non adprobantur. Vocabulum an appellatio dicenda sit προσηγορία et subicienda nomini necne, quia parui refert, liberum opinaturis relinquo.

22 Nomina declinare et uerba in primis pueri sciant: neque enim aliter peruenire ad intellectum sequentium possunt. Quod etiam monere superuacuum erat nisi ambitiosa festinatione plerique a posterioribus inciperent, et dum ostentare discipulos circa speciosiora malunt, compendio morarentur.
23 Atqui si quis et didicerit satis et (quod non minus deesse interim solet) uoluerit docere quae didicit, non erit contentus tradere in nominibus tria genera et quae sunt duobus

AB] 1 uidelicet *A*: uidelicet et *B* 7 praepositionis *B* 8 appellati *B* 10 orationis *J*: orationum *AB* 14 speciem *Spalding*: -es *AB* 16 ab *om. B* 20 ut eheu et tractionem *om. A* eheu] *exemplum parum commodum*: eu *Niedermann* 21 fasceatim *B*: fusciatim *ut uid. A* 30 solet *A*: solet et *B* 31 et *B*: et ea *a in ras.*

omnibusue communia. Nec statim diligentem putabo qui 24
promiscua, quae epicoena dicuntur, ostenderit, in quibus sexus
uterque per alterum apparet, aut quae feminina positione
mares aut neutrali feminas significant, qualia sunt 'Murena'
et 'Glycerium'. Scrutabitur ille praeceptor acer atque sub- 25
tilis origines nominum: quae ex habitu corporis 'Rufos'
'Longos'que fecerunt (ubi erit aliquid secretius: 'Sullae'
'Burri' 'Galbae' 'Plauti' 'Pansae' 'Scauri' taliaque) et ex
casu nascentium (hic Agrippa et Opiter et Cordus et Postu-
mus erunt) et ex iis quae post natos eueniunt, unde 'Vopi-
scus'. Iam 'Cottae' 'Scipiones' 'Laenates' 'Serani' sunt ex
uariis causis. Gentes quoque ac loca et alia multa reperias 26
inter nominum causas. In seruis iam intercidit illud genus
quod ducebatur a domino, unde 'Marcipores' 'Publipores'-
que. Quaerat etiam sitne apud Graecos uis quaedam sexti
casus et apud nos quoque septimi. Nam cum dico 'hasta percussi', non utor ablatiui natura, nec si idem Graece dicam,
datiui. Sed in uerbis quoque quis est adeo imperitus ut igno- 27
ret genera et qualitates et personas et numeros? Litterarii
paene ista sunt ludi et triuialis scientiae. Iam quosdam illa
turbabunt quae declinationibus non teruntur. Nam et
quaedam participia an [uerba an] appellationes sint dubitari potest, quia aliud alio loco ualent, ut 'tectum' et
'sapiens': quaedam uerba appellationibus similia, ut 'frauda- 28
tor' 'nutritor'. Iam

'itur in antiquam siluam'

26 *Verg. Aen. 6. 179*

AB] 1 computabo *A*: eum putabo *Regius* 5 scrutabitur
ille *A*: scrutabit mille *B* 6 ex *A*: et *B* 7 aliquid *ed. Asc.
1516*: aliud *AB* (*sed etiamnunc, ut puto, latet uitium*) ⟨ut⟩ Sullae
Burman 10 ex his *A*: his *B* 11 cotta *B* Serani *Regius*
(*fort.* Serrani?): sera *AB* sunt *A*: sunt et *B* 13 intercedit *B*
19 genera ⟨et tempora⟩ *Faber* (*conl. 1. 5. 41*) 21 teruntur *AB*:
feruntur *Claussen 1872*: *alii alia* 22 uerba an *A*: uerbi *B*: *del.*
Claussen 1872 23 tectum *Faber* (*dubitanter*), *Lane*: lectum *AB*:
lectus *P* 24 ⟨et⟩ quaedam *Keil*

27

1. 4. 29

nonne propriae cuiusdam rationis est? Nam quod initium eius inuenias? Cui simile 'fletur'. Accipimus aliter ut

'panditur interea domus omnipotentis Olympi,'

aliter ut 'totis usque adeo turbatur agris'. Est etiam quidam tertius modus, ut 'urbs habitatur', unde et 'campus curritur' et 'mare nauigatur'. 'Pransus' quoque ac 'potus' diuersum ualet quam indicat. Quid quod multa uerba non totum declinationis ordinem ferunt? Quaedam etiam mutantur, ut 'fero' in praeterito, quaedam tertiae demum personae figura dicuntur, ut 'licet' 'piget'. Quaedam simile quiddam patiuntur uocabulis in aduerbium transeuntibus. Nam ut 'noctu' et 'diu', ita 'dictu' 'factu'; sunt enim haec quoque uerba, participalia quidem, non tamen qualia 'dicto' 'facto'que.

5. Iam cum oratio tris habeat uirtutes, ut emendata, ut dilucida, ut ornata sit (quia dicere apte, quod est praecipuum, plerique ornatui subiciunt), totidem uitia, quae sunt supra dictis contraria: emendate loquendi regulam, quae grammatices prior pars est, examinet. Haec exigitur uerbis aut singulis aut pluribus. Verba nunc generaliter accipi uolo: nam duplex eorum intellectus est, alter qui omnia per quae sermo nectitur significat, ut apud Horatium:

'uerbaque prouisam rem non inuita sequentur';

alter in quo est una pars orationis: 'lego' 'scribo'; quam uitantes ambiguitatem quidam dicere maluerunt uoces, locutiones, dictiones. Singula sunt aut nostra aut peregrina, aut simplicia aut composita, aut propria aut tralata, aut usitata aut ficta.

Vni uerbo uitium saepius quam uirtus inest. Licet enim dicamus aliquod proprium, speciosum, sublime, nihil tamen horum nisi in complexu loquendi serieque contingit: lauda-

---

3 *Verg. Aen. 10. 1*   4 *id. ecl. 1. 11–12*   22 *ars 311*

AB]   2 ⟨'tur'⟩ accipimus *Colson* (*malim* ⟨illud 'tur'⟩)   4 turbamur *A* (*ut codd. uett. Verg.*)   est *om. B*   11 in aduerbium transeuntibus *B*: quae in aduerbium transeunt *A*   12 factuque *A*   14 oratio *B*: omnis oratio *a in pari rasura*   17 contrariae *B*

INSTITVTIO ORATORIA 1. 5. 8

mus enim uerba rebus bene accommodata. Sola est quae 4
notari possit uelut uocalitas, quae εὐφωνία dicitur: cuius in
eo dilectus est ut inter duo quae idem significant ac tantundem
ualent quod melius sonet malis.
5 Prima barbarismi ac soloecismi foeditas absit. Sed quia 5
interim excusantur haec uitia aut consuetudine aut auctoritate
aut uetustate aut denique uicinitate uirtutum (nam
saepe a figuris ea separare difficile est): ne qua tam lubrica
obseruatio fallat, acriter se in illud tenue discrimen gramma-
10 ticus intendat, de quo nos latius ibi loquemur ubi de figuris
orationis tractandum erit. Interim uitium quod fit in sin- 6
gulis uerbis sit barbarismus. Occurrat mihi forsan aliquis:
quid hic promisso tanti operis dignum ? aut quis hoc nescit,
alios barbarismos scribendo fieri, alios loquendo (quia quod
15 male scribitur male etiam dici necesse est, quae uitiose dixeris
non utique et scripto peccant), illud prius adiectione detractione
inmutatione transmutatione, hoc secundum diuisione
complexione adspiratione sono contineri? Sed ut parua 7
sint haec, pueri docentur adhuc et grammaticos officii sui
20 commonemus. Ex quibus si quis erit plane inpolitus et uestibulum
modo artis huius ingressus, intra haec, quae profitentium
commentariolis uulgata sunt, consistet; doctiores multa
adicient: uel hoc primum, quod barbarum pluribus modis
accipimus. Vnum gente, quale sit si quis Afrum uel His- 8
25 panum Latinae orationi nomen inserat: ut ferrum quo rotae
uinciuntur dici solet 'cantus', quamquam eo tamquam recepto
utitur Persius, sicut Catullus 'ploxenum' circa Padum
inuenit, et in oratione Labieni (siue illa Corneli Galli est) in

27 *Persius 5. 71: Catullus 97. 6*   28 *FOR p. 530*

AB]   3 delectus A 4 quid A 5 DE BARBARISMIS
Prima A prima] *uerbum ualde obscurum*   8 qua AB^2 (quaq
B^1): quem p^* tam B: tamen A 9 se in B: semper A
12 barbarissimus A 16 peccat A 18 a(d)spiratione *a*
(comp. adsp. *om*. A^1), B: spatio *Claussen 1872, fort. recte (nisi hoc
addendum est)*   22 consistit B 23 barbarismum plurimis A
24 gente AB: genus *Bywater*

1. 5. 9   M. FABI QVINTILIANI

Pollionem 'casamo' †adsectator† e Gallia ductum est: nam 'mastrucam', quod est Sardum, inridens Cicero ex industria
9 dixit. Alterum genus barbari accipimus quod fit animi natura, ut is a quo insolenter quid aut minaciter aut crudeliter dic-
10 tum sit barbare locutus existimatur. Tertium est illud uitium barbarismi, cuius exempla uulgo sunt plurima, sibi etiam quisque fingere potest, ut uerbo cui libebit adiciat litteram syllabamue uel detrahat aut aliam pro alia aut eandem alio
11 quam rectum est loco ponat. Sed quidam fere in iactationem eruditionis sumere illa ex poetis solent, et auctores quos praelegunt criminantur. Scire autem debet puer haec apud scriptores carminum aut uenia digna aut etiam laude duci,
12 potiusque illa docendi erunt minus uulgata. Nam duos in uno nomine faciebat barbarismos Tinga Placentinus, si reprehendenti Hortensio credimus, 'preculam' pro 'pergula' dicens, et inmutatione, cum c pro g uteretur, et transmutatione, cum r praeponeret antecedenti. At in eadem uitii geminatione 'Mettoeo Fufetioeo' dicens Ennius poetico iure
13 defenditur. Sed in prorsa quoque est quaedam iam recepta inmutatio (nam Cicero 'Canopitarum exercitum' dicit, ipsi Canobon uocant), et 'Trasumennum' pro 'Tarsumenno' multi auctores, etiamsi est in eo transmutatio, uindicauerunt. Similiter alia: nam siue est 'adsentior', Sisenna dixit 'adsentio' multique et hunc et analogian secuti, siue illud
14 uerum est, haec quoque pars consensu defenditur: at ille

2 *Scaur. 45h*   18 *ann. 126*   20 *frg. orat. XVI. 11*

AB] 1 casamo *B*: casami *A*: *uerbum ignotum* adsectator *B*: affectator *A*: affectato *Sarpe 1815* (-ate *Colson*) gallia ductum *A*: galli adductum *B* 2 mastrugam *A* est sardum *A*: *inu. ord. B* inridens *A*: inludens *B* 3 barbarismi *A* fiet *B* 6 barbarismus *B* 8 uel *B*: aut *a in ras.* 14 tinga *B*: stinga *post corr. A* (Tinca *erat, si credimus codicibus Cic. Brut. 172*) 18 Mettoeo *Ritschl*: metti∗eo et *A* (mettioeo et *b*): ettieo *B*: *alii alia* (*uid. quae disputauit Heraeus pp. 265–272*) fufetioeo *B*: furetioeo *A*: *alii alia* 21 trasumennum *B*: transumenum *A*[1] (trasimennum *a*) tarsumenno *B*: thasumeno *A*[1] (tarsimeno *a*) 22 eo *om. A*

INSTITVTIO ORATORIA 1. 5. 18

pexus pinguisque doctor aut illic detractionem aut hic adiectionem putabit. Quid quod quaedam, quae singula procul dubio uitiosa sunt, iuncta sine reprehensione dicuntur? Nam et 'dua' et 'tre' [pondo] diuersorum generum sunt barbarismi, at 'dua pondo' et 'tre pondo' usque ad nostram aetatem ab omnibus dictum est, et recte dici Messala confirmat. Absurdum forsitan uideatur dicere barbarismum, quod est unius uerbi uitium, fieri per numeros aut genera sicut soloecismum: 'scala' tamen et 'scopa' contraque 'hordea' et 'mulsa', licet litterarum mutationem detractionem adiectionem habeant, non alio uitiosa sunt quam quod pluralia singulariter et singularia pluraliter efferuntur: et 'gladia' qui dixerunt genere exciderunt. Sed hoc quoque notare contentus sum, ne arti culpa quorundam peruicacium perplexae uidear et ipse quaestionem addidisse.

Plus exigunt subtilitatis quae accidunt in dicendo uitia, quia exempla eorum tradi scripto non possunt, nisi cum in uersus inciderunt, ut diuisio 'Europai' 'Asiai', et ei contrarium uitium, quod συναίρεσιν et ἐπισυναλιφήν Graeci uocant, nos complexionem dicimus, qualis est apud P. Varronem:

'tum te flagranti deiectum fulmine Phaethon.'

Nam si esset prorsa oratio, easdem litteras enuntiare ueris syllabis licebat. Praeterea quae fiunt spatio, siue cum syllaba correpta producitur, ut

'Italiam fato profugus',

seu longa corripitur, ⟨ut⟩

'unius ob noxam et furias',

20 *P. Varronis Atacini frg. 10 Morel*   25 *Verg. Aen. 1. 2*
27 *ibid. 1. 41*

AB]   4 et[1] *om. P*   pondo *A*: et pondo *B*: *del. Halm, praeeunte Spaldingio*   4–5 barbarissimi *A*   10–11 detractionem adiectionem *del. Kiderlin 1877, fort. recte: tota sententia parum aperta*   11 habent *B*   18 Europai (*hoc ed. Ald.*) Asiai *Halm (et, ut uid., Osann 1816)*: europae asiae *B*: europa et asiae *a* (europalaisei *A*[1])   19 ἐπισυναλοιφήν *Birt*: CYNΔΛΙΦHN *B*: synalifen *A*   20 dicamus *B, non male*   24 producitur *A*: deducitur *B*   26 ut *E*: *om. AB*

31

1. 5. 19   M. FABI QVINTILIANI

extra carmen non deprendas, sed nec in carmine uitia di-
19 cenda sunt. Illa uero non nisi aure exiguntur quae fiunt per
sonos: quamquam per adspirationem, siue adicitur uitiose
siue detrahitur, apud nos potest quaeri an in scripto sit
uitium, si h littera est, non nota. Cuius quidem ratio mutata 5
20 cum temporibus est saepius. Parcissime ea ueteres usi etiam
in uocalibus, cum 'aedos' 'ircos'que dicebant. Diu deinde
seruatum ne consonantibus adspirarent, ut in 'Graccis' et
'triumpis'. Erupit breui tempore nimius usus, ut 'choronae'
'chenturiones' 'praechones' adhuc quibusdam inscriptionibus 10
21 maneant, qua de re Catulli nobile epigramma est. Inde durat
ad nos usque 'uehementer' et 'comprehendere' et 'mihi':
nam 'mehe' quoque pro 'me' apud antiquos tragoediarum
praecipue scriptores in ueteribus libris inuenimus.

22 Adhuc difficilior obseruatio est per tenores (quos quidem 15
ab antiquis dictos tonores comperi, uidelicet declinato a
Graecis uerbo, qui τόνους dicunt) uel adcentus, quas Graeci
προσῳδίας uocant, cum acuta et grauis alia pro alia ponuntur,
ut in hoc 'Camillus', si acuitur prima, aut grauis pro flexa,
23 ut 'Cethegus' (et hic prima acuta; nam sic media mutatur), 20
aut flexa pro graui, ut †apice† circumducta sequenti, quam
ex duabus syllabis in unam cogentes et deinde flectentes
24 dupliciter peccant. Sed id saepius in Graecis nominibus accidit, ut 'Atreus', quem nobis iuuenibus doctissimi senes acuta
prima dicere solebant, ut necessario secunda grauis esset, 25
item 'Nerei' 'Terei'que.
25   Haec de accentibus tradita. Ceterum scio iam quosdam
eruditos, nonnullos etiam grammaticos sic docere ac loqui

II 84

AB]   1 sed *om. B*   1–2 dicenda *B* (*cf.* § 52): ducenda *A*
6 ea *om. B*   8 reseruatum *B*   graccis *P*: gra*cc*his *A*, *B*
9 triumpis *ed. Ald.*: triumphis *B*: in tri*u*mphis *A*   10 centhu-
riones *a* (*ex* centuriones), *B*¹   ⟨in⟩ inscriptionibus *Halm*   13 mehe
A: mee *B*   15 DE ACCENTIBVS Adhuc *A*   17 tonos *A*: tonon
B   19 camilius *B*   21 ut *B*: *aut *A*   apice *A*: *om. B*:
Appi *Spalding* (1. *LXXV*)): aluei *exempli gratia Kiderlin 1877*
24 atreus *A*, *B*: Atrei *Osann 6. 15–16*

INSTITVTIO ORATORIA 1. 5. 31

ut propter quaedam uocum discrimina uerbum interim acuto
sono finiant, ut in illis
'quae circum litora, circum
piscosos scopulos',
ne, si grauem posuerint secundam, 'circus' dici uideatur, **26**
non 'circumitus': itemque cum 'quale' interrogantes graui,
comparantes acuto tenore concludunt; quod tamen in aduerbiis fere solis ac pronominibus uindicant, in ceteris ueterem
legem secuntur. Mihi uidetur condicionem mutare quod his **27**
locis uerba coniungimus. Nam cum dico 'circum litora', tamquam unum enuntio dissimulata distinctione, itaque tamquam in una uoce una est acuta: quod idem accidit in illo
'Troiae qui primus ab oris'.
Euenit ut metri quoque condicio mutet accentum: **28**
'pecudes pictaeque uolucres'.
Nam 'uolucres' media acuta legam, quia, etsi natura breuis,
tamen positione longa est, ne faciat iambum, quem non recipit uersus herous. Separata uero haec a praecepto nostro **29**
non recedent, aut si consuetudo uicerit uetus lex sermonis
abolebitur. Cuius difficilior apud Graecos obseruatio est, quia
plura illis loquendi genera, quas dialectus uocant, et quod
alias uitiosum, interim alias rectum est. Apud nos uero breuissima ratio: namque in omni uoce acuta intra numerum **30**
trium syllabarum continetur, siue eae sunt in uerbo solae
siue ultimae, et in iis aut proxima extremae aut ab ea tertia.
Trium porro de quibus loquor media longa aut acuta aut
flexa erit, eodem loco breuis utique grauem habebit sonum
ideoque positam ante se, id est ab ultima tertiam, acuet.
Est autem in omni uoce utique acuta, sed numquam plus **31**
una nec umquam ultima, ideoque in disyllabis prior. Praeterea

---

3 *Verg. Aen. 4. 254–5*   13 *ibid. 1.1*   15 *id. georg. 3. 243*
(*Aen. 4. 525*)

AB]   1 quaedam uocum *B*: *inu. ord. A*   6 itemque cum
AB: item quantum *P*   15 ⟨ut⟩ pecudes *b*   18 nostro *om. A*
21 dialectos *A*   22 alias (*ex* alia) ... alias *A*: alia ... alia *B*

1. 5. 32   M. FABI QVINTILIANI

numquam in eadem flexa et acuta, †qui in eadem flexa et acuta†; itaque neutra cludet uocem Latinam. Ea uero quae sunt syllabae unius erunt acuta aut flexa, ne sit aliqua **32** uox sine acuta. Et illa per sonos accidunt, quae demonstrari scripto non possunt, uitia oris et linguae: iotacismus et labdacismus et ischnotetas et plateasmus feliciores fingendis nominibus Graeci uocant, sicut coelostomian, cum uox quasi **33** in recessu oris auditur. Sunt etiam proprii quidam et inenarrabiles soni, quibus nonnumquam nationes deprehendimus. Remotis igitur omnibus de quibus supra diximus uitiis erit illa quae uocatur ὀρθοέπεια, id est emendata cum suauitate uocum explanatio: nam sic accipi potest recta.

34 Cetera uitia omnia ex pluribus uocibus sunt, quorum est soloecismus. Quamquam circa hoc quoque disputatum est; nam etiam qui complexu orationis accidere eum confitentur, quia tamen unius emendatione uerbi corrigi possit, in uerbo **35** esse uitium, non in sermone contendunt, cum, siue 'amarae corticis' seu 'medio cortice' per genus facit soloecismum (quorum neutrum quidem reprehendo, cum sit utriusque Vergilius auctor: sed fingamus utrumlibet non recte dictum), mutatio uocis alterius, in qua uitium erat, rectam loquendi rationem sit redditura, ut 'amari corticis' fiat uel 'media cortice'. Quod manifestae calumniae est: neutrum enim uitiosum est separatum, sed compositione peccatur, quae **36** iam sermonis est. Illud eruditius quaeritur, an in singulis quoque uerbis possit fieri soloecismus, ut si unum quis ad se uocans dicat 'uenite', aut si pluris a se dimittens ita loquatur: 'abi' aut 'discede'. Nec non cum responsum ab inter-

17–18 *Verg. ecl. 6. 62–3: georg. 2. 74*

AB]   1–2 qui ... acuta *B* (*partim falsa repetitione*): *om. A*: *fuit e.g.* quoniam (*hoc iam ed. Vasc. 1542*) in flexa est acuta (*Spalding*): *equidem malim* quia (*hoc t*) ... acuta   5 iotacismus *B*: miotacismus *A*: ἰωτακισμούς et μυτακισμούς *Claussen 1872, fort. recte*   6 hischnoetas *A*   7 coelostamian *B*   8 auditur *A*: diuiditur *B* 9 deprehendimus *Burman*: repr∗ehendimus *A*: reprendimus *B* 10 diximus *B*: dixi *a* (*om. A*¹)   11 orthoepia *B*: ΟΡΘΟΕΠΟΙΔ *A* (*corr.*)   22 sit redditura ut *A*: sic redditur aut *B*   26 ut *A*: uti *B*   28 abii *B*   28–p. 35 l. 1 interrogatione *P* (*at Halm confert 6. 3. 81*)

INSTITVTIO ORATORIA   1. 5. 42

rogante dissentit, ut si dicenti 'quem uideo?' ita occurras:
'ego'. In gestu etiam nonnulli putant idem uitium inesse,
cum aliud uoce, aliud nutu uel manu demonstratur. Huic 37
opinioni neque omnino accedo neque plane dissentio; nam
5 id fateor accidere uoce una, non tamen aliter quam si sit
aliquid, quod uim alterius uocis optineat, ad quod uox illa
referatur: ut soloecismus ex complexu fiat eorum quibus res
significantur et uoluntas ostenditur. Atque ut omnem effu- 38
giam cauillationem, sit aliquando in uno uerbo, numquam in
10 solo uerbo. Per quot autem et quas accidat species, non satis
conuenit. Qui plenissime, quadripertitam uolunt esse rationem nec aliam quam barbarismi, ut fiat adiectione 'nam
enim', 'de susum', 'in Alexandriam', detractione 'ambulo
uiam', 'Aegypto uenio', 'ne hoc fecit', transmutatione, qua 39
15 ordo turbatur, 'quoque ego', 'enim hoc uoluit', 'autem non
habuit': ex quo genere an sit 'igitur' initio sermonis positum
dubitari potest, quia maximos auctores in diuersa fuisse
opinione uideo, cum apud alios sit etiam frequens, apud
alios numquam reperiatur. Haec tria genera quidam di- 40
20 ducunt a soloecismo, et adiectionis uitium πλεονασμόν, de-
tractionis ἔλλειψιν, inuersionis ἀναστροφήν uocant: quae si in
speciem soloecismi cadat, ὑπερβατόν quoque eodem appellari
modo posse. Inmutatio sine controuersia est, cum aliud pro 41
alio ponitur. Id per omnis orationis partis deprendimus, fre-
25 quentissime in uerbo, quia plurima huic accidunt, ideoque
in eo fiunt soloecismi per genera tempora personas modos
(siue cui 'status' eos dici seu 'qualitates' placet) uel sex uel
ut alii uolunt octo (nam totidem uitiorum erunt formae in
quot species eorum quidque de quibus supra dictum est diui-
30 seris): praeterea numeros, in quibus nos singularem ac 42
pluralem habemus, Graeci et δυϊκόν. Quamquam fuerunt
qui nobis quoque adicerent dualem 'scripsere' 'legere' (quod

AB]   5 id *B*: et *A*   10 quas *B*: per quas *A*   19–20 di-
ducunt *p** (*uel P*): deducunt *A* : dicunt *B*¹ (diuidunt *B*²)   21 ana-
strofen *A* : ἀΝἀϹΤΡΟΦΗ *B*   22 cadunt *A*   24 orationes *B*
27 cui *a* (*om. contextum A*¹): quia *B*   qualitates *a ?*, *b*: -is *B*

35

1. 5. 43   M. FABI QVINTILIANI

euitandae asperitatis gratia mollitum est, ut apud ueteres pro 'male mereris' 'male merere'), ideoque quod uocant duale in illo solo genere consistit, cum apud Graecos et uerbi tota fere ratione et in nominibus deprendatur (et sic quoque raris-
43 simus sit eius usus), apud nostrorum uero neminem haec obseruatio reperiatur, quin e contrario
   'deuenere locos'
   et 'conticuere omnes'
   et 'consedere duces'
aperte nos doceant nil horum ad duos pertinere, 'dixere' quoque, quamquam id Antonius Rufus ex diuerso ponit ex-
44 emplum, de pluribus patronis praeco pronuntiet. Quid? non Liuius circa initia statim primi libri 'tenuere' inquit 'arcem Sabini' et mox: 'in aduersum Romani subiere'? Sed quem potius ego quam M. Tullium sequar? Qui in Oratore 'non reprendo' inquit 'scripsere: scripserunt esse uerius sentio'.
45 Similiter in uocabulis et nominibus fit soloecismus genere, numero, proprie autem casibus, quidquid horum alteri succedet. Huic parti subiungantur licet per comparationes et superlationes, itemque in quibus patrium pro possessiuo
46 dicitur uel contra. Nam uitium quod fit per quantitatem, ut 'magnum peculiolum', erunt qui soloecismum putent, quia pro nomine integro positum sit deminutum: ego dubito an id inproprium potius appellem; significatione enim deerrat: soloecismi porro uitium non est in sensu, sed in complexu.
47 In participio per genus et casum ut in uocabulo, per tempora ut in uerbo, per numerum ut in utroque peccatur. Pronomen

7 *Verg. Aen. 1. 365*   8 *ibid. 2. 1*   9 *Ouid. met. 13. 1*
13 *1. 12. 1*   15 *157*

AB]   1 deuitandae *B*   2–3 duale in *ex B dubitanter praebeo*: dualem *A*[1] (dualem in *a*)   3 et *B*: et in *a in ras.*   4 et sic *AB*: etsi sic *Spalding*   5 sit eius *A*: eius sit *B*: est eius *Kiderlin 1877*   10 nihil *A*   11 quamquam id *B*: quod *A*   12 pronuntiere *A*   14 sed *A*: et *B*   16 reprendo *B*: rep**ehendo *A*: reprehenderim *codd. Cic.*   17 similiter in *A*: similiternln (*sic*) *B*   18 eorum *B*   19 subiungatur *A*, *non male*   26 tempora ⟨et genera⟩ *Andresen*   27 pronomen *A*: ideonum *B* (*mire*) quoque genus numerum casus habet, quae omnia recipiunt huius modi errorem. Fiunt soloecismi et quidem plurimi per **48** partis orationis: sed id tradere satis non est, ne ita demum uitium esse credat puer si pro alia ponatur alia, ut uerbum ubi nomen esse debuerit, uel aduerbium ubi pronomen, ac similia. Nam sunt quaedam cognata, ut dicunt, id est eius- **49** dem generis, in quibus qui alia specie quam oportet utetur, non minus quam ipso genere permutato deliquerit. Nam et **50** 'an' et 'aut' coniunctiones sunt, male tamen interroges 'hic aut ille sit'; et 'ne' ac 'non' aduerbia: qui tamen dicat pro illo 'ne feceris' 'non feceris', in idem incidat uitium, quia alterum negandi est, alterum uetandi. Hoc amplius 'intro' et 'intus' loci aduerbia, 'eo' tamen 'intus' et 'intro sum' soloecismi sunt. Eadem in diuersitate pronominum inter- **51** iectionum praepositionum accident.

Est enim soloecismus in oratione comprensionis unius sequentium ac priorum inter se inconueniens positio. Quaedam **52** tamen et faciem soloecismi habent et dici uitiosa non possunt, ut 'tragoedia Thyestes', ut 'ludi Floralia ac Megalesia' —quamquam haec sequentia tempore interciderunt numquam aliter a ueteribus dicta. Schemata igitur nominabuntur, frequentiora quidem apud poetas, sed oratoribus quoque permissa. Verum schema fere habebit aliquam rationem, ut **53** docebimus eo quem paulo ante promisimus loco, sed hic quoque quod schema uocatur, si ab aliquo per inprudentiam factum erit, soloecismi uitio non carebit. In eadem specie **54** sunt, sed schemate carent, ut supra dixi, nomina feminina quibus mares utuntur, et neutralia quibus feminae. Hactenus de soloecismo: neque enim artem grammaticam componere adgressi sumus, sed cum in ordinem incurreret, inhonoratam transire noluimus.

Hoc amplius, ut institutum ordinem sequar, uerba **aut 55**

AB]   1 omnia *B*: omnes *a* (*om. contextum A*[1])   13 intus[1] *om. B*   15 accidunt *B*   16 enim *A* (*expl.* Colson): etiam *B* oratione *mirum mihi quidem uidetur*   19 ut[2] *A*: et *B*   megalensia *B* 20 sequentia *B*[1] (*cf. 1. 8. 12 et 7. 2. 45*): sequenti *AB*[2]   24 hic *B*: id *A* 31 inhonoratum (*sc.* soloecismum) *Kiderlin 1885*

1. 5. 56

Latina aut peregrina sunt. Peregrina porro ex omnibus prope dixerim gentibus ut homines, ut instituta etiam multa
56 uenerunt. Taceo de Tuscis et Sabinis et Praenestinis quoque (nam ut eorum sermone utentem Vettium Lucilius insectatur, quem ad modum Pollio reprendit in Liuio Patauinita-
57 tem): licet omnia Italica pro Romanis habeam. Plurima Gallica eualuerunt, ut 'raeda' ac 'petorritum', quorum altero tamen Cicero, altero Horatius utitur. Et 'mappam' circo quoque usitatum nomen Poeni sibi uindicant, et 'gurdos', quos pro stolidis accipit uulgus, ex Hispania duxisse origin-
58 em audiui. Sed haec diuisio mea ad Graecum sermonem praecipue pertinet; nam et maxima ex parte Romanus inde conuersus est, et confessis quoque Graecis utimur uerbis ubi nostra desunt, sicut illi a nobis nonnumquam mutuantur. Inde illa quaestio exoritur, an eadem ratione per casus duci
59 externa qua nostra conueniat. Ac si reperias grammaticum ueterum amatorem, neget quicquam ex Latina ratione mutandum, quia, cum sit apud nos casus ablatiuus, quem illi non habent, parum conueniat uno casu nostro, quinque
60 Graecis uti: quin etiam laudet uirtutem eorum qui potentiorem facere linguam Latinam studebant nec alienis egere institutis fatebantur: inde 'Castorem' media syllaba producta pronuntiarunt, quia hoc omnibus nostris nominibus accidebat quorum prima positio in easdem quas 'Castor' litteras exit, et ut 'Palaemo' ac 'Telamo' et 'Plato' (nam sic eum Cicero quoque appellat) dicerentur retinuerunt, quia
61 Latinum quod o et n litteris finiretur non reperiebant. Ne in a quidem atque s litteras exire temere masculina Graeca nomina recto casu patiebantur, ideoque et apud Caelium

4 *1322 Marx*   7 *Mil. 28: sat. 1.6.104, ep. 2.1.192*   29 *ORF p. 488*

AB]   4–6 *nisi sic* (*ut primus Radermacher 1905*) *distinguis, necesse est recipias* insectetur (*concessiue dictum*), *quod uoluit Kiderlin 1877*
4 sermonem *B*   uetticium *A*   5 reprendit *Radermacher*: reprehendit *A*: deprendit *B* (*non male*)   7 quorum *B*: oriorum *A*
8 tamen cicero *A*: inu. ord. *B*   9 quoque *B*: que *A*   uindicat *A*
14 a nobis nonnumquam *A*: nonnumquam a nobis *B*   24 accedebat *B*   25 et¹ om. *A*

INSTITVTIO ORATORIA 1. 5. 66

legimus 'Pelia cincinnatus' et apud Messalam 'bene fecit Euthia' et apud Ciceronem 'Hermagora', ne miremur quod ab antiquorum plerisque 'Aenea' ut 'Anchisa' sit dictus. Nam si ut 'Maecenas' 'Sufenas' 'Asprenas' dicerentur, gene- 62 tiuo casu non e littera sed tis syllaba terminarentur. Inde Olympo et tyranno acutam syllabam mediam dederunt, quia [duabus longis sequentibus] primam breuem acui noster sermo non patitur. Sic genetiuus 'Vlixi' et 'Achilli' fecit, sic 63 alia plurima. Nunc recentiores instituerunt Graecis nominibus Graecas declinationes potius dare, quod tamen ipsum non semper fieri potest. Mihi autem placet rationem Latinam sequi, quousque patitur decor. Neque enim iam 'Calypsonem' dixerim ut 'Iunonem', quamquam secutus antiquos C. Caesar utitur hac ratione declinandi; sed auctoritatem consuetudo superauit. In ceteris quae poterunt utroque modo 64 non indecenter efferri, qui Graecam figuram sequi malet non Latine quidem sed tamen citra reprehensionem loquetur.

Simplices uoces prima positione, id est natura sua, con- 65 stant, compositae aut praepositionibus subiunguntur, ut 'innocens' (dum ne pugnantibus inter se duabus, quale est 'inperterritus': alioqui possunt aliquando continuari duae, ut 'incompositus' 'reconditus' et quo Cicero utitur 'subabsurdum'), aut e duobus quasi corporibus coalescunt, ut 'maleficus'. Nam ex tribus nostrae utique linguae non concesserim, 66 quamuis 'capsis' Cicero dicat compositum esse ex 'cape si

1 *ORF p. 533*   2 *nomen inuenies e.g. inu. 1. 8*   22 *e.g. de orat. 2. 274*   25 *orat. 154*

AB]   2 ne *B*: nec *a in ras.*   3 ut *A¹B*: aut *a*   dictum *A*
5 tis *A* : s *B*   6 acutatam *A*   7 duabus longis sequentibus (insequentibus *A*) *AB*: *del. Hermann (ap. H. Meyer), qui* brevem quoque secludere uoluit: adhuc audacius quia . . . patitur *deleuit Claussen 1872: alii quaedam adicere uoluerunt, ut e.g.* ⟨una aut⟩ duabus *Philander*, longis ⟨aut longa et breui⟩ *Andresen*   11 rationem latinam *A* : *inu. ord. B*   12 patietur *A*   15 utroque *B*: in utroque *A*   17 sed tamen *A (cf. 12. 10. 32):* sed *B*   18 DE VOCE SIMPLICI Simplices *A*   20 dum *A¹B*: interdum *a*   ne pugnantibus *B*: repugnantibus *A*   23 e duobus *B*: duabus *A*
25–p. 40. 1 ex cape si uis et *om. A*

39

uis', et inueniantur qui 'Lupercalia' aeque tris partes ora-
67 tionis esse contendant quasi 'luere per caprum': nam 'Solitaurilia' iam persuasum est esse 'Souetaurilia', et sane ita
se habet sacrum, quale apud Homerum quoque est. Sed
haec non tam ex tribus quam ex particulis trium coeunt.
Ceterum etiam ex praepositione et duobus uocabulis dure
uidetur struxisse Pacuuius:
'Nerei repandirostrum incuruiceruicum pecus.'
68 Iunguntur autem aut ex duobus Latinis integris, ut 'superfui' 'supterfugi', quamquam ex integris an composita sint
quaeritur, aut ex integro et corrupto, ut 'maleuolus', aut ex
corrupto et integro, ut 'noctiuagus', aut duobus corruptis,
ut 'pedisecus', aut ex nostro et peregrino, ut 'biclinium', aut
contra, ut 'epitogium' et 'Anticato', aliquando et ex duobus
peregrinis, ut 'epiraedium'; nam cum sit 'epi' praepositio
Graeca, 'raeda' Gallicum (neque Graecus tamen neque Gallus
utitur composito), Romani suum ex alieno utroque fecerunt.
69 Frequenter autem praepositiones quoque copulatio ista corrumpit: inde 'abstulit' 'aufugit' 'amisit', cum praepositio sit
'ab' sola, et 'coit', cum sit praepositio 'con'. Sic 'ignaui' et
70 'erepublica' et similia. Sed res tota magis Graecos decet,
nobis minus succedit: nec id fieri natura puto, sed alienis
fauemus, ideoque cum κυρταύχενα mirati simus, 'incuruiceruicum' uix a risu defendimus.
71 Propria sunt uerba cum id significant in quod primo denominata sunt, tralata cum alium natura intellectum, alium
loco praebent. Vsitatis tutius utimur, noua non sine quodam
periculo fingimus. Nam si recepta sunt, modicam laudem

4 *e.g. Od. 11.131*   7 *frg. inc. XLIV Klotz*

AB] 1 inueniuntur *A*   3 suouetaurilia *Spalding*: sueuetaurilia
B: sus obitaurilia *A*   11 ex¹ *om. A*   12 ⟨ex⟩ duobus *D*   13 bi-
clini*um* aut *A*: biclinio *B*   14 aliquando et *H. Meyer*: aliquit et *B*
(*unde* aliquot et *D*): aliquid *A*: aliqua et *Halm*   15 epi *a in ras.*:
om. B, fort. recte   18 copulatio *B*: compositio *A*   23 κυρταύχενα
ed. Ald.: ⲤⲨⲢⲀⲨⲤⲈⲚⲀ *a in ras.*: cyrauchena *B*   sumus *B*
25 quod *B*: quo *A*

INSTITVTIO ORATORIA 1. 6. 4

adferunt orationi, repudiata etiam in iocos exeunt. Auden- 72
dum tamen: namque, ut Cicero ait, etiam quae primo dura
uisa sunt, usu molliuntur. Sed minime nobis concessa est
ὀνοματοποιία. Quis enim ferat si quid simile illis merito lauda-
5 tis λίγξε βιός et σίζ' ὀφθαλμός fingere audeamus? Iam ne
'balare' quidem aut 'hinnire' fortiter diceremus nisi iudicio
uetustatis niterentur.
   6. Est etiam sua loquentibus obseruatio, sua scribentibus.
Sermo constat ratione uetustate auctoritate consuetudine.
10 Rationem praestat praecipue analogia, nonnumquam etymologia. Vetera maiestas quaedam et, ut sic dixerim, religio
commendat. Auctoritas ab oratoribus uel historicis peti 2
solet (nam poetas metri necessitas excusat, nisi si quando
nihil impediente in utroque modulatione pedum alterum
15 malunt, qualia sunt
     'imo de stirpe recisum'
   et 'aëriae quo congessere palumbes'
   et 'silice in nuda'
et similia): cum summorum in eloquentia uirorum iudicium
20 pro ratione, et uel error honestus est magnos duces sequentibus. Consuetudo uero certissima loquendi magistra, uten- 3
dumque plane sermone, ut nummo, cui publica forma est.
Omnia tamen haec exigunt acre iudicium, analogia praecipue: quam proxime ex Graeco transferentes in Latinum 4
25 proportionem uocauerunt. Eius haec uis est, ut id quod
dubium est ad aliquid simile de quo non quaeritur referat, et incerta certis probet. Quod efficitur duplici uia:

2 *nat. deor.* 1. 95   5 *Hom. Il.* 4. 125 *et Od.* 9. 394   8 *quaedam in hoc capite communia cum Isidori Etymologiis inuenies: e.g.*
§§ 3–4 → 1. 28. 1 : 28–9 → 1. 29. 1–2 : 34 → 1. 29. 3   16 *Verg.
Aen.* 12. 208   17 *id. ecl.* 3. 69   18 *ibid.* 1. 15

AB]   1 repudiata *B*: si repudiata *A*   in iocos *B*: iniquius *A*
5 λίγξε *ed. Ven. 1493*: ait ξε *B*: ΔΝΖΕ *a in ras.*   ΓΙΖΕ *B*: ΟΖΕΟ*
a in ras.   10 ⟨et⟩ etymologia *a*   11 religiosa *A*   13 si
om. A   14 moderatione *A*   17 concessere *A*   18 et *om. B*
20 uel *B*: uelut *A*   est *AB*: sit *Halm, fort. recte*   27 et *A (cf.
Isid.* 1. 28. 1): ut *B*

41

comparatione similium in extremis maxime syllabis, propter quod ea quae sunt e singulis negantur debere rationem, et deminutione. Comparatio in nominibus aut genus deprendit aut declinationem: genus, ut, si quaeratur 'funis' masculinum sit an femininum, simile illi sit 'panis': declinationem, ut, si ueniat in dubium 'hac domu' dicendum sit an 'hac domo', et 'domuum' an 'domorum', similia sint 'domus' 'anus' 'manus'. Deminutio genus modo detegit, ut, ne ab eodem exemplo recedam, 'funem' masculinum esse 'funiculus' ostendit. Eadem in uerbis quoque ratio comparationis, ut, si quis antiquos secutus 'feruere' breui media syllaba dicat, deprendatur uitiose loqui, quod omnia quae e et o litteris fatendi modo terminantur, eadem, si in infinitis e litteram media syllaba acceperunt, utique productam habent: 'prandeo' 'pendeo' 'spondeo', 'prandere' 'pendere' 'spondere', at quae o solam habent, dummodo per eandem litteram in infinito exeant, breuia fiunt: 'lego' 'dico' 'curro', 'legere' 'dicere' 'currere': etiamsi est apud Lucilium:

'feruit aqua et feruet: feruit nunc, feruet ad annum'.

Sed pace dicere hominis eruditissimi liceat: si 'feruit' putat illi simile 'currit' et 'legit', 'feruo' dicet ut 'lego' et 'curro', quod nobis inauditum est. Sed non est haec uera comparatio: nam 'feruit' est illi simile 'seruit'. Quam proportionem sequenti dicere necesse est 'feruire' ut 'seruire'. Prima quoque aliquando positio ex obliquis inuenitur, ut memoria repeto conuictos a me qui reprenderant quod hoc uerbo usus essem: 'pepigi'; nam id quidem dixisse summos auctores confitebantur, rationem tamen negabant permittere, quia prima

18 357 *Marx*

AB] 2 e B: ex A debere AB (cf. 'Quint.' decl. maior. 11. 7): habere Capperonnier (et s.l. Harl. 2662) 6 hac¹ B: an a (qui totum contextum scripsit in ras. min.) 7 domus del. H. Meyer: domui Staender 8 anus manus exempla parum apta esse perspexit Kiderlin 1885 ut Usener (cf. utpote Isid. 1. 28. 3): et AB 14 habent B: habeant ut A 19 feruit aqua ... annum B: feruit aqua et feruit ad annum A 21 dicit A 22–3 'sed ... "seruit"' dist. Radermacher 23 est illi A: inu. ord. B

INSTITVTIO ORATORIA 1. 6. 15

positio 'paciscor', cum haberet naturam patiendi, faceret tempore praeterito 'pactus sum'. Nos praeter auctoritatem 11 oratorum atque historicorum analogia quoque dictum tuebamur. Nam cum legeremus in XII tabulis 'ni ita pagunt', inueniebamus simile huic 'cadunt': inde prima positio, etiamsi uetustate exoleuerat, apparebat 'pago' ut 'cado', unde non erat dubium sic 'pepigi' nos dicere ut 'cecidi'. Sed 12 meminerimus non per omnia duci analogiae posse rationem, cum et sibi ipsa plurimis in locis repugnet. Quaedam sine dubio conantur eruditi defendere, ut, cum deprensum est 'lepus' et 'lupus' similia positione quantum casibus numerisque dissentiant, ita respondent non esse paria quia 'lepus' epicoenon sit, 'lupus' masculinum, quamquam Varro in eo libro quo initia Romanae urbis enarrat lupum feminam dicit Ennium Pictoremque Fabium secutus. Illi autem idem, cum 13 interrogantur cur 'aper' 'apri' et 'pater' 'patris' faciat, illud nomen positum, hoc ad aliquid esse contendunt. Praeterea quoniam utrumque a Graeco ductum sit, ad eam rationem recurrunt, ut πατρός 'patris', κάπρου 'apri' faciat. Illa tamen 14 quomodo effugient, ut non, quamuis feminina singulari nominatiuo us litteris finita numquam genetiuo casu ris syllaba terminentur, faciat tamen 'Venus' 'Veneris'? Item, cum es litteris finita per uarios exeant genetiuos, numquam tamen eadem ris syllaba terminatos, 'Ceres' cogat dici 'Cereris'? Quid uero quae tota positionis eiusdem in diuersos 15 flexus eunt, cum 'Alba' faciat 'Albanos' et 'Albensis', 'uolo' 'uolui' et 'uolaui'? Nam praeterito quidem tempore uarie formari uerba prima persona o littera terminata ipsa analogia confitetur, si quidem facit 'cado' 'cecidi', 'spondeo'

---

4 *1. 7 Bruns–Gradenwitz*   15 *Enn. ann. 68, 70*

AB]   3 dictum *B*: dictum hoc *A*   4 legeramus *A*   pagunt *A*: pacunt *B*   6 paco *B*   9 et *om. B*   11 simili *B*
12 ita *AB*: ista *Keil*   14 lupus *A*   18 a *om. A*   19 ΚΑΠΡΟΥ
B: apros *A*   20 non *AB*¹: nomina *B*² (*quod post* quamuis *posuit Keil*): *del. Halm inter addenda*   21 us *B*: os *A*   22 terminentur *t*: -antur *B*: -atur *A*   25 quae *B*: quod *A*   26 alba faciat *om. B*   27 quidem *om. B*   29 confiteatur *A*

'spopondi', 'pingo' 'pinxi', 'lego' 'legi', 'pono' 'posui', 'frango'
16 'fregi', 'laudo laudaui'. Non enim, cum primum fingerentur homines, Analogia demissa caelo formam loquendi dedit, sed inuenta est postquam loquebantur, et notatum in sermone quid quoque modo caderet. Itaque non ratione nititur sed exemplo, nec lex est loquendi sed obseruatio, ut ipsam analo-
17 gian nulla res alia fecerit quam consuetudo. Inhaerent tamen ei quidam molestissima diligentiae peruersitate, ut 'audaciter' potius dicant quam 'audacter', licet omnes oratores aliud sequantur, et 'emicauit', non 'emicuit', et 'conire', non 'coire'. His permittamus et 'audiuisse' et 'sciuisse' et 'tribunale' et 'faciliter' dicere; 'frugalis' quoque sit apud illos, non 'frugi':
18 nam quo alio modo fiet 'frugalitas'? Idem 'centum milia nummum' et 'fidem deum' ostendant duplices quoque soloecismos esse, quando et casum mutant et numerum: nesciebamus enim ac non consuetudini et decori seruiebamus, sicut in plurimis quae M. Tullius in Oratore diuine ut omnia
19 exequitur. Sed Augustus quoque in epistulis ad C. Caesarem scriptis emendat quod is 'calidum' dicere quam 'caldum' malit, non quia id non sit Latinum, sed quia sit odiosum et,
20 ut ipse Graeco uerbo significauit, περίεργον. Atqui hanc quidam ὀρθοέπειαν solam putant, quam ego minime excludo. Quid enim tam necessarium quam recta locutio? Immo inhaerendum ei iudico, quoad licet, diu etiam mutantibus repugnandum: sed abolita atque abrogata retinere insolen-
21 tiae cuiusdam est et friuolae in paruis iactantiae. Multum enim litteratus qui sine adspiratione et producta secunda syllaba salutarit ('auêre' est enim), et 'calefacere' dixerit

17 155

AB] 1 spopondi *B*: spondi *A*   5 quid quoque *B*: quid quo *A*: quo quidque *Spalding*   8 ei *om. B*   17 quae m̃ ∗ *A*: quē *B* oratione *B*   19 emendat quod is *B*: emendatius *A*   callidum ... caldum *A*: calidam ... caldam *Keil* (*inter addenda*)   20 malit *B*: mauult *A*   otiosum *Burman*   21 atqui hanc *B*: atque in hac *a* (*minus hab. A¹*)   22 ΟΡΘΟΕΠΙΑΝ *B*: ΟΡΤΟΤΟerian *A post corr.*   23 recta *A*: certa *B*   26 est *om. A*   27 qui sine aspiratione *B*: quis ne aspirata *A*   28 salutauit *B*   auere *AB*: auete *R*

44

INSTITVTIO ORATORIA 1. 6. 27

potius quam quod dicimus et 'conseruauisse', his adiciat
'face' et 'dice' et similia. Recta est haec uia: quis negat? Sed **22**
adiacet et mollior et magis trita. Ego tamen non alio magis
angor quam quod obliquis casibus ducti etiam primas sibi
5 positiones non inuenire sed mutare permittunt, ut cum
'ebur' et 'robur', ita dicta ac scripta summis auctoribus, in o
litteram secundae syllabae transferunt, quia sit 'roboris' et
'eboris', 'sulpur' autem et 'guttur' u litteram in genetiuo
seruent: ideoque 'iecur' etiam et 'femur' controuersiam
10 fecerunt. Quod non minus est licentiosum quam si 'sulpuri' **23**
et 'gutturi' subicerent in genetiuo litteram o mediam quia
esset 'eboris' et 'roboris': sicut Antonius Gnipho, qui 'robur'
quidem et 'ebur' atque etiam 'marmur' fatetur esse, uerum
fieri uult ex his 'ebura' 'robura' 'marmura'. Quodsi animad- **24**
15 uerterent litterarum adfinitatem, scirent sic ab eo quod est
'robur' 'roboris' fieri quo modo ab eo quod est 'miles limes'
'militis limitis', 'iudex uindex' 'iudicis uindicis', et quae
supra iam attigi. Quid uero quod, ut dicebam, similes posi- **25**
tiones in longe diuersas figuras per obliquos casus exeunt,
20 ut 'uirgo Iuno,' 'fusus lusus', 'cuspis puppis' et mille alia:
cum illud etiam accidat, ut quaedam pluraliter non dicantur, quaedam contra singulari numero, quaedam casibus
careant, quaedam a primis statim positionibus tota mutentur, ut 'Iuppiter'? Quod uerbis etiam accidit, ut illi 'fero', **26**
25 cuius praeteritum perfectum et ulterius non inuenitur. Nec
plurimum refert nulla haec an praedura sint. Nam quid 'progenies' genetiuo singulari, quid plurali 'spes' faciet? Quo
modo autem 'quire' et 'urgere' uel in praeterita patiendi
modo uel in participia transibunt? Quid de aliis dicam, cum **27**

AB]   2 sed *A*: et *B*   3 magis trita *A*: magistra *B*
5 inuenire *B*: minuere *a* (*uel A*) *in ras.*   6 auctoribus *B*: ductibus *A*   8 litteram in *J*: litteram *A* (*recte?*): litterarum *B*
9 etiam *om. A*   10–11 sulpuri...subicerent *B*: sulpuris et gutturis
abigerent *A*   12 et *B*: ac *A*   14 *robora* marmora *A*
16–17 miles...uindicis *B*: *ordinem confundit a* (uindex uindicis *A*[1])
18 similes *hic A, post* uero *B*   24 illi *A*: tuli *B*   28 urgere
A: ruere *B*: *alii alia* (*e.g.* luere *Colson*)

45

1. 6. 28   M. FABI QVINTILIANI

'senatus senatui' 'senati' an 'senatus' faciat incertum sit? Quare mihi non inuenuste dici uidetur aliud esse Latine, aliud grammatice loqui. Ac de analogia nimium.

28 Etymologia, quae uerborum originem inquirit, a Cicerone dicta est notatio, quia nomen eius apud Aristotelen inuenitur σύμβολον, quod est 'nota'. Nam uerbum ex uerbo ductum, id est ueriloquium, ipse Cicero qui finxit reformidat. Sunt qui 29 uim potius intuiti originationem uocent. Haec habet aliquando usum necessarium, quotiens interpretatione res de qua quaeritur eget, ut cum M. Caelius se esse hominem frugi uult probare, non quia abstinens sit (nam id ne mentiri quidem poterat), sed quia utilis multis, id est fructuosus, unde sit ducta frugalitas. Ideoque in definitionibus adsig-30 natur etymologiae locus. Nonnumquam etiam barbara ab emendatis conatur discernere, ut cum 'Triquetram' dici Siciliam an 'Triquedram', 'meridiem' an 'medidiem' opor-31 teat quaeritur: aliquando consuetudini seruit. Continet autem in se multam eruditionem, siue ex Graecis orta tractemus, quae sunt plurima praecipueque Aeolica ratione, cui est sermo noster simillimus, declinata, siue ex historiarum ueterum notitia nomina hominum locorum gentium urbium requiramus: unde Bruti, Publicolae, Pythici? cur Latium, Italia, Beneuentum? quae Capitolium et collem Quirinalem et Argiletum appellandi ratio?

32 Iam illa minora in quibus maxime studiosi eius rei fatigantur, qui uerba paulum declinata uarie et multipliciter ad ueritatem reducunt aut correptis aut porrectis aut adiectis aut detractis aut permutatis litteris syllabisue. Inde prauis

4, 7 *Cic. top. 35*   10 *ORF p. 486*

AB]   1 senatus . . . senatus *B*: senatus senatus senatui an senatus senati senato *a* (senatus *A*¹): 'senatus' 'senati' an 'senatus' *Spalding*: alii alia   10 cum *om. A*   13 unde sit ducta (dicta *B*) frugalitas *AB*: ⟨quaeritur⟩ unde . . . frugalitas *Kiderlin 1886*: *del. Colson*   16 triquedram *B*: triquadram *A*   17 aliquando . . . seruit *A*: aliaque quae . . . seruiunt *B* (*def. Kiderlin 1893-1*)   18 siue ex *A*: si illa *B*: siue illa ex *p**   22 brutii *B*   22–3 latium in italia *A*   26 qui *Regius*: quae *AB*
uerba paulum *B*: paululum *A*   27–8 aut adiectis aut detractis *om. A*

INSTITVTIO ORATORIA 1. 6. 38

ingeniis ad foedissima usque ludibria labuntur. Sit enim
'consul' a consulendo uel a iudicando: nam et hoc 'consulere'
ueteres uocauerunt, unde adhuc remanet illud 'rogat boni
consulas', id est 'bonum iudices': 'senatui' dederit nomen **33**
5 aetas, nam idem patres sunt: et 'rex' 'rector' et alia plurima
indubitata: nec abnuerim tegulae regulaeque et similium
his rationem: iam sit et 'classis' a calando et 'lepus' 'leuipes'
et 'uulpes' 'uolipes': etiamne a contrariis aliqua sinemus **34**
trahi, ut 'lucus' quia umbra opacus parum luceat, et 'ludus'
10 quia sit longissime a lusu, et 'Ditis' quia minime diues?
Etiamne 'hominem' appellari quia sit humo natus (quasi
uero non omnibus animalibus eadem origo, aut illi primi
mortales ante nomen imposuerint terrae quam sibi), et
'uerba' ab aëre uerberato? Pergamus: sic perueniemus eo **35**
15 usque ut 'stella' luminis stilla credatur, cuius etymologiae
auctorem clarum sane in litteris nominari in ea parte qua a
me reprenditur inhumanum est. Qui uero talia libris com- **36**
plexi sunt, nomina sua ipsi inscripserunt, ingenioseque uisus
est Gauius 'caelibes' dicere ueluti 'caelites', quod onere
20 grauissimo uacent, idque Graeco argumento iuuit: $ἠίθέους$
enim eadem de causa dici adfirmat. Nec ei cedit Modestus
inuentione: nam, quia Caelo Saturnus genitalia absciderit,
hoc nomine appellatos qui uxore careant ait; Aelius 'pitu-
itam' quia petat uitam. Sed cui non post Varronem sit uenia? **37**
25 Qui 'agrum' quia in eo agatur aliquid, et 'gragulos' quia gre-
gatim uolent dictos uoluit persuadere Ciceroni (ad eum enim
scribit), cum alterum ex Graeco sit manifestum duci, alterum
ex uocibus auium. Sed hoc tanti fuit uertere, ut 'merula', **38**

25–8 de ling. lat. 5. 34 et 76

AB]   4 dederit nomen A: *inu. ord.* B   5 et[1] AB: sit H. *Meyer*
7 et clasis (*sic*) B: ut classis A   8 etiamne B: etiam ea
interpraetationem rectam sequendam improbandam contrariam A
10 ditis B: dites A   15 stilla A: stilia B   16 qua B: quae A
19 gauinius A   20 uacant B   HIΘEOIC B: HEIΘEWC *a in ras.*
21 adfirmant B   25 graculos B   26 uoluit persuadere
ciceroni A: ciceroni persuadere uoluit B   28 hoc] *i.e. etymologian
uerbi* gragulus (*u. Gernhard*): huic *ed. Asc. 1531*

47

quia sola uolat, quasi mera uolans nominaretur. Quidam non dubitarunt etymologiae subicere omnem nominis causam, ut ex habitu, quem ad modum dixi, 'Longos' et 'Rufos', ex sono 'stertere' 'murmurare', etiam deriuata, ut a 'uelocitate' dicitur 'uelox', et composita pleraque his similia, quae sine dubio aliunde originem ducunt, sed arte non egent, cuius in hoc opere non est usus nisi in dubiis.

39 Verba a uetustate repetita non solum magnos adsertores habent, sed etiam adferunt orationi maiestatem aliquam non sine delectatione: nam et auctoritatem antiquitatis habent et, quia intermissa sunt, gratiam nouitati similem parant.
40 Sed opus est modo, ut neque crebra sint haec nec manifesta, quia nihil est odiosius adfectatione, nec utique ab ultimis et iam oblitteratis repetita temporibus, qualia sunt 'topper' et 'antegerio' et 'exanclare' et 'prosapia' et Saliorum carmina **41** uix sacerdotibus suis satis intellecta. Sed illa mutari uetat religio et consecratis utendum est: oratio uero, cuius summa uirtus est perspicuitas, quam sit uitiosa si egeat interprete! Ergo ut nouorum optima erunt maxime uetera, ita ueterum maxime noua.
42 Similis circa auctoritatem ratio. Nam etiamsi potest uideri nihil peccare qui utitur iis uerbis quae summi auctores tradiderunt, multum tamen refert non solum quid dixerint, sed etiam quid persuaserint. Neque enim 'tuburchinabundum' et 'lurchinabundum' iam in nobis quisquam ferat, licet Cato sit auctor, nec 'hos lodices', quamquam id Pollioni placet, nec 'gladiola', atqui Messala dixit, nec 'parricidatum', quod

25 *ORF pp. 96–7*   26–7 *ibid. pp. 526, 534*

AB]   2 dubitauerunt *B*   3 longus et rufus *A*   4 stertere *A*: extrepere *B* (*unde* strepere *J*)   4–5 'ueloci' dicitur 'uelocitas' *Gertz 1874, p. 89 adn.*: *alii alia* (*at u.* Colson)   5 pluraque *B*   6 alicunde (*uel* ⟨alia⟩ aliunde) *I. Mueller 1879*   9 sed *om. B*   12 crebrae *B*   manifeste *B*   14 topper *B*: oper *A*   15 antigerio *N* (*at cf. 8. 3. 25*)   17 consecratis *A*: congregatis *B*   22 his *AB*   24 tuburchiabundum *B*: tuburcinabundum *Philander*   25 lurchiabundum *B*: lurcinabundum *Halm* (*cf. Philandrum*)

in Caelio uix tolerabile uidetur, nec 'collos' mihi Caluus persuaserit: quae nec ipsi iam dicerent.

Superest igitur consuetudo: nam fuerit paene ridiculum 43 malle sermonem quo locuti sint homines quam quo loquantur. Et sane quid est aliud uetus sermo quam uetus loquendi consuetudo? Sed huic ipsi necessarium est iudicium, constituendumque in primis id ipsum quid sit quod consuetudinem uocemus. Quae si ex eo quod plures faciunt nomen 44 accipiat, periculosissimum dabit praeceptum non orationi modo sed, quod maius est, uitae: unde enim tantum boni ut pluribus quae recta sunt placeant? Igitur ut uelli et comam in gradus frangere et in balneis perpotare, quamlibet haec inuaserint ciuitatem, non erit consuetudo, quia nihil horum caret reprensione (at lauamur et tondemur et conuiuimus ex consuetudine), sic in loquendo non si quid uitiose multis insederit pro regula sermonis accipiendum erit. Nam ut 45 transeam quem ad modum uulgo imperiti loquantur, tota saepe theatra et omnem circi turbam exclamasse barbare scimus. Ergo consuetudinem sermonis uocabo consensum eruditorum, sicut uiuendi consensum bonorum.

7. Nunc, quoniam diximus quae sit loquendi regula, dicendum quae scribentibus custodienda, quod Graeci orthographian uocant, nos recte scribendi scientiam nominemus. Cuius ars non in hoc posita est, ut nouerimus quibus quaeque syllaba litteris constet (nam id quidem infra grammatici officium est), sed totam, ut mea fert opinio, subtilitatem in dubiis habet: ut longis syllabis omnibus adponere apicem 2 ineptissimum est, quia plurimae natura ipsa uerbi quod scribitur patent, sed interim necessarium, cum eadem littera alium atque alium intellectum, prout correpta uel producta est, facit: ut 'malus' arborem significet an hominem non 3 bonum apice distinguitur, 'palus' aliud priore syllaba longa,

1 *ORF pp. 489, 500*

AB]   4 quo² *A*: qui *B*   7 quid sit quod *A*: quo *B*   17 loquuntur *B*   21 loquendi *B*: dicendi *A*   23 nos *B*: hoc nos *A*

1. 7. 4   M. FABI QVINTILIANI

aliud sequenti significat, et cum eadem littera nominatiuo casu breuis, ablatiuo longa est, utrum sequamur plerumque
4 hac nota monendi sumus. Similiter putauerunt illa quoque seruanda discrimina, ut 'ex' praepositionem si uerbum sequeretur 'specto', adiecta secundae syllabae s littera, si
5 'pecto', remota scriberemus. Illa quoque seruata est a multis differentia, ut 'ad', cum esset praepositio, d litteram, cum autem coniunctio, t acciperet, itemque 'cum', si tempus significaret, per quom, si comitem, per c ac duas sequentis
6 scriberetur. Frigidiora his alia, ut 'quidquid' c quartam haberet ne interrogare bis uideremur, et 'quotidie' non 'cotidie', ut sit quot diebus: uerum haec iam etiam inter ipsas ineptias euanuerunt.
7   Quaeri solet, in scribendo praepositiones sonum quem iunctae efficiunt an quem separatae obseruare conueniat, ut cum dico 'optinuit' (secundam enim b litteram ratio
8 poscit, aures magis audiunt p) et 'immunis' (illud enim quod ueritas exigit, sequentis syllabae sono uictum, m gemina
9 commutatur.) Est et in diuidendis uerbis obseruatio, mediam litteram consonantem priori an sequenti syllabae adiungas. 'Haruspex' enim, quia pars eius posterior a spectando est, s litteram tertiae dabit, 'abstemius', quia ex abstinentia
10 temeti composita uox est, primae relinquet. Nam k quidem in nullis uerbis utendum puto nisi quae significat etiam ut sola ponatur. Hoc eo non omisi quod quidam eam quotiens a sequatur necessariam credunt, cum sit c littera, quae ad omnis uocalis uim suam perferat.
11   Verum orthographia quoque consuetudini seruit ideoque saepe mutata est. Nam illa uetustissima transeo tempora, quibus et pauciores litterae nec similes his nostris earum

AB] 3 illa *om. A*   5 secunda *A*   s littera si *B*: littera s si (si *s.l.*) *A*   9 quom *B*: C̃ a *in ras.*: q *P* (*prob. Kiderlin 1877*): *alii alia* c *B*: Q̊ a *in ras.*   duas sequentis *B*: duas *u* sequentes *A*   10 quicquid *A*   11 uideretur *A*   quotidie *B*: cottidie *A*   12 sit *AB*: esset *Claussen 1872*   16 obtinuit *A*   17 inmunis *B* enim *K* (*ut uoluit Spalding*): n *B* (*recepit Capperonnier, addito* in *ante* immunis): N *A*   23 relinquetur *B*   24 ut *quidam uolunt esse concessiuum, uix recte*: ubi *Keil, inter addenda* (*deinde* ponitur)

INSTITVTIO ORATORIA 1.7.17

formae fuerunt et uis quoque diuersa, sicut apud Graecos o litterae, quae interim longa ac breuis, ut apud nos, interim pro syllaba quam nomine suo exprimit posita est: ut a 12 Latinis ueteribus d plurimis in uerbis ultimam adiectam,
5 quod manifestum est etiam ex columna rostrata, quae est Duilio in foro posita, interim g quoque, ut in puluinari Solis, qui colitur iuxta aedem Quirini, 'uesperug', quod 'uesperuginem' accipimus. De mutatione etiam litterarum, de qua 13 supra dixi, nihil repetere hic necesse est: fortasse enim sicut
10 scribebant, etiam loquebantur. Semiuocalis geminare diu 14 non fuit usitatissimi moris, atque e contrario usque ad Accium et ultra porrectas syllabas geminis, ut dixi, uocalibus scripserunt. Diutius durauit ut e et i iungendis eadem 15 ratione qua Graeci ει uterentur: ea casibus numerisque dis-
15 creta est, ut Lucilius praecipit:
'iam "puerei uenere": e postremum facito atque i,
ut pueri plures fiant'
ac deinceps idem:
'mendaci furique addes e, cum dare furi
20   iusseris.'
Quod quidem cum superuacuum est quia i tam longae quam 16 breuis naturam habet, tum incommodum aliquando; nam in iis quae proximam ab ultima litteram e habebunt et i longa terminabuntur, illam rationem sequentes utemur
25 e gemina, qualia sunt haec 'aurei' 'argentei' et his similia: idque iis praecipue qui ad lectionem instituentur etiam im- 17 pedimento erit, sicut in Graecis accidit adiectione i litterae,

5 *CIL I.*[1] *195*   16–17, 19–20   *364–5, 367–8 Marx*

AB]   3 ut a *A* : ut *B* : ut et a *Watson* (et *p, ed. Jens.*)   4 ultimam adiectam *B* : adiectum ultim*um A*   6 Duilio *coni. ed. Leid.*: dullio *B* : iulio *A*   7 uesperug *p* (*1470*): uesprug *B* : *om. A*
11 atqu*i A*   13 ut *om. A*   e et i *A* : e. i. uterentur *B*   14 *ει P*: ei *AB*: *del. Colson* (*praeeunte Spaldingio*), *fort. recte*   14–15 ea . . . est *obscure dictum*   16 puerei *P* (*cf. Velium Longum GL 7. 56. 7*): puere *A* : pueri *B, non male*   e *B* : et *A*   17 puerei *P* (*om. codd. Vel. Long.*)   21 quod *t*: quid quod *B* : quo *A*   23 his *AB*
25 e *om. A*   aureei argenteei *ed. Camp.*   his *A* (*cf. 4. 2. 22*): *om. B*

51

1. 7. 18   M. FABI QVINTILIANI

quam non solum datiuis casibus in parte ultima adscribunt, sed quibusdam etiam interponunt, ut in *ΛΗΙΣΤΗΙ*, quia etymologia ex diuisione in tris syllabas facta desideret eam
18 litteram. Ae syllabam, cuius secundam nunc e litteram ponimus, uarie per a et i efferebant, quidam semper ut Graeci, quidam singulariter tantum, cum in datiuum uel genetiuum casum incidissent, unde 'pictai uestis' et 'aquai' Vergilius
19 amantissimus uetustatis carminibus inseruit. In isdem plurali numero e utebantur: 'hi Sullae, Galbae'. Est in hac quoque parte Lucili praeceptum, quod quia pluribus explicatur uersibus, si quis parum credet apud ipsum in nono re-
20 quirat. Quid quod Ciceronis temporibus paulumque infra, fere quotiens s littera media uocalium longarum uel subiecta longis esset, geminabatur, ut 'caussae' 'cassus' 'diuissiones'? Quo modo et ipsum et Vergilium quoque scripsisse manus
21 eorum docent. Atqui paulum superiores etiam illud quod nos gemina dicimus 'iussi' una dixerunt. Iam 'optimus' 'maximus' ut mediam i litteram, quae ueteribus u fuerat, acciperent C. primum Caesaris inscriptione traditur factum.
22 'Here' nunc e littera terminamus: at ueterum comicorum adhuc libris inuenio 'heri ad me uenit': quod idem in epistulis Augusti, quas sua manu scripsit aut emendauit, deprendi-
23 tur. Quid? non Cato Censorius 'dicam' et 'faciam' 'dicae' et 'faciae' scripsit, eundemque in ceteris quae similiter

---

7 *Aen.* 9. 26 : 7. 464   10 371 *Marx*   21 *Ter. Phorm.* 36

AB]   2 in ληιστῇ *ed. Ald.*: in ΔΗΙCΤΗ *B*: in ΗΙCΤΗ *A* (*corr.*): illi ΛΗΙCΤΗC *Andresen*   3 tris syllabas *A*: trisyllabas *B* desideraret *A*   6 datiuum uel genetiuum *B*: genetiuum uel datiuum *a* (genetiuum *A*¹)   7 incidissent *AB* (*cf.* 4. 2. 118): -et *Kiderlin 1887-1*   8 isdem *AB*: eadem *Keil*   9 hi *A*: his *B* 13-14 fere . . . esset *parum accurate Quintilianus* (*nota illud* fere): longarum *del. Andresen, deinde et* subiecta longae *scripsit, nimis audacter*   14 caussae *B marg.*: causae *B* (*qui deinde* casus diuisiones): caussas et *a* (causase *A*¹)   17 iam *A*: etiam *B*   19 inscriptione *B*: instructione *A*: in scriptione *Maehly 1888*: scriptione *Becher 1879* (*p. 21*)   20 at ⟨in⟩ *Andresen*   23-4 dicae et faciae *B* (*cf.* 9. 4. 39): dice et face *A*: *uid. quae de Catone disputauerunt Moore, Klotz*

52

cadunt modum tenuit? Quod et ex ueteribus eius libris manifestum est et a Messala in libro de s littera positum. 'Sibe' et 'quase' scriptum in multorum libris est, sed an hoc **24** uoluerint auctores nescio: T. Liuium ita his usum ex Pediano compperi, qui et ipse eum sequebatur. Haec nos i littera finimus. Quid dicam 'uortices' et 'uorsus' ceteraque ad eundem **25** modum, quae primus Scipio Africanus in e litteram secundam uertisse dicitur? Nostri praeceptores 'seruum' 'ceruum'- **26** que u et o litteris scripserunt, quia subiecta sibi uocalis in unum sonum coalescere et confundi nequiret; nunc u gemina scribuntur ea ratione quam reddidi: neutro sane modo uox quam sentimus efficitur, nec inutiliter Claudius Aeolicam illam ad hos usus litteram adiecerat. Illud nunc melius, quod **27** 'cui' tribus quas praeposui litteris enotamus, in quo pueris nobis ad pinguem sane sonum qu et oi utebantur, tantum ut ab illo 'qui' distingueretur.

Quid quae scribuntur aliter quam enuntiantur? Nam et **28** 'Gaius' C littera significatur, quae inuersa mulierem declarat, quia tam Gaias esse uocitatas quam Gaios etiam ex nuptialibus sacris apparet: nec 'Gnaeus' eam litteram in **29** praenominis nota accipit qua sonat, et 'columnam' et 'consules' exempta n littera legimus, et 'Suburam', cum tribus litteris notatur, C tertiam ostendit. Multa sunt generis huius, sed haec quoque uereor ne modum tam paruae quaestionis excesserint.

Iudicium autem suum grammaticus interponat his omni- **30** bus: nam hoc ualere plurimum debet. Ego, nisi quod consuetudo optinuerit, sic scribendum quidque iudico quomodo sonat. Hic enim est usus litterarum, ut custodiant uoces et **31**

AB] 1 et *om. A*   3 siue et quare *A*   6 ad *B*: in*A (utrumque scribit noster: cf.* 5. 11. 4, 14. 9)   7 primo *B*   8–9 seruom ceruomque *A*   13 litteram *B*: F litteram *a in ras.*: ꟼ litteram *P*   14 posui *Gernhard (p.* 555)   15 qu et oi *B*: Q.ET.V.ET.O.ET.I *A*   20 nec *B*: sed *A (ex* set)   21 qua *B*: quae *a in ras.*   21–2 et columnam *(sic e.g. D)* et consules exempta n̄ *B (nisi quod* columam *dat, fort. recte: sic tamen* cosules *scribemus, ut 1418 marg.):* et clarissimos et consules geminata eadem *a in ampla ras.*   22 suburbana *a in ras.*   27 quod *AB*: quid *Spalding*

1. 7. 32   M. FABI QVINTILIANI

uelut depositum reddant legentibus. Itaque id exprimere
32 debent quod dicturi sumus. Hae fere sunt emendate loquendi scribendique partes: duas reliquas significanter ornateque dicendi non equidem grammaticis aufero, sed, cum mihi officia rhetoris supersint, maiori operi reseruo.
33 Redit autem illa cogitatio, quosdam fore qui haec quae diximus parua nimium et impedimenta quoque maius aliquid agentibus putent: nec ipse ad extremam usque anxietatem et ineptas cauillationes descendendum atque his ingenia
34 concidi et comminui credo. Sed nihil ex grammatice nocuerit nisi quod superuacuum est. An ideo minor est M. Tullius orator quod idem artis huius diligentissimus fuit et in filio, ut epistulis apparet, recte loquendi asper quoque exactor?
35 Aut uim C. Caesaris fregerunt editi de analogia libri? Aut ideo minus Messala nitidus quia quosdam totos libellos non uerbis modo singulis sed etiam litteris dedit? Non obstant hae disciplinae per illas euntibus, sed circa illas haerentibus.

8. Superest lectio: in qua puer ut sciat ubi suspendere spiritum debeat, quo loco uersum distinguere, ubi cludatur sensus, unde incipiat, quando attollenda uel summittenda sit uox, quid quoque flexu, quid lentius celerius concitatius lenius dicendum, demonstrari nisi in opere ipso non potest.
2 Vnum est igitur quod in hac parte praecipiam, ut omnia ista facere possit: intellegat. Sit autem in primis lectio uirilis et cum sanctitate quadam grauis, et non quidem prorsae similis, quia et carmen est et se poetae canere testantur, non tamen in canticum dissoluta nec plasmate, ut nunc a plerisque fit, effeminata: de quo genere optime C. Caesarem praetextatum adhuc accepimus dixisse: 'si cantas, male cantas:
3 si legis, cantas'. Nec prosopopoeias, ut quibusdam placet,

13 *frg. epist. VIII.* 6

AB]   6 sedit *A*   7 *fort.* impedimento   8 agendi *B*
13 ut *B*: ut in *A*   21 quid quoque *AB*: quo quidque *Spalding*,
fort. recte: quid uoce (*deinde* flexa, *quod et Colson, recepto* quōque)
Usener, iniuria   25 sanctitate *A* (*cf.* § 9, *10. 1. 115*): suauitate *B*
26 quia et *A*: quia *B*   30 prosopopeias *A* (-po- *s.l.*): prosopoeias
B (*corr. ex* -peias)

ad comicum morem pronuntiari uelim, esse tamen flexum quendam quo distinguantur ab iis in quibus poeta persona sua utetur. Cetera admonitione magna egent, in primis ut 4 tenerae mentes tracturaeque altius quidquid rudibus et omnium ignaris insederit non modo quae diserta sed uel magis quae honesta sunt discant. Ideoque optime institutum 5 est ut ab Homero atque Vergilio lectio inciperet, quamquam ad intellegendas eorum uirtutes firmiore iudicio opus est: sed huic rei superest tempus, neque enim semel legentur. Interim et sublimitate heroi carminis animus adsurgat et ex magnitudine rerum spiritum ducat et optimis inbuatur. Vtiles tragoediae: alunt et lyrici, si tamen in iis non auctores 6 modo sed etiam partes operis elegeris: nam et Graeci licenter multa et Horatium nolim in quibusdam interpretari. Elegia uero, utique qua amat, et hendecasyllabi, qui sunt commata sotadeorum (nam de sotadeis ne praecipiendum quidem est), amoueantur si fieri potest, si minus, certe ad firmius aetatis robur reseruentur. Comoediae, quae plurimum conferre ad 7 eloquentiam potest, cum per omnis et personas et adfectus eat, quem usum in pueris putem paulo post suo loco dicam: nam cum mores in tuto fuerint, inter praecipua legenda erit. De Menandro loquor, nec tamen excluserim alios: nam Latini 8 quoque auctores adferent utilitatis aliquid; sed pueris quae maxime ingenium alant atque animum augeant praelegenda: ceteris, quae ad eruditionem modo pertinent, longa aetas spatium dabit. Multum autem ueteres etiam Latini conferunt, quamquam plerique plus ingenio quam arte ualuerunt, in primis copiam uerborum: quorum in tragoediis grauitas, in comoediis elegantia et quidam uelut atticismos inueniri potest. Oeconomia quoque in iis diligentior quam in 9

AB]   3 sua *om. B*   4 mentis *B*   8 firmioris iudici (-cii *a*) *A*   est *A*: esset *B*   10 subtilitate *A*   heroici *B* (*non male*)   14 nolim in quibusdam *A*: in quibusdam notis *B*   15 amat *AB*: amatur *Colson*: amant *t* (*sed praecedente* quae) (h)endecasyllabi *1418*: hendecasyllabia *B*: hendecasyllaba *A* (h *postea deletum est*)   qui *B*: quae *a in ras.*   commota *B*   16 sotadicis *B* 18 comoediae quae *B*: comoedia *aeque A*   28 in primis copiam (⟨ad⟩ copiam *Claussen 1875*) uerborum *del. Kiderlin 1886, fort. recte*

1. 8. 10   M. FABI QVINTILIANI

plerisque nouorum erit, qui omnium operum solam uirtutem
sententias putauerunt. Sanctitas certe et, ut sic dicam, uirili-
tas ab iis petenda est, quando nos in omnia deliciarum uitia
10 dicendi quoque ratione defluximus. Denique credamus summis oratoribus, qui ueterum poemata uel ad fidem causarum 5
11 uel ad ornamentum eloquentiae adsumunt. Nam praecipue quidem apud Ciceronem, frequenter tamen apud Asi-
nium etiam et ceteros qui sunt proximi, uidemus Enni Acci
Pacuui Lucili Terenti Caecili et aliorum inseri uersus, summa
non eruditionis modo gratia sed etiam iucunditatis, cum 10
poeticis uoluptatibus aures a forensi asperitate respirant.
12 Quibus accedit non mediocris utilitas, cum sententiis eorum
uelut quibusdam testimoniis quae proposuere confirment.
Verum priora illa ad pueros magis, haec sequentia ad robu-
stiores pertinebunt, cum grammatices amor et usus lectionis 15
non scholarum temporibus sed uitae spatio terminentur.
13   In praelegendo grammaticus et illa quidem minora praestare debebit, ut partes orationis reddi sibi soluto uersu
desideret et pedum proprietates, quae adeo debent esse
notae in carminibus ut etiam in oratoria compositione desi- 20
14 derentur. Deprendat quae barbara, quae inpropria, quae
contra legem loquendi sint posita, non ut ex his utique
improbentur poetae (quibus, quia plerumque seruire metro
coguntur, adeo ignoscitur ut uitia ipsa aliis in carmine appellationibus nominentur: metaplasmus enim et schematismus 25
et schemata, ut dixi, uocamus et laudem uirtutis necessitati
damus), sed ut commoneat artificialium et memoriam agitet.
15 Id quoque inter prima rudimenta non inutile demonstrare,
quot quaeque uerba modis intellegenda sint. Circa glosse-
mata etiam, id est uoces minus usitatas, non ultima eius 30
16 professionis diligentia est. Enimuero iam maiore cura doceat

AB]   3 est *om. B*   4 defluxerimus *B*   8 uidimus *B*
accii *B*: ac *A*   9 caecilii *B*: caelii *a in ras.*   11 respirent
Burn. 243   16 terminetur *B*   22 leges *A*   sint posita *A*:
composita *B*   25 metaplasmos *AB*²   et schematismus
(-mos *AB*²) *del. Faber (monente Spaldingio), qui etiam σχηματισμούς seu
σχήματα temptauit (melius?)*   30 etiam *B*: enim *A*   31 maiora *A*

tropos omnes, quibus praecipue non poema modo sed etiam oratio ornatur, schemata utraque, id est figuras, quaeque lexeos quaeque dianoeas uocantur: quorum ego sicut troporum tractatum in eum locum differo quo mihi de ornatu
5 orationis dicendum erit. Praecipue uero illa infigat animis, **17** quae in oeconomia uirtus, quae in decore rerum, quid personae cuique conuenerit, quid in sensibus laudandum, quid in uerbis, ubi copia probabilis, ubi modus.

His accedet enarratio historiarum, diligens quidem illa, **18**
10 non tamen usque ad superuacuum laborem occupata: nam receptas aut certe claris auctoribus memoratas exposuisse satis est. Persequi quidem quid quis umquam uel contemptissimorum hominum dixerit aut nimiae miseriae aut inanis iactantiae est, et detinet atque obruit ingenia melius aliis
15 uacatura. Nam qui omnis etiam indignas lectione scidas **19** excutit, anilibus quoque fabulis accommodare operam potest: atqui pleni sunt eius modi impedimentis grammaticorum commentarii, uix ipsis qui composuerunt satis noti. Nam Didymo, quo nemo plura scripsit, accidisse compertum **20**
20 est ut, cum historiae cuidam tamquam uanae repugnaret, ipsius proferretur liber qui eam continebat. Quod euenit **21** praecipue in fabulosis usque ad deridicula quaedam, quaedam etiam pudenda, unde improbissimo cuique pleraque fingendi licentia est, adeo ut de libris totis et auctoribus, ut
25 succurrit, mentiantur tuto, quia inueniri qui numquam fuere non possunt: nam in notioribus frequentissime deprenduntur a curiosis. Ex quo mihi inter uirtutes grammatici habebitur aliqua nescire.

9. Et finitae quidem sunt partes duae quas haec professio
30 pollicetur, id est ratio loquendi et enarratio auctorum, quarum illam methodicen, hanc historicen uocant. Adiciamus tamen eorum curae quaedam dicendi primordia quibus

AB]   6 decore rerum *AB*: decore, tum *Spalding* (*V.* 56)
9 accedit *A*   12 quis umquam *B*: quisque nequam *A*   17 eius
B: huius *A*   19 quo *B*: quoque quo *A*   22–3 quaedam *bis B*,
semel A   29 DE OFFICIO GRAMMATICI Et *AB*   31 hanc historicen *AB*: alii, alii horisticen *Usener* (*conl. Diomed. GL 1. 426. 15*)

1. 9. 2   M. FABI QVINTILIANI

2 aetatis nondum rhetorem capientis instituant. Igitur Aesopi fabellas, quae fabulis nutricularum proxime succedunt, narrare sermone puro et nihil se supra modum extollente, deinde eandem gracilitatem stilo exigere condiscant: uersus primo soluere, mox mutatis uerbis interpretari, tum paraphrasi audacius uertere, qua et breuiare quaedam et exornare saluo 3 modo poetae sensu permittitur. Quod opus, etiam consummatis professoribus difficile, qui commode tractauerit cuicumque discendo sufficiet. Sententiae quoque et chriae et aetiologiae subiectis dictorum rationibus apud grammaticos scribantur, quia initium ex lectione ducunt: quorum omnium similis est ratio, forma diuersa, quia sententia uniuersalis est 4 uox, aetiologia personis continetur. Chriarum plura genera traduntur: unum simile sententiae, quod est positum in uoce simplici: 'dixit ille' aut 'dicere solebat'; alterum quod est in respondendo: 'interrogatus ille', uel 'cum hoc ei dictum esset, respondit'; tertium huic non dissimile: 'cum quis 5 dixisset aliquid' uel 'fecisset'. Etiam in ipsorum factis esse chrian putant, ut: 'Crates, cum indoctum puerum uidisset, paedagogum eius percussit', et aliud paene par ei, quod tamen eodem nomine appellare non audent, sed dicunt χρειῶδες, ut: 'Milo, quem uitulum adsueuerat ferre, taurum ferebat'. In his omnibus et declinatio per eosdem ducitur 6 casus et tam factorum quam dictorum ratio est. Narratiunculas a poetis celebratas notitiae causa, non eloquentiae tractandas puto. Cetera maioris operis ac spiritus Latini rhetores relinquendo necessaria grammaticis fecerunt: Graeci magis operum suorum et onera et modum norunt.

10. Haec de grammatice, quam breuissime potui, non ut omnia dicerem sectatus, quod infinitum erat, sed ut maxime

---

A B]   10 aethiologiae *A* (aethimo- *a*)   *docto*rum *A*   11 ex *A*: et ex *B*   13 *aetim*ologia *A*: aetiologia ⟨rebus, chria⟩ personis *temptaui (praeeunte Colsonio)*   16 uel *A*: et *B*   23 declamatio *B*   24 tam *B*: iam *A*   27 rhetores *A*: praeceptores *B*   grammaticis *om. A (sed infra* grammatici *post* magis *hab.*) 29 AN ORATORI FVTVRO NECESSARIA SIT (*om. B*) PLVRIVM ARTIVM SCIENTIA (*sic A in indice, B*: COGNITIO *A in textu*) Haec *A B* necessaria. Nunc de ceteris artibus quibus instituendos priusquam rhetori tradantur pueros existimo strictim subiungam, ut efficiatur orbis ille doctrinae, quem Graeci encyclion paedian uocant. Nam isdem fere annis aliarum 2 quoque disciplinarum studia ingredienda sunt: quae quia et ipsae artes sunt et esse perfectae sine orandi scientia possunt nec rursus ad efficiendum oratorem satis ualent solae, an sint huic operi necessariae quaeritur. Nam quid, inquiunt, 3 ad agendam causam dicendamue sententiam pertinet scire quem ad modum in data linea constitui triangula aequis lateribus possint? Aut quo melius uel defendet reum uel reget consilia qui citharae sonos nominibus et spatiis distinxerit? Enumerent etiam fortasse multos quamlibet utiles 4 foro qui neque geometren audierint nec musicos nisi hac communi uoluptate aurium intellegant. Quibus ego primum hoc respondeo, quod M. Cicero scripto ad Brutum libro frequentius testatur: non eum a nobis institui oratorem qui sit aut fuerit, sed imaginem quandam concepisse nos animo perfecti illius et nulla parte cessantis. Nam et sapientem for- 5 mantes eum qui sit futurus consummatus undique et, ut dicunt, mortalis quidam deus non modo cognitione caelestium uel mortalium putant instruendum, sed per quaedam parua sane, si ipsa demum aestimes, ducunt, sicut exquisitas interim ambiguitates: non quia κερατίναι aut κροκοδίλιναι possint facere sapientem, sed quia illum ne in minimis quidem oporteat falli. Similiter oratorem, qui debet esse sapiens, 6 non geometres faciet aut musicus quaeque his alia subiungam, sed hae quoque artes ut sit consummatus iuuabunt:

16 *orat. e.g.* 7, *100*

AB]   4 enc*yclion* pedian *A*: enclycon paedian *B* (*marg.* ΕΝCΥCΛΟΝ)   6 possunt *B*: non possunt *A*   7 solae *B*: solet *A*   8 quaeri *A*   10 in data *B*: ducta *a in ras.*: data *P*   11 possit *A* (*quo recepto* triangulum *Faber, fort. recte*)   aut *A*: et *B*   14 geometre*s A*   16 ⟨in⟩ scripto *I. Mueller 1876* (inscripto *N*)   17 eum *A*: enim *B*   19 et¹ *A*: ex *B*   22 uel mortalium *AB*: et mortalium *Andresen*: *uerba fort. delenda*   24 non *om. B*   27–8 subiunga*s A*

nisi forte antidotus quidem atque alia quae oculis aut uulneribus medentur ex multis atque interim contrariis quoque inter se effectibus componi uidemus, quorum ex diuersis fit una illa mixtura quae nulli earum similis est ex quibus con-
7 stat, sed proprias uires ex omnibus sumit, et muta animalia mellis illum inimitabilem humanae rationi saporem uario florum ac sucorum genere perficiunt: nos mirabimur si oratio, qua nihil praestantius homini dedit prouidentia, pluribus artibus egeat, quae, etiam cum se non ostendunt in dicendo nec proferunt, uim tamen occultam suggerunt et tacitae
8 quoque sentiuntur. 'Fuit aliquis sine iis disertus'. Sed ego oratorem uolo. 'Non multum adiciunt'. Sed aeque non erit totum cui uel parua deerunt; et optimum quidem hoc esse conueniet: cuius etiamsi in arduo spes est, nos tamen praecipiamus omnia, ut saltem plura fiant. Sed cur deficiat animus? Natura enim perfectum oratorem esse non prohibet, turpiterque desperatur quidquid fieri potest.
9 Atque ego uel iudicio ueterum poteram esse contentus. Nam quis ignorat musicen, ut de hac primum loquar, tantum iam illis antiquis temporibus non studii modo uerum etiam uenerationis habuisse ut idem musici et uates et sapientes iudicarentur, mittam alios, Orpheus et Linus: quorum utrumque dis genitum, alterum uero, quia rudes quoque atque agrestes animos admiratione mulceret, non feras modo sed saxa etiam siluasque duxisse posteritatis memoriae
10 traditum est. Itaque et Timagenes auctor est omnium in litteris studiorum antiquissimam musicen extitisse, et testimonio sunt clarissimi poetae, apud quos inter regalia con-

26 88 *FGH 10*

AB]   1 antidotos *A*   2–3 ex multis ... effectibus *durum quidem sed fortasse non corruptum*   3 diuersis *A*: diuersa *B*: diuersitate *I. Mueller 1876*   4 una illa *A*: illa una *B*   earum *AB*: eorum *Spalding*: *fort.* earum ⟨rerum⟩, *nisi post* diuersis *addas* naturis   est ēx (*sic*) *A*: est *B* (*recte?*)   9 eget *B*   11 sed *A*: ast *B* (*unde* at *p**)   12 aeque *B*: utique *a in ras.*   18 DE MVSICE   Atque *AB*   22 *fort.* ⟨ut⟩ mittam   26 itaque *om. B*   imagines *A*   auctor est *B*: auctores *A*[1] (*unde* auctores sunt *a*)

INSTITVTIO ORATORIA 1. 10. 16

uiuia laudes heroum ac deorum ad citharam canebantur.
Iopas uero ille Vergili nonne canit
        'errantem lunam solisque labores'
et cetera? Quibus certe palam confirmat auctor eminentissi-
5 mus musicen cum diuinarum etiam rerum cognitione esse
coniunctam. Quod si datur, erit etiam oratori necessaria, si **11**
quidem, ut diximus, haec quoque pars, quae ab oratoribus
relicta a philosophis est occupata, nostri operis fuit ac sine
omnium talium scientia non potest esse perfecta eloquentia.
10 Atqui claros nomine sapientiae uiros nemo dubitauerit stu- **12**
diosos musices fuisse, cum Pythagoras atque eum secuti
acceptam sine dubio antiquitus opinionem uulgauerint mundum ipsum ratione esse compositum, quam postea sit lyra
imitata, nec illa modo contenti dissimilium concordia, quam
15 uocant harmonian, sonum quoque his motibus dederint.
Nam Plato cum in aliis quibusdam tum praecipue in Timaeo **13**
ne intellegi quidem nisi ab iis qui hanc quoque partem
disciplinae diligenter perceperint potest. De philosophis
loquor, quorum fons ipse Socrates iam senex institui lyra
20 non erubescebat? Duces maximos et fidibus et tibiis cecinisse **14**
traditum, exercitus Lacedaemoniorum musicis accensos
modis. Quid autem aliud in nostris legionibus cornua ac
tubae faciunt? Quorum concentus quanto est uehementior,
tantum Romana in bellis gloria ceteris praestat. Non igitur **15**
25 frustra Plato ciuili uiro, quem πολιτικόν uocat, necessariam
musicen credidit, et eius sectae, quae aliis seuerissima, aliis
asperrima uidetur, principes in hac fuere sententia, ut existimarent sapientium aliquos nonnullam operam his studiis
accommodaturos, et Lycurgus, durissimarum Lacedaemoniis
30 legum auctor, musices disciplinam probauit. Atque eam **16**

  2 *Aen. 1. 742*   27 *SVF 3. 740*   30 *huic §⁰ cf. Isid. etym.*
3. 17. 2

AB]   10 atque *B*   15 motibus *B*: monitis *A*   17 quoque
partem *B*: *inu. ord. A*   18 de *B*: *quid* de *A* (*recte? cf. 12. 1. 2*)
19 loqua*r A*   iam senex *B*: se iam senes *A*   21 (et) exercitus *t*
22 ac *a in ras.*: *om. B*   25 uocant *B*   28 hi *B*   29 et
om. B

1. 10. 17   M. FABI QVINTILIANI

natura ipsa uidetur ad tolerandos facilius labores uelut muneri nobis dedisse, si quidem et remigem cantus hortatur; nec solum in iis operibus in quibus plurium conatus praeeunte aliqua iucunda uoce conspirat, sed etiam singulorum
17 fatigatio quamlibet se rudi modulatione solatur. Laudem adhuc dicere artis pulcherrimae uideor, nondum eam tamen oratori coniungere. Transeamus igitur id quoque, quod grammatice quondam ac musice iunctae fuerunt: si quidem Archytas atque Euenus etiam subiectam grammaticen musicae putauerunt, et eosdem utriusque rei praeceptores fuisse cum Sophron ostendit, mimorum quidem scriptor, sed quem Plato adeo probauit ut suppositos capiti libros eius cum
18 moreretur habuisse credatur, tum Eupolis, apud quem Prodamus et musicen et litteras docet et Maricas, qui est Hyperbolus, nihil se ex musice scire nisi litteras confitetur. Aristophanes quoque non uno libro sic institui pueros antiquitus solitos esse demonstrat, et apud Menandrum in Hypobolimaeo senex, qui reposcenti filium patri uelut rationem inpendiorum quae in educationem contulerit exponens psaltis
19 se et geometris multa dicit dedisse. Vnde etiam ille mos, ut in conuiuiis post cenam circumferretur lyra, cuius cum se imperitum Themistocles confessus esset, ut uerbis Ciceronis
20 utar, 'est habitus indoctior'. Sed ueterum quoque Romanorum epulis fides ac tibias adhibere moris fuit: uersus quoque Saliorum habent carmen. Quae cum omnia sint a Numa rege instituta, faciunt manifestum ne illis quidem qui rudes ac bellicosi uidentur curam musices, quantam illa recipiebat
21 aetas, defuisse. Denique in prouerbium usque Graecorum celebratum est indoctos a Musis atque a Gratiis abesse.

9 *Euenus frg. 8 AS*   11 *frg. 155 Kaibel*   13–14 *frg. 17 Kock*
14–15 *frg. 193 Kock (cf. Aristoph. equit. 188)*   16 *e.g. nub. 968 :*
ran. 728–9   17 *frg. 430a Koerte*   22 *Tusc. I. 4*

AB]   6 uideor nondum *A*: uitandum *B*   7 coniungeret *B*
9 euenus *B*: *aristoxe*nus [*frg. 72 Wehrli*] *A* (*minus hab. A*[1])   subiunctam *B*[2]   17–18 hybolimeo *A*   19 opponens *B*   27 quantum *A*   29 a gratiis *A*: graecis *B*: gratiis *f*

62

INSTITVTIO ORATORIA   1. 10. 28

Verum quid ex ea proprie petat futurus orator disseramus. **22**
Numeros musice duplices habet, in uocibus et in corpore:
utriusque enim rei aptus quidam modus desideratur. Vocis
rationem Aristoxenus musicus diuidit in ῥυθμόν et μέλος,
5 quorum alterum modulatione, alterum canore ac sonis constat. Num igitur non haec omnia oratori necessaria? Quorum
unum ad gestum, alterum ad conlocationem uerborum, tertium ad flexus uocis, qui sunt in agendo quoque plurimi,
pertinet: nisi forte in carminibus tantum et in canticis exi- **23**
10 gitur structura quaedam et inoffensa copulatio uocum, in
agendo superuacua est, aut non compositio et sonus in oratione quoque uarie pro rerum modo adhibetur sicut in
musice. Namque et uoce et modulatione grandia elate, **24**
iucunda dulciter, moderata leniter canit totaque arte con-
15 sentit cum eorum quae dicuntur adfectibus. Atqui in orando **25**
quoque intentio uocis, remissio, flexus pertinet ad mouendos
audientium adfectus, aliaque et conlocationis et uocis, ut
eodem utar uerbo, modulatione concitationem iudicis, alia
misericordiam petimus, cum etiam organis, quibus sermo
20 exprimi non potest, adfici animos in diuersum habitum sen-
tiamus. Corporis quoque aptus et decens motus, qui dicitur **26**
εὐρυθμία, et est necessarius nec aliunde peti potest: in quo
pars actionis non minima consistit, qua de re sepositus nobis
est locus. Age, non habebit in primis curam uocis orator? **27**
25 Quid tam musices proprium? Sed ne haec quidem praesu-
menda pars est: uno interim contenti simus exemplo C.
Gracchi, praecipui suorum temporum oratoris, cui contio-
nanti consistens post eum musicus fistula, quam tonarion
uocant, modos quibus deberet intendi ministrabat; haec ei **28**

---

4 *neglegit hunc locum, ut uidetur,* Wehrli: *Test.* 39 *Da Rios

AB]   3 modus '*B*: motus *A*   4 melos *A*: ΜΕΛΟC ΜΕΤΡΟΝ *B*   11 superuacua est *B*: superuacuum *A*   13 musicen *A*   grandi elata *A*   17 et¹ *B*: ex *A*   18 modulationem *A*   iudicis *A*: iud *B* (*ut saepe*): iudicum *E*   20 adfici *A* (aff-), *B*: duci *a* (*cf.* 9. 4. *10*)   21 actus *A*   22 euromia *A*   23–4 nobis est *B*: est nobis *A*   24 age non *A*: agendus *B*   26 uno *A*: ut non *B*   29 monstrabat *A*

63

cura inter turbidissimas actiones uel terrenti optimates uel iam timenti fuit. Libet propter quosdam imperitiores, etiam 'crassiore', ut uocant, 'Musa', dubitationem huius utilitatis eximere. Nam poetas certe legendos oratori futuro concesserint: num igitur hi sine musice? Ac si quis tam caecus animi est ut de aliis dubitet, illos certe qui carmina ad lyram composuerunt. Haec diutius forent dicenda si hoc studium uelut nouum praeciperem. Cum uero antiquitus usque a Chirone atque Achille ad nostra tempora apud omnis, qui modo legitimam disciplinam non sint perosi, durauerit, non est committendum ut illa dubia faciam defensionis sollicitudine. Quamuis autem satis iam ex ipsis quibus sum modo usus exemplis credam esse manifestum quae mihi et quatenus musice placeat, apertius tamen profitendum puto non hanc a me praecipi quae nunc in scaenis effeminata et inpudicis modis fracta non ex parte minima si quid in nobis uirilis roboris manebat excidit, sed qua laudes fortium canebantur quaque ipsi fortes canebant: nec psalteria et spadicas, etiam uirginibus probis recusanda, sed cognitionem rationis, quae ad mouendos leniendosque adfectus plurimum ualet. Nam et Pythagoran accepimus concitatos ad uim pudicae domui adferendam iuuenes iussa mutare in spondium modos tibicina composuisse, et Chrysippus etiam nutricum illi quae adhibetur infantibus adlectationi suum quoddam carmen adsignat. Est etiam non inerudite ad declamandum ficta materia, in qua ponitur tibicen, qui sacrificanti Phrygium cecinerat, acto illo in insaniam et per praecipitia delato accusari quod causa mortis extiterit: quae si dici debet ab oratore nec dici citra scientiam musices potest, quomodo non

23 *SVF* 3. 735

AB]   2 fuit *B*: profuit *A*   etiam *AB*: et *1434, fort. recte*
13 quae *B*: quam *A*   15 scenis *B*: caenis *A*   19 recusandas *A*
21 accepimus *N*[1] (*felici, ut uid., errore*): accipimus *AB* (*et N corr.*)
22 iussum *A*   23 illi *om. B*   24 adhibentur *B*   ablactationi *Gebhard* (*u. ed. Leid.*): allactationi *1418* (*et ante corr. R*): *neutrum melius*   28 si *B*: si quid (quidem *a*) *A*   debeat *A*

INSTITVTIO ORATORIA 1.10.39

hanc quoque artem necessariam esse operi nostro uel iniqui consentient?

In geometria partem fatentur esse utilem teneris aetatibus: agitari namque animos et acui ingenia et celeritatem percipiendi uenire inde concedunt, sed prodesse eam non, ut ceteras artis, cum perceptae sint sed cum discatur existimant. Id uulgaris opinio est: nec sine causa summi uiri etiam inpensam huic scientiae operam dederunt. Nam cum sit geometria diuisa in numeros atque formas, numerorum quidem notitia non oratori modo sed cuicumque primis saltem litteris erudito necessaria est. In causis uero uel frequentissime uersari solet: in quibus actor, non dico si circa summas trepidat, sed si digitorum saltem incerto aut indecoro gestu a computatione dissentit, iudicatur indoctus. Illa uero linearis ratio et ipsa quidem cadit frequenter in causas (nam de terminis mensurisque sunt lites), sed habet maiorem quandam aliam cum arte oratoria cognationem. Iam primum ordo est geometriae necessarius: nonne et eloquentiae? Ex prioribus geometria probat insequentia et certis incerta: nonne id in dicendo facimus? Quid? illa propositarum quaestionum conclusio non fere tota constat syllogismis? Propter quod pluris inuenias qui dialecticae similem quam qui rhetoricae fateantur hanc artem. Verum et orator, etiamsi raro, non tamen numquam probabit dialectice. Nam et syllogismis si res poscet utetur, et certe enthymemate, qui rhetoricus est syllogismus. Denique probationum quae sunt potentissimae grammicae apodixis uulgo dicuntur: quid autem magis oratio quam probationem petit? Falsa quoque ueris similia geometria ratione deprendit. Fit hoc et in numeris per

AB] 1 in*ique A*   3 DE GEOMETRIA In *AB*   6 cum² *B*: dum *A*   7 id *a* (*in ras.*), *B*: ea *p* (*1470*)   10–11 primis saltem *B*: *inu. ord. A*   11 uel *om. A*   14 dissensit *B*   16 nam ... sunt lites *B*: si ... sint lites *a s.l.* (*om. A*¹)   habent *B* (*fort. recte*) 17 iam *om. A*   21 fere tota *A* : tota fere *B*   24 dialecticen *A*   syllogismo *A*   25 ΕΝΘΥΜΗΜΑΤΕ *B*: enthymema *A* 27 grammic(a)e *p* (*1470*): grammatic(a)e *AB*   28 veri *A*¹ 29 geometrica *Christ*: *at u. Colson*

quasdam quas pseudographias uocant, quibus pueri ludere solebamus. Sed alia maiora sunt. Nam quis non ita proponenti credat: 'quorum locorum extremae lineae eandem mensuram colligunt, eorum spatium quoque quod iis lineis continetur
40 par sit necesse est?' At id falsum est: nam plurimum refert cuius sit formae ille circumitus, reprehensique a geometris sunt historici qui magnitudinem insularum satis significari nauigationis ambitu crediderunt. Nam ut quaeque forma
41 perfectissima, ita capacissima est. Ideoque illa circumcurrens linea, si efficiet orbem, quae forma est in planis maxime perfecta, amplius spatium complectetur quam si quadratum paribus oris efficiat, rursus quadrata triangulis, triangula
42 ipsa plus aequis lateribus quam inaequalibus. Sed alia forsitan obscuriora: nos facillimum etiam imperitis sequamur experimentum. Iugeri mensuram ducentos et quadraginta longitudinis pedes esse dimidioque in latitudinem patere non fere quisquam est qui ignoret, et qui sit circumitus et quan-
43 tum campi cludat colligere expeditum. At centeni et octogeni in quamque partem pedes idem spatium extremitatis sed multo amplius clusae quattuor lineis areae faciunt. Id si computare quem piget, breuioribus numeris idem discat. Nam deni in quadram pedes quadraginta per oram, intra centum erunt. At si quini deni per latera, quini in fronte sint, ex illo quod amplectuntur quartam deducent eodem circum-
44 ductu. Si uero porrecti utrimque undeuiceni singulis distent, non plures intus quadratos habebunt quam per quot longitudo ducetur: quae circumibit autem linea eiusdem spatii erit cuius ea quae centum continet. Ita quidquid formae
45 quadrati detraxeris, amplitudini quoque peribit. Ergo etiam id fieri potest, ut maiore circumitu minor loci amplitudo cludatur. Haec in planis; nam in collibus uallibusque etiam
46 imperito patet plus soli esse quam caeli. Quid quod se eadem

AB]   5 plurimum *A*: primum *B*   6 reprehensi *a* geometricis *A*   7 quia *B*   13 alia *AB*: talia *Halm*: alii *Andresen*   22 quadrum *P* (*quod expectes*)   ora *A*   23 denique *A*   in fronte *B*: inter frontes *A*   26 quot *t*: quod *AB*

INSTITVTIO ORATORIA 1. 11. 3

geometria tollit ad rationem usque mundi ? In qua, cum siderum certos constitutosque cursus numeris docet, discimus nihil esse inordinatum atque fortuitum: quod ipsum nonnumquam pertinere ad oratorem potest. An uero, cum **47** Pericles Athenienses solis obscuratione territos redditis eius rei causis metu liberauit, aut cum Sulpicius ille Gallus in exercitu L. Pauli de lunae defectione disseruit, ne uelut prodigio diuinitus facto militum animi terrerentur, non uidetur esse usus oratoris officio ? Quod si Nicias in Sicilia scisset, **48** non eodem confusus metu pulcherrimum Atheniensium exercitum perdidisset: sicut Dion, cum ad destruendam Dionysi tyrannidem uenit, non est tali casu deterritus. Sint extra licet usus bellici transeamusque quod Archimedes unus obsidionem Syracusarum in longius traxit, illud utique iam **49** proprium ad efficiendum quod intendimus, plurimas quaestiones, quibus difficilior alia ratione explicatio est, ut de ratione uidendi, de sectione ⟨in⟩ infinitum, de celeritate augenda, linearibus illis probationibus solui solere: ut, si est oratori, quod proximus demonstrabit liber, de omnibus rebus dicendum, nullo modo sine geometria esse possit orator.

11. Dandum aliquid comoedo quoque, dum eatenus qua pronuntiandi scientiam futurus orator desiderat. Non enim puerum quem in hoc instituimus aut femineae uocis exilitate frangi uolo aut seniliter tremere. Nec uitia ebrietatis effingat **2** nec seruili uernilitate inbuatur nec amoris auaritiae metus discat adfectum: quae neque oratori sunt necessaria et mentem praecipue in aetate prima teneram adhuc et rudem inficiunt; nam frequens imitatio transit in mores. Ne gestus **3** quidem omnis ac motus a comoedis petendus est. Quamquam enim utrumque eorum ad quendam modum praestare

21 §§ *1–4, 6, 8* → *Vt. p. 441. 5–10, 32–7*

AB]   6–7 in exercitu *B*: exercitui *A*   9 esse usus *B*: **usus** esse *A*   12 casu *B*: causa *A*   17 uidendi *B* (*prob. Colson*): uiuendi *A*: diuidendi *P*   in *add. t*   18 augendi *A* (*def. Colson*) 19 demonstrauit *A*   21 DE PRIMA PRONVNTIATIONIS ET GESTVS INSTITVTIONE Dandum *AB*

1. 11. 4   M. FABI QVINTILIANI

debet orator, plurimum tamen aberit a scaenico, nec uultu nec manu nec excursionibus nimius. Nam si qua in his ars est dicentium, ea prima est ne ars esse uideatur.

4   Quod est igitur huius doctoris officium ? In primis uitia si qua sunt oris emendet, ut expressa sint uerba, ut suis quaeque litterae sonis enuntientur. Quarundam enim uel exilitate uel pinguitudine nimia laboramus, quasdam uelut acriores parum efficimus et aliis non dissimilibus sed quasi hebetiori-
5 bus permutamus. Quippe et rho litterae, qua Demosthenes quoque laborauit, labda succedit, quarum uis est apud nos quoque, et cum c ac similiter g non eualuerunt, in t ac
6 d molliuntur. Ne illas quidem circa s litteram delicias hic magister feret, nec uerba in faucibus patietur audiri nec oris inanitate resonare nec, quod minime sermoni puro conueniat, simplicem uocis naturam pleniore quodam sono circumliniri,
7 quod Graeci catapeplasmenon dicunt (sic appellatur cantus tibiarum quae, praeclusis quibus clarescunt foraminibus,
8 recto modo exitu grauiorem spiritum reddunt). Curabit etiam ne extremae syllabae intercidant, ut par sibi sermo sit, ut quotiens exclamandum erit lateris conatus sit ille, non capitis, ut gestus ad uocem, uultus ad gestum accommodetur.
9 Obseruandum erit etiam ut recta sit facies dicentis, ne labra detorqueantur, ne inmodicus hiatus rictum distendat, ne supinus uultus, ne deiecti in terram oculi, ne inclinata
10 utrolibet ceruix. Nam frons pluribus generibus peccat. Vidi multos quorum supercilia ad singulos uocis conatus adleuarentur, aliorum constricta, aliorum etiam dissidentia, cum alterum in uerticem tenderent, altero paene oculus

22 §§ *9–11* → *Vt. p.* 442. *14–18 et p.* 441. 20

AB]   1 a *B*: ab *A*   9 et *om. A*   11 g *AB*: t *Philander* non eualuerunt *A*: n ualuerunt *B*   t *AB*: g *Philander*   12 D. molliuntur *A*: demoliuntur *B*   15 circumliniri *Halm ex Vt.*: -ire *AB*: *fort.* circumlini   16 cantus *B*: sonus *A*   18 curabunt *B*   21 adcommodetur *B*, *Vt.* (acc-): commodetur *A*   23 detorqueantur *A, B, Vt.*: dis- *Philander*   distendat *B, Vt.*: discindat *A* 28 alterum *a* (alteru *A*[1]): altero *B*   tenderet *A* (*fort. recte*)   oculis *B*

ipse premeretur. Infinitum autem, ut mox dicemus, in his 11
quoque rebus momentum est, et nihil potest placere quod non
decet.

Debet etiam docere comoedus quomodo narrandum, qua 12
sit auctoritate suadendum, qua concitatione consurgat ira,
qui flexus deceat miserationem: quod ita optime faciet si
certos ex comoediis elegerit locos et ad hoc maxime idoneos,
id est actionibus similes. Idem autem non ad pronuntiandum 13
modo utilissimi, uerum ad augendam quoque eloquentiam
maxime accommodati erunt. Et haec dum infirma aetas 14
maiora non capiet: ceterum cum legere orationes oportebit,
cum uirtutes earum iam sentiet, tum mihi diligens aliquis
ac peritus adsistat, neque solum lectionem formet uerum
ediscere etiam electa ex iis cogat et ea dicere stantem clare
et quem ad modum agere oportebit, ut protinus pronuntiationem uocem memoriam exerceat.

Ne illos quidem reprehendendos puto qui paulum etiam 15
palaestricis uacauerunt. Non de iis loquor quibus pars uitae
in oleo, pars in uino consumitur, qui corporum cura mentem
obruerunt (hos enim abesse ab eo quem instituimus quam
longissime uelim): sed nomen est idem iis a quibus gestus 16
motusque formantur, ut recta sint bracchia, ne indoctae
rusticae manus, ne status indecorus, ne qua in proferendis
pedibus inscitia, ne caput oculique ab alia corporis inclinatione dissideant. Nam neque haec esse in parte pronuntia- 17
tionis negauerit quisquam neque ipsam pronuntiationem ab
oratore secernet: et certe quod facere oporteat non indignandum est discere, cum praesertim haec chironomia, quae
est (ut nomine ipso declaratur) lex gestus, et ab illis temporibus heroicis orta sit et a summis Graeciae uiris atque ipso
etiam Socrate probata, a Platone quoque in parte ciuilium
posita uirtutum, et a Chrysippo in praeceptis de liberorum

31 *leg. 795 d seq., 813 b seq.: cf. 830 c*   32 *SVF 3. 737*

AB]   6 qui A^1: quis aB   7 comoedis B   13 lectione B
18 his AB   22 formatur B   23 ⟨ne⟩ rusticae *Colson*
29 ut A (*cf. 8 pr. 15*): in B   30 atque A: et ab B   32 et a A: et B

18 educatione compositis non omissa. Nam Lacedaemonios quidem etiam saltationem quandam tamquam ad bella quoque utilem habuisse inter exercitationes accepimus. Neque id ueteribus Romanis dedecori fuit: argumentum est sacerdotum nomine ac religione durans ad hoc tempus saltatio et illa in tertio Ciceronis de Oratore libro uerba Crassi, quibus praecipit ut orator utatur 'laterum inclinatione forti ac uirili, non a scaena et histrionibus, sed ab armis aut etiam a palaestra'. Cuius disciplinae usus in nostram usque **19** aetatem sine reprehensione descendit. A me tamen nec ultra puerilis annos retinebitur nec in his ipsis diu. Neque enim gestum oratoris componi ad similitudinem saltationis uolo, sed subesse aliquid ex hac exercitatione puerili, unde nos non id agentis furtim decor ille discentibus traditus prosequatur.

12. Quaeri solet an, etiamsi discenda sint haec, eodem tempore tamen tradi omnia et percipi possint. Negant enim quidam, quia confundatur animus ac fatigetur tot disciplinis in diuersum tendentibus, ad quas nec mens nec corpus nec dies ipse sufficiat, et, si maxime patiatur hoc aetas robustior, **2** pueriles annos onerari non oporteat. Sed non satis perspiciunt quantum natura humani ingenii ualeat, quae ita est agilis ac uelox, sic in omnem partem, ut ita dixerim, spectat, ut ne possit quidem aliquid agere tantum unum, in plura uero non eodem die modo sed eodem temporis momento uim **3** suam intendat. An uero citharoedi non simul et memoriae et sono uocis et plurimis flexibus seruiunt, cum interim alios neruos dextra percurrunt, alios laeua trahunt continent praebent, ne pes quidem otiosus certam legem temporum **4** seruat—et haec pariter omnia? Quid? nos agendi subita

6 220

AB]   3 exercitationem *A*   7 praecipit *P* (praecipitur *b*): praecepit *AB*   9 usum *A*   15 prosequatur *ed. Col. 1521*: per- *AB*   16 AN PLVRA EODEM TEMPORE DOCERI PRIMA AETAS POSSIT Quaeri *AB*   23 ac *A* : et *B*   26 inpendat *B*   29 temporis *A*

INSTITVTIO ORATORIA   1. 12. 9

necessitate deprensi nonne alia dicimus alia prouidemus,
cum pariter inuentio rerum, electio uerborum, compositio
gestus pronuntiatio uultus motus desiderentur? Quae si
uelut sub uno conatu tam diuersa parent simul, cur non
pluribus curis horas partiamur—cum praesertim reficiat
animos ac reparet uarietas ipsa, contraque sit aliquanto difficilius in labore uno perseuerare? Ideo et stilus lectione
requiescit et ipsius lectionis taedium uicibus leuatur; quam- 5
libet multa egerimus, quodam tamen modo recentes sumus
ad id quod incipimus. Quis non optundi possit si per totum
diem cuiuscumque artis unum magistrum ferat? Mutatione
recreabitur sicut in cibis, quorum diuersitate reficitur stomachus et pluribus minore fastidio alitur. Aut dicant isti 6
mihi quae sit alia ratio discendi. Grammatico soli deseruia-
mus, deinde geometrae tantum, omittamus interim quod
didicimus? mox transeamus ad musicum, excidant priora?
Et cum Latinis studebimus litteris, non respiciamus ad
Graecas? Et, ut semel finiam, nihil faciamus nisi nouissi-
mum? Cur non idem suademus agricolis, ne arua simul et 7
uineta et oleas et arbustum colant? ne pratis et pecoribus et
hortis et aluearibus auibusque accommodent curam? Cur
ipsi aliquid forensibus negotiis, aliquid desideriis amicorum,
aliquid rationibus domesticis, aliquid curae corporis, nonnihil uoluptatibus cotidie damus? Quarum nos una res quae-
libet nihil intermittentis fatigaret: adeo facilius est multa
facere quam diu.

Illud quidem minime uerendum est, ne laborem studiorum 8
pueri difficilius tolerent; neque enim ulla aetas minus fatigatur. Mirum sit forsitan, sed experimentis deprehendas; nam
et dociliora sunt ingenia priusquam obduruerunt (id uel 9
hoc argumento patet, quod intra biennium quam uerba
recte formare potuerunt quamuis nullo instante omnia fere

AB] 3 desideretur *B* 6 aliquando *A* 10 possit *B*: potest *A* 11 cuiusque *A* 14 solo *B* 15 geometr(a)e *p (1470)*: geometri *AB*: γεωμέτρῃ *Radermacher (praeeunte Halmio)* 18 et ut *A*: ut et *B*: ut *Radermacher* 20 ne *om. B* 21 auibusque *om. B* 26 quam ⟨unum⟩ *Kiderlin 1885*

71

locuntur: at nouiciis nostris per quot annos sermo Latinus repugnat! Magis scias si quem iam robustum instituere litteris coeperis non sine causa dici παιδομαθεῖς eos qui in sua quidque arte optime faciant) et patientior est laboris natura pueris quam iuuenibus. Videlicet ut corpora infantium nec casus, quo in terram totiens deferuntur, tam grauiter adfligit nec illa per manus et genua reptatio nec post breue tempus continui lusus et totius diei discursus, quia pondus illis abest nec se ipsi grauant: sic animi quoque, credo quia minore conatu mouentur nec suo nisu studiis insistunt sed formandos se tantummodo praestant, non similiter fatigantur. **11** Praeterea secundum aliam aetatis illius facilitatem uelut simplicius docentis secuntur nec quae iam egerint metiuntur: abest illis adhuc etiam laboris iudicium. Porro, ut frequenter experti sumus, minus adficit sensus fatigatio quam cogitatio.

12 Sed ne temporis quidem umquam plus erit, quia his aetatibus omnis in audiendo profectus est. Cum ad stilum secedet, cum generabit ipse aliquid atque componet, tum inchoare **13** haec studia uel non uacabit uel non libebit. Ergo cum grammaticus totum diem occupare non possit, nec debeat ne discentis animum taedio auertat, quibus potius studiis haec **14** temporum uelut subsiciua donabimus? Nam nec ego consumi studentem in his artibus uolo: nec moduletur aut musicis notis cantica excipiat, nec utique ad minutissima usque geometriae opera descendat; non comoedum in pronuntiando nec saltatorem in gestu facio. Quae si omnia exigerem, suppeditabat tamen tempus; longa est enim quae discit **15** aetas, et ego non de tardis ingeniis loquor. Denique cur in his omnibus quae discenda oratori futuro puto eminuit Plato ? Qui non contentus disciplinis quas praestare poterant

AB]   3 opaediomathis *A*   6 afflictet *A*   7 breue *B*: breue quoque *A*   9 se *B*: sese *A*   13 docentes *A*: dicentis *B* legerint *a in ras.*   15 fatigationis *Kiderlin 1886* (*cf. Colson*) 18 recedet *A*   19 onerabit *B*   tum *A*: tunc *B*   21 diem occupare *B*: *inu. ord. A*   23 consumi *B*: comminui *A* (*cf. I.7.33*) 24 partibus *A*   28 longa *B*: et longa *A*   31 potuerant *A*

INSTITVTIO ORATORIA   1. 12. 19

Athenae, non Pythagoreorum, ad quos in Italiam nauigauerat, Aegypti quoque sacerdotes adiit atque eorum arcana perdidicit.

Difficultatis patrocinia praeteximus segnitiae; neque enim nobis operis amor est, nec quia sit honesta ac rerum pulcherrima eloquentia petitur ipsa, sed ad uilem usum et sordidum lucrum accingimur. Dicant sine his in foro multi et adquirant, dum sit locupletior aliquis sordidae mercis negotiator et plus uoci suae debeat praeco. Ne uelim quidem lectorem dari mihi quid studia referant computaturum. Qui uero imaginem ipsam eloquentiae diuina quadam mente conceperit, quique illam, ut ait non ignobilis tragicus, 'reginam rerum orationem' ponet ante oculos, fructumque non ex stipe aduocationum sed ex animo suo et contemplatione ac scientia petet perpetuum illum nec fortunae subiectum, facile persuadebit sibi ut tempora, quae spectaculis campo tesseris, otiosis denique sermonibus, ne dicam somno et conuiuiorum mora conteruntur, geometrae potius ac musico inpendat, quanto plus delectationis habiturus quam ex illis ineruditis uoluptatibus. Dedit enim hoc prouidentia hominibus munus, ut honesta magis iuuarent. Sed nos haec ipsa dulcedo longius duxit. Hactenus ergo de studiis quibus antequam maiora capiat puer instituendus est: proximus liber uelut nouum sumet exordium et ad rhetoris officia transibit.

12 *i.e. Pacuuius (Hermione frg. XIV Klotz)*

AB]   6 uilem *B*: uenalem *A*   9 ne *B*: nec *A*   11 diuinam quandam *Stroux 1930*   15 illud *A*   18 conterunt *B*   20 hoc *B*: hoc quoque *A*   24 su*mat A*

LIBER SECVNDVS

1. Tenuit consuetudo, quae cotidie magis inualescit, ut praeceptoribus eloquentiae, Latinis quidem semper, sed etiam Graecis interim, discipuli serius quam ratio postulat traderentur. Eius rei duplex causa est, quod et rhetores utique nostri suas partis omiserunt et grammatici alienas **2** occupauerunt. Nam et illi declamare modo et scientiam declamandi ac facultatem tradere officii sui ducunt idque intra deliberatiuas iudicialisque materias (nam cetera ut professione sua minora despiciunt), et hi non satis credunt excepisse quae relicta erant (quo nomine gratia quoque iis habenda est), sed ad prosopopoeias usque [ad suasorias], in **3** quibus onus dicendi uel maximum est, inrumpunt. Hinc ergo accidit ut quae alterius artis prima erant opera facta sint alterius nouissima, et aetas altioribus iam disciplinis debita in schola minore subsidat ac rhetoricen apud grammaticos exerceat. Ita, quod est maxime ridiculum, non ante ad declamandi magistrum mittendus uidetur puer quam declamare sciat..

4 Nos suum cuique professioni modum demus: et grammatice, quam in Latinum transferentes litteraturam uocauerunt, fines suos norit, praesertim tantum ab hac appellationis suae paupertate, intra quam primi illi constitere, prouecta; nam tenuis a fonte adsumptis †historicorum criticorumque† uiribus pleno iam satis alueo fluit, cum praeter rationem recte loquendi non parum alioqui copiosam prope **5** omnium maximarum artium scientiam amplexa sit: et

AB]   2 QVANDO RHETORI SIT TRADENDVS (TRADENDVS SIT *A*) PVER Tenuit *AB*   5 et *om. A*   12 ad suasorias *deleui* (1964-1): et ad suasorias *P*: ac suasorias *Obrecht*: suasorias *Kiderlin 1887-1* 15 altioribus iam *B*: *inu. ord. A*   18 uideatur *a*   24–5 historicorum criticorumque *A*: poetarum historicorumque *B* (*sed* poetarum *s.l. m.* 2): *uerba fortasse delenda* (*nisi pro* criticorum *legendum est* oratorum, *ut coni. t*)

rhetorice, cui nomen uis eloquendi dedit, officia sua non detrectet nec occupari gaudeat pertinentem ad se laborem: quae, dum opere cedit, iam paene possessione depulsa est. Neque infitiabor aliquem ex his qui grammaticen profiteantur eo usque scientiae progredi posse ut ad haec quoque tradenda sufficiat. Sed cum id aget, rhetoris officio fungetur, non suo.

Nos porro quaerimus quando iis quae rhetorice praecipit percipiendis puer maturus esse uideatur: in quo quidem non id est aestimandum, cuius quisque sit aetatis, sed quantum in studiis iam effecerit. Et ne diutius disseram quando sit rhetori tradendus, sic optime finiri credo: cum poterit. Sed hoc ipsum ex superiore pendet quaestione. Nam si grammatices munus usque ad suasorias prorogatur, tardius rhetore opus est: si rhetor prima officia operis sui non recusat, a narrationibus statim et laudandi uituperandique opusculis cura eius desideratur. An ignoramus antiquis hoc fuisse ad augendam eloquentiam genus exercitationis, ut thesis dicerent et communes locos et cetera citra complexum rerum personarumque quibus uerae fictaeque controuersiae continentur? Ex quo palam est quam turpiter deserat eam partem rhetorices institutio quam et primam habuit et diu solam. Quid autem est ex his de quibus supra dixi quod non cum in alia quae sunt rhetorum propria, tum certe in illud iudiciale causae genus incidat? An non in foro narrandum est? Qua in parte nescio an sit uel plurimum. Non laus ac uituperatio certaminibus illis frequenter inseritur? Non communes loci, siue qui sunt in uitia derecti, quales legimus a Cicerone compositos, seu quibus quaestiones generaliter tractantur, quales sunt editi a Quinto quoque Hortensio, ut 'sitne paruis argumentis credendum' et 'pro testibus' et 'in testes', in mediis litium medullis uersantur? Arma sunt haec quodam modo

AB] 3 operae *B*   10 est *om. A*   12 finire *B*   14 suasorias *B*: suasorias quae sunt apud *rhe*torem materiae inter rudimenta dicendi∗ *A*   15 si *B*: at si *A*   19 citra *A*: circa *B*   24 rhetorum propria *B*: *inu. ord. A*   28 directi *A*

praeparanda semper, ut iis cum res poscet utaris. Quae qui pertinere ad orationem non putabit, is ne statuam quidem inchoari credet cum eius membra fundentur. Neque hanc, ut aliqui putabunt, festinationem meam sic quisquam calumnietur tamquam eum qui sit rhetori traditus abducendum
13 protinus a grammaticis putem. Dabuntur illis tum quoque tempora sua, neque erit uerendum ne binis praeceptoribus oneretur puer. Non enim crescet, sed diuidetur qui sub uno miscebatur labor, et erit sui quisque operis magister utilior: quod adhuc optinent Graeci, a Latinis omissum est, et fieri uidetur excusate, quia sunt qui labori isti successerint.

2. Ergo cum ad eas in studiis uires peruenerit puer ut quae prima esse praecepta rhetorum diximus mente consequi possit, tradendus eius artis magistris erit. Quorum in primis
2 inspici mores oportebit: quod ego non idcirco potissimum in hac parte tractare sum adgressus quia non in ceteris quoque doctoribus idem hoc examinandum quam diligentissime putem, sicut testatus sum libro priore, sed quod magis neces-
3 sariam eius rei mentionem facit aetas ipsa discentium. Nam et adulti fere pueri ad hos praeceptores transferuntur et apud eos iuuenes etiam facti perseuerant, ideoque maior adhibenda tum cura est, ut et teneriores annos ab iniuria sanctitas docentis custodiat et ferociores a licentia grauitas deterreat.
4 Neque uero sat est summam praestare abstinentiam, nisi disciplinae seueritate conuenientium quoque ad se mores adstrinxerit.

Sumat igitur ante omnia parentis erga discipulos suos animum, ac succedere se in eorum locum a quibus sibi liberi
5 tradantur existimet. Ipse nec habeat uitia nec ferat. Non austeritas eius tristis, non dissoluta sit comitas, ne inde odium, hinc contemptus oriatur. Plurimus ei de honesto ac bono sermo sit: nam quo saepius monuerit, hoc rarius castigabit; minime iracundus, nec tamen eorum quae emendanda

AB] 1 utare *A* (*at cf. II. 3. 14*)   5 tradendus *A*   6 illis *B*: et illis *A*   8 diuiditur *B*   12 DE MORIBVS ET OFFICIIS PRAECEPTORIS Ergo *AB*   24 summam *B*: suam *A*

erunt dissimulator, simplex in docendo, patiens laboris, adsiduus potius quam inmodicus. Interrogantibus libenter **6** respondeat, non interrogantes percontetur ultro. In laudandis discipulorum dictionibus nec malignus nec effusus, quia res altera taedium laboris, altera securitatem parit. In emen- **7** dando quae corrigenda erunt non acerbus minimeque contumeliosus; nam id quidem multos a proposito studendi fugat, quod quidam sic obiurgant quasi oderint. Ipse aliquid, **8** immo multa cotidie dicat quae secum auditores referant. Licet enim satis exemplorum ad imitandum ex lectione suppeditet, tamen uiua illa, ut dicitur, uox alit plenius, praecipueque praeceptoris quem discipuli, si modo recte sunt instituti, et amant et uerentur. Vix autem dici potest quanto libentius imitemur eos quibus fauemus.

Minime uero permittenda pueris, ut fit apud plerosque, **9** adsurgendi exultandique in laudando licentia: quin etiam iuuenum modicum esse, cum audient, testimonium debet. Ita fiet ut ex iudicio praeceptoris discipulus pendeat, atque id se dixisse recte quod ab eo probabitur credat. Illa uero **10** uitiosissima, quae iam humanitas uocatur, inuicem qualiacumque laudandi cum est indecora et theatralis et seuere institutis scholis aliena, tum studiorum perniciosissima hostis: superuacua enim uidentur cura ac labor parata quidquid effuderint laude. Vultum igitur praeceptoris intueri **11** tam qui audiunt debent quam ipse qui dicit: ita enim probanda atque improbanda discernent; sic stilo facultas continget, auditione iudicium. At nunc proni atque succincti ad **12** omnem clausulam non exsurgunt modo uerum etiam excurrunt et cum indecora exultatione conclamant. Id mutuum est et ibi declamationis fortuna. Hinc tumor et uana de se persuasio usque adeo ut illo condiscipulorum tumultu inflati, si parum a praeceptore laudentur, ipsi de illo male sentiant. Sed se quoque praeceptores intente ac modeste audiri uelint: **13** non enim iudicio discipulorum dicere debet magister, sed

AB]   9 audita *B*   23 uidetur *B*   ac *B*: et *A*   26 sic *P*: si *AB*: ⟨et⟩ si *Russell*   27 auditioni∗ *A*

2. 2. 14   M. FABI QVINTILIANI

discipulus magistri. Quin, si fieri potest, intendendus animus in hoc quoque, ut perspiciat quae quisque et quo modo laudet, et placere quae bene dicet non suo magis quam eorum nomine delectetur qui recte iudicabunt.

14   Pueros adulescentibus permixtos sedere non placet mihi. Nam etiamsi uir talis qualem esse oportet studiis moribusque praepositum modestam habere potest etiam iuuentutem, tamen uel infirmitas a robustioribus separanda est, et carendum non solum crimine turpitudinis uerum etiam suspicione.

15 Haec notanda breuiter existimaui. Nam ut absit ab ultimis uitiis ipse ac schola ne praecipiendum quidem credo. Ac si quis est qui flagitia manifesta in eligendo filii praeceptore non uitet, iam hinc sciat cetera quoque, quae ad utilitatem iuuentutis componere conamur, esse sibi hac parte omissa superuacua.

3. Ne illorum quidem persuasio silentio transeunda est, qui, etiam cum idoneos rhetori pueros putauerunt, non tamen continuo tradendos eminentissimo credunt, sed apud minores aliquamdiu detinent, tamquam instituendis artibus magis sit apta mediocritas praeceptoris cum ad intellectum atque imitationem facilior, tum ad suscipiendas elementorum

2 molestias minus superba. Qua in re mihi non arbitror diu laborandum ut ostendam quanto sit melius optimis inbui, quanta in eluendis quae semel insederint uitiis difficultas consequatur, cum geminatum onus succedentis premat, et

3 quidem dedocendi grauius ac prius quam docendi: propter quod Timotheum clarum in arte tibiarum ferunt duplices ab iis quos alius instituisset solitum exigere mercedes quam si rudes traderentur. Error tamen est in re duplex: unus, quod interim sufficere illos minores existimant et bono sane sto-

4 macho contenti sunt: quae quamquam est ipsa reprensione digna securitas, tamen esset utcumque tolerabilis si eius modi praeceptores minus docerent, non peius; alter ille etiam

AB]   1 discipulus *A* : discipuli *B*   7 praepositus *A*
16 AN PROTINVS PRAECEPTORE OPTIMO SIT VTENDVM Ne *AB*   21 atque *B* : atque ad *A*   28 his *AB*   31 est *A* : et *B*

INSTITVTIO ORATORIA   2. 3. 10

frequentior, quod eos qui ampliorem dicendi facultatem sint consecuti non putant ad minora descendere, idque interim fieri quia fastidiant praestare hanc inferioribus curam, interim quia omnino non possint. Ego porro eum qui nolit in 5 numero praecipientium non habeo, posse autem maxime, si uelit, optimum quemque contendo: primum quod eum qui eloquentia ceteris praestet illa quoque per quae ad eloquentiam peruenitur diligentissime percepisse credibile est, deinde quia plurimum in praecipiendo ualet ratio, quae 6 doctissimo cuique plenissima est, postremo quia nemo sic in maioribus eminet ut eum minora deficiant: nisi forte Iouem quidem Phidias optime fecit, illa autem quae in ornamentum operis eius accedunt alius melius elaborasset, aut orator loqui nesciet aut leuiores morbos curare non poterit praestantissimus medicus.

Quid ergo? non est quaedam eloquentia maior quam ut 7 eam intellectu consequi puerilis infirmitas possit? Ego uero confiteor: sed hunc disertum praeceptorem prudentem quoque et non ignarum docendi esse oportebit, summittentem se ad mensuram discentis, ut uelocissimus quoque, si forte iter cum paruolo faciat, det manum et gradum suum minuat nec procedat ultra quam comes possit. Quid si ple- 8 rumque accidit ut faciliora sint ad intellegendum et lucidiora multo quae a doctissimo quoque dicuntur? Nam et prima est eloquentiae uirtus perspicuitas, et, quo quis ingenio minus ualet, hoc se magis attollere et dilatare conatur, ut statura breues in digitos eriguntur et plura infirmi minantur. Nam 9 tumidos et corruptos et tinnulos et quocumque alio cacozeliae genere peccantes certum habeo non uirium sed infirmitatis uitio laborare, ut corpora non robore sed ualetudine inflantur, et recto itinere lassi plerumque deuertunt. Erit ergo etiam obscurior quo quisque deterior.

Non excidit mihi scripsisse me in libro priore, cum potior- 10 em in scholis eruditionem esse quam domi dicerem, libentius

AB]   13 laborasset *B*   20 quoque *B*: quisque *A*   31 diuertunt *A*

se prima studia tenerosque profectus ad imitationem condiscipulorum, quae facilior esset, erigere: quod a quibusdam sic accipi potest tamquam haec quam nunc tueor sententia
11 priori diuersa sit. Id a me procul aberit; namque ea causa uel maxima est cur optimo cuique praeceptori sit tradendus puer, quod apud eum discipuli quoque melius instituti aut dicent quod inutile non sit imitari, aut, si quid errauerint, statim corrigentur: at indoctus ille etiam probabit fortasse
12 uitiosa et placere audientibus iudicio suo coget. Sit ergo tam eloquentia quam moribus praestantissimus qui ad Phoenicis Homerici exemplum dicere ac facere doceat.

4. Hinc iam quas primas in docendo partis rhetorum putem tradere incipiam, dilata parumper illa quae sola uulgo uocatur arte rhetorica: ac mihi oportunus maxime uidetur ingressus ab eo cuius aliquid simile apud grammaticos puer didicerit.

2 Et quia narrationum, excepta qua in causis utimur, tris accepimus species, fabulam, quae uersatur in tragoediis atque carminibus non a ueritate modo sed etiam a forma ueritatis remota, argumentum, quod falsum sed uero simile comoediae fingunt, historiam, in qua est gestae rei expositio, grammaticis autem poeticas dedimus: apud rhetorem
3 initium sit historica, tanto robustior quanto uerior. Sed narrandi quidem quae nobis optima ratio uideatur tum demonstrabimus cum de iudiciali parte dicemus: interim admonere illud sat est, ut sit ea neque arida prorsus atque ieiuna (nam quid opus erat tantum studiis laboris inpendere si res nudas atque inornatas indicare satis uideretur?), neque rursus sinuosa et arcessitis descriptionibus, in quas plerique
4 imitatione poeticae licentiae ducuntur, lasciuiat. Vitium

10–11 *Il.* 9. *443*

AB]   5 uel *B*: quam uel *A*   12 DE PRIMIS APVD RHETOREM EXERCITATIONIBVS Hinc *AB*   ducend*i A*   18 accipimus *B* tragoedis *B*   23 historica (*sc.* narratio) *AB*: ystoria *J*   24 tum *om. B*   26 satis *A*   30 lasciuiat *B*²: lasciui at *AB*¹: lasciua *ed. Vasc. 1542, fort. recte*

INSTITVTIO ORATORIA 2.4.9

utrumque, peius tamen illud quod ex inopia quam quod ex copia uenit. Nam in pueris oratio perfecta nec exigi nec sperari potest: melior autem indoles laeta generosique conatus et uel plura iusto concipiens interim spiritus. Nec umquam me in his discentis annis offendat si quid superfuerit. Quin ipsis doctoribus hoc esse curae uelim, ut teneras adhuc mentes more nutricum mollius alant, et satiari uelut quodam iucundioris disciplinae lacte patiantur. Erit illud plenius interim corpus, quod mox adulta aetas adstringat. Hinc spes roboris: maciem namque et infirmitatem in posterum minari solet protinus omnibus membris expressus infans. Audeat haec aetas plura et inueniat et inuentis gaudeat, sint licet illa non satis sicca interim ac seuera. Facile remedium est ubertatis, sterilia nullo labore uincuntur. Illa mihi in pueris natura minimum spei dederit in qua ingenium iudicio praesumitur. Materiam esse primum uolo uel abundantiorem atque ultra quam oporteat fusam. Multum inde decoquent anni, multum ratio limabit, aliquid uelut usu ipso deteretur, sit modo unde excidi possit et quod exculpi; erit autem, si non ab initio tenuem nimium laminam duxerimus et quam caelatura altior rumpat. Quod me de his aetatibus sentire minus mirabitur qui apud Ciceronem legerit: 'uolo enim se efferat in adulescente fecunditas'.

Quapropter in primis euitandus, et in pueris praecipue, magister aridus, non minus quam teneris adhuc plantis siccum et sine umore ullo solum. Inde fiunt humiles statim et uelut terram spectantes, qui nihil supra cotidianum sermonem attollere audeant. Macies illis pro sanitate et iudicii loco infirmitas est, et, dum satis putant uitio carere, in id ipsum incidunt uitium, quod uirtutibus carent. Quare mihi

9 §§ 6–8 → *Vt. p. 444. 31–5*   22 *de orat.* 2. 88

AB]   3 et *post* autem *add. a*   5 dicentis *A*   superfuerit *B*: superauerit *A*   ipsis *B*: ipsis quoque *A*   6 doctioribus *B*   10 macies *A*   et *om. A*   13 ubertatis *AB* (*cf. 1. 2. 6*): ubertati *Vt*.

2.4.10   M. FABI QVINTILIANI

ne maturitas quidem ipsa festinet nec musta in lacu statim
austera sint: sic et annos ferent et uetustate proficient.

10 Ne illud quidem quod admoneamus indignum est, ingenia
puerorum nimia interim emendationis seueritate deficere;
nam et desperant et dolent et nouissime oderunt et, quod
11 maxime nocet, dum omnia timent nihil conantur. Quod
etiam rusticis notum est, qui frondibus teneris non putant
adhibendam esse falcem, quia reformidare ferrum uidentur
12 et nondum cicatricem pati posse. Iucundus ergo tum maxime
debet esse praeceptor, ut remedia, quae alioqui natura sunt
aspera, molli manu leniantur: laudare aliqua, ferre quaedam,
mutare etiam reddita cur id fiat ratione, inluminare inter-
ponendo aliquid sui. Nonnumquam hoc quoque erit utile,
totas ipsum dictare materias, quas et imitetur puer et in-
13 terim tamquam suas amet: at si tam neglegens ei stilus
fuerit ut emendationem non recipiat, expertus sum prodesse quotiens eandem materiam rursus a me retractatam
scribere de integro iuberem: posse enim eum adhuc melius:
14 quatenus nullo magis studia quam spe gaudent. Aliter
autem alia aetas emendanda est, et pro modo uirium et
exigendum et corrigendum opus. Solebam ego dicere pueris
aliquid ausis licentius aut laetius laudare illud me adhuc,
uenturum tempus quo idem non permitterem: ita et ingenio
gaudebant et iudicio non fallebantur.

15 Sed ut eo reuertar unde sum egressus: narrationes stilo
componi quanta maxima possit adhibita diligentia uolo.
Nam ut primo, cum sermo instituitur, dicere quae audierint
utile est pueris ad loquendi facultatem, ideoque et retro
agere expositionem et a media in utramque partem discur-
rere sane merito cogantur, sed ad gremium praeceptoris
et dum ⟨maiora⟩ non possunt et dum res ac uerba conectere incipiunt, ut protinus memoriam firment: ita cum iam

AB]   1 ne *B*: nec *A*   3 ne *B*: nec *A*   ammonemus *A*
14 totas ipsum *B*: *inu. ord. A*   15 at *B*: et *A*   17 trac-
tatam *A*   18 eum adhuc *B*: *inu. ord. A*   19 studio *A*
25 digressus *A*   31 maiora *addidi (cf. 1.11.14)*: ⟨aliud⟩ *Philander*

INSTITVTIO ORATORIA 2. 4. 20

formam rectae atque emendatae orationis accipient, extemporalis garrulitas nec expectata cogitatio et uix surgendi mora circulatoriae uere iactationis est. Hinc parentium imperitorum inane gaudium, ipsis uero contemptus operis et inuerecunda frons et consuetudo pessime dicendi et malorum exercitatio et, quae magnos quoque profectus frequenter perdidit, adrogans de se persuasio innascitur. Erit suum parandae facilitati tempus, nec a nobis neglegenter locus iste transibitur. Interim satis est si puer omni cura et summo, quantum illa aetas capit, labore aliquid probabile scripserit: in hoc adsuescat, huius sibi rei naturam faciat. Ille demum in id quod quaerimus aut ei proximum poterit euadere qui ante discet recte dicere quam cito.

Narrationibus non inutiliter subiungitur opus destruendi confirmandique eas, quod ἀνασκευή et κατασκευή uocatur. Id porro non tantum in fabulosis et carmine traditis fieri potest, uerum etiam in ipsis annalium monumentis: ut, si quaeratur 'an sit credibile super caput Valeri pugnantis sedisse coruum, qui os oculosque hostis Galli rostro atque alis euerberaret', sit in utramque partem ingens ad dicendum materia: aut de serpente, quo Scipio traditur genitus, et lupa Romuli et Egeria Numae; nam Graecis historiis plerumque poeticae similis licentia est. Saepe etiam quaeri solet de tempore, de loco, quo gesta res dicitur, nonnumquam de persona quoque, sicut Liuius frequentissime dubitat et alii ab aliis historici dissentiunt.

Inde paulatim ad maiora tendere incipiet, laudare claros uiros et uituperare improbos: quod non simplicis utilitatis opus est. Namque et ingenium exercetur multiplici uariaque materia et animus contemplatione recti prauique formatur, et multa inde cognitio rerum uenit exemplisque,

AB]   1 *fort.* acceperint (ceperint *Francius*)   3 uerae *AB*
5 maiorum *B*   8 facilitatis *a*   11 sibi rei *A*: rei sibi *B*
14 restruendi *B*   21 materia *om. A*   aut *A* : ut *B*   25 sicuti *a*   31 exemplisque *B*: et exemplis *A* (*qui totum contextum in ras. praebet, fort. m. 1*)

83

2. 4. 21   M. FABI QVINTILIANI

quae sunt in omni genere causarum potentissima, iam tum
21 instruit cum res poscet usurum. Hinc illa quoque exercitatio
subit comparationis, uter melior uterue deterior: quae quamquam uersatur in ratione simili, tamen et duplicat materiam
et uirtutum uitiorumque non tantum naturam sed etiam
modum tractat. Verum de ordine laudis contraque, quoniam
tertia haec rhetorices pars est, praecipiemus suo tempore.

22 Communes loci (de iis loquor quibus citra personas in ipsa
uitia moris est perorare, ut in adulterum, aleatorem, petulantem) ex mediis sunt iudiciis et, si reum adicias, accusationes: quamquam hi quoque ab illo generali tractatu ad
quasdam deduci species solent, ut si ponatur adulter caecus,
aleator pauper, petulans senex. Habent autem nonnum-
23 quam etiam defensionem; nam et pro luxuria et pro amore
dicimus, et leno interim parasitusque defenditur sic ut non
homini patrocinemur sed crimini.

24 Thesis autem quae sumuntur ex rerum comparatione (ut
'rusticane uita an urbana potior', 'iuris periti an militaris
uiri laus maior') mire sunt ad exercitationem dicendi speciosae atque uberes, quae uel ad suadendi officium uel etiam
ad iudiciorum disceptationem iuuant plurimum: nam posterior ex praedictis locus in causa Murenae copiosissime a
25 Cicerone tractatur. Sunt et illae paene totae ad deliberatiuum pertinentes genus: 'ducendane uxor', 'petendine sint
magistratus'; namque et hae personis modo adiectis suasoriae erunt.

26 Solebant praeceptores mei neque inutili et nobis etiam
iucundo genere exercitationis praeparare nos coniecturalibus
causis cum quaerere atque exequi iuberent 'cur armata
apud Lacedaemonios Venus' et 'quid ita crederetur Cupido
puer atque uolucer et sagittis ac face armatus' et similia,

22 22

AB] 2 instruitur ... usurus *A* (*in ras.: u. supra*)   8 his *AB*
9 uita *B*   11 *t*ractu *A*   19 mirae *A* (*corr.?*), *B* (*uel B*[2])   exercitationes *B*   21 iudiciorum *dis*cep*t*ationem *A*: iudicium disceptationemque *B*   25 et *om. B*

INSTITVTIO ORATORIA   2. 4. 32

in quibus scrutabamur uoluntatem, cuius in controuersiis frequens quaestio est: quod genus chriae uideri potest.

Nam locos quidem, quales sunt de testibus 'semperne his **27** credendum' et de argumentis 'an habenda etiam paruis fides',
5 adeo manifestum est ad forensis actiones pertinere ut quidam neque ignobiles in officiis ciuilibus scriptos eos memoriaeque diligentissime mandatos in promptu habuerint, ut, quotiens esset occasio, extemporales eorum dictiones his uelut emblematis exornarentur: quo quidem (neque enim **28**
10 eius rei iudicium differre sustineo) summam uidebantur mihi infirmitatem de se confiteri. Nam quid hi possint in causis, quarum uaria et noua semper est facies, proprium inuenire, quo modo propositis ex parte aduersa respondere, altercationibus uelociter occurrere, testem rogare, qui etiam in iis
15 quae sunt communia et in plurimis causis tractantur uulgatissimos sensus uerbis nisi tanto ante praeparatis prosequi nequeant? †Nec uero† his, cum eadem iudiciis pluribus **29** dicunt, aut fastidium moueant uelut frigidi et repositi cibi aut pudorem deprensa totiens audientium memoria infelix
20 supellex, quae sicut apud pauperes ambitiosos pluribus et diuersis officiis conteratur: cum eo quidem, quod uix ullus **30** est tam communis locus qui possit cohaerere cum causa nisi aliquo propriae quaestionis uinculo copulatus—appareatque eum non tam insertum quam adplicitum, uel quod dissimilis **31**
25 est ceteris, uel quod plerumque adsumi etiam parum apte solet, non quia desideratur, sed quia paratus est, ut quidam sententiarum gratia uerbosissimos locos arcessunt, cum ex locis debeat nasci sententia: ita sunt autem speciosa haec **32** et utilia si oriuntur ex causa; ceterum quamlibet pulchra
30 elocutio, nisi ad uictoriam tendit, utique superuacua, sed

AB]   2 quod ... potest *del. Radermacher* (thesis *pro* chriae scripserat Volkmann 1869)   13 aduersa *A* : diuersa *B*   17 **nec** uero *AB*: necesse uero *Zumpt* (necesse est *iam p**): *fort.* **Nonne ergo** (*cf. 9. 4. 113*) *uel* **Haec uero** (*deinde* iis [is *B*: his *A*], cum ... dicunt, aut ... cibi, aut ... memoria: infelix *etc.*)   23 appareat*que A, B* (*u. quae disputaui 1964-1*): appareat namque *Faber*: appareat alioqui *Spalding* (*ad 10. 3. 16*)   28 innasci *A* (*corr. ex* nasci, *fort. m. 1*)

85

2. 4. 33

interim etiam contraria est. Verum hactenus euagari satis fuerit.

33 Legum laus ac uituperatio iam maiores ac prope summis operibus suffecturas uires desiderant: quae quidem suasoriis an controuersiis magis accommodata sit exercitatio consuetudine et iure ciuitatium differt. Apud Graecos enim lator earum ad iudicem uocabatur, Romanis pro contione suadere ac dissuadere moris fuit; utroque autem modo pauca de his et fere certa dicuntur: nam et genera sunt tria sacri,
34 publici, priuati iuris. Quae diuisio ad laudem magis spectat, si quis eam per gradus augeat, quod lex, quod publica, quod ad religionem deum comparata sit. Ea quidem de quibus
35 quaeri solet communia omnibus. Aut enim de iure dubitari potest eius qui rogat, ut de P. Clodi, qui non rite creatus tribunus arguebatur: aut de ipsius rogationis, quod est uarium, siue non trino forte nundino promulgata siue non idoneo die siue contra intercessionem uel auspicia aliudue quid quod legitimis obstet dicitur lata esse uel ferri, siue alicui manen-
36 tium legum repugnare. Sed haec ad illas primas exercitationes non pertinent: nam sunt eae citra complexum personarum temporum causarum. Reliqua eadem fere uero
37 fictoque certamine huius modi tractantur: nam uitium aut in uerbis aut in rebus est. In uerbis quaeritur satis significent an sit in iis aliquid ambiguum: in rebus, an lex sibi ipsa consentiat, an in praeteritum ferri debeat, an in singulos homines. Maxime uero commune est quaerere an sit honesta,
38 an utilis. Nec ignoro plures fieri a plerisque partes, sed nos iustum pium religiosum ceteraque his similia honesto complectimur. Iusti tamen species non simpliciter excuti solet. Aut enim de re ipsa quaeritur, ut dignane poena uel praemio sit, aut de modo praemii poenaeue, qui tam maior quam
39 minor culpari potest. Vtilitas quoque interim natura dis-

AB]   1 uagari A   3 iam om. B   6 ciuitatum A
9 et² del. ed. Stoer. 1580 (om. Burn. 243 ante corr.)   14 clodio A
17 intercessiones A   20 eae B: haec a in ras.   23 quaeritur B:
quaeritur an A   25 referri a   27 inutilis B   29 solent A

INSTITVTIO ORATORIA 2. 5. 3

cernitur, interim tempore. Quaedam an optineri possint ambigi solet. Ne illud quidem ignorare oportet, leges aliquando totas, aliquando ex parte reprendi solere, cum exemplum rei utriusque nobis claris orationibus praebeatur.
5 Nec me fallit eas quoque leges esse quae non in perpetuum 40 rogentur, sed de honoribus aut imperiis, qualis Manilia fuit, de qua Ciceronis oratio est. Sed de his nihil hoc loco praecipi potest: constant enim propria rerum de quibus agitur, non communi, qualitate.
10 His fere ueteres facultatem dicendi exercuerunt, adsumpta 41 tamen a dialecticis argumentandi ratione. Nam fictas ad imitationem fori consiliorumque materias apud Graecos dicere circa Demetrium Phalerea institutum fere constat. An ab ipso id genus exercitationis sit inuentum, ut alio 42
15 quoque libro sum confessus, parum comperi: sed ne ii quidem qui hoc fortissime adfirmant ullo satis idoneo auctore nituntur. Latinos uero dicendi praeceptores extremis L. Crassi temporibus coepisse Cicero auctor est: quorum insignis maxime Plotius fuit.
20 **5.** Sed de ratione declamandi post paulo: interim, quia prima rhetorices rudimenta tractamus, non omittendum uidetur id quoque, ut moneam quantum sit conlaturus ad profectum discentium rhetor si, quem ad modum a grammaticis exigitur poetarum enarratio, ita ipse quoque his-
25 toriae atque etiam magis orationum lectione susceptos a se discipulos instruxerit. Quod nos in paucis, quorum id aetas exigebat et parentes utile esse crediderant, seruauimus: ceterum sentientibus iam tum optima duae res impedimento **2** fuerunt, quod et longa consuetudo aliter docendi fecerat
30 legem, et robusti fere iuuenes nec hunc laborem desiderantes exemplum nostrum sequebantur. Nec tamen, etiam si quid **3**

18 *de orat. 3. 93 (ut uidetur)*

AB] 2 ignorari *A* 13 constabat *A* 15 hi *AB*
20 DE LECTIONE ORATORVM ET HISTORICORVM (HISTORIARVM *B*) APVD RHETOREM Sed *AB* paul*um A* 31 exemplum ... sequebantur *obscure dictum (expl. Spalding)*

87

2. 5. 4   M. FABI QVINTILIANI

noui uel sero inuenissem, praecipere in posterum puderet: nunc uero scio id fieri apud Graecos, sed magis per adiutores, quia non uidentur tempora suffectura si legentibus singulis **4** praeire semper ipsi uelint. Et hercule praelectio quae in hoc adhibetur, ut facile atque distincte pueri scripta oculis sequantur, etiam illa quae uim cuiusque uerbi, si quod minus usitatum incidat, docet, multum infra rhetoris officium **5** existimanda est. At demonstrare uirtutes uel, si quando ita incidat, uitia, id professionis eius atque promissi quo se magistrum eloquentiae pollicetur maxime proprium est, eo quidem ualidius quod non utique hunc laborem docentium postulo, ut ad gremium reuocatis cuius quisque eorum uelit **6** libri lectione deseruiant. Nam mihi cum facilius, tum etiam multo uidetur magis utile facto silentio unum aliquem (quod ipsum imperari per uices optimum est) constituere lectorem, **7** ut protinus pronuntiationi quoque adsuescant: tum exposita causa in quam scripta legetur oratio (nam sic clarius quae dicentur intellegi poterunt), nihil otiosum pati quodque in inuentione quodque in elocutione adnotandum erit: quae in prohoemio conciliandi iudicis ratio, quae narrandi lux breuitas fides, quod aliquando consilium et quam occulta callidi- **8** tas (namque ea sola in hoc ars est, quae intellegi nisi ab artifice non possit): quanta deinceps in diuidendo prudentia, quam subtilis et crebra argumentatio, quibus uiribus inspiret, qua iucunditate permulceat, quanta in maledictis asperitas, in iocis urbanitas, ut denique dominetur in adfectibus atque in pectora inrumpat animumque iudicum **9** similem iis quae dicit efficiat; tum, in ratione eloquendi, quod uerbum proprium ornatum sublime, ubi amplificatio laudanda, quae uirtus ei contraria, quid speciose tralatum, quae figura uerborum, quae leuis et quadrata, uirilis tamen compositio.

16 §§ 7–8 → *Vt. p. 430. 32–5*

AB]   12–13 uelit libri *B*: liberis *A*   28 his *A B*   31 uirilis *B*: sed uirilis *A*

Ne id quidem inutile, etiam corruptas aliquando et uitio- 10
sas orationes, quas tamen plerique iudiciorum prauitate
mirentur, legi palam, ostendique in his quam multa inpropria obscura tumida humilia sordida lasciua effeminata sint:
quae non laudantur modo a plerisque, sed, quod est peius,
propter hoc ipsum quod sunt praua laudantur. Nam sermo 11
rectus et secundum naturam enuntiatus nihil habere ex ingenio uidetur; illa uero quae utcumque deflexa sunt tamquam exquisitiora miramur non aliter quam distortis et
quocumque modo prodigiosis corporibus apud quosdam
maius est pretium quam iis quae nihil ex communis habitus
bonis perdiderunt, atque etiam qui specie capiuntur uulsis 12
leuatisque et inustas comas acu comentibus et non suo
colore nitidis plus esse formae putant quam possit tribuere
incorrupta natura, ut pulchritudo corporis uenire uideatur
ex malis morum.

Neque solum haec ipse debebit docere praeceptor, sed fre- 13
quenter interrogare et iudicium discipulorum experiri. Sic
audientibus securitas aberit nec quae dicentur superfluent
aures: simul ad id perducentur quod ex hoc quaeritur, ut
inueniant ipsi et intellegant. Nam quid aliud agimus docendo
eos quam ne semper docendi sint? Hoc diligentiae genus 14
ausim dicere plus conlaturum discentibus quam omnes omnium artes, quae iuuant sine dubio multum, sed latiore
quadam comprensione per omnes quidem species rerum
cotidie paene nascentium ire qui possunt? Sicut de re mili- 15
tari quamquam sunt tradita quaedam praecepta communia,
magis tamen proderit scire qua ducum quisque ratione in
quali re tempore loco sit sapienter usus aut contra: nam in
omnibus fere minus ualent praecepta quam experimenta.
An uero declamabit quidem praeceptor ut sit exemplo 16
suis auditoribus: non plus contulerint lecti Cicero aut

AB] 3 mirantur *A*   11–12 communi habitu boni *A*   16 moribus *A*   22 semper docendi *B*: *inu. ord. a in ras.*   24 latiore *B*: latoria *A*   29 re ... usus *A*: loco tempore sit usus sapientes *B*

2. 5. 17

Demosthenes? Corrigetur palam si quid in declamando discipulus errauerit: non potentius erit emendare orationem, quin immo etiam iucundius? Aliena enim uitia reprendi quisque
17 mauult quam sua. Nec deerant plura quae dicerem: sed neminem haec utilitas fugit, atque utinam tam non pigeat facere istud quam non displicebit.
18 Quod si potuerit optineri, non ita difficilis supererit quaestio, qui legendi sint incipientibus. Nam quidam illos minores, quia facilior eorum intellectus uidebatur, probauerunt, alii floridius genus, ut ad alenda primarum aetatium ingenia
19 magis accommodatum. Ego optimos quidem et statim et semper, sed tamen eorum candidissimum quemque et maxime expositum uelim, ut Liuium a pueris magis quam Sallustium (et hic historiae maior est auctor, ad quem tamen
20 intellegendum iam profectu opus sit). Cicero, ut mihi quidem uidetur, et iucundus incipientibus quoque et apertus est satis, nec prodesse tantum sed etiam amari potest: tum, quem ad modum Liuius praecipit, ut quisque erit Ciceroni simillimus.
21 Duo autem genera maxime cauenda pueris puto: unum, ne quis eos antiquitatis nimius admirator in Gracchorum Catonisque et aliorum similium lectione durescere uelit; fient enim horridi atque ieiuni: nam neque uim eorum adhuc intellectu consequentur et elocutione, quae tum sine dubio erat optima, sed nostris temporibus aliena est, contenti, quod est pessimum, similes sibi magnis uiris uidebuntur.
22 Alterum, quod huic diuersum est, ne recentis huius lasciuiae flosculis capti uoluptate praua deleniantur, ut praedulce illud genus et puerilibus ingeniis hoc gratius quo propius est
23 adament. Firmis autem iudiciis iamque extra periculum positis suaserim et antiquos legere (ex quibus si adsumatur

18 *in epistula ad filium scripta* (*u. 10. 1. 39*)

AB] 1 corrigitur *A*   3 reprendi quisque *A*: quisque reprendi *B*
7 QVI PRIMI LEGENDI Quod *AB*   9 eorum intellectus uidebatur *B*:
est eorum intellectus *A*   13 a pueris (*sc.* legi ?) *AB*: *fort. delendum*
14 et hic *A*: et *B*: etsi hic *Halm* (etsi *iam Spalding*): *fort.* etenim hic

solida ac uirilis ingenii uis deterso rudis saeculi squalore, tum noster hic cultus clarius enitescet) et nouos, quibus et ipsis multa uirtus adest: neque enim nos tarditatis natura damnauit, sed dicendi mutauimus genus et ultra nobis quam oportebat indulsimus: ita non tam ingenio illi nos superarunt quam proposito. Multa ergo licebit eligere, sed curandum erit ne iis quibus permixta sunt inquinentur. Quosdam uero etiam quos totos imitari oporteat et fuisse nuper et nunc esse quidni libenter non concesserim modo uerum etiam contenderim? Sed hi qui sint non cuiuscumque est pronuntiare. Tutius circa priores uel erratur, ideoque hanc nouorum distuli lectionem, ne imitatio iudicium antecederet.

6. Fuit etiam in hoc diuersum praecipientium propositum, quod eorum quidam materias quas discipulis ad dicendum dabant, non contenti diuisione derigere, latius dicendo prosequebantur, nec solum probationibus implebant sed etiam adfectibus: alii, cum primas modo lineas duxissent, post declamationes quid omisisset quisque tractabant, quosdam uero locos non minore cura quam cum ad dicendum ipsi surgerent excolebant. Vtile utrumque, et ideo neutrum ab altero separo; sed si facere tantum alterum necesse sit, plus proderit demonstrasse rectam protinus uiam quam reuocare ab errore iam lapsos: primum quia emendationem auribus modo accipiunt, diuisionem uero ad cogitationem etiam et stilum perferunt; deinde quod libentius praecipientem audiunt quam reprehendentem. Si qui uero paulo sunt uiuaciores, in his praesertim moribus, etiam irascuntur admonitioni et taciti repugnant. Neque ideo tamen minus uitia aperte coarguenda sunt: habenda enim ratio ceterorum, qui recta esse quae praeceptor non emendauerit credent. Vtraque autem ratio miscenda est et ita tractanda ut ipsae res postulabunt. Namque incipientibus danda erit uelut praeformata

AB]   4 sed *om. B*   9 concesserim modo *B*: *inu. ord. A*
10 cuiusque *B*²   13 DE DIVISIONE ET PARENCHIRESI (-ENSI *B*)
Fuit *AB*   15 derigere *Vollmer (ap. Radermacher)*: di- *AB*: digerere *Francius (cf. 11. 2. 37)*   27 uiuatiores *A*: iubatiores *B*

materia secundum cuiusque uires. At cum satis composuisse
se ad exemplum uidebuntur, breuia quaedam demonstranda
uestigia, quae persecuti iam suis uiribus sine adminiculo
6 progredi possint. Nonnumquam credi sibi ipsos oportebit,
ne mala consuetudine semper alienum laborem sequendi
nihil per se conari et quaerere sciant. Quodsi satis prudenter
dicenda uiderint, iam prope consummata fuerit praecipientis
opera: si quid errauerint adhuc, erunt ad ducem reducendi.
7 Cui rei simile quiddam facientes aues cernimus, quae teneris
infirmisque fetibus cibos ore suo conlatos partiuntur: at cum
uisi sunt adulti, paulum egredi nidis et circumuolare sedem
illam praecedentes ipsae docent: tum expertas uires libero
caelo suaeque ipsorum fiduciae permittunt.

7. Illud ex consuetudine mutandum prorsus existimo
in iis de quibus nunc disserimus aetatibus, ne omnia quae
scripserint ediscant et certa, ut moris est, die dicant: quod
quidem maxime patres exigunt, atque ita demum studere
liberos suos si quam frequentissime declamauerint credunt,
2 cum profectus praecipue diligentia constet. Nam ut scribere
pueros plurimumque esse in hoc opere plane uelim, sic
ediscere electos ex orationibus uel historiis alioue quo genere
dignorum ea cura uoluminum locos multo magis suadeam.
3 Nam et exercebitur acrius memoria aliena complectendo
quam sua, et qui erunt in difficiliore huius laboris genere
uersati sine molestia quae ipsi composuerint iam familiaria
animo suo adfigent, et adsuescent optimis, semperque habebunt intra se quod imitentur, et iam non sentientes formam
orationis illam quam mente penitus acceperint exprimerent.
4 Abundabunt autem copia uerborum optimorum et compositione ac figuris iam non quaesitis sed sponte et ex reposito

14 §§ *1–3* → *Vt. p. 440. 18–23*

A B]   2 se ad *B*: sese ad *a in ras.*   breuia *B*: *praeuia A*
4 ipsos *A*: eos *B*   8 si *B*: at si *A*   12 expertos *1434 (fort.*
ante corr.), *ut uoluit Spalding (cf. 10. 1. 109)*   14 DE EDISCENDO
Illud *A B*   25 composuerunt *B (fort. recte)*   familiari *B*
30 ac *B*: et *A*

INSTITVTIO ORATORIA 2.8.6

uelut thesauro se offerentibus. Accedit his et iucunda in sermone bene a quoque dictorum relatio et in causis utilis. Nam et plus auctoritatis adferunt ea quae non praesentis gratia litis sunt comparata, et laudem saepe maiorem quam si nostra sint conciliant. Aliquando tamen permittendum quae **5** ipsi scripserint dicere, ut laboris sui fructum etiam ex illa quae maxime petitur laude plurium capiant. Verum id quoque tum fieri oportebit cum aliquid commodius elimauerint, ut eo uelut praemio studii sui donentur ac se meruisse ut dicerent gaudeant.

8. Virtus praeceptoris haberi solet, nec inmerito, diligenter in iis quos erudiendos susceperit notare discrimina ingeniorum, et quo quemque natura maxime ferat scire. Nam est in hoc incredibilis quaedam uarietas, nec pauciores animorum paene quam corporum formae. Quod intellegi etiam **2** ex ipsis oratoribus potest, qui tantum inter se distant genere dicendi ut nemo sit alteri similis, quamuis plurimi se ad eorum quos probabant imitationem composuerint. Vtile **3** deinde plerisque uisum est ita quemque instituere ut propria naturae bona doctrina fouerent, et in id potissimum ingenia quo tenderent adiuuarentur: ut si quis palaestrae peritus, cum in aliquod plenum pueris gymnasium uenerit, expertus eorum omni modo corpus animumque discernat cui quisque certamini praeparandus sit, ita praeceptorem eloquentiae, **4** cum sagaciter fuerit intuitus cuius ingenium presso limatoque genere dicendi, cuius acri graui dulci aspero nitido urbano maxime gaudeat, ita se commodaturum singulis ut in eo quo quisque eminet prouehatur, quod et adiuta cura **5** natura magis eualescat et qui in diuersa ducatur neque in iis quibus minus aptus est satis possit efficere et ea in quae natus uidetur deserendo faciat infirmiora. Quod mihi (libera **6**

AB] 1 *accedet A* 2 bene *B*: idone *a in ras.* (*A*¹ *saltem* **b** *habuerat*) dictorem *B* 7 plurimum *A* 9 limauerint *B* 11 AN SECVNDVM SVI QVISQVE INGENI (-II *A*) DOCENDVS SIT NATVRAM (NATVRAM DOCENDVS SIT *A*) Virtus *AB* 20 doctrinae *A* fauerint *A*: fouerentur *tempt. Halm* (*similiter infra* adiuuarent *Meister*) 24 praeceptor *A* 30 *et* p. 94 l. 9 his *AB*

2. 8. 7 enim uel contra receptas persuasiones rationem sequenti sententia est) in parte uerum uidetur: nam proprietates in-
7 geniorum dispicere prorsus necessarium est. In his quoque certum studiorum facere dilectum nemo dissuaserit. Namque erit alius historiae magis idoneus, alius compositus ad carmen, alius utilis studio iuris, ut nonnulli rus fortasse mittendi: sic discernet haec dicendi magister quomodo palaestricus ille cursorem faciet aut pugilem aut luctatorem aliudue quid
8 ex iis quae sunt sacrorum certaminum. Verum ei qui foro destinabitur non in unam partem aliquam sed in omnia quae sunt eius operis, etiam si qua difficiliora discenti uidebuntur, elaborandum est; nam et omnino superuacua erat doctrina
9 si natura sufficeret. An si quis ingenio corruptus ac tumidus, ut plerique sunt, inciderit, in hoc eum ire patiemur? Aridum atque ieiunum non alemus et quasi uestiemus? Nam si quaedam detrahere necessarium est, cur non sit adicere
10 concessum? Neque ego contra naturam pugno: non enim deserendum id bonum, si quod ingenitum est, existimo, sed
11 augendum, addendumque quod cessat. An uero clarissimus ille praeceptor Isocrates, quem non magis libri bene dixisse quam discipuli bene docuisse testantur, cum de Ephoro atque Theopompo sic iudicaret ut alteri frenis, alteri calcaribus opus esse diceret, aut in illo lentiore tarditatem aut in illo paene praecipiti concitationem adiuuandam docendo existimauit, cum alterum alterius natura miscendum arbi-
12 traretur? Inbecillis tamen ingeniis sane sic obsequendum sit ut tantum in id quo uocat natura ducantur; ita enim quod solum possunt melius efficient. Si uero liberalior materia contigerit et in qua merito ad spem oratoris simus adgressi,
13 nulla dicendi uirtus omittenda est. Nam licet sit aliquam in partem pronior, ut necesse est, ceteris tamen non repugnabit, atque ea cura paria faciet iis in quibus eminebat, sicut ille, ne ab eodem exemplo recedamus, exercendi corpora peritus

AB]   6 ut *delere uoluit* H. Meyer (*om.* D'Orv. *13*)   7 discendi *A*   18 deterendum *A*   20 praeceptor*um A* (?)
21 ephoro *A* : ophoro *B*   26 i*m*becilli*bus A*   30 dicendi *A ante corr.*: discendi *A corr.* (*m. 1?*), *B*

non, si docendum pancratiasten susceperit, pugno ferire uel calce tantum aut nexus modo atque in iis certos aliquos docebit, sed omnia quae sunt eius certaminis. Erit qui ex iis aliqua non possit: in id maxime quod poterit incumbet. Nam sunt haec duo uitanda prorsus: unum, ne temptes quod effici non possit, alterum, ne ab eo quod quis optime facit in aliud cui minus est idoneus transferas. At si fuerit qui docebitur ille, quem adulescentes senem uidimus, Nicostratus, omnibus in eo docendi partibus similiter utetur, efficietque illum, qualis hic fuit, luctando pugnandoque, quorum utroque certamine isdem diebus coronabatur, inuictum. Et quanto id magis oratoris futuri magistro prouidendum erit! Non enim satis est dicere presse tantum aut subtiliter aut aspere, non magis quam phonasco acutis tantum aut mediis aut grauibus sonis aut horum etiam particulis excellere. Nam sicut cithara, ita oratio perfecta non est nisi ab imo ad summum omnibus intenta neruis consentiat.

9. Plura de officiis docentium locutus discipulos id unum interim moneo, ut praeceptores suos non minus quam ipsa studia ament et parentes esse non quidem corporum, sed mentium credant. Multum haec pietas conferet studio; nam ita et libenter audient et dictis credent et esse similes concupiscent, in ipsos denique coetus scholarum laeti alacres conuenient, emendati non irascentur, laudati gaudebunt, ut sint carissimi studio merebuntur. Nam ut illorum officium est docere, sic horum praebere se dociles: alioqui neutrum sine altero sufficit; et sicut hominis ortus ex utroque gignentium confertur, et frustra sparseris semina nisi illa praemollitus fouerit sulcus, ita eloquentia coalescere nequit nisi sociata tradentis accipientisque concordia.

10. In his primis operibus, quae non ipsa parua sunt sed maiorum quasi membra atque partes, bene instituto ac satis

AB]   4 incumbet *B*: componet *a (totum contextum omiserat A¹)*   7 cui *B*: ad quod *A*   18 DE OFFICIO DISCIPVLORVM Plura *AB* officio *A (non male)*   id *A*: in *B*   21 confert *B*   23 alacresque *A, fort. recte*   29 fouerit *B*: fuderit *A*   31 DE VTILITATE ET RATIONE DECLAMANDI In *AB*   32 ac satis *A*: atque *B*

2. 10. 2   M. FABI QVINTILIANI

exercitato iam fere tempus adpetet adgrediendi suasorias iudicialesque materias: quarum antequam uiam ingredior, pauca mihi de ipsa declamandi ratione dicenda sunt, quae quidem ut ex omnibus nouissime inuenta, ita multo est
2 utilissima. Nam et cuncta illa de quibus diximus in se fere continet et ueritati proximam imaginem reddit, ideoque ita est celebrata ut plerisque uideretur ad formandam eloquentiam uel sola sufficere. Neque enim uirtus ulla perpetuae dumtaxat orationis reperiri potest quae non sit cum hac
3 dicendi meditatione communis. Eo quidem res ista culpa docentium reccidit ut inter praecipuas quae corrumperent eloquentiam causas licentia atque inscitia declamantium
4 fuerit: sed eo quod natura bonum est bene uti licet. Sint ergo et ipsae materiae quae fingentur quam simillimae ueritati, et declamatio, in quantum maxime potest, imitetur eas
5 actiones in quarum exercitationem reperta est. Nam magos et pestilentiam et responsa et saeuiores tragicis nouercas aliaque magis adhuc fabulosa frustra inter sponsiones et interdicta quaeremus. Quid ergo? numquam haec supra fidem et poetica, ut uere dixerim, themata iuuenibus tractare permittamus, ut expatientur et gaudeant materia et quasi in
6 corpus eant? Erat optimum, sed certe sint grandia et tumida, non stulta etiam et acrioribus oculis intuenti ridicula, ut, si iam cedendum est, impleat se declamator aliquando, dum sciat, ut quadrupedes, cum uiridi pabulo distentae sunt, sanguinis detractione curantur et sic ad cibos uiribus conseruandis idoneos redeunt, ita sibi quoque tenuandas adipes, et quidquid umoris corrupti contraxerit emittendum si esse
7 sanus ac robustus uolet. Alioqui tumor ille inanis primo cuiuscumque ueri operis conatu deprehendetur. Totum autem declamandi opus qui diuersum omni modo a forensibus

13 § 4 → *Vt. p. 445. 30–2*

AB]   3 declamandi ratione *B*: *inu. ord. A*   10 culpam *B*
14 ueritati *B, Vt.* (*cf. 10. 5. 21*): -is *A*   21 permittant ut et spatientur *A*   22 erit *A* (*at cf. 7. 1. 34*)   30 cuiusque *A*

INSTITVTIO ORATORIA 2. 10. 14

causis existimant, hi profecto ne rationem quidem qua
ista exercitatio inuenta sit peruident; nam si foro non prae- 8
parat, aut scaenicae ostentationi aut furiosae uociferationi
simillimum est. Quid enim attinet iudicem praeparare qui
5 nullus est, narrare quod omnes sciant falsum, probationes
adhibere causae de qua nemo sit pronuntiaturus? Et haec
quidem otiosa tantum: adfici uero et ira uel luctu permoueri
cuius est lubidrii nisi quibusdam pugnae simulacris ad uerum
discrimen aciemque iustam consuescimus! Nihil ergo inter 9
10 forense genus dicendi atque hoc declamatorium intererit?
Si profectus gratia dicimus, nihil. Vtinamque adici ad consuetudinem posset ut nominibus uteremur et perplexae magis
et longioris aliquando actus controuersiae fingerentur et
uerba in usu cotidiano posita minus timeremus et iocos in-
15 serere moris esset: quae nos, quamlibet per alia in scholis
exercitati simus, tirones in foro inueniunt. Si uero in osten- 10
tationem comparetur declamatio, sane paulum aliquid inclinare ad uoluptatem audientium debemus. Nam et iis 11
actionibus quae in aliqua sine dubio ueritate uersantur, sed
20 sunt ad popularem aptatae delectationem, quales legimus
panegyricos totumque hoc demonstratiuum genus, permittitur adhibere plus cultus, omnemque artem, quae latere
plerumque in iudiciis debet, non confiteri modo sed ostentare etiam hominibus in hoc aduocatis. Quare declamatio, 12
25 quoniam est iudiciorum consiliorumque imago, similis esse
debet ueritati, quoniam autem aliquid in se habet epidicti-
con, nonnihil sibi nitoris adsumere. Quod faciunt actores 13
comici, qui neque ita prorsus ut nos uulgo loquimur pronuntiant, quod esset sine arte, neque procul tamen a natura
30 recedunt, quo uitio periret imitatio, sed morem communis
huius sermonis decore quodam scaenico exornant. Sic 14
quoque aliqua nos incommoda ex iis quas finxerimus materiis
consequentur, in eo praecipue quod multa in iis relincuntur

AB]   1 hi *om. B*   2 iuuenta *A*   7 permouere *B*
14 iocis *A*   16 inueni*mur A*   17–18 inclinare... debemus *A*:
inclamare ad uoluntatem aud. demus *B*   18 et *B*: et in *A*
32 his *AB*

incerta, quae sumimus ut uidetur, aetates facultates liberi parentes, urbium ipsarum uires iura mores, alia his similia: 15 quin aliquando etiam argumenta ex ipsis positionum uitiis ducimus. Sed haec suo quoque loco. Quamuis enim omne propositum operis a nobis destinati eo spectet ut orator instituatur, tamen, ne quid studiosi requirant, etiam si quid erit quod ad scholas proprie pertineat in transitu non omittemus.

11. Iam hinc ergo nobis inchoanda est ea pars artis ex qua capere initium solent qui priora omiserunt: quamquam uideo quosdam in ipso statim limine obstaturos mihi, qui nihil egere eius modi praeceptis eloquentiam putent, sed natura sua et uulgari modo scholarum exercitatione contenti rideant etiam diligentiam nostram exemplo magni quoque nominis professorum, quorum aliquis, ut opinor, interrogatus quid esset schema et noema, nescire se quidem, sed si ad rem
2 pertineret esse in sua declamatione respondit. Alius percontanti Theodoreus an Apollodoreus esset, 'ego' inquit 'parmularius'. Nec sane potuit urbanius ex confessione inscitiae suae elabi. Porro hi, quia et beneficio ingenii praestantes sunt habiti et multa etiam memoria digna exclamauerunt, plurimos habent similes neglegentiae suae, paucissimos naturae.
3 Igitur impetu dicere se et uiribus uti gloriantur: neque enim opus esse probatione aut dispositione in rebus fictis, sed, cuius rei gratia plenum sit auditorium, sententiis grandibus,
4 quarum optima quaeque a periculo petatur. Quin etiam in cogitando nulla ratione adhibita aut tectum intuentes magnum aliquid quod ultro se offerat pluribus saepe diebus expectant, aut murmure incerto uelut classico instincti concitatissimum corporis motum non enuntiandis sed quaerendis

AB] 1 uidetur (= δοκεῖ) *AB*¹: uidentur *B*²   liberos *B*
3 quin *om. A*   4 quoque *A*¹ (*cf. 4. 2. 62*): quaeque *aB, fort. recte*
7 proprie pertineat *A*: *inu. ord. B*   9 AN ARTIS NECESSARIA COGNITIO Iam *AB*   hinc *A*: hic *B*   12 eius *B*: huius *A*
13 modo (*i.e. tantum*) *A*: modo et *B*   16 noema *B*: enigma *A*
18 'ego?' *distinxit Russell* (*qui etiam* 'egone?' *temptauit*)   18–19 parmularius *B*: parmularius sum *A*   20 quia *B*: qui *A*

INSTITVTIO ORATORIA   2. 12. 4

uerbis accommodant. Nonnulli certa sibi initia priusquam 5
sensum inuenerint destinant, quibus aliquid diserti subiungendum sit: eaque diu secum ipsi clareque meditati desperata conectendi facultate deserunt et ad alia deinceps atque inde alia non minus communia ac nota deuertunt. Qui plurimum uidentur habere rationis non in causas tamen 6 laborem suum sed in locos intendunt, atque in iis non corpori prospiciunt, sed abrupta quaedam, ut forte ad manum uenere, iaculantur. Vnde fit ut dissoluta et ex diuersis con- 7 gesta oratio cohaerere non possit, similisque sit commentariis puerorum in quos ea quae aliis declamantibus laudata sunt regerunt. Magnas tamen sententias et res bonas (ita enim gloriari solent) elidunt: nam et barbari et serui, et, si hoc sat est, nulla est ratio dicendi.

12. Ne hoc quidem negauerim, sequi plerumque hanc opinionem, ut fortius dicere uideantur indocti, primum uitio male iudicantium, qui maiorem habere uim credunt ea quae non habent artem, ut effringere quam aperire, rumpere quam soluere, trahere quam ducere putant robustius. Nam et 2 gladiator qui armorum inscius in rixam ruit et luctator qui totius corporis nisu in id quod semel inuasit incumbit fortior ab his uocatur, cum interim et hic frequenter suis uiribus ipse prosternitur et illum uehementis impetus excipit aduersarii mollis articulus. Sed sunt in hac parte quae imperitos 3 etiam naturaliter fallant; nam et diuisio, cum plurimum ualeat in causis, speciem uirium minuit, et rudia politis maiora et sparsa compositis numerosiora creduntur. Est 4 praeterea quaedam uirtutum uitiorumque uicinia, qua maledicus pro libero, temerarius pro forti, effusus pro copioso accipitur. Maledicit autem ineruditus apertius et saepius uel cum periculo suscepti litigatoris, frequenter etiam suo.

15 *titulum huius capitis et §§ 3 sunt–4 accipitur exscripsit* 'Cassiodorus' *p. 501. 10–15*

AB]   15 QVARE INERVDITI INGENIOSIORES VVLGO HABEANTVR Ne
AB (*et* 'Cass.', *nisi quod* habentur)   plerosque *E* (*ut coni. Francius*)
18 habeant *A* (*repugnantibus numeris*)   21 incubuit *B*   23 illum
AB: illius *Badius*   26 et *AB*, 'Cass.': *malim* ut

99

5 Adfert et ista res opinionem, quia libentissime homines
audiunt ea quae dicere ipsi noluissent. Illud quoque alterum
quod est in elocutione ipsa periculum minus uitat, conatur-
que perdite, unde euenit nonnumquam ut aliquid grande
inueniat qui semper quaerit quod nimium est: uerum id et
raro prouenit et cetera uitia non pensat.

6 Propter hoc quoque interdum uidentur indocti copiam
habere maiorem, quod dicunt omnia, doctis est et electio et
modus. His accedit quod a cura docendi quod intenderint
recedunt: itaque illud quaestionum et argumentorum apud
corrupta iudicia frigus euitant, nihilque aliud quam quod
uel prauis uoluptatibus aures adsistentium permulceat
7 quaerunt. Sententiae quoque ipsae, quas solas petunt, magis
eminent cum omnia circa illas sordida et abiecta sunt, ut
lumina non inter umbras, quem ad modum Cicero dicit, sed
plane in tenebris clariora sunt. Itaque ingeniosi uocentur, ut
libet, dum tamen constet contumeliose sic laudari disertum.
8 Nihilo minus confitendum est etiam detrahere doctrinam
aliquid, ut limam rudibus et cotes hebetibus et uino uetusta-
tem, sed uitia detrahit, atque eo solo minus est quod litterae
perpolierunt quo melius.

9 Verum hi pronuntiatione quoque famam dicendi fortius
quaerunt; nam et clamant ubique et omnia leuata, ut ipsi
uocant, manu emugiunt, multo discursu anhelitu, iactatione
10 gestus, motu capitis furentes. Iam collidere manus, terrae
pedem incutere, femur pectus frontem caedere, mire ad pul-
latum circulum facit: cum ille eruditus, ut in oratione multa
summittere uariare disponere, ita etiam in pronuntiando
suum cuique eorum quae dicet colori accommodare actum
sciat, et, si quid sit perpetua obseruatione dignum, modestus

15 *de orat. 3. 101*

AB]   5 id *om. B*   6 euenit *B (non male, at cf. l. 4)*   certa
B   11–12 quod ... permulceat *A (cf. 11. 3. 60)*: quo ... permul-
ceant *B (non male)*   16 in tenebris *A*: inter tenebras *B*   uocantur *B*   25 gestu *A*   furentes *B*: frequentes *A*   30 sit
om. B   modestius *A*

INSTITVTIO ORATORIA 2.13.4

et esse et uideri malit. At illi hanc uim appellant quae est **11**
potius uiolentia: cum interim non actores modo aliquos inuenias sed, quod est turpius, praeceptores etiam qui, breuem
dicendi exercitationem consecuti, omissa ratione ut tulit
5 impetus passim tumultuentur, eosque qui plus honoris litteris
tribuerunt ineptos et ieiunos et tepidos et infirmos, ut quodque uerbum contumeliosissimum occurrit, appellent. Verum **12**
illis quidem gratulemur sine labore, sine ratione, sine disciplina disertis: nos, quando et praecipiendi munus iam
10 pridem deprecati sumus et in foro quoque dicendi, quia hones-
tissimum finem putabamus desinere dum desideraremur,
inquirendo scribendoque talia consolemur otium nostrum
quae futura usui bonae mentis iuuenibus arbitramur, nobis
certe sunt uoluptati.
15 **13.** Nemo autem a me exigat id praeceptorum genus quod
est a plerisque scriptoribus artium traditum, ut quasi quasdam leges inmutabili necessitate constrictas studiosis dicendi
feram: utique prohoemium et id quale, proxima huic narratio, quae lex deinde narrandi, propositio post hanc uel, ut
20 quibusdam placuit, excursio, tum certus ordo quaestionum,
ceteraque quae, uelut si aliter facere fas non sit, quidam
tamquam iussi secuntur. Erat enim rhetorice res prorsus **2**
facilis ac parua si uno et breui praescripto contineretur: sed
mutantur pleraque causis temporibus occasione necessitate.
25 Atque ideo res in oratore praecipua consilium est, quia uarie
et ad rerum momenta conuertitur. Quid si enim praecipias **3**
imperatori, quotiens aciem instruet derigat frontem, cornua
utrimque promoueat, equites pro cornibus locet? Erit haec
quidem rectissima fortasse ratio quotiens licebit, sed muta-
30 bitur natura loci, si mons occurret, si flumen obstabit, collibus siluis asperitate alia prohibebitur. Mutabit hostium **4**
genus, mutabit praesentis condicio discriminis: nunc acie

AB] 6 trepidos *B* 9 iam *A*: etiam *B* 12 inquirendo *B*: in quaerendo *A* 15 QVIS MODVS IN ARTE Nemo *AB*
20 tunc *A* 22 tamquam iussi *B*: tantum quantum iussi sic *A*
27 instruat dirigat *A* 29 forte *A* 30–1 ⟨si⟩ collibus *ed.
Ald.* (at cf. *1.2.14*)

2.13.5   M. FABI QVINTILIANI

derecta, nunc cuneis, nunc auxiliis, nunc legione pugnabitur, nonnumquam terga etiam dedisse simulata fuga proderit.
5 Ita prohoemium necessarium an superuacuum, breue an longius, ad iudicem omni sermone derecto an aliquando auerso per aliquam figuram dicendum sit, constricta an latius fusa narratio, continua an diuisa, recta an ordine permutato,
6 causae docebunt, itemque de quaestionum ordine, cum in eadem controuersia aliud alii parti prius quaeri frequenter expediat. Neque enim rogationibus plebisue scitis sancta sunt ista praecepta, sed hoc quidquid est utilitas excogitauit.
7 Non negabo autem sic utile esse plerumque, alioqui nec scriberem. Verum si eadem illa nobis aliud suadebit utilitas,
8 hanc relictis magistrorum auctoritatibus sequemur. Equidem id maxime praecipiam ac 'repetens iterumque iterumque monebo': res duas in omni actu spectet orator, quid deceat, quid expediat. Expedit autem saepe mutare ex illo constituto traditoque ordine aliqua, et interim decet, ut in statuis
9 atque picturis uidemus uariari habitus uultus status; nam recti quidem corporis uel minima gratia est: nempe enim aduersa sit facies et demissa bracchia et iuncti pedes et a summis ad ima rigens opus. Flexus ille et, ut sic dixerim, motus dat actum quendam et adfectum: ideo nec ad unum
10 modum formatae manus et in uultu mille species; cursum habent quaedam et impetum, sedent alia uel incumbunt, nuda haec, illa uelata sunt, quaedam mixta ex utroque. Quid tam distortum et elaboratum quam est ille discobolos Myronis? Si quis tamen ut parum rectum improbet opus, nonne ab intellectu artis afuerit, in qua uel praecipue lauda-
11 bilis est ipsa illa nouitas ac difficultas? Quam quidem gratiam et delectationem adferunt figurae, quaeque in sensibus

14 *Verg. Aen. 3. 436*   15–16 res ... expediat *exscripsit 'Cassiodorus' p. 501. 16*

AB]   1 directa *A*   4 directo *A*   11 utilem *B*
14 iterum iterumque *A*   15 deceat *B*, 'Cass.': deceat et *A*
18 uariare *A*   19 nempe *B*: neque *A*   20 sit *AB, uix recte (nisi, ut Radermacher, scribas* pedes: erit a): est *Becher 1879 (p. 22)*: fit *Gibson: fort.* sic   22 affectum *A*: factum *B*   29 ipsa illa *B*: illa ipsa *A*

102

INSTITVTIO ORATORIA 2. 13. 16

quaeque in uerbis sunt. Mutant enim aliquid a recto, atque hanc prae se uirtutem ferunt, quod a consuetudine uulgari recesserunt. Habet in pictura speciem tota facies: Apelles **12** tamen imaginem Antigoni latere tantum altero ostendit, ut amissi oculi deformitas lateret. Quid? non in oratione operienda sunt quaedam, siue ostendi non debent siue exprimi pro dignitate non possunt? Vt fecit Timanthes, **13** opinor, Cythnius in ea tabula qua Coloten Teium uicit. Nam cum in Iphigeniae immolatione pinxisset tristem Calchantem, tristiorem Vlixem, addidisset Menelao quem summum poterat ars efficere maerorem: consumptis adfectibus non reperiens quo digne modo patris uultum posset exprimere, uelauit eius caput et suo cuique animo dedit aestimandum. Nonne huic simile est illud Sallustianum: 'nam de Cartha- **14** gine tacere satius puto quam parum dicere'? Propter quae mihi semper moris fuit quam minime alligare me ad praecepta quae καθολικά uocitant, id est, ut dicamus quo modo possumus, uniuersalia uel perpetualia; raro enim reperitur hoc genus, ut non labefactari parte aliqua et subrui possit. Sed de his plenius suo quidque loco tractabimus: interim **15** nolo se iuuenes satis instructos si quem ex iis qui breues plerumque circumferuntur artis libellum edidicerint et uelut decretis technicorum tutos putent. Multo labore, adsiduo studio, uaria exercitatione, plurimis experimentis, altissima prudentia, praesentissimo consilio constat ars dicendi. Sed **16** adiuuatur his quoque, si tamen rectam uiam, non unam orbitam monstrent: qua declinare qui crediderit nefas, patiatur necesse est illam per funes ingredientium tarditatem. Itaque et stratum militari labore iter saepe deserimus compendio ducti, et si rectum limitem rupti torrentibus pontes

14 *Iug. 19. 2*

AB]   1 enim *A*: etiam *B*   3 habet *B*: habet et *A*
5 in *om. A*   15 puto *om. A*   16 fuit *A*: fuerit *B*² (*om. B*¹)
17 uocant *B*   20 suo *B*: in suo *A*   21 his *AB*   27 monstret *B*   ⟨a⟩ qua *ed. Asc. 1516* (*cf. 4. 3. 14*)   29 stratum *B*: si rarum *A*

103

2. 13. 17   M. FABI QVINTILIANI

inciderint circumire cogemur, et si ianua tenebitur incendio
17 per parietem exibimus. Late fusum opus est et multiplex et
prope cotidie nouum et de quo numquam dicta erunt omnia.
Quae sint tamen tradita, quid ex his optimum, et si qua
mutari adici detrahi melius uidebitur, dicere experiar.

14. Rhetoricen in Latinum transferentes tum oratoriam,
tum oratricem nominauerunt. Quos equidem non frauda-
uerim debita laude quod copiam Romani sermonis augere
temptarint: sed non omnia nos ducentes ex Graeco secuntur,
sicut ne illos quidem quotiens utique suis uerbis signare
2 nostra uoluerunt. Et haec interpretatio non minus dura est
quam illa Plauti 'essentia' et 'queentia', sed ne propria
quidem; nam oratoria sic effertur ut elocutoria, oratrix ut
elocutrix, illa autem de qua loquimur rhetorice talis est
qualis eloquentia. Nec dubie apud Graecos quoque duplicem
3 intellectum habet; namque uno modo fit adpositum—ars
rhetorica, ut nauis piratica, altero nomen rei, qualis est philosophia, amicitia. Nos ipsam nunc uolumus significare substantiam, ut grammatice litteratura est, non litteratrix quem
ad modum oratrix, nec litteratoria quem ad modum oratoria:
4 uerum id in rhetorice non fit. Ne pugnemus igitur, cum praesertim plurimis alioqui Graecis sit utendum; nam certe et
philosophos et musicos et geometras dicam nec uim adferam
nominibus his indecora in Latinum sermonem mutatione:
denique cum M. Tullius etiam ipsis librorum quos hac de re
primum scripserat titulis Graeco nomine utatur, profecto
non est uerendum ne temere uideamur oratori maximo de
nomine artis suae credidisse.

5 Igitur rhetorice (iam enim sine metu cauillationis utemur
hac appellatione) sic, ut opinor, optime diuidetur ut de arte,

AB]   1 interciderint *Halm*   6 DIVISIO TOTIVS OPERIS
Rhetoricen *AB*   9 ex *a in ras.* (*cf. 1. 6. 37*): e *B*[1] (*del. B*[2])
10 utique suis *A*: *inu. ord. B*: utique *mihi suspectum* (*an* utcumque *?*)
13 efferetur *B*   17 ut *om. B* (*de hoc loco disputaui 1964-1*)
qualis *A*: quae *B*   19-20 quem ad modum oratrix *om. A*
21 id *om. B*   22 et *A*: si *B*   25 ⟨in⟩ ipsis *Capperonnier*
30 diuiditur *A*

INSTITVTIO ORATORIA 2. 15. 5

de artifice, de opere dicamus. Ars erit quae disciplina percipi debet: ea est bene dicendi scientia. Artifex est qui percepit hanc artem: id est orator, cuius est summa bene dicere. Opus, quod efficitur ab artifice: id est bona oratio. Haec omnia rursus diducuntur in species: sed illa sequentia suo loco, nunc quae de prima parte tractanda sunt ordiar.

15. Ante omnia, quid sit rhetorice. Quae finitur quidem uarie, sed quaestionem habet duplicem: aut enim de qualitate ipsius rei aut de comprensione uerborum dissensio est. Prima atque praecipua opinionum circa hoc differentia, quod alii malos quoque uiros posse oratores dici putant, alii, quorum nos sententiae accedimus, nomen hoc artemque de qua loquimur bonis demum tribui uolunt. Eorum autem qui 2 dicendi facultatem a maiore ac magis expetenda uitae laude secernunt, quidam rhetoricen uim tantum, quidam scientiam sed non uirtutem, quidam usum, quidam artem quidem sed a scientia et uirtute diiunctam, quidam etiam prauitatem quandam artis, id est κακοτεχνίαν, nominauerunt. Hi 3 fere aut in persuadendo aut in dicendo apte ad persuadendum positum orandi munus sunt arbitrati: id enim fieri potest ab eo quoque qui uir bonus non sit. Est igitur frequentissimus finis: 'rhetoricen esse uim persuadendi'. Quod ego uim appello, plerique potestatem, nonnulli facultatem uocant: quae res ne quid adferat ambiguitatis, uim dico δύναμιν. Haec opinio originem ab Isocrate, si tamen re uera 4 ars quae circumfertur eius est, duxit. Qui cum longe sit a uoluntate infamantium oratoris officia, finem artis temere comprendit dicens esse rhetoricen persuadendi opificem, id est πειθοῦς δημιουργόν: neque enim mihi permiserim eadem uti declinatione qua Ennius M. Cethegum 'suadae medullam' uocat. Apud Platonem quoque Gorgias in libro 5

25 *frg. 18 AS*   30 *ann. 308*   31 *453 a*

AB]   2 debet *B*: *debet* et *A*   percipit *A*   7 QVID SIT RHETORICE ET QVIS EIVS FINIS Ante *AB*   8 de *om. B*   15 rhetorice *A*   19 docendo aperte *B*   28 artificem *A*   29 ΠΕΘΟΥΣ *B*: ΠΙΘΟΥΣ *A*   31 medellam *A*

105

2.15.6

qui nomine eius inscriptus est idem fere dicit, sed hanc Plato illius opinionem uult accipi, non suam. Cicero pluribus locis scripsit officium oratoris esse dicere adposite ad persuaden-
6 dum, in rhetoricis etiam, quos sine dubio ipse non probat, finem facit persuadere. Verum et pecunia persuadet et gratia et auctoritas dicentis et dignitas, postremo aspectus etiam ipse sine uoce, quo uel recordatio meritorum cuiusque uel facies aliqua miserabilis uel formae pulchritudo sententiam
7 dictat. Nam et Manium Aquilium defendens Antonius, cum scissa ueste cicatrices quas is pro patria pectore aduerso suscepisset ostendit, non orationis habuit fiduciam, sed oculis populi Romani uim attulit: quem illo ipso aspectu maxime motum in hoc, ut absolueret reum, creditum est.
8 Seruium quidem Galbam miseratione sola, qua non suos modo liberos paruolos in contione produxerat, sed Galli etiam Sulpici filium suis ipse manibus circumtulerat, elapsum esse cum aliorum monumentis, tum Catonis oratione
9 testatum est. Et Phrynen non Hyperidis actione quamquam admirabili, sed conspectu corporis, quod illa speciosissimum alioqui diducta nudauerat tunica, putant periculo libera- tam. Quae si omnia persuadent, non est hic de quo locuti
10 sumus idoneus finis. Ideoque diligentiores sunt uisi sibi qui, cum de rhetorice idem sentirent, existimarunt eam uim dicendo persuadendi. Quem finem Gorgias in eodem de quo supra diximus libro uelut coactus a Socrate facit; a quo non dissentit Theodectes, siue ipsius id opus est quod de rhetorice nomine eius inscribitur, siue, ut creditum est, Aristotelis: in quo est finem esse rhetorices: 'ducere homines
11 dicendo in id quod actor uelit'. Sed ne hoc quidem satis est comprehensum: persuadent enim dicendo uel ducunt in id

---

2–4 *inu.* 1.6 : *cf. de orat.* 1. 138, *acad.* 1. 32   17 *cf. ORF p.* 79
24–5 *452e*

AB]   9 manium *A* : m *B*   12 illo ipso *A* : illo *B*: *fort.* ipso illo (*u. Halm ad* 1. 1. 18)   15 contionem *A*, *repugnantibus numeris*   20 aliquid educta *A*   22 sunt uisi sibi *B*: sibi uisi sunt *A*   29 actor *A* : auctor *B*: *fort. delendum* (*cf.* § 12)

INSTITVTIO ORATORIA 2. 15. 17

quod uolunt alii quoque, ut meretrices adulatores corruptores. At contra non persuadet semper orator, ut interim non sit proprius hic finis eius, interim sit communis cum iis qui ab oratore procul absunt. Atqui non multum ab hoc fine 12 abest Apollodorus dicens iudicialis orationis primum et super omnia esse persuadere iudici et sententiam eius ducere in id quod uelit. Nam et ipse oratorem fortunae subicit, ut, si non persuaserit, nomen suum retinere non possit. Quidam reces- 13 serunt ab euentu, sicut Aristoteles dicit: 'rhetorice est uis inueniendi omnia in oratione persuasibilia'. Qui finis et illud uitium de quo supra diximus habet, et insuper quod nihil nisi inuentionem complectitur, quae sine elocutione non est oratio. Hermagorae, qui finem eius esse ait persuasibiliter 14 dicere, et aliis qui eandem sententiam, non isdem tantum uerbis explicant ac finem esse demonstrant dicere quae oporteat omnia ad persuadendum, satis responsum est cum persuadere non tantum oratoris esse conuicimus. Addita sunt 15 his alia uarie. Quidam enim circa res omnes, quidam circa ciuiles modo uersari rhetoricen putauerunt: quorum uerius utrum sit, in eo loco qui huius quaestionis proprius est dicam. Omnia subiecisse oratori uidetur Aristoteles cum dixit uim 16 esse uidendi quid in quaque re possit esse persuasibile, et Iatrocles, qui non quidem adicit 'in quaque re', sed nihil excipiendo idem ostendit: uim enim uocat inueniendi quod sit in oratione persuasibile. Qui fines et ipsi solam complectuntur inuentionem. Quod uitium fugiens Eudorus uim putat inueniendi et eloquendi cum ornatu credibilia in omni oratione. Sed cum eodem modo credibilia quo persuasibilia 17 etiam non orator inueniat, adiciendo 'in omni oratione' magis

9 *uix rhet. 1355*b*25, quod habemus expressum infra ll. 21–2*
13 *frg. 2 Matthes*

AB]   7 ipsum *A*   9 aristoteles *B*: aristoteles (*ex* -is) qui *A*: *fort.* qui *nomine deleto*   10 persuadibilia *B*   14 tantum *AB*: tamen *E*   17 additae *A*   22 uidendi *A*: dicendi *B*   23 iatrocles (*nisi* lat-) *B*: patrocles *A*: *uterque ignotus* (*cf. 3. 6. 44*)   24 quid *B*²   26 eudorus *B*: theodorus *A*: Diodorus *Spengel*   27 loquendi *A*

quam superiores concedit scelera quoque suadentibus pulcherrimae rei nomen. Gorgias apud Platonem suadendi se artificem in iudiciis et aliis coetibus esse ait, de iustis quoque et iniustis tractare: cui Socrates persuadendi, non docendi concedit facultatem. Qui uero non omnia subiciebant oratori, sollicitius ac uerbosius, ut necesse erat, adhibuerunt discrimina, quorum fuit Ariston, Critolai Peripatetici discipulus, cuius hic finis est: 'scientia uidendi et agendi in quaestionibus ciuilibus per orationem popularis persuasionis'. Hic scientiam, quia Peripateticus est, non ut Stoici uirtutis loco ponit: popularem autem comprendendo persuasionem etiam contumeliosus est aduersus artem orandi, quam nihil putat doctis persuasuram. Illud de omnibus qui circa ciuiles demum quaestiones oratorem iudicant uersari dictum sit, excludi ab iis plurima oratoris officia, illam certe laudatiuam totam, quae est rhetorices pars tertia. Cautius Theodorus Gadareus, ut iam ad eos ueniamus qui artem quidem esse eam, sed non uirtutem putauerunt. Ita enim dicit, ut ipsis eorum uerbis utar qui haec ex Graeco transtulerunt: 'ars inuentrix et iudicatrix et enuntiatrix, decente ornatu secundum mensionem, eius quod in quoque potest sumi persuasibile, in materia ciuili'. Itemque Cornelius Celsus, qui finem rhetorices ait 'dicere persuasibiliter in dubia ciuili materia'. Quibus sunt non dissimiles qui ab aliis traduntur, qualis est ille: 'uis uidendi et eloquendi de rebus ciuilibus subiectis sibi cum quadam persuasione et quodam corporis habitu et eorum quae dicet pronuntiatione'. Mille alia, sed aut eadem aut ex isdem composita, quibus item cum de materia rhetorices dicendum erit respondebimus. Quidam eam neque uim neque scientiam neque artem putauerunt, sed Critolaus

2 seq. *454 b et e*   7 *frg. 1 Wehrli*   22 *frg. rhet. 1 Marx*
30 *frg. 26 Wehrli*

AB]   8 scientiam *A*   10 qua *B*²   20 enunciatrix *ed. Ven. 1493*: nuntiatrix *AB*   decente *B ante ras.*: decentis *A*: decenti *t*   ornatus *A*   21 mentionem *A*: *utrumque obscurum*   23 dubia *B*¹: dubia et *AB*²   24 est *A*: est et *B*

INSTITVTIO ORATORIA 2. 15. 28

usum dicendi (nam hoc τριβή significat), Athenaeus fallendi artem. Plerique autem, dum pauca ex Gorgia Platonis a **24** prioribus imperite excerpta legere contenti neque hoc totum neque alia eius uolumina euoluunt, in maximum errorem inciderunt, creduntque eum in hac esse opinione, ut rhetoricen non artem sed 'peritiam quandam gratiae ac uoluptatis' existimet, et alio loco 'ciuilitatis particulae simulacrum et **25** quartam partem adulationis', quod duas partes ciuilitatis corpori adsignet, medicinam et quam interpretantur exercitatricem, duas animo, legalem atque iustitiam, adulationem autem medicinae uocet cocorum artificium, exercitatricis mangonum, qui colorem fuco et uerum robur inani sagina mentiantur, legalis cauillatricem, iustitiae rhetoricen. Quae omnia sunt quidem scripta in hoc libro dictaque a **26** Socrate, cuius persona uidetur Plato significare quid sentiat: sed alii sunt eius sermones ad coarguendos qui contra disputant compositi, quos ἐλεγκτικούς uocant, alii ad praecipiendum, qui δογματικοί appellantur. Socrates autem seu Plato **27** eam quidem quae tum exercebatur rhetoricen talem putat (nam et dicit his uerbis τοῦτον τὸν τρόπον ὃν ὑμεῖς πολιτεύεσθε), ueram autem et honestam intellegit; itaque disputatio illa contra Gorgian ita cluditur: οὐκοῦν ἀνάγκη τὸν ῥητορικὸν δίκαιον εἶναι, τὸν δὲ δίκαιον βούλεσθαι δίκαια πράττειν. Ad **28** quod ille quidem conticescit, sed sermonem suscipit Polus iuuenili calore inconsideratior, contra quem illa de simulacro et adulatione dicuntur. Tum Callicles adhuc concitatior, qui tamen ad hanc perducitur clausulam: τὸν μέλλοντα ὀρθῶς ῥητορικὸν ἔσεσθαι δίκαιον ἄρα δεῖ εἶναι καὶ ἐπιστήμονα τῶν δικαίων, ut appareat Platoni non rhetoricen uideri malum,

---

6–8 *Plat. Gorg. 462 c et 463 d*   8 seq. *ibid. 464 b seq.*
20 *ibid. 500 c*   22 *ibid. 460 c*   27 *ibid. 508 c*

AB]   11 artificium A: artificium et B   19 putant A
20 ΤΟΝ A: om. B   ΠΟΛΕΙΤΕΥΕΣΘΕ B: ΠΟΛΙΤΕΥΕΣΘΑΙ A
21 autem ⟨esse artem⟩ Kiderlin 1893-2   illi A   23 ΔΕ B: om.
A   ΠΡΑΠΕΙΝ A: ΠΡΑΣΣΕΙΝ B   24 polus B: populus A
28 ΔΙΚΑΙΟΝ ΑΡΑ B: ΚΑΙ ΔΙΚΑΙΟΝ ΑΝΔΡΑ A

29 sed eam ueram nisi iusto ac bono non contingere. Adhuc autem in Phaedro manifestius facit hanc artem consummari citra iustitiae quoque scientiam non posse: cui opinioni nos quoque accedimus. An aliter defensionem Socratis et eorum qui pro patria ceciderant laudem scripsisset? Quae certe **30** sunt oratoris opera. Sed in illud hominum genus quod facilitate dicendi male utebatur inuectus est. Nam et Socrates inhonestam sibi credidit orationem quam ei Lysias reo composuerat, et tum maxime scribere litigatoribus quae illi pro se ipsi dicerent erat moris, atque ita iuri quo non licebat pro **31** altero agere fraus adhibebatur. Doctores quoque eius artis parum idonei Platoni uidebantur, qui rhetoricen a iustitia separarent et ueris credibilia praeferrent; nam id quoque **32** dicit in Phaedro. Consensisse autem illis superioribus uideri potest etiam Cornelius Celsus, cuius haec uerba sunt: 'orator simile tantum ueri petit', deinde paulo post: 'non enim bona conscientia sed uictoria litigantis est praemium': quae si uera essent, pessimorum hominum foret haec tam perniciosa nocentissimis moribus dare instrumenta et nequitiam praeceptis adiuuare. Sed illi rationem opinionis suae uiderint.

33 Nos autem ingressi formare perfectum oratorem, quem in primis esse uirum bonum uolumus, ad eos qui de hoc opere melius sentiunt reuertamur. Rhetoricen autem quidam eandem ciuilitatem esse iudicauerunt, Cicero scientiae ciuilis partem uocat (ciuilis autem scientia idem quod sapientia est), quidam eandem philosophiam, quorum est Isocrates. **34** Huic eius substantiae maxime conueniet finitio rhetoricen esse bene dicendi scientiam. Nam et orationis omnes uirtutes semel complectitur et protinus etiam mores oratoris, cum bene dicere non possit nisi bonus. Idem ualet Chrysippi finis

2 *260 seq.*   14 *267 a*   15 *frg. rhet. 2 Marx*   24 *inu. 1. 6*
26 *e.g. panegyr. 10*   30–p. 111, l.1 *SVF 1. 491, 2. 292*

AB]   5 scripsissent *B*   10 ipsi *A*: ipse *B*   13 praeferent *B*¹ (-runt *B*²)   26 eandem philosophiam *A*: etiam philosophiae *B*   quorum est isocrates *B*: sed isocratis *A*   27 eius *om.*
B   substantiae ⟨Cleanthis⟩ *Kiderlin 1885*   29 etiam mores *A*: *inu. ord. B*

ille ductus a Cleanthe, 'scientia recte dicendi'. Sunt plures 35
eiusdem, sed ad alias quaestiones magis pertinent. Idem
sentiret finis hoc modo comprensus: 'persuadere quod oporteat', nisi quod artem ad exitum alligat. Bene Areus: 'dicere 36
secundum uirtutem orationis'. Excludunt a rhetorice malos
et illi qui scientiam ciuilium officiorum eam putauerunt, si
scientiam uirtutem iudicant, sed anguste intra ciuiles quaestiones coercent. Albucius non obscurus professor atque auctor scientiam bene dicendi esse consentit, sed exceptionibus
peccat adiciendo 'circa ciuiles quaestiones et credibiliter':
quarum iam utrique responsum est. Probabilis et illi uolun- 37
tatis qui recte sentire et dicere rhetorices putauerunt.

Hi sunt fere fines maxime inlustres et de quibus praecipue disputatur. Nam omnis quidem persequi neque attinet
neque possum, cum prauum quoddam, ut arbitror, studium
circa scriptores artium extiterit nihil isdem uerbis quae prior
aliquis occupasset finiendi: quae ambitio procul aberit a me.
Dicam enim non utique quae inuenero, sed quae placebunt, 38
sicut hoc: rhetoricen esse bene dicendi scientiam, cum, reperto quod est optimum, qui quaerit aliud peius uelit. His
adprobatis simul manifestum est illud quoque, quem finem
uel quid summum et ultimum habeat rhetorice, quod τέλος
dicitur, ad quod omnis ars tendit: nam si est ipsa bene
dicendi scientia, finis eius et summum est bene dicere.

16. Sequitur quaestio an utilis rhetorice. Nam quidam
uehementer in eam inuehi solent, et, quod sit indignissimum,
in accusationem orationis utuntur orandi uiribus: eloquen- 2
tiam esse quae poenis eripiat scelestos, cuius fraude damnentur interim boni, consilia ducantur in peius, nec seditiones
modo turbaeque populares sed bella etiam inexpiabilia excitentur, cuius denique tum maximus sit usus cum pro falsis

AB]   3 sentiret *AB*: sentit et *Spalding*   4 ⟨at⟩ bene *a*
6 eam putauerunt si *B*: ue*ram A*   7 uirtu*tum A*   intra ciuiles
A: intraque uiles *B*   8 albutius *B*   9 consensit *B*   11 iam
utrique *B* (*numerosius*): *inu. ord. A*   17 finiendo *B*   25 AN
VTILIS Sequitur *AB*   26 sit *AB* (*cf. 12. 11. 3*): est *Halm*
30 inexpugnabilia *B*

3 contra ueritatem ualet. Nam et Socrati obiciunt comici docere eum quo modo peiorem causam meliorem faciat, et 4 contra Tisian et Gorgian similia dicit polliceri Plato. Et his adiciunt exempla Graecorum Romanorumque, et enumerant qui perniciosa non singulis tantum sed rebus etiam publicis usi eloquentia turbauerint ciuitatium status uel euerterint, eoque et Lacedaemoniorum ciuitate expulsam et Athenis quoque, ubi actor mouere adfectus uetabatur, uelut recisam 5 orandi potestatem. Quo quidem modo nec duces erunt utiles nec magistratus nec medicina nec denique ipsa sapientia: nam et dux Flaminius et Gracchi Saturnini Glauciae magistratus, et in medicis uenena, et in iis qui philosophorum nomine male utuntur grauissima nonnumquam flagitia de-6 prehensa sunt. Cibos aspernemur: attulerunt saepe ualetudinis causas; numquam tecta subeamus: super habitantes aliquando procumbunt; non fabricetur militi gladius: potest uti eodem ferro latro. Quis nescit ignes aquas, sine quibus nulla sit uita, et, ne terrenis inmorer, solem lunamque praecipua siderum aliquando et nocere?

7 Num igitur negabitur deformem Pyrrhi pacem Caecus ille Appius dicendi uiribus diremisse? Aut non diuina M. Tulli eloquentia et contra leges agrarias popularis fuit et Catilinae fregit audaciam et supplicationes, qui maximus 8 honor uictoribus bello ducibus datur, in toga meruit? Non perterritos militum animos frequenter a metu reuocat oratio et tot pugnandi pericula ineuntibus laudem uita potiorem esse persuadet? Neque uero me Lacedaemonii atque Athenienses magis mouerint quam populus Romanus, apud quem 9 summa semper oratoribus dignitas fuit. Equidem nec urbium conditores reor aliter effecturos fuisse ut uaga illa multitudo coiret in populos nisi docta uoce commota, nec legum

1 *e.g. Aristophanes, nub. 98–9*   3 *Phaedr. 267 a*

AB]   1 isocrati A   3 contra B: contra et A   7 et¹ B: et a A
11 glauciae B: glauci egere A (*ras. min.*)   12 his AB
13–14 *malim* deprensa   17 quis A: qui B   21 m B: om. A

INSTITVTIO ORATORIA   2. 16. 17

repertores sine summa ui orandi consecutos ut se ipsi homines ad seruitutem iuris adstringerent. Quin ipsa uitae praecepta, 10 etiam si natura sunt honesta, plus tamen ad formandas mentes ualent quotiens pulchritudinem rerum claritas orationis inluminat. Quare, etiam si in utramque partem ualent arma facundiae, non est tamen aecum id haberi malum quo bene uti licet.

Verum haec apud eos forsitan quaerantur qui summam 11 rhetorices ad persuadendi uim rettulerunt. Si uero est bene dicendi scientia, quem nos finem sequimur, ut sit orator in primis uir bonus, utilem certe esse eam confitendum est. Et 12 hercule deus ille princeps, parens rerum fabricatorque mundi, nullo magis hominem separauit a ceteris, quae quidem mortalia essent, animalibus quam dicendi facultate. Nam 13 corpora quidem magnitudine uiribus firmitate patientia uelocitate praestantiora in illis mutis uidemus, eadem minus egere adquisitae extrinsecus opis; nam et ingredi citius et pasci et tranare aquas citra docentem natura ipsa sciunt, et 14 pleraque contra frigus ex suo corpore uestiuntur et arma iis ingenita quaedam et ex obuio fere uictus, circa quae omnia multus hominibus labor est. Rationem igitur nobis praecipuam dedit eiusque nos socios esse cum dis inmortalibus uoluit. Sed ipsa ratio neque tam nos iuuaret neque tam esset 15 in nobis manifesta nisi quae concepissemus mente promere etiam loquendo possemus: quod magis deesse ceteris animalibus quam intellectum et cogitationem quandam uidemus. Nam et mollire cubilia et nidos texere et educare fetus 16 et excludere, quin etiam reponere in hiemem alimenta, opera quaedam nobis inimitabilia, qualia sunt cerarum ac mellis, efficere nonnullius fortasse rationis est; sed, quia carent sermone quae id faciunt, muta atque inrationalia uocantur. Denique homines quibus negata uox est quantulum adiuuat 17 animus ille caelestis! Quare si nihil a dis oratione melius

AB]   6 est tamen *A* : *inu. ord. B*   10 nos *om. B*   12 princeps parens *B* : *parens a in ras. VII litt.*   19 arma his *A* : armis *B*   27 moliri *A*   31 inrationabilia *A*

accepimus, quid tam dignum cultu ac labore ducamus aut in quo malimus praestare hominibus quam quo ipsi homines ceteris animalibus praestant: eo quidem magis quod nulla in parte plenius labor gratiam refert? Id adeo manifestum erit si cogitauerimus unde et quo usque iam prouecta sit orandi facultas: et adhuc augeri potest. Nam ut omittam defendere amicos, regere consiliis senatum, populum exercitum in quae uelit ducere, quam sit utile conueniatque bono uiro: nonne pulchrum uel hoc ipsum est, ex communi intellectu uerbisque quibus utuntur omnes tantum adsequi laudis et gloriae ut non loqui et orare, sed, quod Pericli contigit, fulgere ac tonare uidearis?

17. Finis non erit si expatiari parte in hac et indulgere uoluptati uelim. Transeamus igitur ad eam quaestionem quae sequitur, an rhetorice ars sit. Quod quidem adeo ex iis qui praecepta dicendi tradiderunt nemo dubitauit ut etiam ipsis librorum titulis testatum sit scriptos eos de arte rhetorica, Cicero uero etiam quae rhetorice uocetur esse artificiosam eloquentiam dicat. Quod non oratores tantum uindicarunt, ut studiis aliquid suis praestitisse uideantur, sed cum iis philosophi et Stoici et Peripatetici plerique consentiunt. Ac me dubitasse confiteor an hanc partem quaestionis tractandam putarem; nam quis est adeo non ab eruditione modo sed a sensu remotus hominis ut fabricandi quidem et texendi et luto uasa ducendi artem putet, rhetoricen autem maximum ac pulcherrimum, ut supra diximus, opus in tam sublime fastigium existimet sine arte uenisse? Equidem illos qui contra disputauerunt non tam id sensisse quod dicerent quam exercere ingenia materiae difficultate credo uoluisse,

18 *inu*. *1*. *6*   21 *SVF 2. 290*

AB]   4 parte *B*: arte *A*   5 unde *om. B* (*relicto spatio XIII litt.*)   7 *sic distinguendum docet 12. 1. 26*   8 uelit *A*: uult *B*   10 utantur *B*   11 fulgurare *A* (*uix peius*)   13 AN ARS Finis *AB* si exspatiari *B*: *si* spatiari *A*   parte in *B* (*cf. 4. 2. 32*): in parte *A*   15 his *AB*   18 etiam *B*: ea *A*: eam *D'Orv. 13, ut coni. Halm* (etiam eam *Burn.* 243)   25 luto *B* (*cf. 10. 5. 9*): e luto *A*

INSTITVTIO ORATORIA 2. 17. 10

sicut Polycraten, cum Busirim laudaret et Clytaemestram: quamquam is, quod his dissimile non esset, composuisse orationem quae est habita contra Socraten dicitur.

Quidam naturalem esse rhetoricen uolunt et tamen adiuuari 5 exercitatione non diffitentur, ut in libris Ciceronis de Oratore dicit Antonius obseruationem quandam esse, non artem. Quod non ideo ut pro uero accipiamus est positum, sed ut 6 Antoni persona seruetur, qui dissimulator artis fuit: hanc autem opinionem habuisse Lysias uidetur. Cuius sententiae talis defensio est, quod indocti et barbari et serui, pro se cum locuntur, aliquid dicant simile principio, narrent, probent, refutent et, quod uim habeat epilogi, deprecentur. Deinde adiciunt illas uerborum cauillationes, nihil quod ex 7 arte fiat ante artem fuisse: atqui dixisse homines pro se et in alios semper: doctores artis sero et circa Tisian et Coraca primum repertos: orationem igitur ante artem fuisse eoque artem non esse. Nos porro quando coeperit huius rei doctrina 8 non laboramus, quamquam apud Homerum et praeceptorem Phoenicem cum agendi tum etiam loquendi, et oratores plures, et omne in tribus ducibus orationis genus, et certamina quoque proposita eloquentiae inter iuuenes inuenimus, quin in caelatura clipei Achillis et lites sunt et actores. Illud 9 enim admonere satis est, omnia quae ars consummauerit a natura initia duxisse: aut tollatur medicina, quae ex obseruatione salubrium atque his contrariorum reperta est et, ut quibusdam placet, tota constat experimentis (nam et uulnus deligauit aliquis antequam haec ars esset, et febrem quiete et abstinentia, non quia rationem uidebat, sed quia id ualetudo ipsa coegerat, mitigauit), nec fabrica sit ars (casas enim 10 primi illi sine arte fecerunt), nec musica (cantatur ac saltatur

1 *frg. 8 AS*   5 *2. 232*

AB]   1 busiridem *a in ras.*: Busirin *Burman*   2 esset
B: est *A*: est et *Kiderlin 1886*   15 sero *B*: sero iam *A*
18 laboramus *B*: laboramus exquirere *A*   et *B*: est *a* (e∗ *A*¹)
20 et² *B*: est *A*   22 in *om. B*   29 cogebat *A*   30 ac
saltatur *om. A*

115

2. 17. 11   M. FABI QVINTILIANI

per omnis gentes aliquo modo). Ita, si rhetorice uocari debet sermo quicumque, fuisse eam antequam esset ars confitebor:
11 si uero non quisquis loquitur orator est, et tum non tamquam oratores loquebantur, necesse est oratorem factum arte nec ante artem fuisse fateantur. Quo illud quoque excluditur quod dicunt, non esse artis id quod faciat qui non didicerit:
12 dicere autem homines et qui non didicerint. Ad cuius rei confirmationem adferunt Demaden remigem et Aeschinen hypocriten oratores fuisse. Falso: nam neque orator esse qui non didicit potest, et hos sero potius quam numquam didicisse quis dixerit, quamquam Aeschines ab initio sit uersatus in litteris, quas pater eius etiam docebat, Demaden neque non didicisse certum sit et continua dicendi exercitatio potuerit tantum quantuscumque postea fuit fecisse; nam id
13 potentissimum discendi genus est. Sed et praestantiorem si didicisset futurum fuisse dicere licet: neque enim orationes scribere est ausus, ut eum multum ualuisse in dicendo sciamus.
14   Aristoteles, ut solet, quaerendi gratia quaedam subtilitatis suae argumenta excogitauit in Grylo: sed idem et de arte rhetorica tris libros scripsit, et in eorum primo non artem solum eam fatetur, sed ei particulam ciuilitatis sicut dia-
15 lectices adsignat. Multa Critolaus contra, multa Rhodius Athenodorus. Agnon quidem detraxit sibi inscriptione ipsa fidem, qua rhetorices accusationem professus est. Nam de
16 Epicuro, qui disciplinas omnes fugit, nihil miror. Hi complura dicunt, sed ex paucis locis ducta: itaque potentissimis eorum breuiter occurram, ne in infinitum quaestio euadat.
17 Prima iis argumentatio ex materia est. Omnis enim artes

20 *frg. 69 Rose³*   22 *1356ª30*   23 *frg. 25 Wehrli*

AB]   2 esset *om. A*   6 faciant *A*   didicerint *A*   7 qui *B*: quo *A*¹ (quod *a*)   9 hyperiten *A*   14 quantumcumque *A*   16 *post* licet *lacunam statuit Radermacher: sed u. quae disputaui 1964-1*   17 ut *AB* (*concessiue dictum*): cum *Halm*   20 grylo *B*: grippo *A*   22–3 dialectices '*Turnebus*' (-icae *Patr.*): -icis *AB*   26–7 complura *B*: choriplura *A*   27 sed *B*: et *A*

INSTITVTIO ORATORIA 2. 17. 24

aiunt habere materiam, quod est uerum: rhetorices nullam
esse propriam, quod esse falsum in sequentibus probabo.
Altera est calumnia nullam artem falsis adsentiri opinioni- **18**
bus, quia constitui sine perceptione non possit, quae semper
uera sit: rhetoricen adsentiri falsis: non esse igitur artem.
Ego rhetoricen nonnumquam dicere falsa pro ueris confite- **19**
bor, sed non ideo in falsa quoque esse opinione concedam,
quia longe diuersum est ipsi quid uideri et ut alii uideatur
efficere. Nam et imperator falsis utitur saepe: ut Hannibal,
cum inclusus a Fabio, sarmentis circum cornua boum de-
ligatis incensisque, per noctem in aduersos montes agens
armenta speciem hosti abeuntis exercitus dedit: sed illum
fefellit, ipse quid uerum esset non ignorauit. Nec uero Theo- **20**
pompus Lacedaemonius, cum permutato cum uxore habitu
e custodia ut mulier euasit, falsam de se opinionem habuit,
sed custodibus praebuit. Item orator, cum falso utitur pro
uero, scit esse falsum eoque se pro uero uti: non ergo falsam
habet ipse opinionem, sed fallit alium. Nec Cicero, cum se **21**
tenebras offudisse iudicibus in causa Cluenti gloriatus est,
nihil ipse uidit. Et pictor, cum ui artis suae efficit ut quaedam eminere in opere, quaedam recessisse credamus, ipse ea
plana esse non nescit. Aiunt etiam omnes artes habere finem **22**
aliquem propositum ad quem tendant: hunc modo nullum
esse in rhetorice, modo non praestari eum qui promittatur.
Mentiuntur: nos enim esse finem iam ostendimus et quis
esset diximus; et praestabit hunc semper orator: semper **23**
enim bene dicet. Firmum autem hoc quod opponitur aduersus eos fortasse sit qui persuadere finem putauerunt: noster
orator arsque a nobis finita non sunt posita in euentu; tendit
quidem ad uictoriam qui dicit, sed cum bene dixit, etiam si
non uincat, id quod arte continetur effecit. Nam et guberna- **24**
tor uult salua naue in portum peruenire: si tamen tempestate
fuerit abreptus, non ideo minus erit gubernator dicetque

AB]   5 falsis *A*: falsis sit *B*   10 bouum *A*   12 sed *B*:
et *A*   20 effecit *B*   26 et *om. B*   31 efficit *A*

25 notum illud: 'dum clauum rectum teneam'; et medicus sanitatem aegri petit: si tamen aut ualetudinis ui aut intemperantia aegri alioue quo casu summa non contingit, dum ipse omnia secundum rationem fecerit, medicinae fine non excidet. Ita oratori bene dixisse finis est. Nam est ars ea, ut post paulum clarius ostendemus, in actu posita, non in 26 effectu. Ita falsum erit illud quoque quod dicitur, artes scire quando sint finem consecutae, rhetoricen nescire: nam se quisque bene dicere intelleget. Vti etiam uitiis rhetoricen, quod ars nulla faciat, criminantur, quia et falsum dicat et 27 adfectus moueat. Quorum neutrum est turpe, cum ex bona ratione proficiscitur, ideoque nec uitium; nam et mendacium dicere etiam sapienti aliquando concessum est, et adfectus, si aliter ad aequitatem perduci iudex non poterit, necessario mouebit orator: imperiti enim iudicant et qui frequenter in 28 hoc ipsum fallendi sint, ne errent. Nam si mihi sapientes iudices dentur, sapientium contiones atque omne consilium, nihil inuidia ualeat, nihil gratia, nihil opinio praesumpta falsique testes, perquam sit exiguus eloquentiae locus et 29 prope in sola delectatione ponatur. Sin et audientium mobiles animi et tot malis obnoxia ueritas, arte pugnandum est et adhibenda quae prosunt: neque enim qui recta uia depulsus est reduci ad eam nisi alio flexu potest.

30 Plurima uero ex hoc contra rhetoricen cauillatio est, quod ex utraque causae parte dicatur. Inde haec: nullam esse artem contrariam sibi, rhetoricen esse contrariam sibi; nullam artem destruere quod effecerit, accidere hoc rhetorices operi. Item aut dicenda eam docere aut non dicenda: ita uel per hoc non esse artem, quod non dicenda praecipiat, uel per hoc, quod, cum dicenda praeceperit, etiam contraria his 31 doceat. Quae omnia apparet de ea rhetorice dici quae sit a

1 *Enn. ann. 483*

AB]   2 aegri petit *B*: aegro promittit *A* (*uix peius*)   3 summa *del. Spalding*   contigit *B ante corr., non male*   5 excidit *b*
12 nec *B*: neutrum *A*   24 hoc *A*: eo *B*   27 destruere *A*: restituere *B*   29–30 non esse ... hoc *om. B*

bono uiro atque ab ipsa uirtute seiuncta: alioqui ubi iniusta causa est, ibi rhetorice non est, adeo ut uix admirabili quodam casu possit accidere ut ex utraque parte orator, id est uir bonus, dicat. Tamen quoniam hoc quoque in rerum **32** naturam cadit, ut duos sapientes aliquando iustae causae in diuersum trahant, quando etiam pugnaturos eos inter se, si ratio ita duxerit, credunt, respondebo propositis, atque ita quidem ut appareat haec aduersus eos quoque frustra excogitata qui malis moribus nomen oratoris indulgent. Nam **33** rhetorice non est contraria sibi: causa enim cum causa, non illa secum ipsa componitur. Nec, si pugnent inter se qui idem didicerunt, idcirco ars, quae utrique tradita est, non erit: alioqui nec armorum quia saepe gladiatores sub eodem magistro eruditi inter se componuntur, nec gubernandi quia **34** naualibus proeliis gubernator est gubernatori aduersus, nec imperatoria quia imperator cum imperatore contendit. Item non euertit opus rhetorice quod efficit: neque enim positum a se argumentum soluit orator; sed ne rhetorice quidem, quia apud eos qui in persuadendo finem putant, aut si quis, ut dixi, casus duos inter se bonos uiros composuerit, ueri similia quaerentur: non autem, si quid est altero credibilius, id ei contrarium est quod fuit credibile. Nam ut candido can- **35** didius et dulci dulcius non est aduersum, ita nec probabili probabilius. Neque praecipit umquam non dicenda nec dicendis contraria, sed quae in quaque causa dicenda sunt. Non sem- **36** per autem ei, etiamsi frequentissime, tuenda ueritas erit, sed aliquando exigit communis utilitas ut etiam falsa defendat.

Ponuntur hae quoque in secundo Ciceronis de Oratore libro contradictiones: artem earum rerum esse quae sciantur: oratoris omnem actionem opinione, non scientia contineri,

---

29 30

AB]   2 ibi *A*: ubi *B*   uix *A*: ex *B*   8 ut *om. A*
9 indulgeant *A*   11 pugnare *A*   qui idem *B*: quidem *A*[1]
(quidam *a*)   16 seq. *de hoc loco u. quae disputaui 1964-1*
17 effecit *1418, fort. recte* (*cf.* § *30* effecerit)   23 probabili *om.*
B   25 sint *A*   26 ei *om. B*

quia et apud eos dicat qui nesciant, et ipse dicat aliquando
37 quod nesciat. Ex his alterum, id est an sciat iudex de quo
dicatur, nihil ad oratoris artem; alteri respondendum. 'Ars
earum rerum est quae sciuntur'. Rhetorice ars est bene
38 dicendi, bene autem dicere scit orator. 'Sed nescit an uerum
sit quod dicit.' Ne ii quidem qui ignem aut aquam aut
quattuor elementa aut corpora insecabilia esse ex quibus res
omnes initium duxerint tradunt, nec qui interualla siderum
et mensuras solis ac terrae colligunt: disciplinam tamen
suam artem uocant. Quodsi ratio efficit ut haec non opinari
sed propter uim probationum scire uideantur, eadem ratio
39 idem praestare oratori potest. 'Sed an causa uera sit nescit.'
Ne medicus quidem an dolorem capitis habeat qui hoc se
pati dicet: curabit tamen tamquam id uerum sit, et erit ars
medicina. Quid quod rhetorice non utique propositum habet
semper uera dicendi, sed semper ueri similia? Scit autem
40 esse ueri similia quae dicit. Adiciunt his qui contra sentiunt
quod saepe, quae in aliis litibus inpugnarunt actores causarum, eadem in aliis defendant. Quod non artis sed hominis est
uitium. Haec sunt praecipua quae contra rhetoricen dicantur, alia et minora et tamen ex his fontibus deriuata.
41 Confirmatur autem esse artem eam breuiter. Nam siue, ut
Cleanthes uoluit, ars est potestas uia, id est ordine, efficiens,
esse certe uiam atque ordinem in bene dicendo nemo dubitauerit, siue ille ab omnibus fere probatus finis obseruatur,
artem constare ex perceptionibus consentientibus et coexer-
citatis ad finem utilem uitae, iam ostendimus nihil non
42 horum in rhetorice inesse. Quid quod et inspectione et exercitatione, ut artes ceterae, constat? Nec potest ars non esse
si est ars dialectice (quod fere constat), cum ab ea specie
magis quam genere differat. Sed nec illa omittenda sunt:
qua in re alius se inartificialiter, alius artificialiter gerat, in

23 *SVF 1. 490*

AB]   6 hi *AB*   8 omnis *A*   23 uiam ... ordinem *A*
26 praeceptionibus *A*   27 ostendemus *A (at u. Kiderlin 1886)*
29 constant *B*

INSTITVTIO ORATORIA 2. 18. 5

ea esse artem, et in eo quod qui didicerit melius faciat quam qui non didicerit esse artem. Atqui non solum doctus indoctum sed etiam doctior doctum in rhetorices opere superabit, neque essent eius aliter tam multa praecepta tamque magni qui docerent. Idque cum omnibus confitendum est, tum nobis praecipue, qui rationem dicendi a bono uiro non separamus.

18. Cum sint autem artium aliae positae in inspectione, id est cognitione et aestimatione rerum, qualis est astrologia nullum exigens actum, sed ipso rei cuius studium habet intellectu contenta, quae θεωρητική uocatur, aliae in agendo, quarum in hoc finis est et ipso actu perficitur nihilque post actum operis relinquit, quae πρακτική dicitur, qualis saltatio est, aliae in effectu, quae operis quod oculis subicitur consummatione finem accipiunt, quam ποητικήν appellamus, qualis est pictura: fere iudicandum est rhetoricen in actu consistere: hoc enim quod est officii sui perficit; atque ita ab omnibus dictum est. Mihi autem uidetur etiam ex illis ceteris artibus multum adsumere. Nam et potest aliquando ipsa per se inspectione esse contenta. Erit enim rhetorice in oratore etiam tacente, et si desierit agere uel proposito uel aliquo casu impeditus, non magis desinet esse orator quam medicus qui curandi fecerit finem. Nam est aliquis ac nescio an maximus etiam ex secretis studiis fructus, ac tum pura uoluptas litterarum cum ab actu, id est opera, recesserunt et contemplatione sui fruuntur. Sed effectiuae quoque aliquid simile scriptis orationibus uel historiis, quod ipsum opus in parte oratoria merito ponimus, consequetur. Si tamen una ex tribus artibus habenda sit, quia maximus eius usus actu continetur atque est in eo frequentissima, dicatur

8–16 artium ... pictura *exscripsit 'Cassiodorus' p. 501.* 17–23

AB]   1 facit *A*   4 eius aliter *B*: *inu. ord. A*   8 EX QVIBVS ARTIBVS Cum *AB*   14 aliae *B*: alia *A*, '*Cass.*'   quae *B*, '*Cass.*': quoque *A*   14–15 consummatione finem *A*, '*Cass.*': consummationem non finem *B*   15 ΠΟΕΤΙΚΗΝ '*Cass.*': poeticen *AB*   19 ipsa *A*: ipsa res *B*: ipsa rei *Gertz* (*qui tamen lectionem codicis A ignorauit*)

121

2. 19. 1

actiua uel administratiua; nam et hoc eiusdem rei nomen est.

19. Scio quaeri etiam naturane plus ad eloquentiam conferat an doctrina. Quod ad propositum quidem operis nostri nihil pertinet (neque enim consummatus orator nisi ex utroque fieri potest), plurimum tamen referre arbitror quam **2** esse in hoc loco quaestionem uelimus. Nam si parti utrilibet omnino alteram detrahas, natura etiam sine doctrina multum ualebit, doctrina nulla esse sine natura poterit. Sin ex pari coeant, in mediocribus quidem utrisque maius adhuc naturae credam esse momentum, consummatos autem plus doctrinae debere quam naturae putabo; sicut terrae nullam fertilitatem habenti nihil optimus agricola profuerit: e terra uberi utile aliquid etiam nullo colente nascetur: at in solo **3** fecundo plus cultor quam ipsa per se bonitas soli efficiet. Et si Praxiteles signum aliquod ex molari lapide conatus esset exculpere, Parium marmor mallem rude: at si illud idem artifex expolisset, plus in manibus fuisset quam in marmore. Denique natura materia doctrinae est: haec fingit, illa fingitur. Nihil ars sine materia, materiae etiam sine arte pretium est; ars summa materia optima melior.

20. Illa quaestio est maior, ex mediis artibus, quae neque laudari per se nec uituperari possunt, sed utiles aut secus secundum mores utentium fiunt, habenda sit rhetorice, an sit, ut compluribus etiam philosophorum placet, uirtus. **2** Equidem illud quod in studiis dicendi plerique exercuerunt et exercent aut nullam artem, quae ἀτεχνία nominatur, puto (multos enim uideo sine ratione, sine litteris, qua uel impudentia uel fames duxit ruentes), aut malam quasi artem, quam κακοτεχνίαν dicimus: nam et fuisse multos et esse nonnullos existimo qui facultatem dicendi ad hominum per-

---

AB]   3 NATVRA AN DOCTRINA PLVS EI CONFERAT Scio *AB*
4 operis nostri *A* : *inu. ord. B*   10 utique *Radermacher*   11 naturae credam *B*: *inu. ord. A*   14 ubere *A*   18 fuisse *A*
20 materiae *B*: -ia *A*   22 AN VIRTVS RHETORICE (-ICAE *B*) Illa *AB*   29 aut *B*: ad *A*

INSTITVTIO ORATORIA   2. 20. 7

niciem conuerterint. Ματαιοτεχνία quoque est quaedam, id est 3
superuacua artis imitatio, quae nihil sane neque boni neque
mali habeat, sed uanum laborem, qualis illius fuit qui grana
ciceris ex spatio distante missa in †acum† continuo et sine
frustratione inserebat; quem cum spectasset Alexander,
donasse dicitur eiusdem leguminis modio, quod quidem
praemium fuit illo opere dignissimum. His ego comparandos 4
existimo qui in declamationibus, quas esse ueritati dissimil-
limas uolunt, aetatem multo studio ac labore consumunt.
Verum haec quam instituere conamur et cuius imaginem
animo concepimus, quae bono uiro conuenit quaeque est
uere rhetorice, uirtus erit. Quod philosophi quidem multis et 5
acutis conclusionibus colligunt, mihi uero etiam planiore hac
proprieque nostra probatione uidetur esse perspicuum.
   Ab illis haec dicuntur. Si consonare sibi in faciendis ac
non faciendis uirtutis est (quae pars eius prudentia uocatur),
eadem in dicendis ac non dicendis erit. Et si uirtutes sunt ad 6
quas nobis, etiam ante quam doceremur, initia quaedam ac
semina sunt concessa natura, ut ad iustitiam, cuius rusticis
quoque ac barbaris apparet aliqua imago, nos certe sic esse
ab initio formatos ut possemus orare pro nobis, etiamsi non
perfecte tamen ut inessent quaedam, ut dixi, semina eius
facultatis, manifestum est. Non eadem autem iis natura 7
artibus est quae a uirtute sunt remotae. Itaque cum duo sint
genera orationis, altera perpetua, quae rhetorice dicitur,
altera concisa, quae dialectice, quas quidem Zenon adeo
coniunxit ut hanc compressae in pugnum manus, illam
explicatae diceret similem, etiam disputatrix uirtus erit:
adeo de hac, quae speciosior atque apertior tanto est, nihil
dubitabitur.

1 §§ 3–4 → *Vt. pp. 445. 39–446. 4*   24–8 duo . . . erit *exscripsit 'Cassiodorus' p. 501. 24–7*   26 *SVF I. 75*

AB]   4 distante *B, Vt.*: distanti *A* (*recte ?*)   acum *AB* (acumen
cod. *Vt.*): orcam *Badius*   12 uera *B*   13 hac *AB*: ac *b,
fort. recte* (*cf. l. 15 ubi* ac *A,* hac *B*)   16 uirtus *A* (*non male*)
21 nobis *A* : bonis *B*   23–4 his natura artibus est *B*: natura *est his
artibus A*   28 explicata*e A,* 'Cass.': -itae *B* (*cf. eundem* 11. 3. 92)

8 Sed plenius hoc idem atque apertius intueri ex ipsis operibus uolo. Nam quid orator in laudando faciet nisi honestorum et turpium peritus? aut in suadendo nisi utilitate perspecta? aut in iudiciis si iustitiae sit ignarus? Quid? non fortitudinem postulat res eadem, cum saepe contra turbulentas populi minas, saepe cum periculosa potentium offensa, nonnumquam, ut iudicio Miloniano, inter circumfusa militum arma dicendum sit: ut, si uirtus non est, ne perfecta quidem **9** esse possit oratio? Quod si ea in quoque animalium est uirtus qua praestat cetera uel pleraque, ut in leone impetus, in equo uelocitas, hominem porro ratione atque oratione excellere ceteris certum est: cur non tam in eloquentia quam in ratione uirtutem eius esse credamus, recteque hoc apud Ciceronem dixerit Crassus: 'est enim eloquentia una quaedam de summis uirtutibus', et ipse Cicero sua persona cum ad Brutum in epistulis tum aliis etiam locis uirtutem eam **10** appellet? At prohoemium aliquando ac narrationem dicet malus homo et argumenta sic ut nihil sit in iis requirendum. Nam et latro pugnabit acriter, uirtus tamen erit fortitudo, et tormenta sine gemitu feret malus seruus, tolerantia tamen doloris laude sua non carebit. Multa fiunt eadem, sed aliter. Sufficiant igitur haec, quia de utilitate supra tractauimus.

21. Materiam rhetorices quidam dixerunt esse orationem: qua in sententia ponitur apud Platonem Gorgias. Quae si ita accipitur ut sermo quacumque de re compositus dicatur oratio, non materia sed opus est, ut statuarii statua; nam et oratio efficitur arte sicut statua. Sin hac appellatione uerba ipsa significari putamus, nihil haec sine rerum substantia faciunt. Quidam argumenta persuasibilia: quae et ipsa in parte sunt operis et arte fiunt et materia egent. **2** Quidam ciuiles quaestiones: quorum opinio non qualitate

---

14 *de orat.* 3. 55   16 *frg. epist.* VII. 14 (*cf. acad.* I. 5, *part. orat.* 78)   24 *Gorg.* 449 d

---

AB]   3 et A: ac B   13 eius *om.* A   15 sua B (*cf.* 10. 5. 2): a sua A   17 dicit B   23 QVAE MATERIA EIVS Materiam AB   27 sin A: si non B   28 significari B: significata iri A

INSTITVTIO ORATORIA   2. 21. 8

sed modo errauit; est enim haec materia rhetorices, sed non
sola. Quidam, quia uirtus sit rhetorice, materiam eius totam 3
uitam uocant. Alii, quia non omnium uirtutum materia sit
tota uita, sed pleraeque earum uersentur in partibus, sicut
iustitia fortitudo continentia propriis officiis et suo fine
intelleguntur, rhetoricen quoque dicunt in una aliqua parte
ponendam, eique locum in ἠθικῇ negotialem adsignant, id
est πραγματικόν.

Ego (neque id sine auctoribus) materiam esse rhetorices 4
iudico omnes res quaecumque ei ad dicendum subiectae
erunt. Nam Socrates apud Platonem dicere Gorgiae uidetur
non in uerbis esse materiam sed in rebus, et in Phaedro palam
non in iudiciis modo et contionibus sed in rebus etiam
priuatis ac domesticis rhetoricen esse demonstrat: quo manifestum est hanc opinionem ipsius Platonis fuisse. Et Cicero 5
quodam loco materiam rhetorices uocat res quae subiectae
sint ei, sed certas demum putat esse subiectas: alio uero de
omnibus rebus oratori dicendum arbitratur his quidem uerbis: 'quamquam uis oratoris professioque ipsa bene dicendi
hoc suscipere ac polliceri uidetur, ut omni de re quaecumque
sit proposita ornate ab eo copioseque dicatur'. Atque adhuc 6
alibi: 'uero enim oratori quae sunt in hominum uita,
quandoquidem in ea uersatur orator atque ea est ei subiecta materies, omnia quaesita audita lecta disputata tractata agitata esse debent'.

Hanc autem quam nos materiam uocamus, id est res 7
subiectas, quidam modo infinitam, modo non propriam rhetorices esse dixerunt, eamque artem circumcurrentem uocauerunt, quod in omni materia diceret. Cum quibus mihi 8
minima pugna est; nam de omni materia dicere eam fatentur,

11 *Gorg. 449 c 9 seq.*   12 *261 a*   15 *inu. 1. 7 seq.*
19 *de orat. 1. 21*   22 *ibid. 3. 54*

AB]   11 erunt *B*: sunt *A*   20 uidetur *A*[1] (*ut uidetur*), *ut libri Tulliani*: uideatur *a* (*nisi* uidentur *dat*), *B*   24 materia *B* electa *A*   27 infinita (*hoc etiam A*[1]) . . . propria *B* (*quibus receptis* haec *pro* hanc *supra scripsit Kiderlin 1886*)

125

2. 21. 9   M. FABI QVINTILIANI

propriam habere materiam quia multiplicem habeat negant. Sed neque infinita est, etiamsi est multiplex, et aliae quoque artes minores habent multiplicem materiam, uelut architectonice (namque ea in omnibus quae sunt aedificio
9 utilia uersatur) et caelatura, quae auro argento aere ferro opera efficit. Nam scalptura etiam lignum ebur marmor uitrum gemmas praeter ea quae supra dixi complectitur.
10 Neque protinus non est materia rhetorices si in eadem uersatur et alius. Nam si quaeram quae sit materia statuarii, dicetur aes: si quaeram quae sit excusoris, id est fabricae eius quam Graeci χαλκευτικήν uocant, similiter aes esse
11 respondeant: atqui plurimum statuis differunt uasa. Nec medicina ideo non erit ars quia unctio et exercitatio cum palaestrica, ciborum uero qualitas etiam cum cocorum ei sit arte communis.
12 Quod uero de bono utili iusto disserere philosophiae officium esse dicunt, non obstat; nam cum philosophum dicunt, hoc accipi uolunt uirum bonum. Quare igitur oratorem, quem a bono uiro non separo, in eadem materia uersari
13 mirer?—cum praesertim primo libro iam ostenderim philosophos omissam hanc ab oratoribus partem occupasse, quae rhetorices propria semper fuisset, ut illi potius in nostra materia uersentur. Denique cum sit dialectices materia de rebus subiectis disputare, sit autem dialectice oratio concisa, cur non eadem perpetuae quoque materia uideatur?
14 Solet a quibusdam et illud opponi: omnium igitur artium peritus erit orator si de omnibus ei dicendum est. Possem hic Ciceronis respondere uerbis, apud quem hoc inuenio: 'mea quidem sententia nemo esse poterit omni laude cumulatus orator nisi erit omnium rerum magnarum atque artium scientiam consecutus': sed mihi satis est eius esse oratorem

28 *de orat. I. 20*

AB]   1 materiam ⟨quia in eadem uersetur et alius, finitam⟩ *Kiderlin 1885, fort. recte*   6 sculptura *A*   ligna *A*   10–11 fabricae eius *A*: *inu. ord. B*   12 differant *B*   25 materia *p* (*Regius*): -iae *AB*   26 poni *B*

rei de qua dicet non inscium. Neque enim omnis causas **15** nouit, et debet posse de omnibus dicere. De quibus ergo dicet? De quibus didicit. Similiter de artibus quoque de quibus dicendum erit interim discet, et de quibus didicerit dicet.

Quid ergo? non faber de fabrica melius aut de musice **16** musicus? Si nesciat orator quid sit de quo quaeratur, plane melius; nam et litigator rusticus inlitteratusque de causa sua melius quam orator qui nesciet quid in lite sit: sed accepta a musico, a fabro, sicut a litigatore, melius orator quam ipse qui docuerit. Verum et faber, cum de fabrica, et **17** musicus, cum de musica, si quid confirmationem desiderauerit, dicet: non erit quidem orator, sed faciet illud quasi orator, sicut, cum uulnus imperitus deligabit, non erit medicus, sed faciet ut medicus. An huius modi res neque in **18** laudem neque in deliberationem neque in iudicium ueniunt? Ergo cum de faciendo portu Ostiensi deliberatum est, non debuit dicere sententiam orator? Atqui opus erat ratione architectorum. Liuores et tumores in corpore cruditatis an **19** ueneni signa sint non tractat orator? At est id ex ratione medicinae. Circa mensuras et numeros non uersabitur? Dicamus has geometriae esse partes. Equidem omnia fere posse credo casu aliquo uenire in officium oratoris: quod si non accidet, non erunt ei subiecta.

Ita sic quoque recte diximus materiam rhetorices esse **20** omnis res ad dicendum ei subiectas: quod quidem probat etiam sermo communis; nam cum aliquid de quo dicamus accepimus, positam nobis esse materiam frequenter etiam praefatione testamur. Gorgias quidem adeo rhetori de omni- **21** bus putauit esse dicendum ut se in auditoriis interrogari

AB] 3 dicet *B* : dicit *A*   6 faber *A* : faber aut *B*   9 qui *B* : quid *A*¹ (qui id *a*)   12 *malim* musice   13 erit quidem *B* : *inu. ord. A*   14 deligauit *B*   17 ostensi *A*   18 dicere sententiam *B* : *inu. ord. A*   21 non uersabitur *a (qui totum contextum uel in ras. uel in spatio uacuo scripsit)* : conuersabitur *B*¹ (non c. *B*²)   22 dicam *a*   23 posse credo *B* : *inu. ord. A*   29 praefatione *B* : prae ratione *A*   29–30 omnibus *B* : omnibus rebus *A*

2. 21. 22   QVINTILIANI INSTITVTIO

pateretur qua quisque de re uellet. Hermagoras quoque dicendo materiam esse in causa et in quaestionibus omnes
22 res subiectas erat complexus: sed quaestiones si negat ad rhetoricen pertinere, dissentit a nobis; si autem ad rhetoricen pertinent, ab hoc quoque adiuuamur: nihil est enim
23 quod non in causam aut quaestionem cadat. Aristoteles tris faciendo partes orationis, iudicialem deliberatiuam demonstratiuam, paene et ipse oratori subiecit omnia: nihil enim non in haec cadit.

24   Quaesitum a paucissimis et de instrumento est. Instrumentum uoco sine quo formari materia in id quod uelimus effici opus non possit. Verum hoc ego non artem credo egere, sed artificem. Neque enim scientia desiderat instrumentum, quae potest esse consummata etiam si nihil faciat, sed ille opifex, ut caelator caelum et pictor penicilla. Itaque haec in eum locum quo de oratore dicturi sumus differamus.

1 *frg. 6c Matthes*   6 *rhet. 1358ᵇ6*

AB]   1 qua *A*: quas *B*   4 si *B*: sin *A*   4–5 rhetorem *A*
7 iudiciale *B*   . 8 paene *AB*: plane *Ammon 1901*   11 in *A*: et in *B*   15 artifex *A*

LIBER TERTIVS
PROHOEMIUM

1. Quoniam in libro secundo quaesitum est quid esset rhetorice et quis finis eius, artem quoque esse eam et utilem et uirtutem, ut uires nostrae tulerunt, ostendimus, materiamque ei res omnes de quibus dicere oporteret subiecimus: iam hinc unde coeperit, quibus constet, quo quaeque in ea modo inuenienda atque tractanda sint exequar: intra quem modum plerique scriptores artium constiterunt, adeo ut Apollodorus contentus solis iudicialibus fuerit. Nec sum **2** ignarus hoc a me praecipue quod hic liber inchoat opus studiosos eius desiderasse, ut inquisitione opinionum, quae diuersissimae fuerunt, longe difficillimum, ita nescio an minimae legentibus futurum uoluptati, quippe quod prope nudam praeceptorum traditionem desideret. In ceteris enim **3** admiscere temptauimus aliquid nitoris, non iactandi ingenii gratia (namque in id eligi materia poterat uberior), sed ut hoc ipso adliceremus magis iuuentutem ad cognitionem eorum quae necessaria studiis arbitrabamur, si ducti iucunditate aliqua lectionis libentius discerent ea quorum ne ieiuna atque arida traditio auerteret animos et aures praesertim tam delicatas raderet uerebamur. Qua ratione se Lucretius **4** dicit praecepta philosophiae carmine esse complexum; namque hac, ut est notum, similitudine utitur:

'ac ueluti pueris absinthia taetra medentes
cum dare conantur, prius oras pocula circum
adspirant mellis dulci flauoque liquore'

---
25 *1. 936–8 = 4. 11–13*

AB] 3 PROHOEMIVM DE SCRIPTORIBVS ARTIS RHETORICAE Quoniam *AB* 16 temptabimus *A* 19 arbitramur *B* 22 radere *A* 25 ac *AB*: sed *altero loco*, nam *altero* Lucretius (ac *praebent etiam Nonius p. 413 Mueller et S. Hieronymus ep. 133. 3. 7*) 27 adspirant *B*: inspirant *A*: contingunt *Lucretius*: inspergunt *uel* aspergunt (*quod iam Lambinus, sed ut glossema illi* contingunt *additum*) *Haupt* (*ap. Halm*)   fauoque *B*

3. 1. 5　　　M. FABI QVINTILIANI

5 et quae secuntur. Sed nos ueremur ne parum hic liber mellis et absinthii multum habere uideatur, sitque salubrior studiis quam dulcior. Quin etiam hoc timeo, ne ex eo minorem gratiam ineat, quod pleraque non inuenta per me sed ab aliis tradita continebit, habeat etiam quosdam qui contra sentiant et aduersentur, propterea quod plurimi auctores, quamuis eodem tenderent, diuersas tamen uias munierunt 6 atque in suam quisque induxit sequentes. Illi autem probant qualecumque ingressi sunt iter, nec facile inculcatas pueris persuasiones mutaueris, quia nemo non didicisse mauult 7 quam discere. Est autem, ut procedente libro patebit, infinita dissensio auctorum, primo ad ea quae rudia atque inperfecta adhuc erant adicientibus quod inuenissent scriptoribus, mox, ut aliquid sui uiderentur adferre, etiam recta mutantibus.
8　　Nam primus post eos quos poetae tradiderunt mouisse aliqua circa rhetoricen Empedocles dicitur. Artium autem scriptores antiquissimi Corax et Tisias Siculi, quos insecutus est uir eiusdem insulae Gorgias Leontinus, Empedoclis, ut 9 traditur, discipulus. Is beneficio longissimae aetatis (nam centum et nouem uixit annos) cum multis simul floruit, ideoque et illorum de quibus supra dixi fuit aemulus et ultra 10 Socraten usque durauit. Thrasymachus Calchedonius cum hoc et Prodicus Cius et Abderites Protagoras, a quo decem milibus denariorum didicisse artem quam edidit Euathlus dicitur, et Hippias Elius, et, quem Palameden Plato appellat, 11 Alcidamas Elaites. Antiphon quoque, ⟨qui⟩ et orationem primus omnium scripsit et nihilo minus artem et ipse composuit et pro se dixisse optime est creditus. Etiam Polycrates, a quo scriptam in Socraten diximus orationem, et Theodorus

25 *Phaedr.* 261 *d*

AB]　　　4 ab *om. B*　　　7 muniuerunt *A*　　　8 induxit *B* (*cf.*
8 pr. 4): produxit *A*　　　12 prim*um A*　　　23 Cius *ed. Ald.*:
chius *AB* (ceius *codices Cic. Brut.* 30)　　　24 Euathlus *ed. Ven.*
1493: euathius *AB*　　　26 eleites *B*　　　qui *add. Claussen 1872*
27 artem et ipse *B*: et artem ipse *A*: artem ipse *Claussen 1872*

130

INSTITVTIO ORATORIA 3. 1. 17

Byzantius, ex iis et ipse quos Plato appellat logodaedalos. Horum primi communis locos tractasse dicuntur Protagoras, **12** Gorgias, adfectus Prodicus, Hippias et idem Protagoras et Thrasymachus. Cicero in Bruto negat ante Periclea scriptum quicquam quod ornatum oratorium habeat: eius aliqua ferri. Equidem non reperio quicquam tanta eloquentiae fama dignum, ideoque minus miror esse qui nihil ab eo scriptum putent, haec autem quae feruntur ab aliis esse composita. His successere multi, sed clarissimus Gorgiae auditor Iso- **13** crates (quamquam de praeceptore eius inter auctores non conuenit: nos tamen Aristoteli credimus). Hinc uelut diuersae **14** secari coeperunt uiae. Nam et Isocratis praestantissimi discipuli fuerunt in omni studiorum genere, eoque iam seniore (octauum enim et nonagesimum impleuit annum) postmeridianis scholis Aristoteles praecipere artem oratoriam coepit, noto quidem illo, ut traditur, uersu ex Philocteta frequenter usus: 'turpe esse tacere et Isocraten pati dicere'. Ars est utriusque, sed pluribus eam libris Aristoteles complexus est. Eodem tempore Theodectes fuit, de cuius opere supra dictum est. Theophrastus quoque, Aristotelis **15** discipulus, de rhetorice diligenter scripsit, atque hinc uel studiosius philosophi quam rhetores praecipueque Stoicorum ac Peripateticorum principes. Fecit deinde uelut propriam **16** Hermagoras uiam, quam plurimi sunt secuti. Cui maxime par atque aemulus uidetur Athenaeus fuisse. Multa post Apollonius Molon, multa Areus, multa Caecilius et Halicarnasseus Dionysius. Praecipue tamen in se conuerterunt **17** studia Apollodorus Pergamenus, qui praeceptor Apolloniae Caesaris Augusti fuit, et Theodorus Gadareus, qui se dici

1 *Phaedr. 266 e*   4 *27*   16 sc. *Euripidis (frg. 796 Nauck*[2]*)*
22 *SVF 2. 289*

AB]   3 affectus *A*: *om. B*   hippias ... protagoras *A*: *om.*
B   6 tantae *A*   9 auditor *1418*: -orum *AB*   11 tamen
A: autem *B*   17 se *post* esse *add. a*   18 aristotelis *A*
22 philosophi*ae* quam rhetoris (-ices *a*) *A*

3. 1. 18 M. FABI QVINTILIANI

maluit Rhodium: quem studiose audisse cum in eam insulam
18 secessisset dicitur Tiberius Caesar. Hi diuersas opiniones
tradiderunt appellatique inde Apollodorei ac Theodorei ad
morem certas in philosophia sectas sequendi. Sed Apollodori
praecepta magis ex discipulis cognoscas, quorum diligentis- 5
simus in tradendo fuit Latine C. Valgius, Graece Atticus.
Nam ipsius sola uidetur ars edita ad Matium, quia ceteras
missa ad Domitium epistula non agnoscit. Plura scripsit
Theodorus, cuius auditorem Hermagoran sunt qui uiderint.
19 Romanorum primus, quantum ego quidem sciam, con- 10
didit aliqua in hanc materiam M. Cato, post M. Antonius
[ille censorius] inchoauit: nam hoc solum opus eius atque id
ipsum inperfectum manet. Secuti minus celebres, quorum
20 memoriam, si quo loco res poscet, non omittam. Praecipuum
uero lumen sicut eloquentiae, ita praeceptis quoque eius 15
dedit unicum apud nos specimen orandi docendique ora-
torias artes M. Tullius, post quem tacere modestissimum
foret, nisi et rhetoricos suos ipse adulescenti sibi elapsos
diceret, et in oratoriis haec minora, quae plerumque desider-
21 antur, sciens omisisset. Scripsit de eadem materia non 20
pauca Cornificius, aliqua Stertinius, non nihil pater Gallio,
accuratius uero priores Gallione Celsus et Laenas et aetatis
nostrae Verginius Plinius Tutilius. Sunt et hodie clari eiusdem operis auctores, qui si omnia complexi forent, consul-
uissent labori meo: sed parco nominibus uiuentium; ueniet 25
eorum laudi suum tempus: ad posteros enim uirtus durabit,
non perueniet inuidia.
22 Non tamen post tot ac tantos auctores pigebit meam quibusdam locis posuisse sententiam. Neque enim me cuiusquam sectae uelut quadam superstitione inbutus addixi, et 30

19 *de orat. 1. 5*

AB] 2 ti. *B*: titus *a in ras.* 7 mattium *A* 11 post
om. *B* 12 ille censorius *del. Radermacher*: *post* Cato *posuit ed.
Camp.* 15 eius *B*: eiusdem *A* 19–20 plerique desiderant *B*
20 scripsit *A*: et scripsit *B* 22 adcurate *B* Gallione *del.
Ritter (at u. Adamietz)* 29 posiuisse *B*

INSTITVTIO ORATORIA   3. 3. 1

electuris quae uolent facienda copia fuit, sicut ipse plurium in unum confero inuenta, ubicumque ingenio non erit locus curae testimonium meruisse contentus.
2. Nec diu nos moretur quaestio quae rhetorices origo sit. Nam cui dubium est quin sermonem ab ipsa rerum natura geniti protinus homines acceperint (quod certe principium est eius rei), huic studium et incrementum dederit utilitas, summam ratio et exercitatio? Nec uideo quare curam dicendi **2** putent quidam inde coepisse, quod ii qui in discrimen aliquod uocabantur accuratius loqui defendendi sui gratia instituerint. Haec enim ut honestior causa, ita non utique prior est, cum praesertim accusatio praecedat defensionem, nisi quis dicet etiam gladium fabricatum ab eo prius qui ferrum in tutelam sui quam qui in perniciem alterius compararit. Initium ergo dicendi dedit natura, initium artis **3** obseruatio. Homines enim sicut in medicina, cum uiderent alia salubria, alia insalubria, ex obseruatione eorum effecerunt artem, ita cum in dicendo alia utilia, alia inutilia deprenderent, notarunt ea ad imitandum uitandumque, et quaedam secundum rationem eorum adiecerunt ipsi quoque: haec confirmata sunt usu. Tum quae sciebat quisque docuit. Cicero quidem initium orandi conditoribus urbium ac legum **4** latoribus dedit, in quibus fuisse uim dicendi necesse est: cur tamen hanc primam originem putet non uideo, cum sint adhuc quaedam uagae et sine urbibus ac sine legibus gentes, et tamen qui sunt in iis nati et legationibus fungantur et accusent aliqua atque defendant et denique alium alio melius loqui credant.
3. Omnis autem orandi ratio, ut plurimi maximique auctores tradiderunt, quinque partibus constat: inuentione,

15–18 initium[1] . . . artem *exscripsit 'Cassiodorus' p. 501. 28–30*
22 *inu. 1. 2–3 et de orat. 1. 33*

AB]   4 QVOD INITIVM RHETORICES Nec *AB*   6 acceperunt *A*
13 dicit *B*   16 sicut *B*, 'Cass.': sicuti *A*   20 ipso *A*
21 tum *A*: cum *B*   24 primum *A*   putem *A*   29 QVAE PARTES Omnis *AB*

133

3. 3. 2

dispositione, elocutione, memoria, pronuntiatione siue actione (utroque enim modo dicitur). Omnis uero sermo, quo quidem uoluntas aliqua enuntiatur, habeat necesse est rem **2** et uerba. Ac si est breuis et una conclusione finitus, nihil fortasse ultra desideret: at oratio longior plura exigit. Non enim tantum refert quid et quo modo dicamus, sed etiam quo loco: opus ergo est et dispositione. Sed neque omnia quae res postulat dicere neque suo quaeque loco poterimus nisi adiuuante memoria, quapropter ea quoque pars quarta **3** erit. Verum haec cuncta corrumpit ac propemodum perdit indecora uel uoce uel gestu pronuntiatio: huic quoque igitur tribuendus est necessario quintus locus.

4 Nec audiendi quidam, quorum est Albucius, qui tris modo primas esse partis uolunt quoniam memoria atque actio natura, non arte contingant: quarum nos praecepta suo loco dabimus; licet Thrasymachus quoque idem de actione credi- **5** derit. His adiecerunt quidam sextam partem, ita ut inuentioni iudicium subnecterent, quia primum esset inuenire, deinde iudicare. Ego porro ne inuenisse quidem credo eum qui non iudicauit; neque enim contraria communia stulta **6** inuenisse dicitur quisquam, sed non uitasse. Et Cicero quidem in rhetoricis iudicium subiecit inuentioni: mihi autem adeo tribus primis partibus uidetur esse permixtum (nam neque dispositio sine eo neque elocutio fuerit) ut pronuntiationem quoque uel plurimum ex eo mutuari putem. **7** Quod hoc audacius dixerim quod in Partitionibus Oratoriis ad easdem de quibus supra dictum est quinque peruenit partes. Nam cum dupliciter primum diuisisset in inuentionem atque elocutionem, res ac dispositionem inuentioni, uerba et pronuntiationem elocutioni dedit, quintamque constituit

16 *frg. 19 AS* 21 *errat, ut uidetur, noster: sed cf. e.g. orat. 44* 26 *3*

AB] 6 enim tantum *B* (*cf.* § *10*): *inu. ord. A* 7 et *om. A* 13 albutius *AB* 14 quoniam *A*: quia *B* 15 contingat *B* (*prob. Adamietz*) 20 iudicabit *A*: -rit *Spalding* 26 quod[1] *B*: quo *A* 30 quintamque *B*: quintam quoque *A* (*non male*)

INSTITVTIO ORATORIA 3. 3. 13

communem ac uelut custodem omnium memoriam; idem in Oratore quinque rebus constare eloquentiam dicit: in quibus postea scriptis certior eius sententia est. Non minus mihi **8** cupidi nouitatis alicuius uidentur fuisse qui adiecerunt ordinem cum dispositionem dixissent, quasi aliud sit dispositio quam rerum ordine quam optimo conlocatio. Dion inuentionem modo et dispositionem tradidit, sed utramque duplicem rerum et uerborum, ut sit elocutio inuentionis, pronuntiatio dispositionis, his quinta pars memoriae accedat. Theodorei fere inuentionem duplicem rerum atque elocutionis, deinde tris ceteras partes. Hermagoras iudicium **9** partitionem ordinem quaeque sunt elocutionis subicit oeconomiae, quae Graece appellata ex cura rerum domesticarum et hic per abusionem posita nomine Latino caret.

Est et circa hoc quaestio, quod memoriam in ordine par- **10** tium quidam inuentioni, quidam dispositioni subiunxerunt: nobis quartus eius locus maxime placet. Non enim tantum inuenta tenere ut disponamus, nec disposita ut eloquamur, sed etiam uerbis formata memoriae mandare debemus; hac enim omnia quaecumque in orationem conlata sunt continentur.

Fuerunt etiam in hac opinione non pauci, ut has non **11** rhetorices partis esse existimarent, sed opera oratoris; eius enim esse inuenire disponere eloqui et cetera. Quod si accipimus, nihil arti relinquemus. Nam bene dicere est oratoris, **12** rhetorice tamen erit bene dicendi scientia: uel (ut alii putant) artificis est persuadere, uis autem persuadendi artis. Ita inuenire quidem et disponere oratoris, inuentio autem et dispositio rhetorices propria uideri potest. In eo plures dissen- **13** serunt, utrumne hae partes essent rhetorices an eiusdem opera an, ut Athenaeus credit, elementa, quae uocant

2 *43, 54–5*   11 *frg. 1 Matthes*

AB]   1–2 in ⟨libris de⟩ oratore *Spalding* (*cf. de orat. 1. 142*): **at illud** quibus **ad part. orat. atque orat. referas**   9 memoria *A* (*at cf. 3. 5. 1*)   20 conlata *B*: collocata *A*   25 relin*quimus A* 26 rhetorices *Vat. lat. 1766* (-icae iam *E*)

3. 3. 14   M. FABI QVINTILIANI

στοιχεῖα. Sed neque elementa recte quis dixerit: alioqui tantum initia erunt, ut mundi uel umor uel ignis uel materia uel corpora insecabilia; nec operum recte nomen accipient quae non ab aliis perficiuntur, sed aliud ipsa perficiunt; partes 14 igitur. Nam cum sit ex his rhetorice, fieri non potest ut, cum totum ex partibus constet, non sint partes totius ex quibus constat. Videntur autem mihi qui haec opera dixerunt eo quoque moti, quod in alia rursus diuisione nollent in idem nomen incidere; partes enim rhetorices esse dicebant laudatiuam deliberatiuam iudicialem. Quae si partes sunt, 15 materiae sunt potius quam artis. Namque in his singulis rhetorice tota est, quia et inuentionem et dispositionem et elocutionem et memoriam et pronuntiationem quaecumque earum desiderat. Itaque quidam genera tria rhetorices dicere maluerunt, optime autem ii quos secutus est Cicero, genera causarum.

4. Sed tria an plura sint ambigitur. Nec dubie prope omnes utique summae apud antiquos auctoritatis scriptores Aristotelen secuti, qui nomine tantum alio contionalem pro deli- 2 beratiua appellat, hac partitione contenti fuerunt. Verum et tum leuiter est temptatum, cum apud Graecos quosdam tum apud Ciceronem in libris de Oratore, et nunc maximo temporum nostrorum auctore prope inpulsum, ut non modo 3 plura haec genera sed paene innumerabilia uideantur. Nam si laudandi ac uituperandi officium in parte tertia ponimus, in quo genere uersari uidebimur cum querimur consolamur mitigamus concitamus terremus confirmamus praecipimus, obscure dicta interpretamur, narramus deprecamur, gratias agimus, gratulamur obiurgamus maledicimus describimus mandamus renuntiamus optamus opinamur, plurima alia? 4 Vt mihi in illa uetere persuasione permanenti uelut petenda

---

15 *e.g. inu. I. 12*   22 *2. 43 seq.*

AB] 5 cum² *om.* B   12 et dispositionem *om.* A   17 QVAE GENERA CAVSARVM Sed AB   19 tantum AB (*cf.* 2. 15. 14): tamen *1418*   contionalem A (*i.e.* δημηγορικόν: *u. Adamietz*): continualem B   22 ⟨a⟩ maximo *Faber p. 19*

INSTITVTIO ORATORIA   3. 4. 11

sit uenia, quaerendumque quo moti priores rem tam late fusam tam breuiter adstrinxerint. Quos qui errasse putant, hoc secutos arbitrantur, quod in his fere uersari tum oratores uidebant; nam et laudes ac uituperationes scribebantur, et 5 ἐπιταφίους dicere erat moris, et plurimum in consiliis ac iudiciis insumebatur operae, ut scriptores artium pro solis comprenderint frequentissima. Qui uero defendunt, tria 6 faciunt genera auditorum: unum quod ad delectationem conueniat, alterum quod consilium accipiat, tertium quod de causis iudicet. Mihi cuncta rimanti et talis quaedam ratio succurrit, quod omne orationis officium aut in iudiciis est aut extra iudicia. Eorum de quibus iudicio quaeritur mani- 7 festum est genus: ea quae ad iudicem non ueniunt aut praeteritum habent tempus aut futurum: praeterita laudamus aut uituperamus, de futuris deliberamus. Item omnia de 8 quibus dicendum est aut certa sint necesse est aut dubia. Certa ut cuique est animus laudat aut culpat; ex dubiis partim nobis ipsis ad electionem sunt libera: de his deliberatur; partim aliorum sententiae commissa: de his lite contenditur.
    Anaximenes iudicialem et contionalem generalis partes 9 esse uoluit, septem autem species: hortandi dehortandi laudandi uituperandi accusandi defendendi exquirendi (quod ἐξεταστικόν dicit): quarum duae primae deliberatiui, duae sequentes demonstratiui, tres ultimae iudicialis generis sunt partes. Protagoran transeo, qui interrogandi respondendi 10 mandandi precandi (quod εὐχωλήν dixit) partes solas putat. Plato in Sophiste iudiciali et contionali tertiam adiecit προσομιλητικήν, quam sane permittamus nobis dicere sermocinatricem: quae a forensi ratione diiungitur et est accommodata priuatis disputationibus, cuius uis eadem profecto est quae dialecticae. Isocrates in omni genere inesse laudem 11 ac uituperationem existimauit.

   20 *frg. 9 AS*   25 *frg. 12 AS*   27 *222 c*   31 *frg. 37 AS*

AB]   11 oratoris *E*   20 et *om. B*: *tertiam partem excidisse credidit Victorius (in capitibus praemissis)*: *de hac re u. Adamietz*
31 dialectices *Meister*   isocratis *B*   inesse *B*: esse *A*

137

12 Nobis et tutissimum est auctores plurimos sequi et ita uidetur ratio dictare. Est igitur, ut dixi, unum genus, quo laus ac uituperatio continetur, sed est appellatum a parte meliore laudatiuum: idem alii demonstratiuum uocant. Vtrumque nomen ex Graeco creditur fluxisse; nam ἐγκωμιαστικόν
13 aut ἐπιδεικτικόν dicunt. Sed mihi ἐπιδεικτικόν non tam demonstrationis uim habere quam ostentationis uidetur et multum ab illo ἐγκωμιαστικῷ differre; nam ut continet laudatiuum in se genus, ita non intra hoc solum consistit.
14 An quisquam negauerit panegyricos ἐπιδεικτικούς esse? Atqui formam suadendi habent et plerumque de utilitatibus Graeciae locuntur: ut causarum quidem genera tria sint, sed ea tum in negotiis, tum in ostentatione posita. Nisi forte non ex Graeco mutantes demonstratiuum uocant, uerum id secuntur, quod laus ac uituperatio quale sit quidque demon-
15 strat. Alterum est deliberatiuum, tertium iudiciale. Ceterae species in haec tria incident genera: nec inuenietur ex his ulla in qua non laudare aut uituperare, suadere aut dissuadere, intendere quid uel depellere debeamus. Illa quoque sunt communia, conciliare narrare docere augere minuere, concitandis componendisue adfectibus animos audientium fin-
16 gere. Ne iis quidem accesserim, qui laudatiuam materiam honestorum, deliberatiuam utilium, iudicialem iustorum quaestione contineri putant, celeri magis ac rutunda usi distributione quam uera. Stant enim quodam modo mutuis auxiliis omnia; nam et in laude iustitia utilitasque tractatur et in consiliis honestas, et raro iudicialem inueneris causam in cuius non parte aliquid eorum quae supra diximus reperiatur.

5. Omnis autem oratio constat aut ex iis quae significantur

AB]   11 pleraque A   14 mutuantes *ed. Ald.*   18 quam A   aut[1] B: ac A   aut[2] AB: ac T   27 honesta B   28 parte non aliquid *H. Meyer (at cf. 12. 2. 15)*   30 QVIBVS CONTINEATVR OMNIS RATIO DICENDI Omnis AB   30–p. 139, l. 1 aut ex ... aut ex AB: ex ... et ex *Kiderlin 1886, nimis audacter (sed mira locutio est), consentiente Patr.*

aut ex iis quae significant, id est rebus et uerbis. Facultas orandi consummatur natura arte exercitatione, cui partem quartam adiciunt quidam imitationis, quam nos arti subicimus. Tria sunt item quae praestare debeat orator, ut doceat **2**
5 moueat delectet. Haec enim clarior diuisio quam eorum qui totum opus in res et in adfectus partiuntur. Non semper autem omnia in eam quae tractabitur materiam cadent. Erunt enim quaedam remotae ab adfectibus, qui ut non ubique habent locum, ita quocumque inruperunt plurimum
10 ualent. Praestantissimis auctoribus placet alia in rhetorice **3** esse quae probationem desiderent, alia quae non desiderent, cum quibus ipse consentio. Quidam uero, ut Celsus, de nulla re dicturum oratorem nisi de qua quaeratur existimant: cui cum maxima pars scriptorum repugnat, tum etiam ipsa
15 partitio, nisi forte laudare quae constet esse honesta et uituperare quae ex confesso sint turpia non est oratoris officium.

Illud iam omnes fatentur, esse quaestiones aut in scripto **4** aut in non scripto. In scripto sunt de iure, in non scripto de
20 re: illud rationale, hoc legale genus Hermagoras atque eum secuti uocant, id est νομικόν et λογικόν. Idem sentiunt qui **5** omnem quaestionem ponunt in rebus et uerbis.

Item conuenit quaestiones esse aut infinitas aut finitas. Infinitae sunt quae remotis personis et temporibus et locis
25 ceterisque similibus in utramque partem tractantur, quod Graeci θέσιν dicunt, Cicero propositum, alii quaestiones uniuersales ciuiles, alii quaestiones philosopho conuenientis,

---

1–6 facultas . . . partiuntur *exscripsit* 'Cassiodorus' *p. 501. 31–5*
12 *frg. rhet. 3 Marx*   20 *frg. 12a Matthes*   26 *e.g. top. 79*

AB]   4 debet 'Cass.' (*at cf. 3. 6. 12*)   5 eorum *A*, 'Cass.':
om. *B*   7 cadunt *B*   8 ut non *B*: non ut *A*   13 existiman*t* *A*: -mat *B*   18–19 aut . . . aut *B*: in scripto et *A*
19 sunt *om. A*   20 rationale . . . legale *AB*: legale . . . rationale
p*, fort. recte (cf. 3. 6. 55, et obs. ordinem uerborum quae hic secuntur:
νομικόν . . . λογικόν)   26 ΘЄCIC *B*

6 Athenaeus partem causae appellat. Hoc genus Cicero scientia et actione distinguit, ut sit scientiae 'an prouidentia mundus regatur', actionis 'an accedendum ad rem publicam administrandam'. Prius trium generum, 'an sit', 'quid sit', 'quale sit': omnia enim haec ignorari possunt; sequens duorum, 'quo modo adipiscamur', 'quo modo utamur'.
7 Finitae autem sunt ex complexu rerum personarum temporum ceterorumque: hae ὑποθέσεις a Graecis dicuntur, causae a nostris. In his omnis quaestio uidetur circa res per-
8 sonasque consistere. Amplior est semper infinita, inde enim finita descendit. Quod ut exemplo pateat, infinita est: 'an uxor ducenda', finita: 'an Catoni ducenda' ideoque esse suasoria potest. Sed etiam remotae a personis propriis ad aliquid referri solent. Est enim simplex: 'an res publica administranda'; refertur ad aliquid: 'an in tyrannide ad-
9 ministranda'. Sed hic quoque subest uelut latens persona tyrannus enim geminat quaestionem), subestque et temporis et qualitatis tacita uis: nondum tamen hoc proprie dixeris causam. Hae autem quas infinitas uoco et generales appellantur: quod si est uerum, finitae speciales erunt. In omni autem
10 speciali utique inest generalis, ut quae sit prior. Ac nescio an in causis quoque quidquid in quaestionem uenit qualitatis generale sit. Milo Clodium occidit, iure occidit insidiatorem: nonne hoc quaeritur, an sit ius insidiatorem occidendi? Quid in coniecturis? non illa generalia: 'an causa sceleris odium, cupiditas', 'an tormentis credendum', 'testibus an argumentis maior fides habenda'? Nam finitione quidem
11 comprendi nihil non in uniuersum certum erit. Quidam putant etiam eas θέσεις posse aliquando nominari quae personis causisque contineantur, aliter tantummodo positas, ut causa sit cum Orestes accusatur, thesis an Orestes recte sit absolutus: cuius generis est: 'an Cato recte Marciam

1 *part. orat.* 62

AB]   4 prius *B*: primum *A*   6 apiscamur *B*   8 hae *B*: quae *A*   15 in *om. A*   16–17 tyrannis *P* (*at* tyrannus *est illud* persona)

INSTITVTIO ORATORIA 3. 5. 16

Hortensio tradiderit'. Hi θέσιν a causa sic distingunt ut illa sit spectatiuae partis, haec actiuae: illic enim ueritatis tantum gratia disputari, hic negotium agi.

Quamquam inutiles quidam orationi putant uniuersales **12** quaestiones, quia nihil prosit quod constet ducendam esse uxorem uel administrandam rem publicam si quis uel aetate uel ualetudine impediatur. Sed non omnibus eius modi quaestionibus sic occurri potest, ut illis: 'sitne uirtus finis', 'regaturne prouidentia mundus'. Quin etiam in iis quae ad **13** personam referuntur, ut non est satis generalem tractasse quaestionem, ita perueniri ad speciem nisi illa prius excussa non potest. Nam quo modo an sibi uxor ducenda sit deliberabit Cato nisi constiterit uxores esse ducendas? Et quo modo an ducere debeat Marciam quaeretur nisi Catoni ducenda uxor est? Sunt tamen inscripti nomine Hermagorae libri qui **14** confirment illam opinionem, siue falsus est titulus siue alius hic Hermagoras fuit. Nam eiusdem esse quo modo possunt, qui de hac arte mirabiliter multa composuit, cum, sicut ex Ciceronis quoque rhetorico primo manifestum est, materiam rhetorices in thesis et causas diuiserit? Quod reprehendit Cicero ac thesin nihil ad oratorem pertinere contendit totumque hoc genus quaestionis ad philosophos refert. Sed **15** me liberauit respondendi uerecundia et quod ipse hos libros improbat, et quod in Oratore atque iis quos de Oratore scripsit et Topicis praecipit ut a propriis personis atque temporibus auocemus controuersiam quia latius dicere liceat de genere quam de specie, et quod in uniuerso probatum sit in parte probatum esse necesse sit.

Status autem in hoc omne genus materiae idem qui in **16** causas cadunt. Adhuc adicitur alias esse quaestiones in rebus ipsis, alias quae ad aliquid referantur, illud: 'an uxor

19 *inu. 1. 8*   24 *orat. 45 : de orat. 2. 133 seq., 3. 120*   25 *top. 79 seq.* (?)

AB]   4 oratori *Regius*   7 eius modi *A*: eiusdem *B*
8 illi* *A*   finis *B*: fides *A*   10 referunt *B*   16 confirmant *A*   24 his *AB*   27 ⟨id⟩ in² *P* (*ex Cic. orat. 45*)

141

ducenda', hoc: 'an seni ducenda'; illud: 'an fortis', hoc: 'an fortior', et similia.

17 Causam finit Apollodorus, ut interpretatione Valgi discipuli eius utar, ita: 'causa est negotium omnibus suis partibus spectans ad quaestionem', aut: 'causa est negotium cuius finis est controuersia.' Ipsum deinde negotium sic finit: 'negotium est congregatio personarum locorum temporum causarum modorum casuum factorum instrumentorum sermonum 18 scriptorum et non scriptorum'. Causam nunc intellegamus ὑπόθεσιν, negotium περίστασιν. Sed et ipsam causam quidam similiter finierunt ut Apollodorus negotium. Isocrates autem causam esse ait quaestionem finitam ciuilem aut rem controuersam in personarum finitarum complexu, Cicero his uerbis: 'causa certis personis locis temporibus actionibus negotiis cernitur, aut in omnibus aut in plerisque eorum'.

6. Ergo cum omnis causa contineatur aliquo statu, prius quam dicere adgredior quo modo genus quodque causae sit tractandum, id quod est commune omnibus, quid sit status et unde ducatur et quot et qui sint intuendum puto. Quamquam id nonnulli ad iudiciales tantum pertinere materias putauerunt, quorum inscitiam, cum omnia tria genera fuero 2 executus, res ipsa deprendet. Quod nos statum, id quidam constitutionem uocant, alii quaestionem, alii quod ex quaestione appareat, Theodorus caput [id est κεφάλαιον γενικώτατον] ad quod referantur omnia, quorum diuersa appellatio, uis eadem est, nec interest discentium quibus quid- 3 que nominibus appelletur dum res ipsa manifesta sit. Statum Graeci στάσιν uocant, quod nomen non primum ab Hermagora traditum putant, sed alii a Naucrate Isocratis discipulo,

11 *Isoc. frg. 39 AS*   14 *top. 80*   28–9 *frg. 9 Matthes*
29 *Naucrates frg. 3 AS*

AB]   6 sic *A*: si *B*   10 et *om. B*   12 autem *om. B*
quaestione *B*   13 controuersam *t*: -siam *AB* (*unde* rerum *A*)
16 QVID SIT STATVS Ergo *AB*   19 quot *A*: quod *B*   24–5 id est κεφάλαιον γενικώτατον *del. Radermacher*: *post* omnia *posuerat Kiderlin 1888-1*   28 non *AB*: *om. E*: nonnulli *Radermacher* (*at u. Adamietz*)
29 a Naucrate *Halm* (ab N. *iam Philander*): ab eucrate *AB*   socratis *B*

alii a Zopyro Clazomenio: quamquam uidetur Aeschines quoque in oratione contra Ctesiphontem uti hoc uerbo, cum a iudicibus petit ne Demostheni permittant euagari sed eum dicere de ipso causae statu cogant. Quae appellatio dicitur **4** ducta uel ex eo quod ibi sit primus causae congressus, uel quod in hoc causa consistat. Et nominis quidem haec origo: nunc quid sit. Statum quidam dixerunt primam causarum conflictionem: quos recte sensisse, parum elocutos puto. Non enim est status prima conflictio: 'fecisti', 'non feci', sed **5** quod ex prima conflictione nascitur, id est genus quaestionis: 'fecisti', 'non feci', 'an fecerit': 'hoc fecisti', 'non hoc feci', 'quid fecerit'. Quia ex his apparet illud coniectura, hoc finitione quaerendum atque in eo pars utraque insistit, erit quaestio coniecturalis uel finitiui status. Quid si enim dicat **6** quis: 'sonus est duorum inter se corporum conflictio'? Erret, ut opinor; non enim sonus est conflictio, sed ex conflictione. Et hoc leuius (intellegitur enim utcumque dictum): inde uero ingens male interpretantibus innatus est error, qui, quia primam conflictionem legerant, crediderunt statum semper ex prima quaestione ducendum, quod est uitiosissimum. Nam quaestio nulla non habet utique statum (con- **7** stat enim ex intentione et depulsione), sed aliae sunt propriae causarum de quibus ferenda sententia est, aliae adductae extrinsecus, aliquid tamen ad summam causae conferentes uelut auxilia quaedam: quo fit ut in controuersia una plures quaestiones esse dicantur. Harum porro plerumque **8** leuissima quaeque primo loco fungitur. Namque et illud frequens est, ut ea quibus minus confidimus, cum tractata sunt, omittamus, interim sponte nostra uelut donantes, interim ad ea quae sunt potentiora gradum ex iis fecisse contenti. Simplex autem causa, etiamsi uarie defenditur, non potest **9**

habere plus uno de quo pronuntietur, atque inde erit status causae, quod et orator praecipue sibi optinendum et iudex spectandum maxime intellegit; in hoc enim causa consistet.
10 Ceterum quaestionum possunt esse diuersi. Quod ut breuissimo pateat exemplo, cum dicit reus: 'etiam si feci, recte feci', qualitatis utitur statu; cum adicit: 'sed non feci', coniecturam mouet. Semper autem firmius est non fecisse, ideoque in eo statum esse iudicabo quod dicerem si mihi plus
11 quam unum dicere non liceret. Recte igitur est appellata causarum prima conflictio, non quaestionum. Nam et pro Rabirio Postumo Cicero primam partem orationis in hoc intendit, ut actionem competere in equitem Romanum neget, secunda nullam ad eum pecuniam peruenisse confirmat: statum tamen in eo dicam fuisse quod est potentius.
12 Nec in causa Milonis circa primas quaestiones, quae sunt †ante prohoemium† positae, iudicabo conflixisse causam, sed ubi totis uiribus insidiator Clodius ideoque iure interfectus ostenditur. Et hoc est quod ante omnia constituere in animo suo debeat orator, etiam si pro causa plura dicturus est: quid maxime liquere iudici uelit. Quod tamen ut primum cogitandum, ita non utique primum dicendum erit.
13 Alii statum crediderunt primam eius cum quo ageretur deprecationem. Quam sententiam his uerbis Cicero complectitur: 'in quo primum insistit quasi ad repugnandum congressa defensio'. Vnde rursus alia quaestio, an eum semper is faciat qui respondet. Cui rei praecipue repugnat Cornelius Celsus, dicens non a depulsione sumi, sed ab eo qui propositionem suam confirmet, ut, si hominem occisum reus negat, status ab accusatore nascatur, quia is uelit probare; si iure occisum reus dicit, tralata probationis necessitate

23 *top. 93*   26–7 *frg. rhet. 4 Marx*

AB]   2 obtinendum *A* : opponendum *B*   6 adicit *A* : dicit *B*
11 prima parte *P*   12 in *om. A* (*unde* equiti romano *a*)
13 secundam *a*   16 ante prohoemium *AB* : ante narrationem *uel* post prohoemium, *ut uoluit p in marg., aut scripsit noster aut scribere debuit* (*cf. RLM p. 320. 24 et 4. 2. 25*): tamquam prohoemium *Luenemann*: *alii alia*   22 VNDE DVCATVR Alii *AB*

idem a reo fiat et sit eius intentio. Cui non accedo equidem. **14**
Nam est uero propius quod contra dicitur, nullam esse litem
si is cum quo agatur nihil respondeat, ideoque fieri statum
a respondente. Mea tamen sententia uarium id est et accidit **15**
pro condicione causarum, quia et uideri potest propositio
aliquando statum facere, ut in coniecturalibus causis (utitur
enim coniectura magis qui agit, quo moti quidam eundem
a reo infitialem esse dixerunt) et in syllogismo tota ratiocinatio ab eo est qui intendit. Sed quia uidetur illis quoque **16**
necessitatem hos status exequendi facere qui negat (is enim
si dicat: 'non feci', coget aduersarium coniectura uti, et si
dicat: 'non habes legem', syllogismo), concedamus ex depulsione nasci statum. Nihilo minus enim res eo reuertetur ut
modo is qui agit, modo is cum quo agitur statum faciat. Sit **17**
enim accusatoris intentio: 'hominem occidisti'; si negat reus,
faciat statum qui negat. Quid si confitetur, sed iure a se
adulterum dicit occisum (nempe legem esse certum est quae
permittat)? Nisi aliquid accusator respondet, nulla lis est.
'Non fuit' inquit 'adulter': ergo depulsio incipit esse actoris,
ille statum faciet. Ita erit quidem status ex prima depulsione, sed ea fiet ab accusatore, non a reo. Quid quod eadem **18**
quaestio potest eundem uel accusatorem facere uel reum?
'Qui artem ludicram exercuerit, in quattuordecim primis
ordinibus ne sedeat: qui se praetori in hortis ostenderat
neque erat productus, sedit in quattuordecim ordinibus'.
Nempe intentio est: 'artem ludicram exercuisti', depulsio: **19**
'non exercui artem ludicram', quaestio: 'quid sit artem ludicram exercere'. Si accusabitur theatrali lege, depulsio erit
rei; si excitatus fuerit de spectaculis et aget iniuriarum,
depulsio erit accusatoris. Frequentius tamen illud accidet **20**
quod est a plurimis traditum. Effugerunt has quaestiones
qui dixerunt statum esse id quod appareat ex intentione et
depulsione, ut: 'fecisti'; 'non feci' aut 'recte feci'. Viderimus **21**

AB] 9 illis *B* (*i.e.* 'qui agit ... et ... qui intendit'): illi *A*: illic
Regius 12 habet *B*   29 exercitatus *A*   32–3 et depulsione
om. B

3. 6. 22   M. FABI QVINTILIANI

tamen utrum id sit status an in eo status. Hermagoras statum uocat per quem subiecta res intellegatur et ad quem probationes etiam partium referantur. Nostra opinio semper haec fuit, cum essent frequenter in causa diuersi quaestionum status, in eo credere statum causae quod esset in ea 5 potentissimum et in quo maxime res uerteretur. Id si quis generalem quaestionem uel caput generale dicere malet, cum hoc mihi non erit pugna, non magis quam si aliud adhuc quo idem intellegatur eius rei nomen inuenerit, quamquam tota uolumina in hanc disputationem inpendisse multos sciam: 10 nobis statum dici placet.

22   Sed cum in aliis omnibus inter scriptores summa dissensio est, tum in hoc praecipue uidetur mihi studium quoque diuersa tradendi fuisse: adeo nec qui sit numerus nec quae nomina nec qui generales quiue speciales sint status con- 15
23 uenit. Ac primum Aristoteles elementa decem constituit, circa quae uersari uideatur omnis quaestio: οὐσίαν, quam Plautus essentiam uocat (neque sane aliud est eius nomen Latinum), sed ea quaeritur 'an sit': qualitatem, cuius apertus intellectus est: quantitatem, quae dupliciter a poste- 20 rioribus diuisa est, quam magnum et quam multum sit: ad aliquid, unde ductae tralatio et comparatio: post haec ubi et
24 quando: deinde facere pati habere (quod est quasi armatum esse, uestitum esse): nouissime κεῖσθαι, quod est compositum esse quodam modo, ut iacere stare [irasci]. Sed ex his 25 omnibus prima quattuor ad status pertinere, cetera ad quos-
25 dam locos argumentorum uidentur. Alii nouem elementa posuerunt: personam, in qua de animo, corpore, extra positis quaeratur, quod pertinere ad coniecturae et qualitatis instrumenta uideo: tempus, quod χρόνον uocant, ex quo 30 quaestio an is quem dum addicta est mater peperit seruus

1 *frg. 10a Matthes*   16 *cat.* 1ᵇ 25 *seq.*

AB]   7 mallet *A*   14 qui sit *B*: quis *A*   15 quiue *B*:
uel qui *A*   22 ductae *B*: ducta est *A* (*recte?*)   25 iacere *t*:
calere *A*, *B*¹ (calere facere *B*²)   irasci *AB*: *del. Spalding* (*de hoc loco u. Adamietz*)

INSTITVTIO ORATORIA 3. 6. 30

sit natus: locum, unde controuersia uidetur an fas fuerit tyrannum in templo occidere, an exulauerit qui domi latuit: tempus iterum, quod καιρόν appellant—hanc autem uideri 26 uolunt speciem illius temporis, ut aestatem uel hiemem; huic
5 subicitur ille in pestilentia comisator: actum, id est πρᾶξιν, quod eo referunt, sciens commiserit an insciens, necessitate an casu, et talia: numerum, qui cadit in speciem quantitatis, an Thrasybulo triginta praemia debeantur, qui tot tyrannos sustulerit: causam, cui plurimae subiacent lites, quotiens 27
10 factum non negatur, sed quia iusta ratione sit factum defenditur: τρόπον, cum id, quod alio modo fieri licet, alio dicitur factum; hinc est adulter loris caesus uel fame necatus: occasionem factorum, quod est apertius quam ut uel interpretandum uel exemplo sit demonstrandum; tamen
15 ἀφορμὰς ἔργων uocant. Hi quoque nullam quaestionem extra 28 haec putant. Quidam detrahunt duas partis, numerum et occasionem, et pro illo quem dixi actu subiciunt res, id est πράγματα. Quae ne praeterisse uiderer, satis habui attingere. Ceterum his nec status satis ostendi nec omnis contineri locos
20 credo, quod apparebit diligentius legentibus quae de utraque re dicam; erunt enim plura multo quam quae his elementis comprehenduntur.

Apud plures auctores legi placuisse quibusdam unum 29 omnino statum esse coniecturalem, sed quibus placuerit
25 neque illi tradiderunt neque ego usquam reperire potui. Rationem tamen hanc secuti dicuntur, quod res omnis signis colligeretur. Quo modo licet qualitatis quoque solum statum faciant, quia ubique qualis sit cuiusque rei natura quaeri potest. Sed utrocumque modo sequetur summa confusio.
30 Neque interest unum quis statum faciat an nullum, si omnes 30

30 § 30 → Vt. p. 376. 27–8

AB] 1 locum *P* (*uel p**): locus *AB*   an fas *B*: esse an fas *a in ras.* 6 quod eo *AB*: quo *Kiderlin 1888-1*   8 qui *B*: quia *A* (*non male*)   9 causa *B*   17 quem *aB*: quod *A*[1] (*recte? quo recepto scribes* actum, *ut A uel a*)   25 repperire *A*: reperiri *B*   30 quis *D* (*et alio loco E*): qui *B*: quisque *a in ras. min.*

147

causae sunt condicionis eiusdem. Coniectura dicta est a coniectu, id est derectione quadam rationis ad ueritatem, unde etiam somniorum atque ominum interpretes coniectores uocantur. Appellatum tamen est hoc genus uarie, sicut sequentibus apparebit.

31 Fuerunt qui duos status facerent: Archedemus coniecturalem et finitiuum exclusa qualitate, quia sic de ea quaeri existimabat: 'quid esset inicum', 'quid iniustum', 'quid dicto audientem non esse'. Quod uocat de eodem et alio.

32 Huic diuersa sententia eorum fuit qui duos quidem status esse uoluerunt, sed unum infitialem, alterum iuridicalem. Infitialis est quem dicimus coniecturalem, cui ab infitiando nomen alii in totum dederunt, alii in partem, qui accusa-

33 torem coniectura, reum infitiatione uti putauerunt. Iuridicalis est qui Graece dicitur δικαιολογικός. Sed quem ad modum ab Archedemo qualitas exclusa est, sic ab his repudiata finitio. Nam subiciunt eam iuridicali, quaerendumque arbitrantur iustumne sit sacrilegium appellari quod obicia-

34 tur uel furtum uel amentiam. Qua in opinione Pamphilus fuit, sed qualitatem in plura partitus est. Plurimi deinceps, mutatis tantum nominibus, in rem de qua non constet et in rem de qua constet. Nam est uerum nec aliter fieri potest quam ut aut certum sit factum esse quid aut non sit; si non

35 est certum, coniectura sit, si certum est, reliqui status. Nam idem dicit Apollodorus, cum quaestionem aut in rebus extra positis, quibus coniectura explicatur, aut in nostris opinionibus existimat positam, quorum illud πραγματικόν, hoc περὶ ἐννοίας uocat: idem, qui ἀπρόλημπτον et προλημπτικόν dicunt, id est dubium et praesumptum, quo significatur de quo

6, 16 *SVF 3 Arch. 11*

AB] 2 derectione *Vollmer (ap. Rad.)*: di-*AB*   5 ⟨in⟩ sequentibus *b* (*at cf. e.g. 10. 7. 30*)   6 QVOT ET QVI STATVS Fuerunt *AB*
archiedemus *B*: archiedemus *A*   9 dicti *B*   12 est *om. B*
16 arcaedemo *B*: archiedemo *A*   21–2 non constet ... constet *B*:
constet ... non constet *A*   21 in² *om. B (recte?)*   28 qui *ed.
Vasc. 1542*: quia *B*: que *A*   ΑΠΡΟΛΗΜΤΟΝ *A*: ΑΠΡΟΔΗΤΙ-
ΤΟΝ *B*   29 quo¹ *b*: quod *A*: *om. B*

INSTITVTIO ORATORIA   3. 6. 41

liquet. Idem Theodorus, qui de eo an sit et de accidentibus **36**
ei quod esse constat, id est περὶ οὐσίας καὶ συμβεβηκότων,
existimat quaeri. Nam in his omnibus prius genus coniecturam habet, sequens reliqua. Sed haec reliqua Apollodorus
5 duo uult esse, qualitatem et de nomine, id est finitiuam:
Theodorus, quid, quale, quantum, ad aliquid. Sunt et qui de **37**
eodem et de alio modo qualitatem esse, modo finitionem
uelint. In duo et Posidonius diuidit, uocem et res. In uoce
quaeri putat an significet, quid, quam multa, quo modo:
10 rebus coniecturam, quod κατ' αἴσθησιν uocat, et qualitatem
et finitionem, cui nomen dat κατ' ἔννοιαν, et ad aliquid.
Vnde et illa diuisio est, alia esse scripta, alia inscripta. Celsus **38**
Cornelius duos et ipse fecit status generales: an sit, quale
sit. Priori subiecit finitionem, quia aeque quaeratur an sit
15 sacrilegus qui nihil se sustulisse de templo dicit et qui priuatam pecuniam confitetur sustulisse. Qualitatem in rem et
scriptum diuidit. Scripto quattuor partes legales exclusa
tralatione, quantitatem et mentis quaestionem coniecturae
subiecit. Est etiam illa in duos diuidendi status ratio, quae **39**
20 docet aut de substantia controuersiam esse aut de qualitate,
ipsam porro qualitatem aut in summo genere consistere aut
in succedentibus. De substantia est coniectura; quaestio **40**
enim tractatur rei, an facta sit, an fiat, an futura sit, interdum etiam mentis: idque melius quam quod iis placuit qui
25 statum eundem facti nominauerunt, tamquam de praeterito
tantum et tantum de facto quaereretur. Pars qualitatis quae **41**
est de summo genere raro in iudicium uenit, quale est 'idne sit
honestum quod uulgo laudatur'. Succedentium autem aliae
de communi appellatione, ut 'sitne sacrilegus qui pecuniam

8 *p. 232 Bake*   12 *frg. rhet. 5 Marx*

AB]   1 idem *A* : item *B*   2 CYMBEBHKOCIN *A (part. in ras.)*   5 finitiuam *AB* (*sc.* στάσιν, *ut uid.*) : finitionem *Spalding*
6 et qui *A* : qui et *B*   12 inscriptam *ut uid. B*   15 dicet *A*   19 sub-
icit *J* (*ut coni. Spalding*)   illa *A* : alia *B*   26 tantum de facto]
i.e. exclusa mentis quaestione   28 succedentium *B*   alia *A* : *sed
neutrum ualde placet, eo minus quod* aut *sequitur p. 150, l. 1*

3. 6. 42   M. FABI QVINTILIANI

priuatam ex templo furatus est', aut de re denominata, ubi et factum esse certum est nec dubitatur quid sit quod factum est. Cui subiacent omnes de honestis iustis utilibus
42 quaestiones. His etiam ceteri status contineri dicuntur, quia et quantitas modo ad coniecturam referatur, ut: 'maiorne sol quam terra', modo ad qualitatem: 'quanta poena quempiam quantoue praemio sit adfici iustum', et tralatio uerse-
43 tur circa qualitatem et definitio pars sit tralationis, quin et contrariae leges et ratiocinatiuus status, id est syllogismos, et plerumque scripti et uoluntatis aequo nitantur, nisi quod hic tertius aliquando coniecturam accipit: 'quid senserit legis constitutor', ambiguitatem uero semper coniectura explicari necesse sit, quia, cum sit manifestum uerborum intellectum esse duplicem, de sola quaeritur uoluntate.
44 A plurimis tres sunt facti generales status, quibus et Cicero in Oratore utitur et omnia quae aut in controuersiam aut in contentionem ueniant contineri putat: sitne, quid sit, quale sit. Quorum nomina apertiora sunt quam ut dicenda
45 sint. Idem Iatrocles sentit. Tres fecit et M. Antonius his quidem uerbis: 'paucae res sunt quibus ex rebus omnes orationes nascuntur, factum non factum, ius iniuria, bonum malum'. Sed quoniam quod iure dicimur fecisse non hunc solum intellectum habet, ut lege, sed illum quoque, ut iuste fecisse uideamur, secuti Antonium apertius uoluerunt eosdem status distinguere, itaque dixerunt coniecturalem,
46 legalem, iuridicalem: qui et Verginio placent. Horum deinde fecerunt species, ita ut legali subicerent finitionem et alios qui ex scripto ducuntur, legum contrariarum, quae antinomia dicitur, et scripti et sententiae uel uoluntatis, id est κατὰ ῥητὸν καὶ διάνοιαν, et μετάληψιν, quam nos uarie tralatiuam, transumptiuam, transpositiuam uocamus, συλλογισμόν, quem accipimus ratiocinatiuum uel collectiuum,

16 45

AB]   18 docenda *p** (*cf. 3. 8. 26*)   19 patrocles *A* (*cf. 2. 15. 16*)
27 subiecerent *B*   32 accepimus *AB*: *corr. t*

ambiguitatis, quae ἀμφιβολία nominatur: quos posui quia et ipsi a plerisque status appellantur, cum quibusdam legales potius quaestiones eas dici placuerit.

Quattuor fecit Athenaeus, προτρεπτικὴν στάσιν uel παρ- **47** ορμητικήν, id est exhortatiuum, qui suasoriae est proprius, συντελικήν, qua coniecturam significari magis ex his quae secuntur quam ex ipso nomine apparet, ὑπαλλακτικήν (ea finitio est, mutatione enim nominis constat), iuridicalem, eadem appellatione Graeca qua ceteri usus; nam est, ut dixi, multa in nominibus differentia. Sunt qui ὑπαλλακτικήν trala- **48** tionem esse existiment, secuti hanc mutationis significationem. Fecerunt alii totidem status, sed alios, an sit, quid sit, quale sit, quantum sit, ut Caecilius et Theon. Aristoteles **49** in rhetoricis an sit, quale, quantum et quam multum sit quaerendum putat. Quodam tamen loco finitionis quoque uim intellegit, quo dicit quaedam sic defendi: 'sustuli, sed non furtum feci', 'percussi, sed non iniuriam feci'. Posuerat **50** et Cicero in libris rhetoricis facti, nominis, generis, actionis, ut in facto coniectura, in nomine finitio, in genere qualitas, in actione ius intellegeretur: iuri subiecerat tralationem. Verum hic legales quoque quaestiones alio loco tractat ut species actionis.

Fuerunt qui facerent quinque: coniecturam, finitionem, **51** qualitatem, quantitatem, ad aliquid. Theodorus quoque, ut dixi, isdem generalibus capitibus utitur: an sit, quid sit, quale sit, quantum sit, ad aliquid. Hoc ultimum maxime in comparatiuo genere uersari putat, quoniam melius ac peius, maius et minus nisi alio relata non intelleguntur; sed **52** in illas quoque tralatiuas, ut supra significaui, quaestiones

13 *Caec. frg. 6 Ofenloch* 13–14 *Arist. rhet. 1416a6, 1417b21*
15 *ibid. 1374a2* 18 *inu. 1. 10* 21 *locus incertus (u. Adamietz)*

AB] 2 cum *om. B* 7 ΥΠΑΛΛΑ*ΚΗΝ *A* 11 existimant *A* 14 in rhetoricis *B*: in rhetoricis etiam sic (si *Buttmann ap. Spalding*) omne opus diuidit in ueritatem et petenda ac fugienda quod est suasoriae et de eodem atque alio partiendo tamen ad haec peruenit *A*: *glossam cognouit Capperonnier* 17 non furtum *B*: furtum non *A* 27 putant *A*

151

incidit: 'an huic ius agendi sit' uel 'facere aliquid conueniat', 'an contra hunc', 'an hoc tempore', 'an sic'. Omnia enim ista 53 referri ad aliquid necesse est. Alii sex status putant: coniecturam, quam γένεσιν uocant, et qualitatem et proprietatem, id est ἰδιότητα, quo uerbo finitio ostenditur, et quantitatem, quam ἀξίαν dicunt, et comparationem et tralationem, cuius adhuc nouum nomen inuentum est μετάστασις, nouum tamquam in statu, alioqui ab Hermagora inter species iuridicalis 54 usitatum. Aliis septem esse placuit, a quibus nec tralatio nec quantitas nec comparatio recepta est, sed in horum trium locum subditae quattuor legales adiectaeque tribus illis 55 rationalibus. Alii peruenerunt usque ad octo tralatione ad septem superiores adiecta. A quibusdam deinde diuisa ratio est, ut status rationales appellarent, quaestiones, quem ad modum supra dixi, legales, in illis de re, in his de scripto quaereretur. Quidam in diuersum hos status esse, illas quae- 56 stiones maluerunt. Sed alii rationales tres putauerunt, an sit, quid sit, quale sit, Hermagoras solus quattuor, coniecturam, proprietatem, tralationem, qualitatem, quam per accidentia, id est κατὰ συμβεβηκός, uocat hac interpretatione: 'an illi accidat uiro bono esse uel malo'. Hanc ita diuidit: de adpetendis et fugiendis, quae est pars deliberatiua; de persona 57 (ea ostenditur laudatiua); negotialem (πραγματικήν uocat), in qua de rebus ipsis quaeritur remoto personarum complexu, ut 'sitne liber qui est in adsertione', 'an diuitiae superbiam pariant', 'an iustum quid, an bonum sit'; iuridicalem, in qua fere eadem, sed certis destinatisque personis quaeran- 58 tur: 'an ille iuste hoc fecerit uel bene'. Nec me fallit in primo

8, 18 (et p. 153. 8, 12) *frg. 13b Matthes*

AB] 1 incidit *Capperonnier*: -dunt *AB* 7 adhuc *A*: ab hoc *B*
ΜΕΤΑCΙC *B* 7–8 tamquam *AB*: inquam *Regius* (*quod uix nostro conuenit*) 9–10 nec quantitas *B*: nec qualitas *a* (*om. A*[1])
12 rationibus *B* 14 ut *B*: et *A* appellarunt *A* 15 in illis *B*: ut in illis *A* 19 accedentia *B*: accidens *Kiderlin 1888-1* (*p. 492 adn. 3*): accidentiam *1418* 20 συμβεβηκότα *ed. Vasc. 1542* 23 negotialem *A*: negotialem quam *B* (*u. Radermacher*)

Ciceronis rhetorico aliam esse loci negotialis interpretationem, cum ita scriptum sit: 'negotialis est in qua quid iuris ex ciuili more et aequitate sit consideratur: cui diligentiae praeesse apud nos iure consulti existimantur'. Sed quod ipsius de his libris iudicium fuerit supra dixi. Sunt enim uelut regestae in hos commentarios quos adulescens deduxerat scholae, et si qua est in his culpa, tradentis est, siue eum mouit quod Hermagoras prima in hoc loco posuit exempla ex quaestionibus iuris, siue quod Graeci πραγματικούς uocant iuris interpretes. Sed Cicero quidem his pulcherrimos illos de Oratore substituit, ideoque culpari tamquam falsa praecipiat non potest. Nos ad Hermagoran. Tralationem hic primus omnium tradidit, quamquam semina eius quaedam citra nomen ipsum apud Aristotelen reperiuntur. Legales autem quaestiones has fecit: scripti et uoluntatis (quam ipse uocat κατὰ ῥητὸν καὶ ὑπεξαίρεσιν, id est dictum et exceptionem: quorum prius ei cum omnibus commune est, exceptionis nomen minus usitatum), ratiocinatiuum, ambiguitatis, legum contrariarum. Albucius eadem diuisione usus detrahit tralationem, subiciens eam iuridicali. In legalibus quoque quaestionibus nullum putat esse qui dicatur ratiocinatiuus. Scio plura inuenturos adhuc qui legere antiquos studiosius uolent, sed ne haec quoque excesserint modum uereor.

Ipse me paulum in alia quam prius habuerim opinione nunc esse confiteor. Et fortasse tutissimum erat famae modo studenti nihil ex eo mutare quod multis annis non sensissem modo uerum etiam adprobassem. Sed non sustineo esse conscius mihi dissimulati, in eo praesertim opere quod ad bonorum iuuenum aliquam utilitatem componimus, in ulla parte iudicii mei. Nam et Hippocrates clarus arte medicinae

1 *inu. 1. 14*   14 *rhet. 1416a 28*

AB]   4 iur*is A*   6 regestae *B*: res gestae *A*   7 schola *B*   qua est *A*: quasi *B*   9 iuris *om. B*   17 ei *B*: et *A*
23 hae *B*

uidetur honestissime fecisse quod quosdam errores suos, ne posteri errarent, confessus est, et M. Tullius non dubitauit aliquos iam editos libros aliis postea scriptis ipse damnare, sicut Catulum atque Lucullum et hos ipsos de quibus modo sum locutus, artis rhetoricae. Etenim superuacuus foret in studiis longior labor si nihil liceret melius inuenire praeteritis. Neque tamen quicquam ex iis quae tum praecepi superuacuum fuit; ad easdem enim particulas haec quoque quae nunc praecipiam reuertentur. Ita neminem didicisse paeniteat: colligere tantum eadem ac disponere paulo significantius conor. Omnibus autem satis factum uolo non me hoc serius demonstrare aliis quam mihi ipse persuaserim. Secundum plurimos auctores seruabam tris rationales status: coniecturam, qualitatem, finitionem, unum legalem. Hi mihi status generales erant. Legalem in quinque species partiebar: scripti et uoluntatis, legum contrariarum, collectiuum, ambiguitatis, tralationis. Nunc quartum ex generalibus intellego posse remoueri; sufficit enim prima diuisio, qua diximus alios rationales, alios legales esse: ita non erit status, sed quaestionum genus; alioqui et rationalis status esset. Ex iis etiam quos speciales uocabam remoui tralationem, frequenter quidem (sicut omnes qui me secuti sunt meminisse possunt) testatus, et in ipsis etiam illis sermonibus me nolente uulgatis hoc tamen complexus, uix in ulla controuersia tralationis statum posse reperiri ut non et alius in eadem recte dici uideretur, ideoque a quibusdam eum exclusum. Neque ignoro multa transferri, cum in omnibus fere causis in quibus cecidisse quis formula dicitur hae sint quaestiones: 'an huic, an cum hoc, an hac lege, an apud hunc, an hoc tempore liceat agere', et si qua sunt talia. Sed personae tempora actiones ceteraque propter aliquam causam transferuntur: ita non est in tralatione quaestio, sed in eo propter quod transferuntur.

21 *ad hoc pertinet id quod docet 'Ars Rhetorica Clodiani'* (*RLM p. 590. 9*)

AB]   24 uix in ulla *B*: dixi in nulla *A*   31 ceteraeque *B*

INSTITVTIO ORATORIA 3. 6. 76

'Non debes apud praetorem petere fidei commissum, sed apud consules: maior enim praetoria cognitione summa est'. Quaeritur an maior summa sit: facti controuersia est. 'Non licet tibi agere mecum: cognitor enim fieri non potuisti': **71** iudicatio an potuerit. 'Non debuisti interdicere, sed petere': an recte interdictum sit ambigitur. Quae omnia succidunt legitimis quaestionibus. An non praescriptiones etiam, in **72** quibus maxime uidetur manifesta tralatio, easdem omnes species habent quas eae leges quibus agitur, ut aut de nomine aut scripto et sententia uel ratiocinatione quaeratur? Deinde status ex quaestione oritur: tralatio non habet quaestionem de qua contendit orator, sed propter quam contendit. Hoc apertius: 'occidisti hominem:' 'non occidi': quaestio **73** an occiderit, status coniectura. Non est tale 'habeo ius actionis': 'non habes', ut sit quaestio an habeat, et inde status. Accipiat enim actionem necne ad euentum pertinet, non ad causam, et ad id quod pronuntiat iudex, non id propter quod pronuntiat. Hoc illi simile est 'puniendus es': **74** 'non sum': uidebit iudex an puniendus sit, sed non hic erit quaestio nec hic status. Vbi ergo? 'Puniendus es, hominem occidisti': 'non occidi': an occiderit. 'Honorandus sum': 'non es' num statum habet? Non, ut puto. 'Honorandus sum quia tyrannum occidi': 'non occidisti': quaestio et status. Similiter 'non recte agis': 'recte ago' non habet statum. Vbi **75** est ergo? 'Non recte agis ignominiosus'. Quaeritur an ignominiosus sit, aut an agere ignominioso liceat: quaestiones et status. Ergo tralatiuum genus causae, ut comparatiuum et mutuae accusationis. At enim simile est illi 'habeo ius': 'non **76** habes' 'occidisti': 'recte occidi'. Non nego, sed nec haec res statum facit: non enim sunt hae propositiones (alioqui causa non explicabitur), sed cum suis rationibus. 'Scelus commisit Horatius, sororem enim occidit': 'non commisit, debuit enim occidere eam quae hostis morte maerebat': quaestio an haec

AB] 1 debet *A* 3 maiore *A* 6 succedunt *A* (*at cf.* 3. 9. 1, 10. 4) 9 hae *A* 24–5 non habet ... ergo *om. A* 29 ⟨hoc⟩ occidisti *Gertz, fort. recte* nec *B*: ne *A** 33 mortem *A*

155

77 iusta causa; ita qualitas. Ac similiter in tralatione: 'non habes ius abdicandi, quia ignominioso non est actio': 'habeo ius, quia abdicatio actio non est': quaeritur quid sit actio; finiemus. †Non licet abdicare syllogismo.† Item cetera per **78** omnes et rationales et legales status. Nec ignoro fuisse quosdam qui tralationem in rationali quoque genere ponerent hoc modo: 'hominem occidi iussus ab imperatore': 'dona templi cogenti tyranno dedi': 'deserui tempestatibus, fluminibus, ualetudine impeditus', id est, non per me stetit, **79** sed per illud. A quibus etiam liberius dissentio; non enim actio transfertur, sed causa facti, quod accidit paene in omni defensione. Deinde is qui tali utitur patrocinio non recedit a forma qualitatis; dicit enim se culpa uacare, ut magis qualitatis duplex ratio facienda sit, altera qua et factum defenditur, altera qua tantum reus.

80 Credendum est igitur iis quorum auctoritatem secutus est Cicero, tria esse quae in omni disputatione quaerantur: an sit, quid sit, quale sit; quod ipsa nobis etiam natura praescribit: nam primum oportet subesse aliquid de quo ambigitur, quod quid sit et quale sit certe non potest aestimari nisi **81** prius esse constiterit; ideoque ea prima quaestio. Sed non statim, quod esse manifestum est, etiam quid sit apparet. Hoc quoque constituto nouissima qualitas superest, neque his exploratis aliud est ultra. His infinitae quaestiones, his finitae continentur; horum aliqua in demonstratiua deli- **82** beratiua iudiciali materia utique tractatur; haec rursus iudicialis causas et rationali parte et legali continent: neque enim ulla iuris disceptatio nisi finitione qualitate coniectura **83** potest explicari. Sed instituentibus rudes non erit inutilis latius primo fusa ratio, et, si non statim rectissima linea tensa, facilior tamen et apertior uia. Discant igitur ante omnia quadripertitam in omnibus causis esse rationem,

AB]   1 ac *B*: et *A*   4 non licet abdicare (abdicare filium *A*) syllogismo (-mos *B*) *AB*: *uix sanum* (*u. Kiderlin 1888-1*): *fort. delendum*   20 et *B*: aut *a in ras. II litt.*   25 aliqua (*sc.* quaestio ?) *AB*: aliquid *Kiderlin 1888-1* (aliquod *Wolff*)   27 rationales *B*

INSTITVTIO ORATORIA   3. 6. 88

quam primam intueri debeat qui acturus est. Nam ut a defensore potissimum incipiam, longe fortissima tuendi se ratio est si quod obicitur negari potest: proxima, si non id quod obicitur factum esse dicitur: tertia honestissima, qua recte factum defenditur. Quibus si deficiamur, ultima quidem, sed iam sola superest salus aliquo iuris adiutorio elabendi ex crimine quod neque negari neque defendi potest, ut non uideatur iure actio intendi: hinc illae quaestiones siue **84** actionis siue tralationis. Sunt enim quaedam non laudabilia natura, sed iure concessa, ut in duodecim tabulis debitoris corpus inter creditores diuidi licuit, quam legem mos publicus repudiauit: et aliquid aecum, sed prohibitum iure, ut libertas testamentorum. Accusatori nihilo plura intuenda **85** sunt, ut probet factum esse, hoc esse factum, non recte factum, iure se intendere. Ita circa species easdem lis omnis uersabitur, tralatis tantum aliquando partibus, ut in causis quibus de praemio agitur recte factum petitor probat.

Haec quattuor uelut proposita formaeque actionis, quae **86** tum generales status uocabam, in duo, ut ostendi, genera discedunt, rationale et legale. Rationale simplicius est, quia ipsius tantum naturae contemplatione constat: itaque in eo satis est ostendisse coniecturam finitionem qualitatem. Legalium plures sint species necesse est, propterea quod multae **87** sunt leges et uarias habent formas. Alia est cuius uerbis nitimur, alia cuius uoluntate: alias nobis, cum ipsi nullam habeamus, adiungimus, alias inter se comparamus, alias in diuersum interpretamur. Sic nascuntur haec uelut simulacra **88** ex illis tribus, interim simplicia, interim et mixta, propriam tamen faciem ostendentia, ut scripti et uoluntatis, quae sine dubio aut qualitate aut coniectura continentur, et συλλογισμός, qui est maxime qualitatis, et leges contrariae, quae isdem quibus scriptum et uoluntas constant, et ἀμφιβολία,

AB]   4 dicatur *A*   5 deficiamu*s* *A*   8 hinc *ed. Ven. 1493*: hic *AB*   9 actiones siue translationes *A*   12 et *AB*: est *t*   14–15 non recte factum *om. A (sed iure a in ras. VIII litt.)*   15 ita *om. B*   lis *A* : iis *B*   17 petitur *B*   18 ueluti *A*   30 continetur *B*   31 est *A* : et *B*   legis *B*   32 constat *B*

89 quae semper coniectura explicatur. Finitio quoque utrique generi, quodque rerum quodque scripti contemplatione constat, communis est. Haec omnia, etiamsi in illos tres status ueniunt, tamen, quia, ut dixi, habent aliquid uelut proprium, uidentur demonstranda discentibus, et permittendum ea dicere uel status legales uel quaestiones uel capita quaedam minora, dum sciant nihil ne in his quidem praeter tria quae **90** praediximus quaeri. At quantum et quam multum et ad aliquid et, ut nonnulli putarunt, comparatiuus non eandem rationem habent: sunt enim haec non ad uarietatem iuris, sed ad solam rationem referenda. Ideoque semper in parte aut coniecturae aut qualitatis ponenda sunt, ut 'qua mente?' et 'quo tempore?' et 'quo loco?'

91 Sed de singulis dicemus quaestionibus cum tractare praecepta diuisionis coeperimus. Hoc inter omnes conuenit, in causis simplicibus singulos status esse causarum, quaestionum autem, quae uelut subiacent his et ad illud quo iudicium continetur referuntur, saepe in unam cadere plures **92** posse; (etiam credo aliquando dubitari quo statu sit utendum cum aduersus unam intentionem plura opponuntur, et sicut in colore dicitur narrationis eum esse optimum quem actor optime tueatur, ita hic quoque posse dici eum statum esse faciendum in quo tuendo plurimum adhibere uirium **93** possit orator; ideoque pro Milone aliud Ciceroni agenti placuit, aliud Bruto cum exercitationis gratia componeret orationem, cum ille iure tamquam insidiatorem occisum et tamen non Milonis consilio dixerit, ille etiam gloriatus sit **94** occiso malo ciue): in coniunctis uero posse duos et tris inueniri, uel diuersos, ut si quis aliud se non fecisse, aliud recte fecisse defendat, uel generis eiusdem, ut si quis duo crimina **95** uel omnia neget. Quod accidit etiam si de una re quaeratur aliqua, sed eam plures petant, uel eodem iure, ut proximitatis, uel diuerso, ut cum hic testamento, ille proximitate

AB]   9 putauerunt *B*   17 subiacent his *A*: subiacentes *B*
27 ille *AB* (*cf. 11. 3. 168*): hic *P*   28 duo *B*: et duos *A* (*illud* duos *habemus 3. 6. 32*)   31 uel omnia *om. A* (*recte ?*)

INSTITVTIO ORATORIA 3. 6. 101

nitetur. Quotiens autem aliud alii petitori opponitur, dissimilis esse status necesse est, ut in illa controuersia: 'testa- 96
menta legibus facta rata sint: intestatorum parentium liberi heredes sint: abdicatus ne quid de bonis patris capiat: nothus ante legitimum natus legitimus filius sit, post legitimum natus tantum ciuis: in adoptionem dare liceat: in adoptionem dato redire in familiam liceat si pater naturalis sine liberis decesserit. Qui ex duobus legitimis alterum in 97 adoptionem dederat, alterum abdicauerat, sustulit nothum: instituto herede abdicato decessit. Tres omnes de bonis contendunt'. Nothum qui non sit legitimus Graeci uocant, Latinum rei nomen, ut Cato quoque in oratione quadam testatus est, non habemus, ideoque utimur peregrino; sed ad propositum. Heredi scripto opponitur lex: 'abdicatus ne 98 quid de bonis patris capiat'; fit status scripti et uoluntatis, an ullo modo capere possit, an ex uoluntate patris, an heres scriptus. Notho duplex fit quaestio, quod post legitimos natus sit et quod non sit ante legitimum natus. Prior συλλογισ- 99 μόν habet, an pro non natis sint habendi qui a familia sunt alienati; altera scripti et uoluntatis: non esse enim hunc natum ante legitimum conuenit, sed uoluntate legis se tuebitur, quam dicet talem fuisse ut legitimus esset nothus tum natus cum alius legitimus in domo non esset. Scriptum 100 quoque legis excludet, dicens non utique si postea legitimus natus non sit notho nocere, uteturque hoc argumento: 'Finge solum natum nothum, cuius condicionis erit? Tantum ciuis? Atqui non erit post legitimum natus. An filius? Atqui non erit ante legitimum natus. Quare si uerbis legis stari non potest, uoluntate standum est'. Nec quemquam turbet quod 101 ex una lege duo status fiant: duplex est, ita uim duarum habet. Redire in familiam uolenti dicitur ab altero primum:

12 *ORF p. 95*

AB]   4 patris *AB* (*cf.* § *102*): patriis *Halm*   15 patriis *B*
20 scripti *B*: et scripti *A* (*prob. Adamietz*)   et *A*: et e *B*   21 se *om. A*
22 tum *B*: tunc *A*   27 an *del. B*², *non male*   28 legitimos *B*
stare *A*   29 uoluntate standum *B*: uoluntatis tantum *A*

159

3. 6. 102   M. FABI QVINTILIANI

'ut tibi redire liceat, heres sum'. Idem status qui in petitione abdicati: quaereretur enim an possit esse heres abdicatus.
102 Adicitur communiter a duobus: 'redire tibi in familiam non licet; non enim pater sine liberis decessit'. Sed in hoc propria quisque eorum quaestione nitetur. Alter enim dicet abdicatum quoque inter liberos esse, et argumentum ducet ex ipsa qua repellitur lege; superuacuum enim fuisse prohiberi patris bonis abdicatum si esset numero alienorum: nunc, quia filii iure futurus fuerit intestati heres, oppositam esse legem, quae tamen non id efficiat ne filius sit, sed ne
103 heres sit. Status finitiuus: quid sit filius. Rursus nothus eisdem colligit argumentis non sine liberis patrem decessisse quibus in petitione usus est ut probaret esse se filium, nisi forte et hic finitionem mouet: an liberi sint etiam non legitimi. Cadent ergo in unam controuersiam uel specialiter duo legitimi status, scripti et uoluntatis et syllogismos, et praeterea finitio, uel tres illi qui natura soli sunt, coniectura in scripto et uoluntate, qualitas in syllogismo et, quae per se est aperta, finitio.
104   Causa quoque et iudicatio et continens est in omni genere causarum. Nihil enim dicitur cui non insit ratio et quo iudicium referatur et quod rem maxime contineat. Sed quia magis haec uariantur in litibus et fere tradita sunt ab iis qui de iudicialibus causis aliqua composuerunt, in illam partem differantur. Nunc, quia in tria genera causas diuisi, ordinem sequar.

7. Ac potissimum incipiam ab ea quae constat laude ac uituperatione. Quod genus uidetur Aristoteles atque eum secutus Theophrastus a parte negotiali, hoc est πραγματικῇ, remouisse totamque ad solos auditores relegasse; et id eius
2 nominis quod ab ostentatione ducitur proprium est. Sed mos

28 *rhet. 1358*^{b}*2*   29 π. λέξ. *frg. 22 Schmidt*

AB]   3 adicitur *B* (*cf. supra* primum): obicitur *A*   7 qua
A : quae *B*   9 futurum *B*   heres *B*: haeredis *a in ras.*   11 sit[1]
om. P   13 petitionem *A*   27 DE LAVDE ET VITVPERATIONE
Ac *AB*   30 soles *B*

INSTITVTIO ORATORIA 3. 7. 8

Romanus etiam negotiis hoc munus inseruit. Nam et funebres laudationes pendent frequenter ex aliquo publico officio atque ex senatus consulto magistratibus saepe mandantur, et laudare testem uel contra pertinet ad momentum iudiciorum, et ipsis etiam reis dare laudatores licet, et editi in competitores, in L. Pisonem, in Clodium et Curionem libri uituperationem continent et tamen in senatu loco sunt habiti sententiae. Neque infitias eo quasdam esse ex hoc genere materias ad solam compositas ostentationem, ut laudes deorum uirorumque quos priora tempora tulerunt. Quo soluitur quaestio supra tractata manifestumque est errare eos qui numquam oratorem dicturum nisi de re dubia putauerunt. An laudes Capitolini Iouis, perpetua sacri certaminis materia, uel dubiae sunt uel non oratorio genere tractantur?

Vt desiderat autem laus quae negotiis adnibetur probationem, sic etiam illa quae ostentationi componitur habet interim aliquam speciem probationis, ut qui Romulum Martis filium educatumque a lupa dicat in argumentum caelestis ortus utatur his, quod abiectus in profluentem non potuerit extingui, quod omnia sic egerit ut genitum praeside bellorum deo incredibile non esset, quod ipsum quoque caelo receptum temporis eius homines non dubitauerint. Quaedam uero etiam in defensionis speciem cadent, ut si in laude Herculis permutatum cum regina Lydiae habitum et imperata, ut traditur, pensa orator excuset. Sed proprium laudis est res amplificare et ornare.

Quae materia praecipue quidem in deos et homines cadit, est tamen et aliorum animalium, et etiam carentium anima. Verum in deis generaliter primum maiestatem ipsius eorum naturae uenerabimur, deinde proprie uim cuiusque et inuenta quae utile aliquid hominibus attulerint. Vis ostendetur, ut in Ioue regendorum omnium, in Marte belli, in Neptuno maris: inuenta, ut artium in Minerua, Mercurio litterarum,

AB]   19 abiectos *B*   28 et etiam *A* (*u. Krebs-Schmalz, Antibarbarus I. 520–1*): etiam *B*: est etiam *Radermacher*   31 ostenditur *B, non male*   32 omnium *AB*: hominum *J*

medicinae Apolline, Cerere frugum, Libero uini. Tum si qua ab iis acta uetustas tradidit, commemoranda. Addunt etiam dis honorem parentes, ut si quis sit filius Iouis, addit antiquitas, ut iis qui sunt ex Chao, progenies quoque, ut
9 Apollo ac Diana Latonae. Laudandum in quibusdam quod geniti inmortales, quibusdam quod inmortalitatem uirtute sint consecuti: quod pietas principis nostri praesentium quoque temporum decus fecit.
10 Magis est uaria laus hominum. Nam primum diuiditur in tempora, quodque ante eos fuit quoque ipsi uixerunt, in iis autem qui fato sunt functi etiam quod est insecutum. Ante hominem patria ac parentes maioresque erunt, quorum duplex tractatus est: aut enim respondisse nobilitati pul-
11 chrum erit aut humilius genus inlustrasse factis. Illa quoque interim ex eo quod ante ipsum fuit tempore trahentur quae responsis uel auguriis futuram claritatem promiserint, ut eum qui ex Thetide natus esset maiorem patre suo futurum
12 cecinisse dicuntur oracula. Ipsius uero laus hominis ex animo et corpore et extra positis peti debet. Et corporis quidem fortuitorumque cum leuior, tum non uno modo tractanda est. Nam et pulchritudinem interim roburque prosequimur honore uerborum, ut Homerus in Agamemnone atque Achille, interim confert admirationi multum etiam infirmitas, ut cum idem Tydea paruum sed bellatorem dicit fuisse.
13 Fortuna uero tum dignitatem adfert, ut in regibus principibusque (namque est haec materia ostendendae uirtutis uberior), tum quo minores opes fuerunt, maiorem benefactis gloriam parit. Sed omnia quae extra nos bona sunt quaeque hominibus forte optigerunt non ideo laudantur quod habuerit
14 quis ea, sed quod iis honeste sit usus. Nam diuitiae et potentia et gratia, cum plurimum uirium dent, in utramque partem

24 *Il. 5. 801*

AB]   3 quis *A*: qui *B*   4 his *AB*   16 promiser*unt A*
23 interim *B*: et interim *A*   27 ⟨eo⟩ maiorem *Flor.*   28 bona *A*:
dona *B*   30 his *AB*   nam *A*: non *B*   31 plurium *A*   *post
partem, non post dent, dist. e.g. Spalding, fort. recte*

INSTITVTIO ORATORIA   3. 7. 20

certissimum faciunt morum experimentum: aut enim meliores propter haec aut peiores sumus. Animi semper uera **15** laus, sed non una per hoc opus uia ducitur. Namque alias aetatis gradus gestarumque rerum ordinem sequi speciosius fuit, ut in primis annis laudaretur indoles, tum disciplinae, post hoc operum (id est factorum dictorumque) contextus, alias in species uirtutum diuidere laudem, fortitudinis iustitiae continentiae ceterarumque, ac singulis adsignare quae secundum quamque earum gesta erunt. Vtra sit autem **16** harum uia utilior cum materia deliberabimus, dum sciamus gratiora esse audientibus quae solus quis aut primus aut certe cum paucis fecisse dicetur, si quid praeterea supra spem aut expectationem, praecipue quod aliena potius causa quam sua. Tempus quod finem hominis insequitur non semper **17** tractare contingit: non solum quod uiuentes aliquando laudamus, sed quod rara haec occasio est, ut referri possint diuini honores et decreta et publice statuae constitutae. Inter quae numerauerim ingeniorum monumenta quae **18** saeculis probarentur; nam quidam sicut Menander iustiora posterorum quam suae aetatis iudicia sunt consecuti. Adferunt laudem liberi parentibus, urbes conditoribus, leges latoribus, artes inuentoribus, nec non instituta quoque auctoribus, ut a Numa traditum deos colere, a Publicola fasces populo summittere.

Qui omnis etiam in uituperatione ordo constabit, tantum **19** in diuersum. Nam et turpitudo generis opprobrio multis fuit et quosdam claritas ipsa notiores circa uitia et inuisos magis fecit, et in quibusdam, ut in Paride traditur, est praedicta pernicies, et corporis ac fortunae quibusdam mala contemptum, sicut Thersitae atque Iro, quibusdam bona uitiis corrupta odium attulerunt, ut Nirea inbellem, Plisthenen **20** inpudicum a poetis accepimus, et animi totidem uitia quot

AB]   2 sumus *hic B, post* meliores *A*   uera *mihi quidem displicet*   17 et² *A*: ut *B*   20 posteriorum *A*   23 uti *A* publicola *A* (*ut est 1. 6. 31*): poplicola *B*   28 traditum *A* 30 atque Iro *optime Obrecht*: adquisiere *a* (*totum contextum om. A¹*): at uero *B*   31 Clisthenem *Philander*   32 animo *A*

uirtutes sunt, nec minus quam in laudibus duplici ratione
tractantur; et post mortem adiecta quibusdam ignominia est,
ut Maelio, cuius domus solo aequata, Marcoque Manlio, cuius
21 praenomen e familia in posterum exemptum est. Et parentes
malorum odimus: et est conditoribus urbium infame con-
traxisse aliquam perniciosam ceteris gentem, qualis est
primus Iudaicae superstitionis auctor: et Gracchorum leges
inuisae: et si quod est exemplum deforme posteris traditum,
quale libidinis uir Perses in muliere Samia instituere ausus
22 dicitur primus. Sed in uiuentibus quoque iudicia hominum
uelut argumenta sunt morum, et honos aut ignominia ueram
esse laudem uel uituperationem probat.

23 Interesse tamen Aristoteles putat ubi quidque laudetur
aut uituperetur. Nam plurimum refert qui sint audientium
mores, quae publice recepta persuasio, ut illa maxime quae
probant esse in eo qui laudabitur credant, aut in eo contra
quem dicemus ea quae oderunt: ita non dubium erit iudicium
24 quod orationem praecesserit. Ipsorum etiam permiscenda
laus semper (nam id beniuolos facit), quotiens autem fieri
poterit, cum materiae utilitate iungenda. Minus Lacedae-
mone studia litterarum quam Athenis honoris merebuntur,
plus patientia ac fortitudo. Rapto uiuere quibusdam honestum, aliis cura legum. Frugalitas apud Sybaritas forsitan
odio foret, ueteribus Romanis summum luxuria crimen.
25 Eadem in singulis differentia. Maxime fauet iudex qui sibi
dicentem adsentari putat. Idem praecipit illud quoque, quod
mox Cornelius Celsus prope supra modum inuasit, quia sit
quaedam uirtutibus ac uitiis uicinitas, utendum proxima
deriuatione uerborum, ut pro temerario fortem, prodigo
liberalem, auaro parcum uocemus: quae eadem etiam contra

---

13 *rhet. 1367b7*   26 *ibid. 1367a33*   27 *frg. rhet. 7 Marx*

AB]   4 e *B*: a *A*   9 libidin*osus A*   11 bonus *B*
20 minus *B*: minime *A*   22 patientia ac *A*: patientiam *B*
quibusdam *A*: quibus *B*   26 assentiri *A*   29–30 prodigo
... auaro *B*: pro prodigo ... pro auaro *A* (*at cf. e.g.* § 8)

INSTITVTIO ORATORIA 3. 8. 2

ualent. Quod quidem orator, id est uir bonus, numquam faciet, nisi forte communi utilitate ducetur.

Laudantur autem urbes similiter atque homines. Nam pro **26** parente est conditor, et multum auctoritatis adfert uetustas, ut iis qui terra dicuntur orti, et uirtutes ac uitia circa res gestas eadem quae in singulis: illa propria quae ex loci positione ac munitione sunt. Ciues illis ut hominibus liberi sunt decori. Est laus et operum, in quibus honor utilitas pulchri- **27** tudo auctor spectari solet: honor ut in templis, utilitas ut in muris, pulchritudo uel auctor utrubique. Est et locorum, qualis Siciliae apud Ciceronem: in quibus similiter speciem et utilitatem intuemur, speciem maritimis planis amoenis, utilitatem salubribus fertilibus. Erit et dictorum honestorum factorumque laus generalis, erit et rerum omnis modi. Nam **28** et somni et mortis scriptae laudes et quorundam a medicis ciborum.

Itaque, ut non consensi hoc laudatiuum genus circa solam uersari honesti quaestionem, sic qualitate maxime contineri puto, quamquam tres status omnes cadere in hoc opus possint, iisque usum C. Caesarem in uituperando Catone notauerit Cicero. Totum autem habet aliquid simile suasoriis, quia plerumque eadem illic suaderi, hic laudari solent.

8. Deliberatiuas quoque miror a quibusdam sola utilitate finitas. Ac si quid in his unum sequi oporteret, potior fuisset apud me Ciceronis sententia, qui hoc materiae genus dignitate maxime contineri putat. Nec dubito quin ii qui sunt in illa priore sententia secundum opinionem pulcherrimam ne utile quidem nisi quod honestum esset existimarint. Et est **2** haec ratio uerissima, si consilium contingat semper bonorum atque sapientium. Verum apud imperitos, apud quos

11 *Verr. 2. 2 seq.*   21 *top. 94*   25 *de orat. 2. 334*

AB]   7 liberi sunt *Halm*: liberi∗ *A* : liberis *B*   9 expectari *B*
12–13 ⟨in⟩ maritimis . . . ⟨in⟩ salubribus *Spalding*   15 a *om. A*
19 tres status omnes *A* (*cf. 3. 6. 97*): omnes tres status *B*   23 DE
SVASORIA ET PROSOPOPOEIA (PROSOPEIA *B*) Deliberatiuas *AB*
28 esset *A* : esse *B*

frequenter dicenda sententia est, populumque praecipue, qui ex pluribus constat indoctis, discernenda sunt haec et secun- 3 dum communes magis intellectus loquendum. Sunt enim multi qui etiam quae credunt honesta non tamen satis eadem utilia quoque existiment, quae turpia esse dubitare non possunt utilitatis specie ducti probent, ut foedus Numantinum iugumque Caudinum.

4 Ne qualitatis quidem statu, in quo et honestorum et utilium quaestio est, complecti eas satis est. Nam frequenter in his istam coniecturae locus est: nonnumquam tractatur aliqua finitio, aliquando etiam legales possunt incidere tractatus, in priuata maxime consilia, si quando ambigetur an 5 liceat. De coniectura paulo post pluribus. Interim est finitio apud Demosthenen 'det Halonnesum Philippus an reddat', apud Ciceronem in Philippicis 'quid sit tumultus'. Quid? non illa similis iudicialium quaestio de statua Serui Sulpici, 'an iis demum ponenda sit qui in legatione ferro sunt 6 interempti'? Ergo pars deliberatiua, quae eadem suasoria dicitur, de tempore futuro consultans quaerit etiam de praeterito. Officiis constat duobus suadendi ac dissuadendi.

Prohoemio quale est in iudicialibus non ubique eget, quia conciliatus est ei quisque quem consulit. Initium tamen quodcumque debet habere aliquam prohoemii speciem; neque enim abrupte nec unde libuit incipiendum, quia est 7 aliquid in omni materia naturaliter primum. In senatu et utique in contionibus eadem ratio quae apud iudices adquirendae sibi plerumque eorum apud quos dicendum sit beniuolentiae. Nec mirum, cum etiam in panegyricis petatur audientium fauor, ubi emolumentum non utilitate aliqua, 8 sed in sola laude consistit. Aristoteles quidem, nec sine causa,

14 [*Dem.*] 7   15 *8. 2*   16 *Phil. 9*   30 *rhet. 1415*^{b}*33*

AB]   1 sententiast *B* : sentia est *A*   5 quae *B* : et quae *A*
8 nec *A*   9 eas *A* : fas *B*   12 ambigitur *B*   13 finitio
A : ne finitio *B* : definitio *b* (*cf. 3. 6. 42*)   15 quid² *A* : quod *B*
17 his *AB*   19 consultat *A* (*non male*)   21 utique *P*
27 dicendum *B* : *age*ndum *A*   29 ⟨in⟩ utilitate *J*

INSTITVTIO ORATORIA 3. 8. 14

putat et a nostra et ab eius qui dissentiet persona duci frequenter in consiliis exordium, quasi mutuantibus hoc nobis a iudiciali genere, nonnumquam etiam ut minor res maiorue uideatur: in demonstratiuis uero prohoemia esse maxime libera existimat: nam et longe a materia duci, ut in Helenae **9** laude Isocrates fecerit, et ex aliqua rei uicinia, ut idem in Panegyrico, cum queritur plus honoris corporum quam animorum uirtutibus dari, et Gorgias in Olympico laudans eos qui primi tales instituerint conuentus. Quos secutus uidelicet C. Sallustius in bello Iugurthino et Catilinae nihil ad historiam pertinentibus principiis orsus est.

Sed nunc ad suasoriam: in qua, etiam cum prohoemio **10** utemur, breuiore tamen et uelut quodam capite tantum et initio debebimus esse contenti. Narrationem uero numquam exigit priuata deliberatio, eius dumtaxat rei de qua dicenda sententia est, quia nemo ignorat id de quo consulit. Extrin- **11** secus possunt pertinentia ad deliberationem multa narrari. In contionibus saepe est etiam illa quae ordinem rei docet necessaria. Adfectus ut quae maxime postulat: nam et con- **12** citanda et lenienda frequenter est ira, et ad metum cupiditatem odium conciliationem inpellendi animi. Nonnumquam etiam mouenda miseratio, siue ut auxilium obsessis feratur suadere oportebit, siue sociae ciuitatis euersionem deflebimus. Valet autem in consiliis auctoritas plurimum. Nam et **13** prudentissimus esse haberique et optimus debet qui sententiae suae de utilibus atque honestis credere omnes uelit. In iudiciis enim uulgo fas habetur indulgere aliquid studio suo: consilia nemo est qui neget secundum mores dari.

Graecorum quidem plurimi omne hoc officium contionale **14** esse iudicauerunt et in sola rei publicae administratione posuerunt; quin et Cicero in hac maxime parte uersatur.

31 *de orat. 2. 333 seq.*

AB]   1 a *B*: ab *A*   3 a *B*: ab *a in ras*. maiorne *B*
9 conuectus *B*   10 c *B*: *om. A*   catilinae *A* : -nate *B*: -nario *ed. Ald.*   14 debemus *A*   15 exiget *B*   19 postulanda *B*
25 et *om. A* (-simus esse haberique *a in ras. min.*)

3. 8. 15   M. FABI QVINTILIANI

Ideoque suasuris de pace bello copiis operibus uectigalibus haec duo esse praecipue nota uoluit, uires ciuitatis et mores, ut ex natura cum ipsarum rerum, tum audientium ratio
15 suadendi duceretur. Nobis maior in re uidetur uarietas; nam et consultantium et consiliorum plura sunt genera.

Quare in suadendo ac dissuadendo tria primum spectanda erunt: quid sit de quo deliberetur, qui sint qui deliberent,
16 qui sit qui suadeat. Rem de qua deliberatur aut certum est posse fieri aut incertum. Si incertum, haec erit quaestio sola aut potentissima; saepe enim accidet ut prius dicamus ne si possit quidem fieri esse faciendum, deinde fieri non posse. Cum autem de hoc quaeritur, coniectura est: an Isthmos intercidi, an siccari palus Pomptina, an portus fieri Ostiae possit, an Alexander terras ultra Oceanum sit inuenturus.
17 Sed in iis quoque quae constabit posse fieri coniectura aliquando erit, si quaeretur an utique futurum sit ut Carthaginem superent Romani, ut redeat Hannibal si Scipio exercitum in Africam transtulerit, ut seruent fidem Samnites si Romani arma deposuerint. Quaedam et fieri posse et futura esse credibile est, sed aut alio tempore aut alio loco aut alio modo.

18   Vbi coniecturae non erit locus, alia sunt intuenda. Et primum aut propter ipsam rem de qua sententiae rogantur consultabitur, aut propter alias interuenientes extrinsecus causas. Propter ipsam: 'deliberant patres conscripti an
19 stipendium militi constituant'. Haec materia simplex erit. Accedent causae aut faciendi (ut 'deliberant patres conscripti an Fabios dedant Gallis bellum minitantibus') aut non faciendi: 'deliberat C. Caesar an perseueret in Germaniam
20 ire cum milites passim testamenta facerent'. Hae suasoriae duplices sunt. Nam et illic causa deliberandi est quod bellum Galli minitentur, esse tamen potest quaestio dedendine

6–8 in suadendo ... deliberatur *exscripsit 'Cassiodorus' p. 501. 36–8*

AB]   1 suasoriis *A*   opibus *P* (*cf. de orat.* 2. *335*)   4 in re *B*: iure *A*   5 plurima *B*   6 primum *A*, '*Cass.*': primo *B*   9 haec *A*: hoc *B*   10 ne si *P*: nisi *B*: nec si *A*   28 minantibus *A*   31 illi *B*   32 minentur *A*

INSTITVTIO ORATORIA 3. 8. 26

fuerint etiam citra hanc denuntiationem qui contra fas, cum legati missi essent, proelium inierint, regemque ad quem mandata acceperant trucidarint: et hic nihil Caesar sine dubio deliberaret nisi propter hanc militum perturbationem, est tamen locus quaerendi an citra hunc quoque casum penetrandum in Germaniam fuerit. Semper autem de eo prius loquemur de quo deliberari etiam detractis sequentibus possit.

Partes suadendi quidam putauerunt honestum utile necessarium. Ego non inuenio huic tertiae locum. Quantalibet enim uis ingruat, aliquid fortasse pati necesse sit, nihil facere, de faciendo autem deliberatur. Quod si hanc uocant necessitatem in quam homines grauiorum metu coguntur, utilitatis erit quaestio, ut si obsessi et inpares et aqua ciboque defecti de facienda ad hostem deditione deliberent et dicatur 'necesse est'; nempe sequitur ut hoc subiciatur: 'alioqui pereundum est': ita propter id ipsum non est necesse, quia perire potius licet; denique non fecerunt Saguntini nec in rate Opitergina circumuenti. Igitur in his quoque causis aut de sola utilitate ambigetur aut quaestio inter utile atque honestum consistet. At enim si quis liberos procreare uolet, necesse habet ducere uxorem. Quis dubitat? Sed ei qui pater uult fieri liqueat necesse est uxorem esse ducendam. Itaque mihi ne consilium quidem uidetur ubi necessitas est, non magis quam ubi constat quid fieri non posse: omnis enim deliberatio de dubiis est. Melius igitur qui tertiam partem duxerunt δυνατόν, quod nostri 'possibile' nominant: quae ut dura uideatur appellatio, tamen sola est. Quas partes non omnes in omnem cadere suasoriam manifestius est quam ut docendum sit. Tamen apud plerosque earum numerus augetur: a

9–10 partes . . . necessarium → *'Cassiodorus' p. 501. 38–9*
25–6 omnis . . . est *habet 'Cassiodorus' p. 501. 38: qui deinde (39–40) illa de τῷ δυνατῷ memorat*

AB]   1 citra B: extra A   5 est A: et B   8 posset B
11 sit B: erit *a in ras. min.*   19 opitergini *t*   24 nec A
25 possit A   26 duxerunt A (*cf.* § 22 putauerunt): dixerunt B

169

quibus ponuntur ut partes quae superiorum species sunt partium. Nam fas iustum pium aecum, mansuetum quoque (sic enim sunt interpretati τὸ ἥμερον), et si qua adhuc adicere 27 quis eiusdem generis uelit, subici possunt honestati. An sit autem facile, magnum, iucundum, sine periculo, ad quaestionem pertinet utilitatis. Qui loci oriuntur ex contradictione: est quidem utile sed difficile paruum iniucundum 28 periculosum. Tamen quibusdam uidetur esse nonnumquam de iucunditate sola consultatio, ut si de aedificando theatro, instituendis ludis deliberetur. Sed neminem adeo solutum luxu puto ut nihil in causa suadendi sequatur praeter uolup-29 tatem. Praecedat enim semper aliquid necesse est, ut in ludis honor deorum, in theatro non inutilis laborum remissio, deformis et incommoda turbae, si id non sit, conflictatio, et nihilo minus eadem illa religio, cum theatrum ueluti quod-30 dam illius sacri templum uocabimus. Saepe uero et utilitatem despiciendam esse dicimus ut honesta faciamus (ut cum illis Opiterginis damus consilium ne se hostibus dedant, quamquam perituri sint nisi fecerint) et utilia honestis praeferi-31 mus, ut cum suademus ut bello Punico serui armentur. Sed tamen neque hic plane concedendum est esse id inhonestum (liberos enim natura omnis et isdem constare elementis, et fortasse antiquis etiam nobilibus ortos dici potest), et illic, ubi manifestum periculum est, opponenda alia, ut crudelius etiam perituros adfirmemus si se dediderint, siue hostis non seruarit fidem, siue Caesar uicerit, quod est uero similius. 32 Haec autem quae tantum inter se pugnant plerumque nominibus deflecti solent. Nam et utilitas ipsa expugnatur ab iis qui dicunt non solum potiora esse honesta quam utilia, sed ne utilia quidem esse quae non sint honesta: et contra, quod nos honestum, illi uanum, ambitiosum, stolidum 33 uerbis quam re probabilius uocant. Nec tantum inutilibus

AB]   1 ut *B*: et *A*   superiorum *om. B (non male)* 3 ✶✶✶✶ interpraetatur *A (omisso* sunt)   11 in *om. B*   17 dispiciendam *A*   21 tamen *om. A*   id *om. A*   25 siue *A*: si uero *B*   26 seruarint *B (unde* hostes *t)*   est *A*: esse *B* 29 his *AB*

comparantur utilia, sed inter se quoque ipsa, ut si ex duobus eligamus, in altero quid sit magis, in altero quid sit minus. Crescit hoc adhuc; nam interim triplices etiam suasoriae incidunt, ut cum Pompeius deliberabat Parthos an Africam an Aegyptum peteret. Ita non tantum utrum melius sed quid sit optimum quaeritur, itemque contra. Nec umquam **34** incidet in hoc genere materiae dubitatio rei quae undique secundum nos sit; nam ubi contradictioni locus non est, quae potest esse causa dubitandi? Ita fere omnis suasoria nihil est aliud quam comparatio, uidendumque quid consecuturi simus et per quid, ut aestimari possit plus in eo quod petimus sit commodi, an uero in eo per quod petimus incommodi. Est utilitatis et in tempore quaestio: 'expedit, sed non **35** nunc', et in loco: 'non hic', et in persona: 'non nobis', 'non contra hos', et in genere agendi: 'non sic', et in modo: 'non in tantum'.

Sed personam saepius decoris gratia intuemur: quae et in nobis et in iis qui deliberant spectanda est. Itaque quamuis **36** exempla plurimum in consiliis possint, quia facillime ad consentiendum homines ducuntur experimentis, refert tamen quorum auctoritas et quibus adhibeatur: diuersi sunt enim deliberantium animi, duplex condicio. Nam consultant aut **37** plures aut singuli, sed in utrisque differentia, quia et in pluribus multum interest senatus sit an populus, Romani an Fidenates, Graeci an barbari, et in singulis Catoni petendos honores suadeamus an C. Mario, de ratione belli Scipio prior an Fabius deliberet. Proinde intuenda sexus dignitas aetas; **38** sed mores praecipue discrimen dabunt. Et honesta quidem honestis suadere facillimum est; si uero apud turpes recta optinere conabimur, ne uideamur exprobrare diuersam uitae sectam cauendum, et animus deliberantis non ipsa honesti **39** natura, quam ille non respicit, permouendus, sed laude, uulgi

AB]   1 si *om. B (add. A m. 1 uel a s.l.)*   4 deliberauit *B*
6 *item*que *A* : idemque *B, non male*   7 rei *B*: ei qui *a (III litt. scripsit A¹)*   8 secun*tur A*   17 decoris] *sc. non utilitatis*   18 qui *A* : quae *B*   23 utrisque *B*: uires quoque *A*   26 suademus *A*
27 deliberet *P*: -ent *AB*

opinione, et, si parum proficiet haec uanitas, secutura ex his utilitate, aliquanto uero magis obiciendo aliquos, si diuersa
40 fecerint, metus. Nam praeter id, quod his leuissimi cuiusque animus facillime terretur, nescio an etiam naturaliter apud plurimos plus ualeat malorum timor quam spes bonorum, sicut facilior eisdem turpium quam honestorum intellectus
41 est. Aliquando bonis quoque suadentur parum decora, dantur parum bonis consilia in quibus ipsorum qui consulunt spectatur utilitas. Nec me fallit quae statim cogitatio subire
42 possit legentem: hoc ergo praecipis et hoc fas putas? Poterat me liberare Cicero, qui ita scribit ad Brutum, praepositis plurimis quae honeste suaderi Caesari possint: 'Simne bonus uir si haec suadeam? Minime. Suasoris enim finis est utilitas eius cui quisque suadet. At recta sunt: quis negat? Sed non est semper rectis in suadendo locus'. Sed quia est altior quaestio nec tantum ad suasorias pertinet, destinatus est mihi hic locus duodecimo, qui summus futurus est, libro.
43 Nec ego quicquam fieri turpiter uelim. Verum interim haec uel ad scholarum exercitationes pertinere credantur: nam et iniquorum ratio noscenda est, ut melius aequa tueamur.
44 Interim si quis bono inhonesta suadebit, meminerit non suadere tamquam inhonesta, ut quidam declamatores Sextum Pompeium ad piraticam propter hoc ipsum, quod turpis et crudelis sit, inpellunt, sed dandus illis deformibus color— idque etiam apud malos: neque enim quisquam est tam malus
45 ut uideri uelit. Sic Catilina apud Sallustium loquitur ut rem scelestissimam non malitia sed indignatione uideatur audere, sic Atreus apud Varium 'iam fero' inquit 'infandissima, iam facere cogor'. Quanto magis eis quibus cura famae fuit con-
46 seruandus est hic uel ambitus. Quare et cum Ciceroni dabimus

11 *frg. epist. VII. 6*   26 *Cat. 20*   28 *SRF 1. 309*

AB]   2 aliquan*do A*   3 nam *A*: nam quod *B* (*unde* namque *t*)   7-8 dantur parum bonis *om. A*   27 sceleratissimam *B*   29 cura famae *B*: curae fama *A*   fuit] *an* sit? 30 uel *AB*: uelut *Francius*

consilium ut Antonium roget, uel etiam ut Philippicas, ita uitam pollicente eo, exurat, non cupiditatem lucis adlegabimus (haec enim si ualet in animo eius, tacentibus quoque nobis ualet), sed ut se rei publicae seruet hortabimur—hac **47** illi opus est occasione, ne eum talium precum pudeat: et C. Caesari suadentes regnum adfirmabimus stare iam rem publicam nisi uno regente non posse. Nam qui de re nefaria deliberat id solum quaerit, quo modo quam minimum peccare uideatur.

Multum refert etiam quae sit persona suadentis, quia, **48** ante acta uita si inlustris fuit aut clarius genus aut aetas aut fortuna adfert expectationem, prouidendum est ne quae dicuntur ab eo qui dicit dissentiant. At his contraria summissiorem quendam modum postulant. Nam quae in aliis libertas est, in aliis licentia uocatur, et quibusdam sufficit auctoritas, quosdam ratio ipsa aegre tuetur.

Ideoque longe mihi difficillimae uidentur prosopopoeiae, **49** in quibus ad relicum suasoriae laborem accedit etiam personae difficultas: namque idem illud aliter Caesar, aliter Cicero, aliter Cato suadere debebit. Vtilissima uero haec exercitatio, uel quod duplicis est operis uel quod poetis quoque aut historiarum futuris scriptoribus plurimum confert: uerum et oratoribus necessaria. Nam sunt multae a **50** Graecis Latinisque compositae orationes quibus alii uterentur, ad quorum condicionem uitamque aptanda quae dicebantur fuerunt. An eodem modo cogitauit aut eandem personam induit Cicero cum scriberet Cn. Pompeio et cum T. Ampio ceterisue, ac non unius cuiusque eorum fortunam, dignitatem, res gestas intuitus omnium quibus uocem dabat etiam imaginem expressit, ut melius quidem sed tamen ipsi dicere uiderentur? Neque enim minus uitiosa est oratio si **51**

27 *frg. orat. p. 487*

AB]   4 se rei p. seruet *B*: rei p̄ se seruet *a in ras.*   10 quia *B*: cui *a in ras.*   13 at *B*: aut *A*   14 quaedam *a* (*A*[1] quaendam ?)   19 namque idem *A*: nam quidem *B*   26 an *A*: ad *B* eandem *om. B*   27 inducit *B*   28 t ampio *B*: *domicio A*

ab homine quam si a re cui accommodari debuit dissidet. Ideoque Lysias optime uidetur in iis quae scribebat indoctis seruasse ueritatis fidem. Enimuero praecipue declamatoribus considerandum est quid cuique personae conueniat, qui paucissimas controuersias ita dicunt ut aduocati: plerumque filii patres diuites senes asperi lenes auari, denique superstitiosi timidi derisores fiunt, ut uix comoediarum actoribus plures habitus in pronuntiando concipiendi sint quam his in **52** dicendo. Quae omnia possunt uideri prosopopoeiae, quam ego suasoriis subieci quia nullo alio ab his quam persona distat: quamquam haec aliquando etiam in controuersias ducitur quae ex historiis compositae certis agentium nominibus **53** continentur. Neque ignoro plerumque exercitationis gratia poni et poeticas et historicas, ut Priami uerba apud Achillem aut Sullae dictaturam deponentis in contione. Sed haec in partem cedent trium generum in quae causas diuisimus. Nam et rogare, indicare, rationem reddere et alia de quibus supra dictum est uarie atque ut res tulit in materia **54** iudiciali deliberatiua demonstratiua solemus, frequentissime uero in his utimur ficta personarum quas ipsi substituimus oratione: ut apud Ciceronem pro Caelio Clodiam et Caecus Appius et Clodius frater, ille in castigationem, hic in exhortationem uitiorum compositus, adloquitur.

55 Solent in scholis fingi materiae ad deliberandum similiores controuersiis et ex utroque genere commixtae, ut cum apud C. Caesarem consultatio de poena Theodoti ponitur; constat enim accusatione et defensione causa eius, quod est iudi-**56** cialium proprium, permixta tamen est et utilitatis ratio: an

21 *33 seq.*

AB]   1 a *B* (*quamquam cf. 9. 2. 12* ab reo): ab *A*   6 patres *B*: parentes *A*   10 suasoriae *A*   alio *B*: modo *A*   11 distant *B* (*unde* quas *pro* quam *l. 9 p, ed. Ven. 1493*)   12 certius *B*   15 contiones *B*   18 tulit in *A*: ultimi *B*   materiae *B*   21 clodiam *A*: in clodiam *B*   22–3 exhortationem *A* (*cf. 12. 11. 25*): orationem *B* (*unde* (h)ortationem *P*)   23 uitiorum *ed. Zar.*: uicio *A*: morum *B*: amorum *Regius*   24 solent in *A*: sollemnis *B*   25 et om. *A*   27 causa eius *A*: causae *B*   28 tamen *A*: autem *B*

INSTITVTIO ORATORIA   3. 8. 62

pro Caesare fuerit occidi Pompeium, an timendum a rege bellum si Theodotus sit occisus, an id minime oportunum hoc tempore et periculosum et certe longum sit futurum. Quaeritur et de honesto: deceatne Caesarem ultio Pompei, **57**
an sit uerendum ne peiorem faciat suarum partium causam si Pompeium indignum morte fateatur. Quod genus accidere **58** etiam ueritati potest.

Non simplex autem circa suasorias error in plerisque declamatoribus fuit, qui dicendi genus in his diuersum atque in totum illi iudiciali contrarium esse existimauerunt. Nam et principia abrupta et concitatam semper orationem et in uerbis effusiorem, ut ipsi uocant, cultum adfectauerunt, et earum breuiores utique commentarios quam legalis materiae facere elaborarunt. Ego porro ut prohoemio uideo non utique **59** opus esse suasoriis propter quas dixi supra causas, ita cur initio furioso sit exclamandum non intellego, cum proposita consultatione rogatus sententiam, si modo est sanus, non quiritet, sed quam maxime potest ciuili et humano ingressu mereri adsensum deliberantis uelit. Cur autem torrens et **60** utique aequaliter concitata sit in ea dicentis oratio cum uel praecipue moderationem rationemque consilia desiderent? Neque ego negauerim saepius subsidere in controuersiis impetum dicendi prohoemio narratione argumentis, quae si detrahas id fere supererit quo suasoriae constant, uerum id quoque aequalius erit, non tumultuosius atque turbidius. Verborum autem magnificentia non ualidius est adfectanda **61** suasorias declamantibus, sed contingit magis. Nam et personae fere magnae fingentibus placent, regum principum senatus populi, et res ampliores: ita cum uerba rebus aptentur, ipso materiae nitore clarescunt. Alia ueri consilii ratio **62** est, ideoque Theophrastus quam maxime remotum ab omni

31 π. λέξ. *frg. 23 Schmidt*

AB]   14 laborarunt *A*   16 furiose *Regius*   21 rationemque om. *A, fort. recte*: at cf. *Cic. ep. fam. 6. 1. 6*   29 senatus populi *A*: *inu. ord. B*   30 ueris consiliis *B, non male*

adfectatione in deliberatiuo genere uoluit esse sermonem, secutus in hoc auctoritatem praeceptoris sui, quamquam
63 dissentire ab eo non timide solet. Namque Aristoteles idoneam maxime ad scribendum demonstratiuam proximamque ab ea iudicialem putauit, uidelicet quoniam prior illa tota esset ostentationis, haec secunda egeret artis uel ad fallendum, si ita poposcisset utilitas, consilia fide prudentiaque
64 constarent. Quibus in demonstratiua consentio (nam et omnes alii scriptores idem tradiderunt), in iudiciis autem consiliisque secundum condicionem ipsius quae tractabitur
65 rei accommodandam dicendi credo rationem. Nam et Philippicas Demosthenis isdem quibus habitas in iudiciis orationes uideo eminere uirtutibus, et Ciceronis sententiae et contiones non minus clarum quam est in accusationibus ac defensionibus eloquentiae lumen ostendunt. Dicit tamen idem de suasoria hoc modo: 'tota autem oratio simplex et
66 grauis et sententiis debet ornatior esse quam uerbis'. Vsum exemplorum nulli materiae magis conuenire merito fere omnes consentiunt, cum plerumque uideantur respondere futura praeteritis habeaturque experimentum uelut quod-
67 dam rationis testimonium. Breuitas quoque aut copia non genere materiae sed modo constat; nam ut in consiliis plerumque simplicior quaestio est, ita saepe in causis minor.

Quae omnia uera esse sciet si quis non orationes modo sed historias etiam (namque in his contiones atque sententiae plerumque suadendi ac dissuadendi funguntur officio) legere
68 maluerit quam in commentariis rhetorum consenescere; inueniet enim nec in consiliis abrupta initia et concitatius saepe in iudiciis dictum et uerba aptata rebus in utroque genere et breuiores aliquando causarum orationes quam sententiarum.

3 *rhet. 1414ª18*   16 *part. orat.* 97

AB]   1 affectatione *R*: adfectione (aff- *A*) *AB*   6 artibus
a in ras.   7 consilio *A*   8 constaret *A*   11–12 philip-
picos *A*   22 genere materiae *B*: *inu. ord. A*   constant *B*   in
om. *A*   29 apta *A*

Ne illa quidem in iis uitia deprendet, quibus quidam decla- 69
matores laborant, quod et contra sentientibus inhumane
conuiciantur et ita plerumque dicunt tamquam ab iis qui
deliberat utique dissentiat: ideoque obiurgantibus similiores
sunt quam suadentibus. Haec adulescentes sibi scripta sciant, 70
ne aliter quam dicturi sunt exerceri uelint et in desuescendis
morentur. Ceterum cum aduocari coeperint in consilia amicorum, dicere sententiam in senatu, suadere si quid consulet
princeps, quod praeceptis fortasse non credant usu doce-
buntur.

9. Nunc de iudiciali genere, quod est praecipue multiplex
sed officiis constat duobus, intentionis ac depulsionis. Cuius
partes, ut plurimis auctoribus placuit, quinque sunt:
prohoemium narratio probatio refutatio peroratio. His
adiecerunt quidam partitionem propositionem excessum;
quorum priores duae probationi succidunt. Nam proponere 2
quidem quae sis probaturus necesse est, sed et concludere:
cur igitur, si illa pars causae est, non et haec sit? Partitio
uero dispositionis est species, ipsa dispositio pars rhetorices
et per omnis materias totumque earum corpus aequaliter
fusa, sicut inuentio elocutio: ideoque eam non orationis 3
totius partem unam esse credendum est, sed quaestionum
etiam singularum. Quae est enim quaestio in qua non promittere possit orator quid primo, quid secundo, quid tertio sit
loco dicturus? Quod est proprium partitionis. Quam ergo ridiculum est quaestionem quidem speciem esse probationis,
partitionem autem, quae sit species quaestionis, partem
totius orationis uocari! Egressio uero uel, quod usitatius esse 4
coepit, excessus, siue est extra causam, non potest esse pars
causae, siue est in causa, adiutorium uel ornamentum partium est earum ex quibus egreditur. Nam si quidquid in
causa est pars causae uocabitur, cur non argumentum,

A B] 3 his *A B* 4 deliberant *b* dissentiant *B* 8–9 consulet princeps *B* : et consuli et princ*i*pi *A* 9 credunt *A* 11 DE
PARTIBVS CAVSARVM IVDICIALIVM Nunc *AB* 16 quarum *J*
succedunt *A* 23 enim *om. B* 27 sit *B* : est *a in ras.*

3. 9. 5   M. FABI QVINTILIANI

similitudo, locus communis, adfectus, exempla partes uocen-
5 tur? Tamen nec iis adsentior qui detrahunt refutationem
tamquam probationi subiectam, ut Aristoteles. Haec
enim est quae constituat, illa quae destruat. Hoc quoque
idem aliquatenus nouat, quod prohoemio non narrationem
subiungit sed propositionem; uerum id facit quia propositio
ei genus, narratio species uidetur, et hac non semper, illa
semper et ubique credit opus esse.
6 Verum ex his quas constitui partibus non ut quidque
primum dicendum ita primum cogitandum est, sed ante
omnia intueri oportet quod sit genus causae, quid in ea
quaeratur, quae prosint, quae noceant, deinde quid confirmandum sit ac refellendum, tum quo modo narrandum:
7 expositio enim probationum est praeparatio nec esse utilis
potest nisi prius constituerit quid debeat de probatione promittere. Postremo intuendum quem ad modum iudex sit
conciliandus; neque enim nisi totis causae partibus diligenter inspectis scire possumus qualem nobis facere animum
cognoscentis expediat, seuerum an mitem, concitatum an
remissum, aduersum gratiae an obnoxium.
8 Neque ideo tamen eos probauerim qui scribendum quoque
prohoemium nouissime putant. Nam ut conferri materiam
omnem et quid quoque ⟨loco⟩ sit opus constare debet antequam dicere aut scribere ordiamur, ita incipiendum ab iis
9 quae prima sunt. Nam nec pingere quisquam aut fingere
coepit a pedibus, nec denique ars ulla consummatur ibi unde
ordiendum est. Quid fiet alioqui si spatium componendi orationem stilo non fuerit? Nonne nos haec inuersa consuetudo
deceperit? Inspicienda igitur materia est quo praecepimus
ordine, scribenda quo dicimus.

3–6 *rhet. 1414ᵃ31 seq.*

AB]   2 nec P: neque AB   his AB   3 aristotelis A
7 ei *om.* B   11 quod B: quid A   13 tum B: tunc A
15 constituerit AB (*sc. orator*): constiterit p (*ed. Ven. 1493*)
17 totius *ed. Camp.: fort.* ⟨omnibus⟩ totius   23 loco *add. Regius*
(*cf. e.g. 4. 2. 33*)   decet b (*at cf. 1. 3. 17*)   25 aut A: ac B
27 exordiendum A   29 praecipimus B   30 dicemus A
(*contra numeros*)

INSTITVTIO ORATORIA 3. 10. 5

10. Ceterum causa omnis in qua pars altera agentis est, altera recusantis, aut unius rei controuersia constat aut plurium: haec simplex dicitur, illa coniuncta. Vna controuersia est per se furti, per se adulterii. Plures aut eiusdem generis, ut in pecuniis repetundis, aut diuersi, ut si quis sacrilegii et homicidii simul accusetur. Quod nunc in publicis iudiciis non accidit, quoniam praetor certa lege sortitur, principum autem et senatus cognitionibus frequens est et populi fuit. Priuata quoque iudicia saepe unum iudicem habere multis et diuersis formulis solent. Nec aliae species **2** erunt etiam si unus a duobus dumtaxat eandem rem atque ex eadem causa petet, aut duo ab uno, aut plures a pluribus (quod accidere in hereditariis litibus interim scimus): quia, quamuis in multis personis, causa tamen una est, nisi si condicio personarum quaestiones uariauerit.

Diuersum his tertium genus, quod dicitur comparatiuum. **3** Cuius rei tractatus in parte causae frequens est, ut cum apud centumuiros post alia quaeritur et hoc, uter dignior hereditate sit. Rarum est autem ut in foro iudicia propter id solum constituantur, sicut diuinationes, quae fiunt de accusatore constituendo, et nonnumquam inter delatores, uter praemium meruerit. Adiecerunt quidam numero mutuam **4** accusationem (ἀντικατηγορία uocatur), aliis uidelicet succidere hanc quoque comparatiuo generi existimantibus. Cui similis erit petitionum inuicem diuersarum: quod accidit uel frequentissime. Id si et ipsum uocari debet ἀντικατηγορία (nam proprio caret nomine), duo genera erunt eius: alterum quo litigatores idem crimen inuicem intentant, alterum quo aliud atque aliud: cui et petitionum condicio par est.

Cum apparuerit genus causae, tum intuebimur negeturne **5** factum quod intenditur, an defendatur, an alio nomine appelletur, an a genere actionis repellatur: unde sunt status.

AB] 1 DE GENERIBVS EARVNDEM (EARVNDEM *om. B*) Ceterum *AB* aientis *Vollmer (apud Radermacher)*: *at u. Adamietz* 23 accusationem *A*: accusationem quae *B* (*at u. 3. 6. 57*) ἈΝΤΙΚΑΤΗΓΟΡΙΑC *A* 23–4 succedere *A* 26 id si et *B*: et si id *A*

179

11. His inuentis intuendum deinceps Hermagorae uidetur quid sit quaestio ratio iudicatio continens (uel, ut alii uocant, firmamentum). Quaestio latius intellegitur omnis de qua in utramque partem uel in plures dici credibiliter potest. In iudiciali autem materia dupliciter accipienda est: altero modo quo dicimus multas quaestiones habere controuersiam, quo etiam minores omnis complectimur, altero quo significamus summam illam in qua causa uertitur. De hac nunc loquor, ex qua nascitur status, an factum sit, quid factum sit, an recte factum sit. Has Hermagoras et Apollodorus et alii plurimi scriptores proprie quaestiones uocant, Theodorus, ut dixi, capita generalia, sicut illas minores aut ex illis pendentes specialia: nam et quaestionem ex quaestione nasci et speciem in species diuidi conuenit. Hanc igitur quaestionem ueluti principalem uocant ζήτημα. Ratio autem est qua id quod factum esse constat defenditur. Et cur non utamur eodem quo sunt usi omnes fere exemplo? Orestes matrem occidit: hoc constat. Dicit se iuste fecisse: status erit qualitatis, quaestio an iuste fecerit, ratio quod Clytaemestra maritum suum, patrem Orestis, occidit: hoc αἴτιον dicitur, κρινόμενον autem iudicatio an oportuerit uel nocentem matrem a filio occidi. Quidam diuiserunt αἴτιον et αἰτίαν, ut esset altera propter quam iudicium constitutum est, ut occisa Clytaemestra, altera qua factum defenditur, ut occisus Agamemnon. Sed tanta est circa uerba dissensio ut alii αἰτίαν causam iudicii, αἴτιον autem facti uocent, alii eadem in contrarium uertant. Latinorum quidam haec initium et rationem uocauerunt, quidam utrumque eodem nomine appellant. Causa quoque ex causa, id est αἴτιον ἐξ αἰτίου, nasci uidetur, quale est: occidit Agamemnonem Clytaemestra quia ille filiam communem immolauerat et captiuam paelicem

---

1, 10 et pp. 182. 22, 183. 13 = *Hermag. frg. 18a Matthes*

AB]   1 QVID SIT QVAESTIO RATIO IVDICATIO CONTINENS ET QVATENVS NECESSARIA His *AB*   3 omnis (*sc.* quaestio) *AB*: omnis ⟨res⟩ *Spalding*   10 an recte factum sit *om. A*   14 hanc igitur *B*: *inu. ord. A*

INSTITVTIO ORATORIA   3. 11. 12

adducebat. Idem putant et sub una quaestione esse plures rationes, ut si Orestes et alteram adferat causam matris necatae, quod responsis sit inpulsus: quot autem causas faciendi, totidem iudicationes; nam et haec erit iudicatio, an responsis parere debuerit. Sed et una causa plures habere 7 quaestiones et iudicationes, ut ego arbitror, potest: ut in eo qui, cum adulteram deprensam occidisset, adulterum, qui tum effugerat, postea in foro occidit; causa enim est una: adulter fuit. Quaestiones et iudicationes an illo tempore, an illo loco licuerit occidere. Sed sicut, cum sint plures quae- 8 stiones omnesque suos status habeant, causae tamen status unus est ad quem referuntur omnia, ita iudicatio maxime propria de qua pronuntiatur. Συνέχον autem, quod, ut dixi, 9 continens alii, firmamentum alii putant, Cicero firmissimam argumentationem defensoris et adpositissimam ad iudicationem, quibusdam id uidetur esse post quod nihil quaeritur, quibusdam id quod ad iudicationem firmissimum adfertur. Causa facti non in omnis controuersias cadit; nam quae 10 fuerit causa faciendi ubi factum negatur? At ubi causa tractetur, negant eodem loco esse iudicationem quo quaestionem, idque et in rhetoricis Cicero et in Partitionibus dicit. Nam in coniectura est quaestio ex illo: factum, non factum, 11 an factum sit. Ibi ergo iudicatio ubi quaestio, quia in eadem re prima quaestio et extrema disceptatio. At in qualitate: matrem Orestes occidit recte, non recte, an recte occiderit quaestio, nec statim iudicatio. Quando ergo? 'Illa patrem meum occiderat.' 'Sed non ideo tu matrem debuisti occidere.' An debuerit: hic iudicatio. Firmamentum autem uerbis ipsius 12 ponam: 'si uelit Orestes dicere eius modi animum matris suae fuisse in patrem suum, in se ipsum ac sorores, in regnum, in famam generis et familiae, ut ab ea poenas liberi

14 *inu. 1. 19*   21 *ibid.: part. orat. 104*   29 *inu. 1. 19*

AB]   6 et *om. A*   9–10 tempore...loco *B*: loco...tempore *A*
12 est *Gesner*: sit *AB*   15 appositissimam *t* (*cf. Cic.*): adpotissimam *B*: potentissimam *A*: aptissimam *R*   16 quibusdam... quaeritur *repetit B*   19 at *t*: aut *AB*   30 fuisse *om. B*

181

13 potissimum sui petere debuerint.' Vtuntur alii et talibus exemplis: 'qui bona paterna consumpserit, ne contionetur: in opera publica consumpsit': quaestio an quisquis con- **14** sumpserit prohibendus sit, iudicatio an qui sic. Vel in causa militis Arrunti, qui Lusium tribunum uim sibi inferentem interfecit, quaestio an iure fecerit, ratio quod is uim adferebat, iudicatio an indemnatum, an tribunum a milite occidi **15** oportuerit. Alterius etiam status quaestionem, alterius iudicationem putant. Quaestio qualitatis, an recte Clodium Milo occiderit, iudicatio coniecturalis, an Clodius insidias fecerit. **16** Ponunt et illud, saepe causam in aliquam rem dimitti quae non sit propria quaestionis, et de ea iudicari. A quibus multum dissentio. Nam et illa quaestio 'an omnes qui paterna bona consumpserint contione sint prohibendi' habeat oportet suam iudicationem. Ergo non alia quaestio, alia iudicatio **17** erit, sed plures quaestiones et plures iudicationes. Quid? non in causa Milonis ipsa coniectura refertur ad qualitatem? Nam si est insidiatus Clodius, sequitur ut recte sit occisus. Cum uero in aliquam rem missa causa est, recessum est a quaestione quae erat, et hic constituta quaestio ubi iudicatio est. **18** Paulum in his secum etiam Cicero dissentit. Nam in rhetoricis, quem ad modum supra dixi, Hermagoran est secutus: in Topicis ex statu effectam contentionem κρινόμενον existimat, idque Trebatio, qui iuris erat consultus, adludens 'qua de re agitur' appellat: quibus id contineatur 'continentia', 'quasi firmamenta defensionis, quibus sublatis defensio nulla **19** sit'. At in Partitionibus Oratoriis firmamentum quod opponitur defensioni, quia continens, quod primum sit, ab accusatore dicatur, ratio a reo, ex rationis et firmamenti quaestione disceptatio sit iudicationum.

23 95   27 *103-4*

AB]   1 potissimum sui *A*: potissimum *B*: sui potissimum *J* (*ut Cic.*)   2 continetur *B*   4 sic *B*: sit *A*   17 referatur *B*   19 est a *A*: et a *B*   20 erat et *A*: erat *B*: *locum interpretati sunt Woehrer 1909, Stroux 1930*   24 alludens *A*: adludus *B*   28 quod primum sit *non recte noster* (*u. Spalding*)   29 a reo *B*: ideo *a* (*A*[1] adeo?*)

INSTITVTIO ORATORIA 3. 11. 26

Verius igitur et breuius qui statum et continens et iudicationem esse uoluerunt: continens autem id esse quo sublato lis esse non possit. Hoc mihi uidentur utramque causam 20 complexi, et quod Orestes matrem et quod Clytaemestra Agamemnonem occiderit. Idem iudicationem et statum consentire semper existimarunt: neque enim aliud eorum rationi conueniens fuisset.

Verum haec adfectata subtilitas circa nomina rerum am- 21 bitiose laboret, a nobis in hoc adsumpta solum, ne parum diligenter inquisisse de opere quod adgressi sumus uideremur. Simplicius autem instituenti non est necesse per tam minutas rerum particulas rationem docendi concidere. Quo 22 uitio multi quidem laborarunt, praecipue tamen Hermagoras, uir alioqui subtilis et in plurimis admirandus, tantum diligentiae nimium sollicitae, ut ipsa eius reprehensio laude aliqua non indigna sit. Haec autem breuior et uel ideo luci- 23 dior multo uia neque discentem per ambages fatigabit, nec corpus orationis in parua momenta diducendo consumet. Nam qui uiderit quid sit quod in controuersiam ueniat, quid in eo et per quae uelit efficere pars diuersa, quid nostra, quod in primis est intuendum, nihil eorum ignorare de quibus supra diximus poterit. Neque est fere quisquam, modo non 24 stultus atque ab omni prorsus usu dicendi remotus, quin sciat et quid litem faciat (quod ab illis causa uel continens dicitur), et quae sit inter litigantes quaestio, et de quo iudicari oporteat: quae omnia idem sunt. Nam et de eo quaestio est quod in controuersiam uenit, et de eo iudicatur de quo quaestio est. Sed non perpetuo intendimus in haec animum 25 et cupiditate laudis utcumque adquirendae uel dicendi uoluptate euagamur, quando uberior semper extra causam materia est, quia in controuersia pauca sunt, extra omnia, et hic dicitur de iis quae accepimus, illic de quibus uolumus. Nec tam hoc praecipiendum est, ut quaestionem continens 26

AB]   1 qui *B* (*cf. e.g. 3. 8. 25*): hi qui *A*   2 uoluerint *B*
9 labora*t** *A*   14 mirandus *A*   18 ducendo *A*   20 uellit *B*   26 oportet *B*   32 his *AB*

183

iudicationem inueniamus (nam id quidem facile est), quam ut intueamur semper, aut certe, si digressi fuerimus, saltem respiciamus, ne plausum adfectantibus arma excidant.

27 Theodori schola, ut dixi, omnia refert ad capita. His plura intelleguntur, uno modo summa quaestio item ut status, altero ceterae quae ad summam referuntur, tertio propositio cum adfirmatione, ut dicimus 'caput rei est' et apud Menandrum κεφάλαιόν ἐστιν. In uniuersum autem quidquid probandum est erit caput, sed id maius aut minus.

28 Et quoniam quae de his erant a scriptoribus artium tradita uerbosius etiam quam necesse erat exposuimus, praeterea quae partes essent iudicialium causarum supra dictum est, proximus liber a prima, id est exordio, incipiet.

8 *georg.* 75

AB] 2 certa *B* 6 cetera *A* 7 et *om. B* 7–8 et apud... ἐστιν *post Spaldingium del. Radermacher* 10 a *om. B* 12 essent *B*: **sint *A* 13 a *om. B* exordio incipiet *A* : exordia concipiet *B*

LIBER QVARTVS

PROHOEMIVM

Perfecto, Marcelle Vitori, operis tibi dicati tertio libro et **1**
iam quarta fere laboris parte transacta, noua insuper mihi
diligentiae causa et altior sollicitudo quale iudicium hominum emererer accessit. Adhuc enim uelut studia inter nos
conferebamus, et si parum nostra institutio probaretur a
ceteris, contenti fore domestico usu uidebamur, ut tui
meique filii formare disciplinam satis putaremus. Cum uero **2**
mihi Domitianus Augustus sororis suae nepotum delegauerit
curam, non satis honorem iudiciorum caelestium intellegam
nisi ex hoc oneris quoque magnitudinem metiar. Quis enim **3**
mihi aut mores excolendi sit modus, ut eos non inmerito probauerit sanctissimus censor, aut studia, ne fefellisse in iis
uidear principem ut in omnibus, ita in eloquentia quoque
eminentissimum? Quod si nemo miratur poetas maximos **4**
saepe fecisse ut non solum initiis operum suorum Musas
inuocarent, sed prouecti quoque longius, cum ad aliquem
grauiorem uenissent locum, repeterent uota et uelut noua
precatione uterentur, mihi quoque profecto poterit ignosci **5**
si, quod initio quo primum hanc materiam inchoaui non
feceram, nunc omnis in auxilium deos ipsumque in primis
quo neque praesentius aliud nec studiis magis propitium
numen est inuocem, ut, quantum nobis expectationis adiecit,
tantum ingenii adspiret dexterque ac uolens adsit et me
qualem esse credidit faciat. Cuius mihi religionis non haec **6**
sola ratio quae maxima est, sed alioqui sic procedit ipsum
opus ut maiora praeteritis ac magis ardua sint quae

AB] 2 PROHOEMIVM *titulum praebet B* (prooemium *A in indice*)
3 marcelle *p**: M. *B*: marce *A*   dedicati *B* (*at cf. 1 pr. 6*)   4 noue *B*
6 mererer *A*   uel *A*   20 praefatione *Nolte*   21 initium *B*
quo *AB* (*cf. 4. 1. 53*): quom *Halm* (cum iam *Regius*)   22 deos
om. *B*   23 propitium *A*: proprium *B*

4 PR. 7   M. FABI QVINTILIANI

ingredior. Sequitur enim ut iudicialium causarum, quae sunt maxime uariae atque multiplices, ordo explicetur: quod prohoemii sit officium, quae ratio narrandi, quae probationum fides, seu proposita confirmamus siue contra dicta dissoluimus, quanta uis in perorando, seu reficienda breui repetitione rerum memoria est iudicis, siue adfectus, quod **7** est longe potentissimum, commouendi. De quibus partibus singulis quidam separatim scribere maluerunt uelut onus totius corporis ueriti, et sic quoque compluris de una quaque earum libros ediderunt. Quas ego omnis ausus contexere prope infinitum laborem prospicio et ipsa cogitatione suscepti muneris fatigor. Sed durandum est, quia coepimus, et si uiribus deficiemur, animo tamen perseuerandum.

1. Quod principium Latine uel exordium dicitur, maiore quadam ratione Graeci uidentur prohoemium nominasse, quia a nostris initium modo significatur, illi satis clare partem hanc esse ante ingressum rei de qua dicendum sit osten-**2** dunt. Nam siue propterea quod οἴμη cantus est et citharoedi pauca illa quae antequam legitimum certamen inchoent emerendi fauoris gratia canunt prohoemium cognominauerunt, oratores quoque ea quae prius quam causam exordiantur ad conciliandos sibi iudicum animos praelocuntur eadem **3** appellatione signarunt, siue, quod οἶμον idem Graeci uiam appellant, id quod ante ingressum rei ponitur sic uocare est institutum: certe prohoemium est quod apud iudicem dici prius quam causam cognouerit possit, uitioseque in scholis facimus quod exordio semper sic utimur quasi causam iudex **4** iam nouerit. Cuius rei licentia ex hoc est, quod ante declamationem illa uelut imago litis exponitur. Sed in foro quoque

16–25 clare ... institutum *exscripsit* '*Cassiodorus*' *pp. 501. 41–502. 6*

AB]   4 fides *A* : sit fides *B*   11 finitimum *B*   13 deficiemus *A*   14 DE EXORDIO Quod *AB*   16 illis *A*   clare *B*, '*Cass.*' : claret *A*   20–1 cognominauerunt *B* (-narunt '*Cass.*') : nominauerunt *A*   23 ΟΙΜΟΝ idem *B*: ΟΙΜΟΝ '*Cass.*' : hoemo*niden A*   24 ingressum *A*, '*Cass.*' : -sse *B*   25 dici *om. B*   26 possit *A* : prosit *B*   28 cui *A*   29 illam *B*

INSTITVTIO ORATORIA 4. 1. 9

contingere istud principiorum genus secundis actionibus potest, primis quidem raro umquam, nisi forte apud eum cui res aliunde iam nota sit dicimus.

Causa principii nulla alia est quam ut auditorem quo sit 5 nobis in ceteris partibus accommodatior praeparemus. Id fieri tribus maxime rebus inter auctores plurimos constat, si beniuolum attentum docilem fecerimus, non quia ista non per totam actionem sint custodienda, sed quia initiis praecipue necessaria, per quae in animum iudicis ut procedere ultra possimus admittimur.

Beniuolentiam aut a personis duci aut a causis accepimus. 6 Sed personarum non est, ut plerique crediderunt, triplex ratio, ex litigatore et aduersario et iudice: nam exordium duci nonnumquam etiam ab actore causae solet. Quamquam 7 enim pauciora de se ipso dicit et parcius, plurimum tamen ad omnia momenti est in hoc positum, si uir bonus creditur. Sic enim continget ut non studium aduocati uideatur adferre, sed paene testis fidem. Quare in primis existimetur uenisse ad agendum ductus officio uel cognationis uel amicitiae, maximeque, si fieri poterit, rei publicae aut alicuius certe non mediocris exempli. Quod sine dubio multo magis ipsis litigatoribus faciendum est, ut ad agendum magna atque honesta ratione aut etiam necessitate accessisse uideantur. Sed ut praecipua in hoc dicentis auctoritas, si omnis in 8 subeundo negotio suspicio sordium aut odiorum aut ambitionis afuerit, ita quaedam in his quoque commendatio tacita, si nos infirmos, inparatos, inpares agentium contra ingeniis dixerimus, qualia sunt pleraque Messalae prohoemia. Est enim naturalis fauor pro laborantibus, et 9 iudex religiosus libentissime patronum audit quem iustitiae suae minime timet. Inde illa ueterum circa occultandam

4 § 5 → *Vt. p. 421. 32–5*, 'Cassiodorus' *p. 502. 7–10*

AB]   3 aliunde iam *B*: *inu. ord. A*   6 actores *B*   11 ducimus *A*   accipimus *A*   17 contingit *A*   20 potuerit *A*
21 exemplo *W. Meyer (inter addenda ed. Halm.)*   27 inparatos *A*: *om. B*   28 ingeniis *B*: ingentes *A*

187

eloquentiam simulatio, multum ab hac nostrorum temporum iactatione diuersa. Vitandum etiam ne contumeliosi maligni superbi maledici in quemquam hominem ordinemue uideamur, praecipueque eorum qui laedi nisi aduersa iudicum uoluntate non possint. Nam in iudicem ne quid dicatur non modo palam sed quod omnino intellegi possit stultum erat monere, nisi fieret. Etiam partis aduersae patronus dabit exordio materiam, interim cum honore, si eloquentiam eius et gratiam nos timere fingendo ut ea suspecta sint iudici fecerimus, interim per contumeliam, sed hoc perquam raro, ut Asinius pro Vrbiniae heredibus Labienum aduersarii patronum inter argumenta causae malae posuit. Negat haec prohoemia esse Cornelius Celsus quia sint extra litem: sed ego cum auctoritate summorum oratorum magis ducor, tum pertinere ad causam puto quidquid ad dicentem pertinet, cum sit naturale ut iudices iis quos libentius audiunt etiam facilius credant. Ipsius autem litigatoris persona tractanda uarie est: nam tum dignitas eius adlegatur, tum commendatur infirmitas. Nonnumquam contingit relatio meritorum, de quibus uerecundius dicendum erit sua quam aliena laudanti. Multum agit sexus aetas condicio, ut in feminis senibus pupillis, liberos parentes coniuges adlegantibus: nam sola rectum quoque iudicem inclinat miseratio. Degustanda tamen haec prohoemio, non consumenda. Aduersarii uero persona prope isdem omnibus sed e contrario ductis inpugnari solet. Nam et potentes sequitur inuidia et humiles abiectosque contemptus et turpes ac nocentes odium, quae tria sunt ad alienandos iudicum animos potentissima. Neque haec dicere sat est, quod datur etiam imperitis; pleraque augenda ac minuenda ut expediet: hoc enim oratoris est, illa causae.

11 *ORF p. 522*   13 *frg. rhet. 8 Marx*   17 §§ *13–14 → Vt. p. 422. 2–6*

AB]   1 multo *B*   6 sed *B*: sed ne *A*   7 etiam *A*: etenim *B*   9 et *A*: ad *B* (*unde* ac *E*)   11 urbinae *A*   21 multum agit *B* (*cf.* prosunt *Vt.*): multo magis *A*   ut *om. B*   27 contemptio *B*

INSTITVTIO ORATORIA 4. 1. 21

Iudicem conciliabimus nobis non tantum laudando eum, **16**
quod et fieri cum modo debet et est tamen parti utrique
commune, sed si laudem eius ad utilitatem causae nostrae
coniunxerimus, ut adlegemus pro honestis dignitatem illi
suam, pro humilibus iustitiam, pro infelicibus misericordiam, pro laesis seueritatem, et similiter cetera. Mores **17**
quoque, si fieri potest, iudicis uelim nosse. Nam prout asperi
lenes, iucundi graues, duri remissi erunt, aut adsumere in
causam naturas eorum qua competent aut mitigare qua
repugnabunt oportebit. Accidit autem interim hoc quoque, **18**
ut aut nobis inimicus aut aduersariis sit amicus qui iudicat:
quae res utrique parti tractanda est ac nescio an etiam ei
magis in quam uideatur propensior. Est enim nonnumquam
prauus hic ambitus, aduersus amicos aut pro iis quibuscum
simultates gerant pronuntiandi, faciendique iniuste ne fecisse
uideantur. Fuerunt etiam quidam suarum rerum iudices. **19**
Nam et in libris obseruationum a Septimio editis adfuisse
Ciceronem tali causae inuenio, et ego pro regina Berenice
apud ipsam eam dixi. Similis hic quoque superioribus ratio
est: aduersarius enim fiduciam partis suae iactat, patronus
timet cognoscentis uerecundiam. Praeterea detrahenda uel **20**
confirmanda opinio, si quam praecipue domo uidebitur iudex
attulisse. Metus etiam nonnumquam est amouendus, ut
Cicero pro Milone ne arma Pompei disposita contra se
putarent laborauit, nonnumquam adhibendus, ut idem in
Verrem facit. Sed adhibendi modus alter ille frequens et **21**
fauorabilis, ne male sentiat populus Romanus, ne iudicia
transferantur, alter autem asper et rarus, quo minatur corruptis accusationem, et id quidem in consilio ampliore
utcumque tutius (nam et mali inhibentur et boni gaudent),

1 §§ *16–17* → *Vt. p. 422. 6–14*   21 § *20* → *Vt. p. 422. 14–15*
24 *1 seq.*

AB]   11 aduersario *B*   12 etiam *om. B*   13 uidetur *B*
14 prauus *E*: paruus *A*: prauis *B*: *fort.* peruersus   17 septimino *AB*
19–20 ratio est aduersarius *om. B*   22 praecipue *hic B, ante* si *A*:
om. Vt., del. Radermacher, fort. recte   27 populus Romanus] pr
B (*ut fere*): praetor *A*

189

apud singulos uero numquam suaserim, nisi defecerint
22 omnia. Quod si necessitas exiget, non erit iam ex arte oratoria, non magis quam appellare, etiamsi id quoque saepe
utile est, aut antequam pronuntiet reum facere; nam et
minari et deferre etiam non orator potest.
23 Si causa conciliandi nobis iudicis materiam dabit, ex hac
potissimum aliqua in usum principii quae maxime fauorabilia uidebuntur decerpi oportebit. Quo in loco Verginius
fallitur, qui Theodoro placere tradit ut ex singulis quaes-
24 tionibus singuli sensus in prohoemium conferantur. Nam ille
non hoc dicit, sed ad potentissimas quaestiones iudicem
praeparandum: in quo uitii nihil erat, nisi in uniuersum id
praeciperet, quod nec omnis actio patitur nec omnis causa
desiderat. Nam protinus a petitore primo loco, dum ignota
iudici lis est, quo modo ex quaestionibus ducemus sententias? Nimirum res erunt indicandae prius. Demus aliquas
(nam id exiget ratio nonnumquam): etiamne potentissimas
omnis, id est totam causam? Sic erit in prohoemio peracta
25 narratio. Quid uero si, ut frequenter accidit, paulo est durior
causa? Non beniuolentia iudicis petenda ex aliis partibus
erit, sed, non ante conciliato eius animo, nuda quaestionum
committetur asperitas: quae si recte semper initio dicendi
26 tractarentur, nihil prohoemio opus esset. Aliqua ergo nonnumquam quae erunt ad conciliandum nobis iudicem potentissima non inutiliter interim ex quaestionibus in exordio
locabuntur. Quae sint porro in causis fauorabilia enumerare
non est necesse, quia et manifesta erunt cognita cuiusque
controuersiae condicione et omnia colligi in tanta litium
27 uarietate non possunt. Vt autem haec inuenire et augere, ita
quod laedit aut omnino repellere aut certe minuere ex causa

23 §§ 26–9 → *Vt. p. 422. 15–25*

AB]   2 exigit *B*   13 actio *B*: quaestio *A*   16 iudi-
candae *A*   17 exigit *B*   19 durior *om. B*   21 non ⟨nisi⟩
1434   conciliatum . . . animum *Burman*   23–4 numquam *B*   26 fauorabilia *A* (fab-), *Vt.*: fauorabiles *B*   27 quia
A: quae *B*

INSTITVTIO ORATORIA 4. 1. 33

est. Miseratio quoque aliquando ex eadem uenit, siue quid passi sumus graue siue passuri. Neque enim sum in hac 28 opinione qua quidam, ut eo distare prohoemium ab epilogo credam, quod in hoc praeterita, in illo futura dicantur, sed
5 quod in ingressu parcius et modestius praetemptanda sit iudicis misericordia, in epilogo uero liceat totos effundere adfectus, et fictam orationem induere personis et defunctos excitare et pignora reorum producere: quae minus in exordiis sunt usitata. Sed haec quae supra dixi non mouere tan- 29
10 tum uerum ex diuerso amoliri quoque prohoemio opus est. Vt autem nostrum miserabilem si uincamur exitum, ita aduersariorum superbum si uicerint utile est credi.

Sed ex iis quoque quae non sunt personarum nec causarum 30 uerum adiuncta personis et causis duci prohoemia solent.
15 Personis adplicantur non pignora modo, de quibus supra dixi, sed propinquitates, amicitiae, interim regiones etiam ciuitatesque et si quid aliud eius quem defendimus casu laedi potest. Ad causam extra pertinet tempus, unde principium 31 pro Caelio, locus, unde pro Deiotaro, habitus, unde pro
20 Milone, opinio, unde in Verrem, deinceps, ne omnia enumerentur, fama iudiciorum, expectatio uulgi: nihil enim horum in causa est, ad causam tamen pertinent. Adicit 32 Theophrastus ab †oratione† principium, quale uidetur esse Demosthenis pro Ctesiphonte ut sibi dicere suo potius arbi-
25 trio liceat rogantis quam eo modo quem accusator actione praescripserit.

Fiducia ipsa solet opinione adrogantiae laborare. Faciunt 33

3–9 quidam . . . usitata → 'Cassiodorus' p. 502. 12–16
27 §§ 33–5 → Vt. pp. 422. 32–6, 423. 3–7

AB]   1 quod A   4 dicantur B (et 'Cass.', diuersa tamen constructione): -entur A   5 in B, Vt., 'Cass.': om. A   sit A, 'Cass.': est B   8 reorum A, 'Cass.': eorum B   in A, 'Cass.': om. B
13 his AB   17 casu laedi B: causale duci A   18 pertinet B (cf. e.g. § 13 agit): -ent A   20–1 enumerentur fama B: enumerem infamia A   22 pertinet B   23 oratione AB (sc. aduersarii? cf. §54): actione p (ed. Ald.): alii alia (fort. optatione)   25 accusator actione B: inu. ord. A   26 praescripseris B

191

fauorem et illa paene communia, non tamen omittenda uel ideo ne occupentur: optare, abominari, rogare, sollicitum agere, quia plerumque attentum iudicem facit si res agi uidetur noua magna atrox, pertinens ad exemplum, praecipue tamen si iudex aut sua uice aut rei publicae commouetur: cuius animus spe metu admonitione precibus, uanitate **34** denique, si id profuturum credemus, agitandus est. Sunt et illa excitandis ad audiendum non inutilia, si nos neque diu moraturos neque extra causam dicturos existiment. Docilem sine dubio et haec ipsa praestat attentio, sed et illud, si breuiter et dilucide summam rei de qua cognoscere debeat indicarimus (quod Homerus atque Vergilius operum suorum **35** principiis faciunt): nam is eius rei modus est ut propositioni similior sit quam expositioni, nec quo modo quidque sit actum sed de quibus dicturus sit orator ostendat. Nec uideo quod huius rei possit apud oratores reperiri melius exem- **36** plum quam Ciceronis pro A. Cluentio. 'Animaduerti, iudices, omnem accusatoris orationem in duas diuisam esse partes: quarum altera mihi niti et magno opere confidere uidebatur inuidia iam inueterata iudicii Iuniani, altera tantum modo consuetudinis causa timide et diffidenter attingere rationem ueneficii criminum, qua de re lege est haec quaestio constituta'. Id tamen totum respondenti facilius est quam pro- **37** ponenti, quia hic admonendus iudex, illic docendus est. Nec me quamquam magni auctores in hoc duxerint, ut non semper facere attentum ac docilem iudicem uelim: non quia nesciam, id quod ab illis dicitur, esse pro mala causa qualis ea sit non intellegi, uerum quia istud non neglegentia iudicis **38** contingit, sed errore. Dixit enim aduersarius et fortasse persuasit: nobis opus est eius diuersa opinione, quae mutari

17 1

AB]   3 attentum ⟨quoque⟩ *Regius: nescio an lacuna ante hoc uerbum statuenda sit*: agere. Quia (*deinde* huius *pro* cuius l. 6) *Kiderlin 1885*   7 credimus *A*   12 indicauerimus *A* (indicemus *Vt.*)   13 is eius *A* (cuius *Vt.*): istius *B*   14 quidque *A, Vt.*: quoque *B*   17 a *B*: *om. A*   19 inniti *A*   21 difficulter *A*   30 mutuari *A*

INSTITVTIO ORATORIA 4. 1. 43

non potest nisi illum fecerimus ad ea quae dicemus docilem et intentum. Quid ergo est? Inminuenda quaedam et eleuanda et quasi contemnenda esse consentio ad remittendam intentionem iudicis quam aduersario praestat, ut fecit pro Ligario Cicero. Quid enim agebat aliud ironia illa quam ut **39** Caesar minus se in rem tamquam non nouam intenderet? Quid pro Caelio, quam ut res expectatione minor uideretur?

Verum ex iis quae proposuimus aliud in alio genere causae **40** desiderari palam est. Genera porro causarum plurimi quinque fecerunt: honestum, humile, dubium uel anceps, admirabile, obscurum, id est ἔνδοξον, ἄδοξον, ἀμφίδοξον, παράδοξον, δυσπαρακολούθητον: quibus recte uidetur adici turpe, quod alii humili, alii admirabili subiciunt. Admirabile autem **41** uocant quod est praeter opinionem hominum constitutum. In ancipiti maxime beniuolum iudicem, in obscuro docilem, in humili attentum parare debemus. Nam honestum quidem ad conciliationem satis per se ualet: in admirabili et turpi remediis opus est. Et eo quidam exordium in duas diuidunt **42** partis, principium et insinuationem, ut sit in principiis recta beniuolentiae et attentionis postulatio: quae quia esse in turpi causae genere non possit, insinuatio subrepat animis, maxime ubi frons causae non satis honesta est, uel quia res sit improba uel quia hominibus parum probetur, aut si facie quoque ipsa premitur uel inuidiosa consistentis ex diuerso patroni aut patris uel miserabili senis caeci infantis. Et qui- **43** dem quibus aduersus haec modis sit medendum uerbosius tradunt, materiasque ipsi sibi fingunt et ad morem actionum prosecuntur: sed hae, cum oriantur ex causis, quarum species consequi omnes non possumus, nisi generaliter comprenduntur

AB] 2–3 eleuanda *ed. Col. 1521* (*cf.* 6. 4. 10): laeuanda *A*: leuanda *B* 3 contempnenda *B*: contendenda *A* 4 quam *B*: quae *A* praestatur *A* 6 se *om. A* 8 proposui *B* 12 quibus *A*¹ (quibusdam *a*): sunt quibus *B* (*unde* uideatur *B*²) 17 in *om. A* 18 et *om. A* quidem *B* 20 quia *om. B* (*prob. Kiderlin 1887-2, ita ut* subrepat *ad illud* ut *l. 19 referatur*) esse *A*: est *B* 21 animus *B* 22 frons *A*: fors *B* 25 miserabilis *AB*: *corr. Spalding* 25–6 quidam *A* 27 ipsi sibi *B*: *inu. ord. A* 28 hae *ed. Vasc. 1542*: haec *AB*

193

44 in infinitum sunt extrahendae. Quare singulis consilium ex propria ratione nascetur. Illud in uniuersum praeceperim, ut ab iis quae laedunt ad ea quae prosunt refugiamus: si causa laborabimus, persona subueniat, si persona, causa; si nihil quod nos adiuuet erit, quaeramus quid aduersarium laedat; nam ut optabile est plus fauoris mereri, sic proxi-
45 mum odii minus. In iis quae negari non poterunt elaborandum ut aut minora quam dictum est aut alia mente facta aut nihil ad praesentem quaestionem pertinere aut emendari posse paenitentia aut satis iam punita uideantur. Ideoque agere aduocato quam litigatori facilius, quia et laudat sine adrogantiae crimine et aliquando utiliter etiam reprehendere
46 potest. Nam se quoque moueri interim finget, ut pro Rabirio Postumo Cicero, dum aditum sibi ad aures faciat et auctoritatem induat uera sentientis, quo magis credatur uel defendenti eadem uel neganti. Ideoque hoc primum intuemur, litigatoris an aduocati persona sit utendum, quotiens utrumque fieri potest; nam id in schola liberum est, in foro rarum
47 ut sit idoneus suae rei quisque defensor. Declamaturus autem maxime positas in adfectibus causas propriis personis debet induere. Hi sunt enim qui mandari non possunt, nec eadem
48 ui perfertur alieni animi qua sui motus. His etiam de causis insinuatione uidetur opus esse si aduersarii actio iudicum animos occupauit, si dicendum apud fatigatos est; quorum alterum promittendo nostras probationes et aduersas eludendo uitabimus, alterum spe breuitatis et iis quibus atten-
49 tum fieri iudicem docuimus. Et urbanitas oportuna reficit animos et undecumque petita iudicis uoluptas leuat taedium. Non inutilis etiam est ratio occupandi quae uidentur obstare, ut Cicero dicit scire se mirari quosdam quod is qui per tot

1 § 44 → *Vt. p. 422. 25–8*   27 § 49 → *Vt. p. 422. 28–30*   30 *diu. Caec.* 1

AB]   4 laborabimus *A, Vt.*: -auimus *B*   6 nam ut *B*: ut enim *A*   7 potuerint *A*   14 aditus *B*   16 intuebimur *Spalding* (intueamur *iam F*)   19 sui *B*   22 perfertur *AB* (*cf. 8 pr. 15*): profer(un)tur *Slothouwer*   quam *A*   25–6 elue*ndo *A*   26 spe *B* (*prob. Kiderlin 1887-2*): et spe *A*   28 uoluntas *B*   30 minari *B* (∼ *Vt.*)

INSTITVTIO ORATORIA   4. 1. 54

annos defenderit multos, laeserit neminem, ad accusandum Verrem descenderit. Deinde ostendit hanc ipsam esse sociorum defensionem: quod schema πρόλημψις dicitur. Id cum **50** sit utile aliquando, nunc a declamatoribus quibusdam paene semper adsumitur, qui fas non putant nisi a contrario incipere.

Negant Apollodorum secuti tris esse de quibus supra diximus praeparandi iudicis partes, sed multas species enumerant, ut ex moribus iudicis, ex opinionibus ad causam extra pertinentibus, ex opinione de ipsa causa, quae sunt prope infinitae, tum iis ex quibus omnes controuersiae constant, personis factis dictis causis temporibus locis occasionibus ceteris. Quas ueras esse fateor, sed in haec genera reccidere. **51** Nam si iudicem beniuolum attentum docilem habeo, quid amplius debeam optare non reperio: cum metus ipse, qui maxime uidetur esse extra haec, et attentum iudicem faciat et ab aduerso fauore deterreat.

Verum quoniam non est satis demonstrare discentibus **52** quae sint in ratione prohoemii, sed dicendum etiam quo modo perfici facillime possint, hoc adicio, ut dicturus intueatur cui, apud quem, pro quo, contra quem, quo tempore, quo loco, quo rerum statu, qua uulgi fama dicendum sit: quid iudicem sentire credibile sit antequam incipimus: tum quid aut desideremus aut deprecemur. Ipsa illum natura eo ducet ut sciat quid primum dicendum sit. At nunc omne quo **53** coeperunt prohoemium putant, et ut quidque succurrit, utique si aliqua sententia blandiatur, exordium. Multa autem sine dubio sunt et aliis partibus causae communia, nihil tamen in quaque melius dicitur quam quod aeque bene dici alibi non possit. Multum gratiae exordio est quod **54**

17 § 52 → Vt. p. 421. 19–23   29 § 54 → Vt. p. 422. 30–2

AB]   2 inde A   esse om. B   6 supra om. B   8–9 ad causam ... ex opinione om. B   10 tum A (cf. 10. 7. 9): cum B   19 perfici P: perspici AB   20 cui A: qui B, Vt.: quid 1434   23 quid aut B: quid A   eo om. B   24 quo A: quod B   27 sunt et A: ex aliis partibus sunt aut B   28 ducitur B   29 exordium A (∼ Vt.)

195

ab actione diuersae partis materiam trahit: hoc ipso quod non compositum domi sed ibi atque ex re natum et facilitate famam ingenii auget et facie simplicis sumptique ex proximo sermonis fidem quoque adquirit, adeo ut, etiam si reliqua scripta atque elaborata sint, tamen plerumque uideatur tota extemporalis oratio cuius initium nihil praeparati habuisse
55 manifestum est. Frequentissime uero prohoemium decebit et sententiarum et compositionis et uocis et uultus modestia, adeo ut in genere causae etiam indubitabili fiducia se ipsa nimium exerere non debeat. Odit enim iudex fere litigantis securitatem, cumque ius suum intellegat tacitus reuerentiam
56 postulat. Nec minus diligenter ne suspecti simus ulla parte uitandum est, propter quod minime ostentari debet in principiis cura, quia uidetur ars omnis dicentis contra iudicem
57 adhiberi. Sed ipsum istud euitare summae artis; nam id sine dubio ab omnibus, et quidem optime, praeceptum est, uerum aliquatenus temporum condicione mutatur, quia iam quibusdam in iudiciis, maximeque capitalibus aut apud centumuiros, ipsi iudices exigunt sollicitas et accuratas actiones, contemnique se nisi in dicendo etiam diligentia appareat credunt, nec doceri tantum sed etiam delectari uolunt.
58 Et est difficilis huius rei moderatio: quae tamen ita temperari potest ut uideamur accurate, non callide dicere. Illud ex praeceptis ueteribus manet, ne quod insolens uerbum, ne audacius tralatum, ne aut ab obsoleta uetustate aut poetica
59 licentia sumptum in principio deprehendatur. Nondum enim recepti sumus et custodit nos recens audientium intentio: magis conciliatis animis et iam calentibus haec libertas feretur, maximeque cum in locos fuerimus ingressi, quorum naturalis ubertas licentiam uerbi notari circumfuso nitore

7 §§ 55–6, 58–9 → *Vt. p. 423. 17–26*

AB] 3 facile *A*   ex *A* : et *B*   6 praeparatum *B*   10 exercere *A*   12 ulla *AB* : illa *Burman* (in illa *Regius*)   13 est *om. B*   14 quia *om. B*   17 temporum *B* : tempus cum *A*   18 iam *om. B*   23 illud *om. A*   25 poetica *A* (*et Vt., sed fort. diuersa constructione*) : a poetica *B*   30 circumfuse *ut uid. B*

INSTITVTIO ORATORIA   4. 1. 66

non patitur. Nec argumentis autem nec locis nec narrationi **60**
similis esse in prohoemio debet oratio, neque tamen deducta
semper atque circumlita, sed saepe simplici atque inlaboratae similis nec uerbis uultuque nimia promittens; dissimu-
5 lata enim et, ut Graeci dicunt, ἀνεπίφαντος actio melius saepe
subrepit. Sed haec prout formari animum iudicum expediet.

Turbari memoria uel continuandi uerba facultate destitui **61**
nusquam turpius, cum uitiosum prohoemium possit uideri
cicatricosa facies: et pessimus certe gubernator qui nauem
10 dum portu egreditur impegit. Modus autem principii pro **62**
causa; nam breue simplices, longius perplexae suspectaeque
et infames desiderant. Ridendi uero qui uelut legem prohoemiis omnibus dederunt ut intra quattuor sensus terminarentur. Nec minus euitanda est inmodica eius longitudo, ne in
15 caput excreuisse uideatur et quo praeparare debet fatiget.
Sermonem a persona iudicis auersum (ἀποστροφή dicitur) **63**
quidam in totum a prohoemio summouent, nonnulla quidem
in hanc persuasionem ratione ducti. Nam prorsus esse
hoc magis secundum naturam confitendum est, ut eos ad-
20 loquamur potissimum quos conciliare nobis studemus. In- **64**
terim tamen et est prohoemio necessarius sensus aliquis et
hic acrior fit atque uehementior ad personam derectus alterius. Quod si accidat, quo iure aut qua tanta superstitione
prohibeamur dare per hanc figuram sententiae uires? Neque **65**
25 enim istud scriptores artium quia non liceat sed quia non
putent utile uetant. Ita, si uincet utilitas, propter eandem
causam facere debebimus propter quam uetamur. Et **66**
Demosthenes autem ad Aeschinen orationem in prohoemio

7 §§ 61, 63 → Vt. p. 423. 26–31

───────

AB]   3 circumlita *A* : -lata *B* : *neutrum intellego*   5 et ut
A : ut et *B*   ΑΝΕΠΙΦΑΤΟC *AB* : *corr. Schaefer (ap. H. Meyer)*
7 memoriam *A, Vt. (non male)*   10 portum *B, non male*   autem
om. A   11 breui*us A*   12 leges *B*   13 intra . . . sensus
om. B   15 quo *AB* : quos *Badius (recte?)*   praeparari *B*
16 auersum *B* : auersum quae *A*   18 hac persuasione *A*   deducti
A (at cf. 4. 2. 24)   21 prohoemio *A* : hoc prohoemio *B*   22 hic
A : is *B*   directus *A*   24 prohibemur *B*

197

conuertit, et M. Tullius cum pro aliis quibusdam ad quos ei
67 uisum est, tum pro Ligario ad Tuberonem: nam erat multo
futura languidior si esset aliter figurata, quod facilius co-
gnoscet si quis totam illam partem uehementissimam—cuius
haec forma est: 'habes igitur, Tubero, quod est accusatori
maxime optandum' et cetera—conuertat ad iudicem: tum
enim uere auersa uideatur oratio et languescat uis omnis,
dicentibus nobis: 'habet igitur Tubero quod est accusatori
maxime optandum'; illo enim modo pressit atque institit,
68 hoc tantum indicasset. Quod idem in Demosthene, si flexum
illi mutaueris, accidet. Quid? non Sallustius derecto ad
Ciceronem, in quem ipsum dicebat, usus est principio, et
quidem protinus: 'grauiter et iniquo animo maledicta tua
pateris, M. Tulli': sicut Cicero fecerat in Catilinam: 'quo
69 usque tandem abutere'? Ac ne quis ἀποστροφήν miretur, idem
Cicero pro Scauro ambitus reo, quae causa est in commentariis (nam bis eundem defendit), prosopopoeia loquentis
pro reo utitur, pro Rabirio uero Postumo eodemque Scauro
reo repetundarum etiam exemplis, pro Cluentio, ut modo
70 ostendi, partitione. Non tamen haec, quia possunt bene aliquando fieri, passim facienda sunt, sed quotiens praeceptum
uicerit ratio: quo modo et similitudine, dum breui, et tralatione atque aliis tropis, quae omnia cauti illi ac diligentes
prohibent, utemur interim, nisi cui diuina illa pro Ligario
ironia, de qua paulo ante dixeram, displicet.
71 Alia exordiorum uitia uerius tradiderunt. Quod in pluris
causas accommodari potest, uulgare dicitur: id minus
fauorabile aliquando tamen non inutiliter adsumimus, magnis saepe oratoribus non euitatum; quo et aduersarius uti
potest, commune appellatur: quod aduersarius in suam

5 2   13 *in Cic.* 1   14 *1. 1*   20 §§ *70–1* → *Vt. p. 423.*
29–30, 31–4

AB]   3 figura *B*   4 totam illam *A*: *inu. ord. B*   7 aduersa *A*   languescat uis *B*: languere actus *A*   10 demosthene
P: -en *A*: -em *B*   11 illi *B* (*mire*): illum *A*: *fort.* illic   directo *A*
18 reo utitur *B*: eo rei ·p̄· *A*   22 breuis *B*   22–3 tralatione
B: relatione *A*   24 nisi *A*: si *B*

INSTITVTIO ORATORIA   4. 1. 77

utilitatem deflectere potest, commutabile: quod causae non cohaeret, separatum: quod aliunde trahitur, tralatum: praeterea quod longum, quod contra praecepta est: quorum pleraque non principii modo sunt uitia sed totius orationis.
   Haec de prohoemio, quotiens erit eius usus. Non semper 72 autem est; nam et superuacuum aliquando est, si sit praeparatus satis etiam sine hoc iudex aut si res praeparatione non egeat. Aristoteles quidem in totum id necessarium apud bonos iudices negat. Aliquando tamen uti nec si uelimus eo licet, cum iudex occupatus, cum angusta sunt tempora, cum maior potestas ab ipsa re cogit incipere. Contraque est in- 73 terim prohoemii uis etiam non exordio; nam iudices et in narratione nonnumquam et in argumentis ut attendant et ut faueant rogamus, quo Prodicus uelut dormitantes eos excitari putabat, quale est: 'tum C. Varenus, qui a familia 74 Anchariana occisus est — hoc quaeso, iudices, diligenter attendite.' Vtique si multiplex causa est, sua quibusque partibus danda praefatio est, ut 'audite nunc reliqua' et 'transeo nunc illuc'. Sed in ipsis etiam probationibus multa 75 funguntur prohoemii uice, ut facit Cicero pro Cluentio dicturus contra censores, pro Murena cum se Seruio excusat. Verum id frequentius est quam ut exemplis confirmandum sit.
   Quotiens autem prohoemio fuerimus usi, tum siue ad ex- 76 positionem transibimus siue protinus ad probationem, id debebit in principio postremum esse cui commodissime iungi initium sequentium poterit. Illa uero frigida et puerilis est 77

8 *rhet.* 1415^b7   14 *frg.* 5 *AS*   15 *Cic. frg. orat. II.* 8
20 117–18   21 7

AB]   2 coheret *B* (*conf. Vt.*): **haeret *A*   separatim *B*
2–3 praeterea ... praecepta est *susp. Spalding, del. H. Meyer* (*non habet Vt.*)   6 est¹ *om. A*   8 eget *B* (*quo recepto*, est *pro* sit *supra Halm*)   aristotelis *A*   11–12 est interim prohoemii *A*: *om. B*   12 exordio *B* (*cf.* § 22 non orator): in exordio *A*
14 prodicus *P*: -igus *AB*   15 tum *B*: tum cum *A*   qui *AB*: is qui (*ut est* 9. 2. 56) *ed. Vasc. 1538*   19 illud *A*   22 exemplo *B*   24 ad *B*: in *A*

199

in scholis adfectatio, ut ipse transitus efficiat aliquam utique sententiam et huius uelut praestigiae plausum petat, ut Ouidius lasciuire in Metamorphosesin solet; quem tamen excusare necessitas potest, res diuersissimas in speciem unius corporis colligentem: oratori uero quid est necesse surripere hanc transgressionem, et iudicem fallere qui ut ordini rerum animum intendat etiam commonendus est? Peribit enim prima pars expositionis si iudex narrari nondum sciet. Quapropter, ut non abrupte cadere in narrationem, ita non obscure transcendere est optimum. Si uero longior sequetur ac perplexa magis expositio, ad eam ipsam praeparandus iudex erit, ut Cicero saepius, sed et hoc loco fecit: 'paulo longius exordium rei demonstrandae repetam, quod quaeso, iudices, ne moleste patiamini; principiis enim cognitis multo facilius extrema intellegetis.' Haec fere sunt mihi de exordio comperta.

2. Maxime naturale est, et fieri frequentissime debet, ut praeparato per haec quae supra dicta sunt iudice res de qua pronuntiaturus est indicetur: ea est narratio. In qua sciens transcurram subtiles nimium diuisiones quorundam plura eius genera facientium. Non enim solam uolunt esse illam negotii de quo apud iudices quaeritur expositionem, sed personae, ut: 'M. Lollius Palicanus, humili loco Picens, loquax magis quam facundus'; loci, ut: 'oppidum est in Hellesponto, Lampsacum, iudices'; temporis, ut:
'uere nouo, gelidus canis cum montibus umor liquitur';
causarum, quibus historici frequentissime utuntur cum exponunt unde bellum seditio pestilentia. Praeter haec alias

13 *Cluent. 11*   23 *Sall. hist. 4 frg. 43 Maurenbrecher*   24 *Cic. Verr. 1. 63*   26 *Verg. georg. 1. 43–4*

AB]   1 affectatio *A*: adfectio *B*   aliquem *B*   2 petant *Spalding*   3 Metamorphosesin *Halm*: metamorphosin *B*: -morfosi *A*   17 DE NARRATIONE Maxime *AB*   19 ea *B*: haec *A*   sciens *om. B*   22 qua *A*   23 Lollius *Pighius* (*u. Burman*), *probabiliter*: ollius *A*: acilius *B*   humilio loquo *B*

INSTITVTIO ORATORIA 4. 2. 8

perfectas, alias inperfectas uocant: quod quis ignorat? Adiciunt expositionem et praeteritorum esse temporum, quae est frequentissima, et praesentium, qualis est Ciceronis de discursu amicorum Chrysogoni, postquam est nominatus, et futurorum, quae solis dari uaticinantibus potest: nam ὑποτύπωσις non est habenda narratio. Sed nos potioribus uacemus.

Plerique semper narrandum putauerunt: quod falsum esse **4** pluribus coarguitur. Sunt enim ante omnia quaedam tam breues causae ut propositionem potius habeant quam narrationem. Id accidit aliquando utrique parti, cum uel nulla **5** expositio est, uel de re constat de iure quaeritur, ut apud centumuiros: 'filius an frater debeat esse intestatae heres', 'pubertas annis an habitu corporis aestimetur': aut cum est quidem in re narrationi locus, sed aut ante iudici nota sunt omnia aut priore loco recte exposita. Accidit aliquando **6** alteri, et saepius ab actore, uel quia satis est proponere uel quia sic magis expedit. Satis est dixisse: 'certam creditam pecuniam peto ex stipulatione', 'legatum peto ex testamento'. Diuersae partis expositio est cur ea non debeantur. Et **7** satis est actori et magis expedit sic indicare: 'dico ab Horatio sororem suam interfectam'. Namque et propositione iudex crimen omne cognoscit, et ordo et causa facti pro aduersario magis est. Reus contra tunc narrationem subtrahet **8** cum id quod obicitur neque negari neque excusari poterit, sed in sola iuris quaestione consistet. Vt in eo qui, cum pecuniam priuatam ex aede sacra surripuerit, sacrilegii reus est confessio uerecundior est quam expositio: 'non negamus

3 *Rosc. Am.* 60   16 §§ 6, 8 → *Vt. p. 425. 27–34*

AB]   1 alias inperfectas *A*: *om. B*   4 chrysogonus *B*   6 sed *om. B*   14 habitu corporis *B*: *inu. ord. A*   extimetur *B*   15 in re *om. B*   narrationis *A*   aut ante *A*: ante aut *B*   19 legatum *A, Vt.*: *om. B*   21 expedit sic indicare *om. B*   22 namque *B*: nam *cum A*   et *AB*: ex *N*: et ex *Halm*   23 cognouit *B*   24 subtrahet *A*: -it *B* (*et fortuito Vt.*)   28 est *A* (*et Vt., alio loco*): *om. B*

pecuniam de templo esse sublatam, calumniatur tamen accusator actione sacrilegii, cum priuata fuerit, non sacra: uos autem de hoc cognoscitis, an sacrilegium sit admissum'.
9 Sed ut has aliquando non narrandi causas puto, sic ab illis dissentio qui non existimant esse narrationem cum reus quod obicitur tantum negat: in qua est opinione Cornelius Celsus, qui condicionis huius esse arbitratur plerasque caedis
10 causas et omnis ambitus ac repetundarum. Non enim putat esse narrationem nisi quae summam criminis de quo iudicium est contineat, deinde fatetur ipse pro Rabirio Postumo narrasse Ciceronem: atqui ille et negauit peruenisse ad Rabirium pecuniam, qua de re erat quaestio constituta, et
11 in hac narratione nihil de crimine exposuit. Ego autem magnos alioqui secutus auctores duas esse in iudiciis narrationum species existimo, alteram ipsius causae, alteram in
12 rerum ad causam pertinentium expositione. 'Non occidi hominem': nulla narratio est; conuenit: sed erit aliqua et interim etiam longa contra argumenta eius criminis, de ante acta uita, de causis propter quas innocens in periculum dedu-
13 catur, aliis quibus incredibile id quod obicitur fiat. Neque enim accusator tantum hoc dicit 'occidisti', sed quibus id probet narrat: ut in tragoediis, cum Teucer Vlixem reum facit Aiacis occisi, dicens inuentum eum in solitudine iuxta exanime corpus inimici cum gladio cruento, non id modo Vlixes respondet, non esse a se id facinus admissum, sed sibi nullas cum Aiace inimicitias fuisse, de laude inter ipsos certatum: deinde subiungit quo modo in eam solitudinem uenerit, iacentem exanimem sit conspicatus, gladium e uulnere

6 *frg. rhet. 9 Marx*

AB] 1 pecuniam de templo B, Vt.: de templo pecuniam A   3 cognoscetis A   4 narrandi A: mirandi B   5 existimant esse narrationem A: esse existiment B (*unde* esse narrandum existiment E)   9 narrationis B (*unde* -nes D)   10 continet B (*unde* -ent D)   fateatur B   11 atque B   15 ⟨in⟩ ipsius Halm (*cf. RLM p. 201. 24–5*)   15–16 in rerum B: rerum *a in ras. (sicut totum contextum)*   16 ad causam *a in ras.*: causa B expositionem *a in ras.*   17 ratio A   22 tragoedis B

INSTITVTIO ORATORIA 4. 2. 19

extraxerit. His subtexitur argumentatio. Sed ne illud quidem **14**
sine narratione est, dicente accusatore: 'fuisti in eo loco in
quo tuus inimicus occisus est': 'non fui'; dicendum enim
ubi fuerit. Quare ambitus quoque causae et repetundarum
5 hoc etiam plures huiusmodi narrationes habere poterunt quo
plura crimina: in quibus ipsa quidem neganda sunt, sed
argumentis expositione contraria resistendum est, interdum
singulis, interdum uniuersis. An reus ambitus male narrabit **15**
quos parentes habuerit, quem ad modum ipse uixerit, quibus
10 meritis fretus ad petitionem descenderit? Aut qui repetundarum insimulabitur, non et ante actam uitam et quibus de
causis [per] prouinciam uniuersam uel accusatorem aut
testem offenderit non inutiliter exponet? Quae si narratio **16**
non est, ne illa quidem Ciceronis pro Cluentio prima, cuius
15 est initium: 'A. Cluentius Habitus'. Nihil enim hic de ueneficio sed de causis quibus ei mater inimica sit dicit. Illae **17**
quoque sunt pertinentes ad causam sed non ipsius causae
narrationes, uel exempli gratia, ut in Verrem de L. Domitio,
qui pastorem, quod is aprum, quem ipsi muneri optulerat,
20 exceptum esse a se uenabulo confessus esset, in crucem
sustulit: uel discutiendi alicuius extrinsecus criminis, ut pro **18**
Rabirio Postumo: 'nam ut uentum Alexandream est, iudices,
haec una ratio a rege proposita Postumo est seruandae
pecuniae, si curationem et quasi dispensationem regiam
25 suscepisset': uel augendi, ut describitur iter Verris. Ficta **19**
interim narratio introduci solet, uel ad concitandos iudices,
ut pro Roscio circa Chrysogonum, cuius paulo ante habui

14 *11*   18 *5. 7*   22 *28*   25 *Verr. 5. 26 seq.*   27 *Rosc.*
Am. 60

AB]   1 sed *A* : et *B*   5 potuerunt *A*   7 est *Spalding* : et
AB : *om. J*   10 quis *B*   11 insimulabitur *B* : *crimine insimu-*
labitur *A*   de *om. B* (*non male*: cf. 7. 4. 26)   12 per *AB* : *om. T* :
uel *Regius*   uel *om. B*   13 utiliter exponit *B*   16 illae *A* :
duae *B* : aliae *Gesner*   18 de l *B* : uel *A*   19 munere
A   obtulerant *Burman*   21 excutiendi *B*   ut pro *A* : uel *B*
25 faceta *Spalding, probabiliter*   26 uel *om. B*

203

mentionem, uel ad resoluendos aliqua urbanitate, ut pro Cluentio circa fratres Caepasios, interdum per digressionem decoris gratia, qualis rursus in Verrem de Proserpina: 'in his quondam locis mater filiam quaesisse dicitur'.

Quae omnia eo pertinent ut appareat non utique non narrare eum qui negat, sed illud ipsum non narrare quod negat.

20 Ne hoc quidem simpliciter accipiendum, quod est a me positum, superuacuam esse narrationem rei quam iudex nouerit: quod sic intellegi uolo, si non modo factum quid sit sciet, sed ita factum etiam ut nobis expedit opinabitur. **21** Neque enim narratio in hoc reperta est, ut tantum cognoscat iudex, sed aliquanto magis ut consentiat. Quare etiam si non erit docendus sed aliquo modo adficiendus narrabimus, cum praeparatione quadam: scire quidem eum in summam quid acti sit, tamen rationem quoque facti cuiusque cognoscere **22** ne grauetur. Interim propter aliquem in consilium adhibitum nos repetere illa simulemus, interim ut rei quae ex aduerso proponatur iniquitatem omnes etiam circumstantes intellegant. In quo genere plurimis figuris erit uarianda expositio ad effugiendum taedium nota audientis, sicut 'meministi' et 'fortasse superuacuum fuerit hic commorari', 'sed quid ego diutius cum tu optime noris?', 'illud quale sit **23** tu scias', et his similia. Alioqui, si apud iudicem cui nota causa est narratio semper uidetur superuacua, potest uideri non semper esse etiam ipsa actio necessaria.

24 Alterum est de quo frequentius quaeritur, an sit utique narratio prohoemio subicienda: quod qui opinantur non possunt uideri nulla ratione ducti. Nam cum prohoemium

2 57 seq.   3 4. 106 seq.   7 §§ 20–22 → *Vt. pp. 425. 34–426.* 8
26 §§ 24–7 → *Vt. p. 426. 9–21*

AB]   1 soluendos *B*   2 degressionem *B*   3–4 in²...
dicitur *del. H. Meyer tamquam non Tullianum*   6 illum *A*
non *A* (*ut coni. 'Turnebus'*): om. *B*   8 superuacuam esse *B,
Vt.*: *inu. ord. A*   9 factum quid *B, Vt.*: quid factum *A*
12 aliquando *B* (*et cod. Vt.*)   19 figuris erit *B* (*confirmante Vt.*):
inu. ord. A   22–3 illud ... scias *del. H. Meyer* (*om. Vt.*)
23 scis *Gesner*

INSTITVTIO ORATORIA 4. 2. 27

idcirco comparatum sit ut iudex ad rem accipiendam fiat conciliatior docilior intentior, et probatio nisi causa prius cognita non possit adhiberi, protinus iudex notitia rerum instruendus uidetur. Sed hoc quoque interim mutat condicio **25** causarum, nisi forte M. Tullius in oratione pulcherrima quam pro Milone scriptam reliquit male distulisse narrationem uidetur tribus praepositis quaestionibus, aut profuisset exponere quo modo insidias Miloni fecisset Clodius si reum qui a se hominem occisum fateretur defendi omnino fas non fuisset, aut si iam praeiudicio senatus damnatus esset Milo, aut si Cn. Pompeius, qui praeter aliam gratiam iudicium etiam militibus armatis cluserat, tamquam aduersus ei timeretur. Ergo hae quoque quaestiones uim prohoemii **26** optinebant, cum omnes iudicem praepararent. Sed pro Vareno quoque postea narrauit quam obiecta diluit. Quod fiet utiliter quotiens non repellendum tantum erit crimen, sed etiam transferendum, ut his prius defensis uelut initium sit alium culpandi narratio, ut in armorum ratione antiquior cauendi quam ictum inferendi cura est. Erunt quaedam **27** causae, neque id raro, crimine quidem de quo cognitio est faciles ad diluendum, sed multis ante actae uitae flagitiis et grauibus oneratae, quae prius amouenda sunt, ut propitius iudex defensionem ipsius negotii cuius propria quaestio est audiat. Vt si defendendus sit M. Caelius, nonne optime patronus occurrat prius conuiciis luxuriae petulantiae

15 *frg. orat. II. 12*

AB]   2 docilior *om. B*   nisi *B*: non nisi *a in ras.*   5 nisi *A*: ni *B*   m̄ *A* : *om. B, Vt.*   7 aut *fort. interrogatiuum*: an *Eberhard (in edit. orationis*[3] *p. 21)*: nihil enim *Vt.*   9 fatetur *B* (∼ *Vt.*) 11 propter *B* (*unde* aliquam *pro* aliam *J*)   11–12 iudicium etiam *om. B*   12–13 ei timeretur *A* : extimaretur *B*[1] (aestimaretur *B*[2]) 13 haec *B* (∼ *Vt.*)   14 obtinebant *A* : optinebunt *B* (obtinent *Vt.*, *deinde* praeparant)   praeparauerint *B* (*unde* -pararint *Radermacher*) 14–15 pro uareno *A* : reo *B*   15 narrabit *B*   quam *A* : cum *B* 16 flet *B*   16–17 repellendum . . . defensis *A* : repetendum ut prius defensi *B*   18 alium . . . narratio *A* : *om. B* (*relicto spatio X litt.*): narrandi aliud *Vt.*   18 rationem *A*   20 crimini *B*   cognitio *A, Vt.*: cognitum *B*   22 sunt *A, Vt.*: sint *B* 24 sit *A* : est *B*   optime *om. B*

4. 2. 28   M. FABI QVINTILIANI

inpudicitiae ueneficii, in quibus solis omnis Ciceronis uersatur oratio: tum deinde narret de bonis Pallae totamque de ui
28 explicet causam, quae est ipsius actione defensa? Sed nos ducit scholarum consuetudo, in quibus certa quaedam ponuntur (quae themata dicimus) praeter quae nihil est diluendum, ideoque narratio prohoemio semper subiungitur. Inde libertas declamatoribus, ut etiam secundo partis
29 suae loco narrare uideantur. Nam cum pro petitore dicunt, et expositione tamquam priores agant uti solent et contradictione tamquam respondeant, idque fit recte. Nam cum sit declamatio forensium actionum meditatio, cur non in utrumque protinus locum exerceat? Cuius rationis ignari ex more cui adsuerunt nihil in foro putant esse mutandum.
30 Sed in scholasticis quoque nonnumquam euenit ut pro narratione sit propositio. Nam quid exponet quae zelotypum malae tractationis accusat aut qui Cynicum apud censores reum de moribus facit, cum totum crimen uno uerbo in qualibet actionis parte posito satis indicetur? Sed haec hactenus.
31   Nunc quae sit narrandi ratio subiungam. Narratio est rei factae aut ut factae utilis ad persuadendum expositio, uel, ut Apollodorus finit, oratio docens auditorem quid in controuersia sit. Eam plerique scriptores maximeque qui sunt ab Isocrate uolunt esse lucidam breuem ueri similem. Neque enim refert an pro lucida perspicuam, pro ueri simili proba-
32 bilem credibilemue dicamus. Eadem nobis placet diuisio, quamquam et Aristoteles ab Isocrate parte in una dissenserit, praeceptum breuitatis inridens tamquam necesse sit

---

24 *frg. 34 AS*   27 *rhet. 1416ᵇ30*

AB]   1 ueneficii *B*: quam ueneficii *A* (*u. quae disputauerunt Kiderlin 1888-1, Heinze*)   2 tum deinde *A* (*cf. 12. 10. 11*): deinde tum *B*   pau∗lae *A*   4 quaedam *A*: quidem *B*
6 narratio prohoemio *B*: *inu. ord. A*   9 et¹ *B*: ut *A*   prius *B*
10 recte *A*: non recte *B*   12 exerceat *B* (*sc. declamantes?*): se exerceat *A*   13 assueuerunt *A*   18 iudicetur *B*   21 ut *A*: non *B*   25 perspicua *A*   28 breuitatis *A*: ueritatis *B* irridens *A*: inserens *B*

longam esse aut breuem expositionem nec liceat ire per medium, Theodorei quoque solam relinquant ultimam partem, quia nec breuiter utique nec dilucide semper sit utile exponere. Quo diligentius distinguenda sunt singula, ut quid **33** quoque loco prosit ostendam.

Narratio est aut tota pro nobis aut tota pro aduersariis aut mixta ex utrisque. Si erit tota pro nobis, contenti sumus his tribus partibus, per quas efficitur quo facilius iudex intellegat meminerit credat. Nec quisquam reprensione dig- **34** num putet quod proposuerim eam quae sit tota pro nobis debere esse ueri similem cum uera sit. Sunt enim plurima uera quidem, sed parum credibilia, sicut falsa quoque frequenter ueri similia. Quare non minus laborandum est ut iudex quae uere dicimus quam quae fingimus credat. Sunt **35** quidem hae quas supra retuli uirtutes aliarum quoque partium; nam et per totam actionem uitanda est obscuritas, et modus ubique custodiendus, et credibilia esse oportet omnia quae dicuntur. Maxime tamen haec in ea parte custodienda sunt quae prima iudicem docet: in qua si acciderit ut aut non intellegat aut non meminerit aut non credat, frustra in reliquis laborabimus.

Erit autem narratio aperta ac dilucida si fuerit primum **36** exposita uerbis propriis et significantibus et non sordidis quidem, non tamen exquisitis et ab usu remotis, tum distincta rebus personis temporibus locis causis, ipsa etiam pronuntiatione in hoc accommodata, ut iudex quae dicentur quam facillime accipiat. Quae quidem uirtus neglegitur a **37** plurimis, qui ad clamorem dispositae uel etiam forte circumfusae multitudinis compositi non ferunt illud intentionis silentium, nec sibi diserti uidentur nisi omnia tumultu et

6–10 narratio ... putet *exscripsit* 'Cassiodorus' *p.* 502. 17–20
14 § 35 → *Vt. pp.* 423. 36–424. 1

AB]   1 esse *om.* B   2 relinquunt *B*   4 quo *A*: quod *B*
7 simus *a* (∼ 'Cass.')   8 his *A*, 'Cass.': *om. B*   10 quod *A*: quo *B*   15 haec *B*   17 oportet omnia *B*: *inu. ord. A*
18 tamen *A* (*conf. Vt.*): que *B*   19 docent *B*   26 dicuntur *B*   28 dispositis *B*

4. 2. 38   M. FABI QVINTILIANI

uociferatione concusserint: rem indicare sermonis cotidiani et in quemcumque etiam indoctorum cadentis existimant, cum interim quod tamquam facile contemnunt nescias **38** praestare minus uelint an possint. Neque enim aliud in eloquentia cuncta experti difficilius reperient quam id quod se dicturos fuisse omnes putant postquam audierunt, quia non bona iudicant esse illa, sed uera: tum autem optime dicit **39** orator cum uidetur uera dicere. At nunc uelut campum nacti expositionis hic potissimum et uocem flectunt et ceruicem reponunt et bracchium in latus iactant totoque et rerum et uerborum et compositionis genere lasciuiunt: deinde, quod sit monstro simile, placet actio, causa non intellegitur. Verum haec omittamus, ne minus gratiae praecipiendo recta quam offensae reprendendo praua mereamur.

40 Breuis erit narratio ante omnia si inde coeperimus rem exponere unde ad iudicem pertinet, deinde si nihil extra causam dixerimus, tum etiam si reciderimus omnia quibus sublatis neque cognitioni quicquam neque utilitati de-**41** trahatur; solet enim quaedam esse partium breuitas, quae longam tamen efficit summam. 'In portum ueni, nauem prospexi, quanti ueheret interrogaui, de pretio conuenit, conscendi, sublatae sunt ancorae, soluimus oram, profecti sumus'. Nihil horum dici celerius potest, sed sufficit dicere: 'e portu nauigaui'; et quotiens exitus rei satis ostendit priora, debemus hoc esse contenti quo reliqua intelleguntur. **42** Quare, cum dicere liceat: 'est mihi filius iuuenis', omnia illa superuacua: 'cupidus ego liberorum uxorem duxi, natum filium sustuli, educaui, in adulescentiam perduxi'. Ideoque Graecorum aliqui aliud circumcisam expositionem, id est σύντομον, aliud breuem putauerunt, quod illa superuacuis **43** careret, haec posset aliquid ex necessariis desiderare. Nos autem breuitatem in hoc ponimus, non ut minus sed ne plus

24–5 quotiens . . . intelleguntur *exscripsit 'Cassiodorus' p. 502. 21–2*

AB]   2 indoctiorum *B*   5 cuncta *om. B*   6 dicturos fuisse *B*: *inu. ord. A*   13 haec *A*: hoc *B*   15 inde *om. B*   27–8 natum . . . perduxi *om. B*

INSTITVTIO ORATORIA 4. 2. 48

dicatur quam oporteat. Nam iterationes quidem et ταυτο-
λογίας et περισσολογίας, quas in narratione uitandas quidam
scriptores artium tradiderunt, transeo: sunt enim haec uitia
non tantum breuitatis gratia refugienda. Non minus autem 44
cauenda erit, quae nimium corripientes omnia sequitur, obscuritas, satiusque aliquid narrationi superesse quam deesse;
nam superuacua cum taedio dicuntur, necessaria cum periculo subtrahuntur. Quare uitanda est etiam illa Sallustiana 45
(quamquam in ipso uirtutis optinet locum) breuitas et abrup-
tum sermonis genus: quod otiosum fortasse lectorem minus
fallat, audientem transuolat, nec dum repetatur expectat,
cum praesertim lector non fere sit nisi eruditus, iudicem
rura plerumque in decurias mittant de eo pronuntiaturum
quod intellexerit, ut fortasse ubique, in narratione tamen
praecipue media haec tenenda sit uia dicendi: 'quantum
opus est et quantum satis est'. Quantum opus est autem non 46
ita solum accipi uolo, quantum ad indicandum sufficit, quia
non inornata debet esse breuitas, alioqui sit indocta; nam
et fallit uoluptas, et minus longa quae delectant uidentur,
ut amoenum ac molle iter, etiamsi est spatii amplioris, minus
fatigat quam durum aridumque compendium. Neque mihi 47
umquam tanta fuerit cura breuitatis ut non ea quae credibilem faciunt expositionem inseri uelim. Simplex enim et
undique praecisa non tam narratio uocari potest quam confessio. Sunt porro multae condicione ipsa rei longae narrationes. Quibus extrema, ut praecepi, prohoemii parte ad
intentionem praeparandus est iudex, deinde curandum ut
omni arte uel ex spatio eius detrahamus aliquid uel ex taedio.
Vt minus longa sit efficiemus quae poterimus differendo, non 48
tamen sine mentione eorum quae differemus: 'quas causas
occidendi habuerit, quos adsumpserit conscios, quem ad

6–8 satius ... subtrahuntur *exscripsit* 'Cassiodorus' *p. 502. 23–4*

AB] 6 aliquid *B*: est aliquid *A*, '*Cass.*' 8 est *A*: sunt *B*
14 tamen *A*: tamen ubique *B* 15–16 quantum opus ... opus
A: quanto opus *B* 17 solum accipi *B*: *inu. ord. A* 20 spatiis
A 21 neque *A*: neque enim *B* 26 prohoemio *B*

4. 2. 49   M. FABI QVINTILIANI

49 modum disposuerit insidias, probationis loco dicam.' Quaedam uero ex ordine praetermittenda, quale est apud Ciceronem: 'moritur Fulcinius; multa enim quae sunt in re, quia remota sunt a causa, praetermittam'. Et partitio taedium leuat: 'dicam quae acta sint ante ipsum rei contractum,
50 dicam quae in re ipsa, dicam quae postea'; ita tres potius modicae narrationes uidebuntur quam una longa. Interim expediet expositionem breui interfatione distinguere: 'audistis quae ante acta sunt: accipite nunc quae insecuntur'. Reficietur enim iudex priorum fine et se uelut ad nouum rursus initium
51 praeparabit. Si tamen adhibitis quoque his artibus in longum exierit ordo rerum, erit non inutilis in extrema parte commonitio, quod Cicero etiam in breui narratione fecit: 'adhuc, Caesar, Q. Ligarius omni culpa caret: domo est egressus non modo nullum ad bellum, sed ne ad minimam quidem belli suspicionem', et cetera.
52   Credibilis autem erit narratio ante omnia si prius consuluerimus nostrum animum ne quid naturae dicamus aduersum, deinde si causas ac rationes factis praeposuerimus, non omnibus, sed de quibus quaeritur, si personas conuenientes iis quae facta credi uolemus constituerimus, ut furti reum cupidum, adulterii libidinosum, homicidii temerarium, uel his contraria si defendemus: praeterea loca, tem-
53 pora, et similia. Est autem quidam et ductus rei credibilis, qualis in comoediis etiam et in mimis. Aliqua enim naturaliter secuntur et cohaerent, ut si bene priora narraueris iudex
54 ipse quod postea sis narraturus expectet. Ne illud quidem fuerit inutile, semina quaedam probationum spargere, uerum sic ut narrationem esse meminerimus, non probationem. Nonnumquam tamen etiam argumento aliquo confirmabimus

3 *Caec. 11* .   13 *Lig. 4*

AB]   3 *F*ulcinius *A*   4 et *A*: at *B*   6 ita *A*: ideo *B*
8 expositiones *B*   12–13 commotio *B*   13 fecit *A* (*cf. e.g.*
§ *85*): facit *B*   15–16 belli suspicionem *AB*: *inu. ord. Cic. (et noster* § *110*)   23 his contraria *A*: contra *B*   26 bene priora *B*: *inu. ord. A*   29 non *om. B*   30 tamen etiam *A*: *inu. ord. B*

INSTITVTIO ORATORIA 4. 2. 60

quod proposuerimus, sed simplici et breui, ut in ueneficiis: sanus bibit, statim concidit, liuor ac tumor confestim est insecutus. Hoc faciunt et illae praeparationes, cum reus dicitur robustus armatus ⟨paratus⟩ contra infirmos inermis securos. Omnia denique quae probatione tractaturi sumus, personam causam locum tempus instrumentum occasionem, narratione delibabimus. Aliquando, si destituti fuerimus his, etiam fatebimur uix esse credibile, sed uerum, et hoc maius habendum scelus: nescire nos quo modo factum sit aut quare, mirari, sed probaturos. Optimae uero praeparationes erunt quae latuerint. Vt a Cicerone sunt quidem utilissime praedicta omnia per quae Miloni Clodius, non Clodio Milo insidiatus esse uideatur, plurimum tamen facit illa callidissima simplicitatis imitatio: 'Milo autem, cum in senatu fuisset eo die quoad senatus est dimissus, domum uenit, calceos et uestimenta mutauit, paulisper, dum se uxor, ut fit, comparat, commoratus est.' Quam nihil festinato, nihil praeparato fecisse uidetur Milo! Quod non solum rebus ipsis uir eloquentissimus, quibus moras et lentum profectionis ordinem ducit, sed uerbis etiam uulgaribus et cotidianis et arte occulta consecutus est: quae si aliter dicta essent, strepitu ipso iudicem ad custodiendum patronum excitassent. Frigida uidentur ista plerisque, sed hoc ipso manifestum est quo modo iudicem fefellerit, quod uix a lectore deprenditur. Haec sunt quae credibilem faciant expositionem. Nam id quidem, ne qua contraria aut repugnantia in narratione dicamus, si cui praecipiendum est, is reliqua frustra docetur, etiam si quidam scriptores artium hoc quoque tamquam occultum et a se prudenter erutum tradunt.

5–7 quae . . . delibabimus *exscripsit 'Cassiodorus' p. 502.* 25–6
14 *Mil.* 28

AB]   4 paratus *suppl.* Peters (praeparatus *iam Philander : sed placet uerbum trium syllabarum*)   11 sunt *hic B, ante* praedicata (*sic*) *A*   utilissimę *A* : -ima *B*   14 senatu *B, Cic.*: -tum *A*
22 ipsum *B*   ad custodiendum *A* : deinde *B* (*mire*)   23 frigere *A* (*non male*)   ipsum *B*   26 id . . . qua *A* : ne *B*   aut *B*: aut sibi *A*   27 reliqua *A* : reą̄ *B*

4. 2. 61   M. FABI QVINTILIANI

61 His tribus narrandi uirtutibus adiciunt quidam magnificentiam, quam μεγαλοπρέπειαν uocant, quae neque in omnes causas cadit (nam quid in plerisque iudiciis priuatis de certa credita, locato et conducto, interdictis habere loci potest supra modum se tollens oratio?), neque semper est utilis, **62** ut uel proximo exemplo Miloniano patet. Et meminerimus multas esse causas in quibus confitendum excusandum summittendum sit quod exponimus: quibus omnibus aliena est illa magnificentiae uirtus. Quare non magis proprium narrationis est magnifice dicere quam miserabiliter inuidiose grauiter dulciter urbane: quae cum suo quoque loco sint laudabilia, non sunt huic parti proprie adsignata et uelut dedita.

63 Illa quoque ut narrationi apta, ita ceteris quoque partibus communis est uirtus quam Theodectes huic uni proprie dedit; non enim magnificam modo uult esse uerum etiam iucundam expositionem. Sunt qui adiciant his euidentiam, **64** quae ἐνάργεια Graece uocatur. Neque ego quemquam deceperim ut dissimulem Ciceroni quoque plures partes placere. Nam praeterquam planam et breuem et credibilem uult esse euidentem, moratam, cum dignitate. Sed in oratione morata debent esse omnia, cum dignitate quae poterunt: euidentia in narratione, quantum ego intellego, est quidem magna uirtus, cum quid ueri non dicendum sed quodammodo etiam ostendendum est, sed subici perspicuitati potest. Quam quidam etiam contrariam interim putauerunt, quia in quibusdam causis obscuranda ueritas esset. Quod est ridi- **65** culum; nam qui obscurare uult narrat falsa pro ueris,

19 *top. 97*

AB]   6 ut uel *B*: uelut *A*   11 suo *om. B*   12 et uelut *A*: est *B*   14 ita ceteris quoque *A*: itaque ceteris *B* (*unde* ita cum ceteris *p**)   15 theodectes *b*: theodectes *a* (*A*¹ thodoctes), *B*   18 ἐνάργεια *Regius*: ΕΝΕΡΓΙΑ *A*: ΑΡΓΙΑΔ *B*   21 uidentem *B*   *sequentia distinxit Kiderlin 1888-1*   dignitate *B*: dignitate ornatam *A*   morate *B*   24–5 sed ... ostendendum *om. B*   27 esset *A*: est *B*

et in iis quae narrat debet laborare ut uideantur quam euidentissima.

Sed quatenus etiam forte quadam peruenimus ad difficilius narrationum genus, iam de iis loquamur in quibus res contra nos erit: quo loco nonnulli praetereundam narrationem putauerunt. Et sane nihil est facilius nisi prorsus totam causam omnino non agere. Sed si aliqua iusta ratione huiusmodi susceperis litem, cuius artis est malam esse causam silentio confiteri? Nisi forte tam hebes futurus est iudex ut secundum id pronuntiet quod sciet narrare te noluisse. Neque infitias eo in narratione ut aliqua neganda, aliqua adicienda, aliqua mutanda, sic aliqua etiam tacenda: sed tacenda quae tacere oportebit et liberum erit. Quod fit nonnumquam breuitatis quoque gratia, quale illud est: 'respondit quae ei uisum est'. Distinguamus igitur genera causarum. Namque in iis in quibus non de culpa quaeretur sed de actione, etiam si erunt contra nos themata confiteri nobis licebit: 'pecuniam de templo sustulit, sed priuatam, ideoque sacrilegus non est'; 'uirginem rapuit, non tamen optio patri dabitur'; 'ingenuum stuprauit et stupratus se suspendit: non tamen ideo stuprator capite ut causa mortis punietur, sed decem milia, quae poena stupratori constituta est, dabit'. Verum in his quoque confessionibus est aliquid quo inuidia quam expositio aduersarii fecit detrahi possit, cum etiam serui nostri de peccatis suis mollius loquantur. Quaedam enim quasi non †narrantes† mitigabimus: 'Non quidem, ut aduersarius dicit, consilium furti in templum attulit nec diu captauit eius rei tempus, sed occasione et absentia custodum

14 *ut uid. Cic. Verr.* 2. 73

AB]   1 et in his quae narrat *A*: in qua *B* (in quo *ed. Vasc. 1542*)   3 sed *B*: et *A* (*def. Halm*)   13 nonnumquam *A*: nonnumquam quam *B*   16 in his *A*: *om. B*   quaeritur *B*   17 si *om. B*   18 ideo *B*   19 non[1] *om. B*   21 puniretur *B*   23 quo *E* (*cf. 11. 1. 90*): quod *B*: quod *ex* A*: quo de *Gertz*   24 possit ... nostri *A*: potest *B*   25 loquatur *B*   26 narrantes *A*: -tis *B*: negantes *Gemoll 1908, alii*: *alii alia*   27 templo *B*

corruptus et pecunia, quae nimium in animis hominum potest, uictus est. Sed quid refert? Peccauit et fur est: nihil
71 attinet id defendere cuius poenam non recusamus'. Interim quasi damnemus ipsi: 'Vis te dicam uino inpulsum, errore lapsum, nocte deceptum? Vera sunt ista fortasse: tu tamen ingenuum stuprasti, solue decem milia.' Nonnumquam pro-
72 positione praemuniri potest causa, deinde exponi. Contraria sunt omnia tribus filiis qui in mortem patris coniurarant: sortiti nocte singuli per ordinem cum ferro cubiculum intrarunt patre dormiente: cum occidere eum nemo potuisset,
73 excitato omnia indicarunt. Si tamen pater, qui diuisit patrimonium et reos parricidii defendit, sic agat: 'Quod contra legem sufficit, parricidium obicitur iuuenibus quorum pater uiuit atque etiam liberis suis adest. Ordinem rei narrare quid necesse est cum ad legem nihil pertineat? Sed si confessionem culpae meae exigitis, ego fui pater durus, et patrimonii quod iam melius ab his administrari poterat tenax custos',
74 deinde subiciat stimulatos ab iis quorum indulgentiores parentes erant semper tamen eum habuisse animum qui sit euentu deprensus, ut occidere patrem non possent; neque enim iure iurando opus fuisse si alioqui hoc mentis habuissent, nec sorte nisi quod se quisque eximi uoluerit: omnia haec qualiacumque placidioribus animis accipientur illa breui primae propositionis defensione mollita.
75 At cum quaeritur an factum sit uel quale factum sit, licet omnia contra nos sint, quo modo tamen euitare expositionem salua causae ratione possumus? Narrauit accusator, neque ita ut quae essent acta tantum indicaret, sed adiecit

3 § *71* → *Vt. p. 426. 21–4*

AB] 1 nimirum *B* 2 qui *A* nihil *B*: et nihil *A* 3 interim *A, Vt.*: interdum *B* 4 uis te *B, Vt.*: ut si *A* 6 milia *A, Vt.*: om. *B* 6–7 propositione *N*: prae- *AB* 7 praeparari *B* 8 coniurarunt *A* 9 noctem *B* 14 quid *A*: quidem nihil *B* 18 subicitur *B* 19 eum habuisse *B*: *inu. ord. A* animum *om. B* 21 fuisset *B* 22 nec *A*: ne *B* 23 qualiacumque *A*: qualia haec quae *B* 26 *∗*uitare *A* 27 saluae *B*

INSTITVTIO ORATORIA 4. 2. 80

inuidiam, rem uerbis exasperauit: accesserunt probationes, peroratio incendit et plenos irae reliquit. Expectat naturali- 76 ter iudex quid narretur a nobis. Si nihil exponimus, illa esse quae aduersarius dixit et talia qualia dixit credat necesse est. Quid ergo? Eadem exponemus? Si de qualitate agetur, cuius tum demum quaestio est cum de re constat, eadem, sed non eodem modo: alias causas, aliam mentem, aliam rationem dabo. Verbis eleuare quaedam licebit: luxuria 77 liberalitatis, auaritia parsimoniae, neglegentia simplicitatis nomine lenietur, uultu denique uoce habitu uel fauoris aliquid uel miserationis merebor: solet nonnumquam mouere lacrimas ipsa confessio. Atque ego libenter interrogem, sint illa defensuri quae non narrauerint necne? Nam si neque 78 defenderint neque narrauerint, tota causa prodetur: at si defensuri sunt, proponere certe plerumque id quod confirmaturi sumus oportet. Cur ergo non exponamus quod et dilui potest et, ut hoc contingat, utique indicandum est? Aut quid inter probationem et narrationem interest nisi 79 quod narratio est probationis continua propositio, rursus probatio narrationi congruens confirmatio? Videamus ergo num expositio haec longior demum esse debeat et paulo uerbosior praeparatione et quibusdam argumentis (argumentis dico, non argumentatione); cui tamen plurimum conferet frequens adfirmatio effecturos nos quod dicimus: non posse uim rerum ostendi prima expositione: expectent et opiniones suas differant et bene sperent. Denique utique 80 narrandum est quidquid aliter quam aduersarius exposuit narrari potest, aut etiam prohoemia sunt in his causis superuacua: quae quid magis agunt quam ut cognitioni

2 §§ 76–7 → *Vt. p. 425. 19–21*, § 79 (*l. 22*) *idem p. 425. 17*

AB]   4 talia *A*: non talia *B*   credant *B*   5 agitur *A*   7 mentem *A, Vt.*: om. *B* (*rel. spat. IV litt.*)   9 liberalitatis *Bonnell*: hilaritatis *A, Vt.*: ilaratis *B* (hil- *corr.*)   13 nene *B*   15–16 confirmati *B*   17 et *om. B*   21 expositio haec *B*: *inu. ord. A*   esse debeat *B*: *inu. ord. A*   22–3 argumentis *bis A, semel B*   24 confert *B*   didicimus *B*   28 aut *A*: aut eo *B*   29 cognitio *B*

4. 2. 81 M. FABI QVINTILIANI

rerum accommodatiorem iudicem faciant? Atqui constabit nusquam esse eorum maiorem usum quam ubi animus iudicis ab aliqua contra nos insita opinione flectendus est.

81 Coniecturales autem causae, in quibus de facto quaeritur, non tam saepe rei de qua iudicium est quam eorum per quae res colligenda est expositionem habent. Quae cum accusator suspiciose narret, reus leuare suspicionem debeat, aliter ab hoc atque ab illo ad iudicem perferri oportet.

82 At enim quaedam argumenta turba ualent, diducta leuiora sunt. Id quidem non eo pertinet ut quaeratur an narrandum, sed quo modo narrandum sit. Nam et congerere plura in expositione quid prohibet, si id utile est causae, et promittere, sed et diuidere narrationem et probationes subiungere parti-

83 bus atque ita transire ad sequentia? Namque ne iis quidem accedo qui semper eo putant ordine quo quid actum sit esse narrandum, sed eo malo narrare quo expedit. Quod fieri plurimis figuris licet. Nam et aliquando nobis excidisse simulamus cum quid utiliore loco reducimus, et interim nos reddituros relicum ordinem testamur quia sic futura sit causa

84 lucidior: interim re exposita subiungimus causas quae antecesserunt. Neque enim est una lex defensionis certumque praescriptum: pro re, pro tempore intuenda quae prosint, atque ut erit uulnus, ita uel curandum protinus uel, si cura-

85 tio differri potest, interim deligandum. Nec saepius narrare duxerim nefas, quod Cicero pro Cluentio fecit, estque non concessum modo sed aliquando etiam necessarium, ut in causis repetundarum omnibusque quae simplices non sunt; amentis est enim superstitione praeceptorum contra rationem

---

14 §§ 83-4 → *Vt. p. 426. 24-8*   § 83 → *'Cassiodorus' p. 502. 28,*
§ 85 *(ut uid.) p. 502. 26-7*

AB]   11 sed ... narrandum *om. B*   in *om. B*   12 quid *ed. Vasc. 1542*: quis *AB*   15 putat *B*   16 malo *A*: modo *B* quod *B*   17 nobis *A, Vt.*: *om. B*   18 **ducimus *A* (dicamus *Vt.*)   18-19 reddituros *A, Vt.*: reducturos *B*: relicturos *Zumpt*, quo recepto* rerum *pro* relicum *non stulte* Vassis   19 *relicum A, B*: reliquum *Vt.*: relictum *ed. Ald.*   quia *om. B* (quasi *Vt.*)
20 interim *A, Vt.*: in *B*   25 dixerim *B*   28 superstitionem *A*

216

causae trahi. Narrationem ideo ante probationes ponere 86 est institutum ne iudex qua de re quaeratur ignoret. Cur igitur, si singula probanda aut refellenda erunt, non singula etiam narrentur? Me certe, quantacumque nostris experi- mentis habenda est fides, fecisse hoc in foro quotiens ita desiderabat utilitas, probantibus et eruditis et iis qui iudicabant, scio: et (quod non adroganter dixerim, quia sunt plurimi quibuscum egi qui me refellere possint si mentiar) fere ponendae a me causae officium exigebatur. Neque ideo 87 tamen non saepius id facere oportebit ut rerum ordinem sequamur. Quaedam uero etiam turpiter conuertuntur, ut si peperisse narres, deinde concepisse, apertum testamentum, deinde signatum, in quibus si id quod posterius est dixeris, de priore tacere optimum; palam est enim praecessisse.

Sunt quaedam et falsae expositiones, quarum in foro 88 duplex genus est: alterum quod instrumentis adiuuatur, ut P. Clodius fiducia testium qua nocte incestum Romae commiserat Interamnae se fuisse dicebat: alterum quod est tuendum dicentis ingenio. Id interim ad solam uerecundiam pertinet, unde etiam mihi uidetur dici color, interim ad quaestionem. Sed utrumcumque erit, prima sit curarum ut 89 id quod fingemus fieri possit, deinde ut et personae et loco et tempori congruat et credibilem rationem et ordinem habeat: si continget, etiam uerae alicui rei cohaereat, aut argumento quod sit in causa confirmetur; nam quae tota extra rem petita sunt mentiendi licentiam produnt. Curandum prae- 90 cipue, quod fingentibus frequenter excidit, ne qua inter se pugnent; quaedam enim partibus blandiuntur, sed in summam non consentiunt: praeterea ne iis quae uera esse constabit

9 § 87 → Vt. p. 426. 28–30

AB] 2 quaeratur B: dicatur A 3 ignoret *repetit* B *post* igitur singula¹ A: -lae B 5 ita A: ipsa B 7 quia A: qua B 8 egi A: ei B 9 ponendae a me B: a me ponendae A (*recte ?*) 10 tamen . . . facere *om.* B 14 palam . . . praecessisse *om.* B 18 commiserit B 22 fingimus B 24 si A: sic B contigerit A 25 sit *om.* B 28 enim *om.* B 29 his A: *om.* B

217

aduersa sint: in schola etiam ne color extra themata quaera-
91 tur. Vtrubique autem orator meminisse debebit actione tota
quid finxerit, quoniam solent excidere quae falsa sunt:
uerumque est illud quod uulgo dicitur, mendacem memorem
92 esse oportere. Sciamus autem, si de nostro facto quaeratur,
unum nobis aliquid esse dicendum: si de alieno, mittere in
plura suspiciones licere. Est tamen quibusdam scholasticis
controuersiis, in quibus ponitur aliquem non respondere
quod interrogatur, libertas omnia enumerandi quae respon-
93 deri potuissent. Fingenda uero meminerimus ea quae non
cadant in testem: sunt autem haec quae a nostro ducuntur
animo, cuius ipsi tantum conscii sumus, item quod a de-
functis (nec hoc enim est qui neget) itemque ab eo cui
idem expediet (is enim non negabit), ab aduersario quoque
94 qua non est habiturus in negando fidem. Somniorum et
superstitionum colores ipsa iam facilitate auctoritatem perdiderunt. Non est autem satis in narratione uti coloribus nisi
per totam actionem consentiant, cum praesertim quorundam
95 probatio sola sit in adseueratione et perseuerantia: ut ille
parasitus qui ter abdicatum a diuite iuuenem et absolutum
tamquam suum filium adserit, habebit quidem colorem quo
dicat et paupertatem sibi causam exponendi fuisse, et ideo
a se parasiti personam esse susceptam quia in illa domo
filium haberet, et ideo illum innocentem ter abdicatum quia
96 filius abdicantis non esset; nisi tamen in omnibus uerbis
et amorem patrium atque hunc quidem ardentissimum ostenderit et odium diuitis et metum pro iuuene, quem
periculose mansurum in illa domo in qua tam inuisus sit
sciat, suspicione subiecti petitoris non carebit.
97 Euenit aliquando in scholasticis controuersiis, quod in
foro an possit accidere dubito, ut eodem colore utraque pars

AB] 3 sint *B* 6 aliquem *B* 7 plurimas *B*
9 quod *A* : qui *B* quae *A* : qui *B* 10 potuisset *B* 11 haec
quae a *A* : quae *B* ducuntur *Burman*: dic- *AB* 13 qui *A* :
quae *B* 15 qua *B*: quia *A* (*non male*) 16 felicitate *B*
18 consentiunt *B* 24 innocentem ter *B*: *inu. ord. A*
25 in *om. B* (*recte ?*) 28 periculo *B*

utatur, deinde eum pro se quaeque defendat, ut in illa controuersia: 'uxor marito dixit appellatam se de stupro a **98** priuigno et sibi constitutum tempus et locum: eadem contra filius detulit de nouerca, edito tantum alio tempore ac loco:
5 pater in eo quem uxor praedixerat filium inuenit, in eo quem filius uxorem: illam repudiauit: qua tacente filium abdicat'. Nihil dici potest pro iuuene quod non idem sit pro nouerca; **99** ponentur tamen etiam communia, deinde ex personarum comparatione et indicii ordine et silentio repudiatae argu-
10 menta ducentur. Ne illud quidem ignorare oportet, quaedam **100** esse quae colorem non recipiant sed tantum defendenda sint, qualis est ille diues qui statuam pauperis inimici flagellis cecidit et reus est iniuriarum: nam factum eius modestum esse nemo dixerit, fortasse ut sit tutum optinebit.

15 Quod si pars expositionis pro nobis, pars contra nos erit, **101** miscenda sit an separanda narratio cum ipsa causae condicione deliberandum est. Nam si plura sunt quae nocent, quae prosunt obruentur. Itaque tunc diuidere optimum erit, et iis quae partem nostram adiuuabunt expositis et confir-
20 matis aduersus reliqua uti remediis de quibus supra dictum est. Si plura proderunt, etiam coniungere licebit, ut quae **102** obstant in mediis uelut auxiliis nostris posita minus habeant uirium. Quae tamen non erunt nuda ponenda, sed ut et nostra aliqua argumentatione firmemus et diuersa cur credi-
25 bilia non sint adiciamus, quia nisi distinxerimus uerendum est ne bona nostra permixtis malis inquinentur.

Illa quoque de narratione praecipi solent, ne qua ex ea fiat **103** excursio, ne auertatur a iudice sermo, ne alienae personae uocem demus, ne argumentemur; adiciunt quidam etiam,
30 ne utamur adfectibus: quorum pleraque sunt frequentissime custodienda, immo numquam nisi ratio coegerit mutanda.

AB]   5 inuentum *A*   13 et *om. B*   16–17 causae condicione *B*: *inu. ord. A*   18 obruuntur *A*   nunc *B*   19 nostram *om. B*   19–20 confirmatis ... remediis *A*: confirmandi si aduersus aliqua ut praemediis *B*   21–2 ut quae obstant *A*: quae obstant sint *B*: *locus incertus*   22 medio *B*   28 ne[2] *om. B*
31 ratio *A*: raro *B*

104 Vt sit expositio perspicua et breuis, nihil quidem tam raro poterit habere rationem quam excursio: nec umquam debebit esse nisi breuis et talis ut ui quadam uideamur adfectus **105** uelut recto itinere depulsi, qualis est Ciceronis circa nuptias Sasiae: 'O mulieris scelus incredibile et praeter hanc unam in omni uita inauditum! O libidinem effrenatam et indomitam! O audaciam singularem! Nonne timuisse, si minus uim deorum hominumque famam, at illam ipsam noctem facesque illas nuptiales, non limen cubiculi, non cubile filiae, non parietes denique ipsos, superiorum testes nup- **106** tiarum?' Sermo uero auersus a iudice et breuius indicat interim et coarguit magis: qua de re idem quod in prohoemio dixeram sentio, sicut de prosopopoeia quoque, qua tamen non Seruius modo Sulpicius utitur pro Aufidia: 'somnone te languidum an graui lethargo putem pressum?', sed M. quoque Tullius circa nauarchos (nam ea quoque rei expositio **107** est): 'ut adeas, tantum dabis' et reliqua. Quid? pro Cluentio Staieni Bulbique conloquium nonne ad celeritatem plurimum et ad fidem confert? Quae ne fecisse inobseruantia quadam uideatur, quamquam hoc in illo credibile non est, in Partitionibus praecipit ut habeat narratio suauitatem, admirationes, expectationes, exitus inopinatos, conloquia **108** personarum, omnes adfectus. Argumentabimur in narratione, ut dixi, numquam: argumentum ponemus aliquando, quod facit pro Ligario Cicero cum dicit sic eum prouinciae praefuisse ut illi pacem esse expediret. Inseremus expositioni

---

1 §§ *104, 106–7* → *Vt. pp. 426. 30–427. 2*   5 Cluent. *15*
14 ORF *p. 379*   16 Verr. *5. 118*   17 *70 seq.*   21 *32*
25 *4*

AB]   3 affectus *A, Vt.*: adfectu *B*   5 sasiae *B, Vt.*: osiae *a in ras.*: sassia *praebent codd. Cic. Cluent. e.g.* § *12*   10 superior *B*   11 uero auersus *A*: uersus *B*: quo quidem aduersus *cod. Victoris, corrupte*   breuis *B*   12 magis *A*: interim *B*   quae (sic) de re *B*: de qua re *A*   item *B*   quod in *A* (ut in *Vt.*): quae de *B*   13 dixerim *B*   15 languidum *A*: -ido *B*   sed *A*: et *B*   17 est *om. B*   19 ad *A, Vt.*: *om. B*   inobseruantia *A*: sine obseruantia *B*   21 praecepit *A*   23 argumentabimur *E*: -abimus *A*: -auimus *B*   23–4 in narratione *om. B*

INSTITVTIO ORATORIA 4. 2. 114

et breuem cum res poscet defensionem et rationem factorum; neque enim narrandum est tamquam testi, sed tamquam **109** patrono. Rei ordo per se talis est: 'Q. Ligarius legatus C. Considio profectus'. Quid ergo M. Tullius? 'Q. enim' inquit 'Ligarius, cum esset nulla belli suspicio, legatus in Africam C. Considio profectus est'; et alibi: 'non modo ⟨nullum⟩ ad **110** bellum, sed ne ad minimam quidem suspicionem belli'. Et cum esset indicaturo satis 'Q. Ligarius nullo se inplicari negotio passus est', adiecit 'domum spectans, ad suos redire cupiens'. Ita quod exponebat et ratione fecit credibile et adfectu quoque impleuit.

Quo magis miror eos qui non putant utendum in narra- **111** tione adfectibus. Qui si hoc dicunt 'non diu neque ut in epilogo', mecum sentiunt: effugiendae sunt enim morae. Ceterum cur ego iudicem nolim dum doceo etiam mouere? cur, quod in summa sum actionis petiturus, non in primo **112** statim rerum ingressu, si fieri potest, consequar? cum praesertim etiam in probationibus faciliorem sim animum eius habiturus occupatum uel ira uel miseratione. An non **113** M. Tullius circa uerbera ciuis Romani omnis breuissime mouit adfectus, non solum condicione ipsius, loco iniuriae, genere uerberum, sed animi quoque commendatione? Summum enim uirum ostendit, qui cum uirgis caederetur non ingemuerit, non rogauerit, sed tantum ciuem se Romanum esse cum inuidia caedentis et fiducia iuris clamauerit. Quid? Philodami casum nonne cum per totam expositionem **114**

2 §§ 109–10 → Vt. p. 425. 13–17, § 112 (l. 19) idem p. 427. 12–13
4 2   6 4   9 3   20 Verr. 5. 162 seq.

AB]   2 testi sed tamquam (sic N: tam B) B: om. A   3 q
A: om. B   legatus AB: legatus in africam P   c A: om. B: cum c
P (sed u. Schoell 1900)   6 c AB: cum c P (cf. l. 3); uariant codd.
Tull.   et om. B   nullum P (cf. § 51), Cic.: om. AB, Vt.
11 affectu A, Vt. (qui tamen omittit impleuit): adfectus B   15 dum
A: dum ego B   moueri B   16 summa B: summa parte A
(fort. recte, nisi recepto summa scribas actione)   18–19 faciliorem
... occupatum A: faciliore sim animo eius abusurus occupato B (at
cf. 5. 7. 10)   21 mouet B   24–5 se romanum esse B:
romanum esse se A

incendit inuidia tum in supplicio ipso lacrimis impleuit, cum flentis non tam narraret quam ostenderet patrem de morte filii, filium de patris? Quid ulli epilogi possunt magis habere miserabile? Serum est enim aduocare iis rebus adfectum in peroratione quas securus narraueris: adsueuit illis iudex iamque eas sine motu mentis accipit quibus commotus nouis non est; et difficile est mutare habitum animi semel constitutum.

116 Ego uero (neque enim dissimulabo iudicium meum, quamquam id quod sum dicturus exemplis magis quam praeceptis ullis continetur) narrationem, ut si ullam partem orationis, omni qua potest gratia et uenere exornandam puto. Sed plurimum refert quae sit natura eius rei quam exponimus.

117 In paruis ergo, quales sunt fere priuatae, sit ille pressus et uelut adplicitus rei cultus, in uerbis summa diligentia: quae in locis impetu feruntur et circumiectae orationis copia latent, hic expressa et, ut uult Zenon, 'sensu tincta' esse debebunt: compositio dissimulata quidem, sed tamen quam

118 iucundissima: figurae non illae poeticae et contra rationem loquendi auctoritate ueterum receptae (nam debet esse quam purissimus sermo), sed quae uarietate taedium effugiant et mutationibus animum leuent, ne in eundem casum, similem compositionem, pares elocutionum tractus incidamus. Caret enim ceteris lenociniis expositio et, nisi commendetur

119 hac uenustate, iaceat necesse est. Nec in ulla parte intentior est iudex, eoque nihil recte dictum perit. Praeterea nescio quo modo etiam credit facilius quae audienti iucunda sunt,

120 et uoluptate ad fidem ducitur. Vbi uero maior res erit, et

2 *Verr.* 1. 76   9 §§ *116–18, 120–1* → *Vt. p.* 427. 2–18
17 *SVF* 1. 79

AB]   5 perorationem *A*   narraueris *A*: -erit *B*, *non male*
7 nouis *N*: nouis nouis *B*: nobis *a in ras.*   habitum animi *B*:
inu. ord. A   9 neque *post* enim *repetit B*   11 ut *del. Regius*
12 uenerem *B*   13 exponimus *B, Vt.*: -emus *A*   14 fere *B*: fere
rei *A*   et *A, Vt.*: *om. B*   19 rationem *A, Vt.*: finem *B*   21 sed
quae *A*: et qui *B*   effugiat *B*   22 leuet *B*   24 ceteris
A: et eius *B*   26 recte dictum *A*: rectum *B*

INSTITVTIO ORATORIA 4. 2. 124

atrocia inuidiose et tristia miserabiliter dicere licebit, non ut consumantur adfectus sed ut tamen uelut primis lineis designentur, ut plane qualis futura sit imago rei statim appareat. Ne sententia quidem uelut fatigatum intentione **121** stomachum iudicis reficere dissuaserim, maxime quidem breui interiectione, qualis est illa: 'fecerunt serui Milonis quod suos quisque seruos in tali re facere uoluisset', interim paulo liberiore, qualis est illa: 'nubit genero socrus nullis auspicibus, nullis auctoribus, funestis ominibus omnium'. Quod cum sit factum iis quoque temporibus quibus omnis **122** ad utilitatem potius quam ostentationem componebatur oratio et erant adhuc seueriora iudicia, quanto nunc faciendum magis, cum in ipsa capitis aut fortunarum pericula inrupit uoluptas? Cui hominum desiderio quantum dari debeat alio loco dicam: interim aliquid indulgendum esse confiteor. Multum confert adiecta ueris credibilis rerum **123** imago, quae uelut in rem praesentem perducere audientis uidetur, qualis est illa M. Caeli in Antonium descriptio: 'namque ipsum offendunt temulento sopore profligatum, totis praecordiis stertentem ructuosos spiritus geminare, praeclarasque contubernales ab omnibus spondis transuersas incubare et reliquas circum iacere passim: quae tamen **124** exanimatae terrore, hostium aduentu percepto, excitare Antonium conabantur, nomen inclamabant, frustra a ceruicibus tollebant, blandius alia ad aurem inuocabat, uehementius etiam nonnulla feriebat: quarum cum omnium uocem tactumque noscitaret, proximae cuiusque collum amplexu petebat: neque dormire excitatus neque uigilare

6 *Cic. Mil. 29*   8 *id. Cluent. 14*   18 *ORF p. 483*

AB]   1 inuidiosa *B* (∼ *Vt.*)   tristia *N, Vt.*: tristitia *AB*
licebit *B, Vt.*: decebit *A*   3 dissignentur *B* (c' u. *Vt.*)   ut *B, Vt.*: et *A*   6 breui interiectione *A, Vt.*: bre iiter iniecta *B*
7 tali re *A, Cic.* (*et noster 7. 1. 37*): re tali *B, Vt.*   8 genere *B* (∼ *Vt.*)   9 hominibus *A¹B* (*recte Vt.*)   11 quam ⟨ad⟩ *a*
15 loco dicam *B*: dicam loco *A*   18 m *B*: *om. A*   20 sternentem *B*   24 a *om. B*   25 inuocabant *B*

223

4. 2. 125 M. FABI QVINTILIANI

ebrius poterat, sed semisomno sopore inter manus centurionum concubinarumque iactabatur'. Nihil his neque credibilius fingi neque uehementius exprobrari neque manifestius ostendi potest.

125 Ne illud quidem praeteribo, quantam adferat fidem expositioni narrantis auctoritas, quam mereri debemus ante omnia quidem uita, sed et ipso genere orationis: quod quo fuerit grauius ac sanctius, hoc plus habeat necesse est in **126** adfirmando ponderis. Effugienda igitur in hac praecipue parte omnis calliditatis suspicio, neque enim se usquam custodit magis iudex: nihil uideatur fictum, nihil sollicitum: omnia potius a causa quam ab oratore profecta credantur.

127 At hoc pati non possumus, et perire artem putamus nisi appareat, cum desinat ars esse si apparet. Pendemus ex laude atque hanc laboris nostri ducimus summam: ita quae circumstantibus ostentare uolumus, iudicibus prodimus.

128 Est quaedam etiam repetita narratio, quae ἐπιδιήγησις dicitur, sane res declamatoria magis quam forensis, ideo autem reperta ut, quia narratio breuis esse debet, fusius et ornatius res posset exponi, quod fit uel inuidiae gratia uel miserationis. Id et raro faciendum iudico neque sic umquam ut totus ordo repetatur; licet enim per partes idem consequi. Ceterum qui uti ἐπιδιηγήσει uolet, narrationis loco rem stringat, et, contentus indicare quid facti sit, quo sit modo factum plenius se loco suo expositurum esse promittat.

129 Initium narrationis quidam utique faciendum a persona putant, eamque si nostra sit ornandam, si aliena infamandam statim. Hoc sane frequentissimum est, quia personae

17 §§ *128–30, 132* → '*Cassiodorus*' *p. 502. 28–32*

AB]   1 stupore *Cameron*   5 ne *B*: neque *A*   affert *a*
(*A*¹ affer)   8 ac *om. B*   habet *B*   9 ponderis *A*: quoque
ponderis *B*   11 magis *om. B*   13 at *A*: sed *B*   14 appareat
*B*¹ *ut uid.*, *E*: apparet *AB*²   17 etiam *om. B*   ΕΠΙΘΕCΙC *B*
20 possit *A*   21 et *Halm*: est *B*: enim *A*: esse *t*   iudico
om. B   sit *B*   23 cui *B*   nollet *B*   loco rem *A*: *inu. ord. B*
24 contus *B*   quid facti *B*: quod factum *A*   25 plenius *A*: ple *B*

INSTITVTIO ORATORIA 4. 3. 3

sunt inter quas litigatur. Sed hae quoque interim cum suis accidentibus ponendae, cum id profuturum est, ut: 'A. Cluentius Habitus fuit pater huiusce, iudices, homo non solum municipii Larinatis, ex quo erat, sed regionis illius et uicinitatis uirtute existimatione nobilitate princeps'; interim sine his ut: 'Q. enim Ligarius cum esset'; frequenter uero et a re, sicut pro Tullio Cicero: 'fundum habet in agro Thurino M. Tullius paternum', Demosthenes pro Ctesiphonte: τοῦ γὰρ Φωκικοῦ συστάντος πολέμου.

De fine narrationis cum iis contentio est qui perduci expositionem uolunt eo unde quaestio oritur: 'his rebus ita gestis P. Dolabella praetor interdixit, ut est consuetudo, de ui hominibus armatis, sine ulla exceptione, tantum ut unde deiecisset restitueret': deinde: 'restituisse se dixit: sponsio facta est: hac de sponsione uobis iudicandum est'. Id a petitore semper fieri potest, a defensore non semper.

3. Ordine ipso narrationem sequitur confirmatio; probanda sunt enim quae propter hoc exposuimus. Sed priusquam ingrediar hanc partem, pauca mihi de quorundam opinione dicenda sunt. Plerisque moris est, prolato rerum ordine, protinus utique in aliquem laetum ac plausibilem locum quam maxime possint fauorabiliter excurrere. Quod quidem natum ab ostentatione declamatoria iam in forum uenit, postquam agere causas non ad utilitatem litigatorum sed ad patronorum iactationem repertum est, ne, si pressae illi qualis saepius desideratur narrationis gracilitati coniuncta argumentorum pugnacitas fuerit, dilatis diutius dicendi uoluptatibus oratio refrigescat. In quo uitium illud est, quod

2 *Cic. Cluent. 11*   6 *id. Lig. 2*   7 *14*   9 *18*
10 § *132* → *Vt. p. 427. 18–22*   11 *Cic. Caec. 23*

AB]   1 hae] eae *E*: haec *AB*, 'Cass.' (*sed is deinde* ponitur), *quo recepto* ponenda est *temptauit Halm, fort. recte*   3 habitus *B, Cic.*: *om. A*   4 larinati *B*   6 ut q enim *A*: *om. B* 8 tigurino *B*   9 ΦΩΚΙΚΟΙCΙC ΤΑΝΤΟC *A*: ΦΥCΙΚΟΥ CΥΝΙΤΑΝΤΟC *B*   10 est *om. A*   14 *distinxit H. Meyer* se *om. B*   17 DE EGRESSIONE Ordine *AB*   18 exposui *B* 20 perlato *B*   25 ne si* *A*: nisi *B*   26 narrationi *B*

4. 3. 4   M. FABI QVINTILIANI

sine discrimine causarum atque utilitatis hoc tamquam semper expediat aut etiam necesse sit faciunt, eoque sumptas ex iis partibus quarum alius erat locus sententias in hanc congerunt, ut plurima aut iterum dicenda sint aut, quia [alia] **4** alieno loco dicta sunt, dici suo non possint. Ego autem confiteor hoc expatiandi genus non modo narrationi sed etiam quaestionibus uel uniuersis uel interim singulis oportune posse subiungi cum res postulat aut certe permittit, atque eo uel maxime inlustrari ornarique orationem, sed si cohaeret et sequitur, non si per uim cuneatur et quae natura iuncta **5** erant distrahit. Nihil enim tam est consequens quam narrationi probatio, nisi excursus ille uel quasi finis narrationis uel quasi initium probationis est. Erit ergo illi nonnumquam locus, ut, si expositio circa finem atrox fuerit, prosequamur **6** eam uelut erumpente protinus indignatione. Quod tamen ita fieri oportebit si res dubitationem non habebit: alioqui prius est quod obicias uerum efficere quam magnum, quia criminum inuidia pro reo est priusquam probatur; difficillima **7** est enim grauissimi cuiusque sceleris fides. Item fieri non inutiliter potest ut, si merita in aduersarium aliqua exposueris, in ingratum inueharis, aut, si uarietatem criminum narratione demonstraueris, quantum ob ea periculum in- **8** tentetur ostendas. Verum haec breuiter omnia; iudex enim ordine audito festinat ad probationem et quam primum certus esse sententiae cupit. Praeterea cauendum est ne

5 §§ 4–9 → Vt. pp. 427. 24–428. 6

AB]   2 eoque sumptas A: eo quod desumptas B   4–5 aut quia . . . possint om. B   4 alia A: del. Regius: iam Halm 6 expatiandi B: *spatiandi A (spaciandi etiam cod. Vt.)   sed A, Vt.: quod B   8 certe . . . atque B: permittit aut (ex ut) certe queat A: permittit Vt. (deinde si illustratur eo . . .)   9 orationem sed B: oratio nam et A   10 natura A, Vt.: -ae B   12 probatio nisi A, Vt.: probationis si B   12–13 quasi . . . uel B (et Vt., sed is omisso quasi): egressio A   14 ut B, Vt.: om. A   15 uelut erumpente B: spm rumpente A: ueluti irrumpente Vt.   17 est om. B 18 probatur B, Vt.: -babitur A   19 item A¹ (?), ed. Ald. (licet autem et . . . Vt.): idem aB   20 uti B   21 ueritatem A 22 eam A

INSTITVTIO ORATORIA 4. 3. 13

ipsa expositio uanescat, auersis in aliud animis et inani mora fatigatis.

Sed ut non semper est necessaria post narrationem illa 9 procursio, ita frequenter utilis ante quaestionem praeparatio, utique si prima specie minus erit fauorabilis, si legem asperam tuebimur aut poenarias actiones inferemus. Est hic locus uelut sequentis exordii ad conciliandum probationibus nostris iudicem, mitigandum, concitandum. Quod liberius hic et vehementius fieri potest quia iudici nota iam causa est.

His igitur uelut fomentis, si quid erit asperum, praemolliemus, 10 quo facilius aures iudicum quae post dicturi erimus admittant, ne ius nostrum oderint; nihil enim facile persuadetur inuitis. Quo loco iudicis quoque noscenda natura est, iuri 11 magis an aequo sit adpositus: proinde enim magis aut minus erit hoc necessarium. Ceterum res eadem et post quaestionem perorationis uice fungitur.

Hanc partem παρέκβασιν uocant Graeci, Latini egressum 12 uel egressionem. Sed hae sunt plures, ut dixi, quae per totam causam uarios habent excursus, ut laus hominum locorumque, ut descriptio regionum, expositio quarundam rerum gestarum uel etiam fabulosarum. Quo ex genere est in ora- 13 tionibus contra Verrem compositis Siciliae laus, Proserpinae

13 §§ *11–13* → *Vt. p. 428. 6–14,* §§ *14–17 p. 429. 2–12*   17 §§ *12,*
15 → '*Cassiodorus*' *p. 502. 33–41*   22 *Verr. 2. 2 seq., 4. 106 seq.*;
cf. frg. orat. VII. 47

AB]   1 expositio *A, Vt.*: positio *B*   3 sed *B, Vt.*: et *A*   5 si[1]
om. A   si[2] *om. A*[1]*B*   6 tuebimur . . . inferemus *B*: ac penarias
actiones tuebimur *A*   7 exordium *A* (*et, ut uid. fortuito, Vt.*)
ad *B, Vt.*: *om. A*   8 mitigandum concitandum *A* (*confirmante
Vt.*): *om. B* (*prob. Capperonnier*)   8–9 quod . . . et *B* (*et Vt., sed
diuerso ordine*): quo liberius hoc *A*   9 nota iam causa *B, Vt.*: iam
causa nota *A*   10 his *B*: hic *A*   11 quo *A*: quod *B*   post dicturi *B*: propositur*∗ A* (*non male*)   12 ius nostrum *B*: iustum *A*
13 loco *A, Vt.*: loco tamen *B*   14 an . . . magis *om. A* (*habet
pleraque Vt.*)   aut *A*: haud *B*   16 uicem *A* (∼ *Vt.*)
18 haec *A* (∼ '*Cass.*')   20 -que *B, Vt.,* '*Cass.*': *om. A*   21 uel
'*Cass.*' (*ut coni. Spalding*): sed *B*: utl *A* (*deinde* etitia *pro* etiam, *corr.
ad* aetitia): licet *Vt.*   ex *A, Vt.*: *om. B*

227

4. 3. 14   M. FABI QVINTILIANI

raptus, pro C. Cornelio popularis illa uirtutum Cn. Pompei commemoratio: in quam ille diuinus orator, ueluti nomine ipso ducis cursus dicendi teneretur, abrupto quem incho-
14 auerat sermone deuertit actutum. Παρέκβασις est, ut mea quidem fert opinio, alicuius rei, sed ad utilitatem causae pertinentis, extra ordinem excurrens tractatio. Quapropter non uideo cur hunc ei potissimum locum adsignent qui rerum ordinem sequitur, non magis quam illud, cur hoc nomen ita demum proprium putent si aliquid in digressu sit exponen-
15 dum, cum tot modis a recto itinere declinet oratio. Nam quidquid dicitur praeter illas quinque quas fecimus partes egressio est: indignatio, miseratio, inuidia, conuicium, excusatio, conciliatio, maledictorum refutatio, similia his, quae non sunt in quaestione: omnis amplificatio, minutio, omne adfectus genus: atque ea ⟨quae⟩ maxime iucundam et ornatam faciunt orationem, de luxuria, de auaritia, de religione, ⟨de⟩ officiis; quae cum sunt argumentis subiecta similium
16 rerum, quia cohaerent egredi non uidentur: sed plurima sunt quae rebus nihil secum cohaerentibus inseruntur, quibus iudex reficitur admonetur placatur rogatur laudatur. Innumerabilia sunt haec, quorum alia sic praeparata adferimus, quaedam ex occasione uel necessitate ducimus si quid nobis agentibus noui accidit, interpellatio, interuentus alicuius,
17 tumultus. Vnde Ciceroni quoque in prohoemio, cum diceret pro Milone, degredi fuit necesse, ut ipsa oratiuncula qua usus est patet. Potest autem paulo longius exire qui praeparat aliquid ante quaestionem et qui finitae probationi

AB]   2 diuinus orator *B*: diu immoratur *A*   uelut *B*
4 actutum *B*: hac totum *A*   parecbasis *Vt.*: pareubasis *A*: ΠΑΡ-
ΕΡΒΑϹΕΙϹ *B*   mea *om. B*   5 sed *del. Regius* (*om. Vt.*)
7 potentissimum *A*   assignant *A*   8 nomen *om. B*   9 alicui
B   13 *distinxit Kiderlin 1889-1*   14 minutio omne *B, 'Cass.'*
(*sed is* omnis): omnis *A*: minutio *Vt.* (*at is omisso* omnis *ante* amplificatio): omnis minutio omne *H. Meyer*   15 atque ea quae *scripsi* (maxime ⟨quae⟩ *iam Rollin*): atque ea *AB*: et quae *Spalding*
17 de *N, Vt.*: *om. AB, 'Cass.'*   18–20 *de distinctione u. Kiderlin 1889-1*   18 sed *B*: et *A*   19 nihil *A*: non *B*   22 dicimus
B   si quid *A*: quis *B*

228

INSTITVTIO ORATORIA 4. 4. 4

uelut commendationem adicit: at qui ex media erumpit, cito ad id redire debet unde deuertit.

4. Sunt qui narrationi propositionem subiungant tamquam partem iudicialis materiae: cui opinioni respondimus. Mihi autem propositio uidetur omnis confirmationis initium: quod non modo in ostendenda quaestione principali, sed nonnumquam etiam in singulis argumentis poni solet, maximeque in iis quae ἐπιχειρήματα uocantur. Sed nunc de priore 2 loquimur. Ea non semper uti necesse est. Aliquando enim sine propositione quoque satis manifestum est quid in quaestione uersetur, utique si narratio ibi finem habet ubi initium quaestio, adeo ut aliquando subiungatur expositioni quae solet in argumentis esse summa collectio: 'haec si ut exposui gesta sunt, iudices, insidiator superatus est, ui uicta uis uel potius oppressa uirtute audacia est'. Nonnumquam ualde 3 est utilis, praecipue ubi res defendi non potest et de iure quaeritur, ut pro eo qui pecuniam priuatam de templo sustulit: 'sacrilegii agitur, de sacrilegio cognoscitis', ut iudex intellegat id unum esse officii sui quaerere, an id quod obicitur sacrilegium sit. Item in causis obscuris aut multiplicibus, 4 nec semper propter hoc solum, ut sit causa lucidior, sed aliquando etiam ut magis moueat. Mouet autem si protinus subtexantur aliqua quae prosint: 'lex aperte scripta est, ut peregrinus qui murum ascenderit morte multetur: peregrinum te esse certum est: quin ascenderis murum non quaeritur: quid superest nisi ut te puniri oporteat?' Haec enim propositio confessionem aduersarii premit et quodam

8 §§ 2–9 → *Vt. pp. 416. 30–417. 27*   13 Cic. Mil. 30

AB]   1 uel *B* (∼ *Vt.*)   at qui *A*, *Vt.*: atque *B*   media (*sc*. oratione?) *AB*: medio *Vt.*   2 uertit *A* (diuertit *Vt.*)   3 DE PROPOSITIONE Sunt *AB*   9 uti *om*. *B* (∼ *Vt.*)   10 propositione *A*, *Vt.*: praepositione aliqua *B*   13 si ut exposui *AB*, *Vt.*: sicut exposui ita *P ex Ciceronis codd.* (sic ut *iam 1434*) 15–16 ualde est utilis *B* (ualde utilis est *Vt.*): uero deest utiliter *A*   16 praecipue *om*. *A* (*non habet Vt.*)   et *A*, *Vt.*: *om*. *B* iure *B*, *Vt.* (*cf.* 4. 2. 8): fine *A* (*non male*)   25 quin *B*: qui si *A* 27 confessionem *A*, *Vt.*: conc- *B*

229

modo iudicandi moram tollit, nec indicat quaestionem, sed adiuuat.

5 Sunt autem propositiones et simplices et duplices uel multiplices: quod accidit non uno modo. Nam et plura crimina iunguntur, ut cum Socrates accusatus est quod corrumperet iuuentutem et nouas superstitiones introduceret: et singula ex pluribus colliguntur, ut cum legatio male gesta obicitur Aeschini quod mentitus sit, quod nil ex mandatis 6 fecerit, quod moratus sit, quod munera acceperit. Recusatio quoque pluris interim propositiones habet, ut contra petitionem pecuniae: 'male petis: procuratorem enim tibi esse non licuit: sed neque illi cuius nomine litigas habere procuratorem; sed neque est heres eius a quo accepisse mutuam 7 dicor; sed nec ipsi debui'. Multiplicari haec in quantum libet possunt, sed rem ostendisse satis est. Hae si ponantur singulae subiectis probationibus, plures sunt propositiones: si coniungantur, in partitionem cadunt.

8 Est et nuda propositio, qualis fere in coniecturalibus: 'caedis ago', 'furtum obicio'; est ratione subiecta, ut: 'maiestatem minuit C. Cornelius; nam codicem tribunus plebis ipse pro contione legit'. Praeter haec utimur propositione aut nostra, ut: 'adulterium obicio', aut aduersarii, ut: 'adulterii mecum agitur', aut communi, ut: 'inter me et aduersarium quaestio est uter sit intestato propior'. Nonnumquam diuersas quoque iungimus: 'ego hoc dico, aduersarius hoc'. 9 Habet interim uim propositionis, etiamsi per se non est propositio, cum exposito rerum ordine subicimus: 'de his cognoscitis', ut sit haec commonitio iudicis, quo se ad

19 *Cic. frg. orat. VII. 6*

AB] 1-2 sed adiuuat *B* : iudici *A*   3 et simplices et duplices *B* (*confirmante Vt.*): simplices sunt plerumque duplices *A*   5 socrates *A*, *Vt.*: -tis *B*   8 nihil *A*   12-13 procuratorem *A*, *Vt.* (*cf. 7. 1. 19*): -tori *B*   13 est *b*: es *AB*   mutuum *A*   14 sed *om. B*   ipse *A*   15 ponatur *B*   19 ago *B*, *Vt.*: ego *A* est *AB*, *Vt.*: et *Meister*   22-3 aut aduersarii ... agitur *om. A* (~ *Vt.*)   24 propior *A*, *Vt.*: proprior *B*   27 cum *B*, *Vt.*: nam cum *A*   28 cognoscitis *B*: cognisti *A*: cognoscetis *Vt.* (*prob. Kiderlin 1889-1*)   iud(icis) *B*, *Vt.*: *om. A*

INSTITVTIO ORATORIA   4. 5. 4

quaestionem acrius intendat et uelut quodam tactu excitatus finem esse narrationis et initium probationis intellegat, et nobis confirmationem ingredientibus ipse quoque quodam modo nouum audiendi sumat exordium.

5. Partitio est nostrarum aut aduersarii propositionum aut utrarumque ordine conlocata enumeratio. Hac quidam utendum semper putant, quod ea fiat causa lucidior et iudex intentior ac docilior si scierit et de quo dicimus et de quo dicturi postea sumus. Rursus quidam periculosum id oratori 2 arbitrantur duabus ex causis: quod nonnumquam et excidere soleant quae promisimus et si qua in partiendo praeterîmus occurrere: quod quidem nemini accidet nisi qui plane uel nullo fuerit ingenio uel ad agendum nihil cogitati praemeditatique detulerit. Alioqui quae tam manifesta et 3 lucida est ratio quam rectae partitionis? Sequitur enim naturam ducem adeo ut memoriae id maximum sit auxilium, uia dicendi non decedere. Quapropter ne illos quidem probauerim qui partitionem uetant ultra tris propositiones extendere: quae sine dubio, si nimium sit multiplex, fugiet memoriam iudicis et turbabit intentionem, hoc tamen numero uelut lege non est alliganda, cum possit causa pluris desiderare. Alia sunt magis propter quae partitione non semper 4 sit utendum: primum quia pleraque gratiora sunt si inuenta subito nec domo allata sed inter dicendum ex re ipsa nata uideantur, unde illa non iniucunda schemata: 'paene excidit mihi' et 'fugerat me' et 'recte admones'; propositis enim probationibus omnis in relicum gratia nouitatis praecerpitur.

5 § *1* → *Vt. p. 417. 29–31*   22 §§ *4–8* → *Vt. pp. 417. 31–418. 12*

AB]   1 uelut (*ex* ueluti) quodam tactu *A*: uel quodam uti actu *B*   1–2 resuscitatus *A*   2 et *om. B*   5 DE PARTITIONE Partitio *AB*   6 collocata *A, Vt.*: conlata *B*   7 ea *A*: de ea *B*   8 intentior *B* (*cf.* 4. *1. 38*): attentior *A*   si scierit *B*: suscitetur *A*   8–9 dicimus . . . sumus (simus *A*) *AB*: dicamus . . . simus *Meister 1865* (*sed cf.* § *8* : *11. 2. 3*)   10 arbitratur *A* (*nam habet* Rufus *pro* rursus *!*)   15 oratio *A*   16 adeo *B*: adeo quoque *A*   id *B*: ad *A*   20 tamen *A*: tunc *B*

231

5 Interim uero etiam fallendus est iudex et uariis artibus subeundus ut aliud agi quam quod petimus putet. Nam est nonnumquam dura propositio, quam iudex si prouidit non aliter praeformidat quam qui ferrum medici prius quam curetur aspexit: at si re non ante proposita securum ac nulla denuntiatione in se conuersum intrarit oratio, efficiet quod 6 promittenti non crederetur. Interim refugienda non modo distinctio quaestionum est, sed omnino tractatio: adfectibus turbandus et ab intentione auferendus auditor. Non enim solum oratoris est docere, sed plus eloquentia circa mouendum ualet. Cui rei contraria est maxime tenuis illa et scrupulose in partis secta diuisionis diligentia eo tempore quo cog-7 noscenti iudicium conamur auferre. Quid quod interim quae per se leuia sunt et infirma, turba ualent, ideoque congerenda sunt potius, et uelut eruptione pugnandum? Quod tamen rarum esse debet et ex necessitate demum, cum hoc ipsum 8 quod dissimile rationi est coegerit ratio. Praeter haec in omni partitione est utique aliquid potentissimum, quod cum audiuit iudex cetera tamquam superuacua grauari solet. Itaque, si plura uel obicienda sunt uel diluenda, et utilis et iucunda partitio est, ut quo quaque de re dicturi sumus ordine appareat; at, si unum crimen uarie defendemus, super-9 uacua. Vt si ita partiamur: 'dicam non talem esse hunc quem tueor reum ut in eo credibile uideri possit homicidium, dicam occidendi causam huic non fuisse, dicam hunc eo tempore quo homo occisus est trans mare fuisse': omnia quae ante id 10 quod ultimum est exequeris inania uideri necesse est. Festinat enim iudex ad id quod potentissimum est, et uelut obligatum

AB]   3 quam *B*, *Vt.*: quod *A*   4 praeformidat *A*: per- *B*: re- *cod. Vt.*   5 at si re *A* (at si de re *cod. Vt.*): adscire *B*   9 turbandus *A*, *Vt.*: turbationibus *B*   ab *A*, *Vt.*: om. *B*   11 cui rei *A* (cui *Vt.*): cur ei *B*   maxime *A* (-ae *cod. Vt.*): maxima *B*   12–13 cognoscendi *B*   15 et om. *B*   16 rarum *A*, *Vt.*: rerum *B* et *B*, *Vt.*: om. *A*   17 rationi *B*, *Vt.*: narrationis *A*   20 uel[1] om. *A*   21 quo *E* (*ut coni. Madvig*): quod *B*: quid *A*   simus *Halm*   22 ac *B*   23 ita *t* (*cf.* 7. 4. 20): illa *AB*   24 reum ut in eo *A*: ut *B*   26 antequam *B*   28 potentissime (om. est) *A*

INSTITVTIO ORATORIA 4. 5. 15

promisso patronum, si est patientior, tacitus appellat: si uel occupatus uel in aliqua potestate uel etiam sic moribus compositus, cum conuicio efflagitat. Itaque non defuerunt 11 qui Ciceronis illam pro Cluentio partitionem improbarent, 5 qua se dicturum esse promisit primum neminem maioribus criminibus, grauioribus testibus in iudicium uocatum quam Oppianicum: deinde praeiudicia esse facta ab ipsis iudicibus a quibus condemnatus sit: postremo iudicium pecunia temptatum non a Cluentio, sed contra Cluentium: quia, si probari 10 posset quod est tertium, nihil necesse fuerit dicere priora. Rursus nemo tam erit aut iniustus aut stultus quin eum 12 fateatur optime pro Murena esse partitum: 'intellego, iudices, tris totius accusationis partis fuisse, et earum unam in reprehensione uitae, alteram in contentione dignitatis, ter-15 tiam in criminibus ambitus esse uersatam'. Nam sic et ostendit lucidissime causam et nihil fecit altero superuacuum.

De illo quoque genere defensionis plerique dubitant: 'si 13 occidi, recte feci, sed non occidi'; quo enim pertinere prius si sequens firmum sit? Haec inuicem obstare et utroque 20 utentibus in neutro haberi fidem. Quod sane in parte uerum est, et illo sequenti, si modo indubitabile est, [sit] solo utendum; at si quid in eo quod est fortius timebimus, utraque 14 probatione nitemur. Alius enim alio moueri solet; et qui factum putabit, iustum credere potest, qui tamquam iusto 25 non mouebitur, factum fortasse non credet: ut certa manus uno telo potest esse contenta, incerta plura spargenda sunt, ut sit et fortunae locus. Egregie uero Cicero pro Milone 15

5 9   12 11   17 §§ 13–15 → Vt. p. 418. 12–22

AB]   1 patronum B: patroni est A   2 in om. A   si A
3 incompositus a (A¹ incompotus)   7 ipsis A, Cic.: iis ipsis B
9 a B, Cic.: pro A   11 aut¹ om. A   12 munera B   13 partis
fuisse B, Cic.: fuisse partes A   17–18 defensionis ... pertinere
om. A (habet fere eadem Vt.)   20 fidem om. A   21 et AB: ut p
sit del. Gernhard   22 at A (uerum tamen Vt.): ac B   24 putabit
Vt. (ut coni. Spalding): -uit AB   25 credet A, Vt.: -it B   26 potest ex Victore recepit H. Meyer: posset AB   27 sit et B, Vt.: fiat A

233

insidiatorem primum Clodium ostendit, tum addidit ex abundanti, etiam si id non fuisset, talem tamen ciuem cum summa
16 uirtute interfectoris et gloria necari potuisse. Neque illum tamen ordinem, de quo prius dixi, damnauerim, quia quaedam, etiam si ipsa sunt dura, in id tamen ualent, ut ea mol- 5
liant quae sequentur. Nec omnino sine ratione est quod uulgo
17 dicitur: inicum petendum ut aecum feras. Quod tamen nemo sic accipiat ut omnia credat audenda. Recte enim Graeci praecipiunt non temptanda quae effici omnino non possint. Sed quotiens hac de qua loquor duplici defensione utemur, 10 id laborandum est, ut in illam partem sequentem fides ex priore ducatur; potest enim uideri qui tuto etiam confessurus fuit mentiendi causam in negando non habere.
18   Et illud utique faciendum est, ut, quotiens suspicabimur iudici aliam probationem desiderari quam de qua loquimur, 15 promittamus nos plene et statim de eo satis esse facturos,
19 praecipueque si de pudore agetur. Frequenter autem accidit ut causa parum uerecunda iure tuta sit: de quo ne inuiti iudices audiant et aduersi, frequentius sunt admonendi secuturam defensionem probitatis ac dignitatis: expectent 20
20 paulum et agi ordine sinant. Quaedam interim nos et inuitis litigatoribus simulandum est dicere, quod Cicero pro Cluentio facit circa iudiciariam legem: nonnumquam quasi interpellemur ab iis subsistere: saepe auertenda ad ipsos oratio, hortandi ut sinant nos uti nostro consilio. Ita subrepetur 25 animo iudicis, et, dum sperat probationem pudoris, asper-
21 ioribus illis minus repugnabit. Quae cum receperit, etiam uerecundiae defensioni facilior erit. Sic utraque res inuicem

7 §§ 17–22 → Vt. pp. 418. 22–419. 5   22 144–5

AB]   6 sequentur *B*: secuntur *A*, *non male*   8 credat
A: cre *B*   audenda *P*: audienda *B*: aude*ndum *A*   9 offici *B*
14 suspicabimur *B* (-camur *Vt.*): supplicabimus *A*   15 iudici
A: a iudice *B*   qua *A*, *Vt.*: quo *B*   17 agitur *B*   18 uerecundia *A* (∼ *Vt.*)   19 et aduersi *B*: auersi *A*: *non habet Vt.*,
del. Radermacher   21 et² *om. A*, *Vt.*   24 auertenda *B*, *Vt.*:
conuertenda *A*

234

iuuabit eritque iudex circa ius nostrum spe modestiae attentior, circa modestiam iuris probatione procliuior.

Sed ut non semper necessaria aut utilis etiam partitio est, 22 ita oportune adhibita plurimum orationi lucis et gratiae confert. Neque enim solum id efficit, ut clariora fiant quae dicuntur, rebus uelut ex turba extractis et in conspectu iudicum positis, sed reficit quoque audientem certo singularum partium fine, non aliter quam facientibus iter multum detrahunt fatigationis notata inscriptis lapidibus spatia. Nam et 23 exhausti laboris nosse mensuram uoluptati est, et hortatur ad reliqua fortius exequenda scire quantum supersit. Nihil enim longum uideri necesse est in quo quid ultimum sit certum est. Nec inmerito multum ex diligentia partiendi tulit 24 laudis Q. Hortensius, cuius tamen diuisionem in digitos diductam nonnumquam Cicero leuiter eludit. Nam est suus et in gestu modus et uitanda utique maxime concisa nimium et uelut articulosa partitio. Nam et auctoritati plurimum 25 detrahunt minuta illa nec iam membra sed frusta: et huius gloriae cupidi, quo subtilius et copiosius diuisisse uideantur, et superuacua adsumunt et quae natura singularia sunt secant, nec tam plura faciunt quam minora: deinde cum fecerunt mille particulas, in eandem incidunt obscuritatem contra quam partitio inuenta est.

Et diuisa autem et simplex propositio, quotiens utiliter 26 adhiberi potest, primum debet esse aperta atque lucida (nam quid sit turpius quam id esse obscurum ipsum quod in eum solum adhibetur usum ne sint cetera obscura?), tum

15 *e.g. diu. Caec. 45*

AB] 1 eritque *B*, *Vt*.: erit *A*   modestiae *A*, *Vt*.: -tior *B*
3 utilis etiam *A* (utilis *Vt*.): etiam superuacua *B*   7 certo *om. B*
(hab. *Vt*.)   10 exaustis laboribus *B*   14 digitis *B*   15 deductam *A*   ‹16 et in gestu *A* (et in digestu *H. J. Mueller 1887*:
et digestui *iam Gertz*): certus *B*   uitanda utique *A*: euitanda *B*
18 minuta *A*: multa *B*   iam *om. B*   22 in eandem *B*: infandam *A*   24 et diuisa autem *A*: diuisa *B*   propositio *A*: propositio est *B*   25 atque lucida *B*: ac (*in ras.* ?) dilucida *A* (*non male:
cf. 8. 2. 23*): atque dilucida *1416 ante corr., 1418 (numerose: et cf. 11.
1. 53*)   27 adhibetur usum *A*: adhibiturus sum *B*

235

4. 5. 27   QVINTILIANI INSTITVTIO

breuis nec ullo superuacuo onerata uerbo; non enim quid
27 dicamus sed de quo dicturi simus ostendimus. Optinendum
etiam ne quid in ea desit, ne quid supersit. Superest autem
sic fere, cum aut in species partimur quod in genera partiri
sit satis, aut genere posito subicitur species, ut 'dicam de 5
uirtute iustitia continentia', cum iustitia atque continentia
28 uirtutis sint species. Partitio prima est, quid sit de quo conueniat, quid de quo ambigatur. In eo quod conuenit, quid
aduersarius fateatur, quid nos: in eo quo de ambigitur, [quae
dicturi sumus] quae nostrae propositiones, quae partis ad- 10
uersae. Turpissimum uero non eodem ordine exequi quo
quidque proposueris.

AB]   1 quid *A*: de quo *B*   2 simus *P (numerose: simili ratione* dicimus *pro* -camus *K*): sumus *AB* (*def. Spalding*)   9 quo de
A: de quo *B*   9–10 quae dicturi sumus *AB*: *del. Gesner*   10 pre-
positiones *B*   11 turpissimum *B*: pessimum *A*   ordinem *A*

LIBER QVINTVS

⟨PROHOEMIVM⟩

Fuerunt et clari quidem auctores quibus solum uideretur **1**
oratoris officium docere (namque et adfectus duplici ratione
excludendos putabant, primum quia uitium esset omnis
animi perturbatio, deinde quia iudicem a ueritate depelli
misericordia gratia ira similibusque non oporteret: et uoluptatem audientium petere, cum uincendi tantum gratia diceretur, non modo agenti superuacuum, sed uix etiam uiro
dignum arbitrabantur), plures uero qui nec ab illis sine dubio **2**
partibus rationem orandi summouerent, hoc tamen proprium atque praecipuum crederent opus, sua confirmare et
quae ⟨ex⟩ aduerso proponerentur refutare. Vtrumcumque est **3**
(neque enim hoc loco meam interpono sententiam), hic erit
liber illorum opinione maxime necessarius, quo toto haec
sola tractantur: quibus sane et ea quae de iudicialibus causis
iam dicta sunt seruiunt. Nam neque prohoemii neque narra- **4**
tionis est alius usus quam ut huic iudicem praeparent, et
status nosse atque ea de quibus supra scripsimus intueri
superuacuum foret nisi ad hanc perueniremus. Denique ex **5**
quinque quas iudicialis materiae fecimus partibus quaecumque alia potest aliquando necessaria causae non esse:
lis nulla est cui probatione opus non sit. Eius praecepta sic
optime diuisuri uidemur ut prius quae in commune ad omnis

AB]   3 DE PROBATIONIBVS INARTIFICALIBVS (-ialibus *A in indice*)
Fuerunt *AB*   quidam *B*   5 primum *om. A*   6 pelli *A*
7 gratia ira *scripsi*: gratia *A*: uel ira *B*: ira *Meister 1865*   oporteret
et *B*: oportere nec *A*   8 petere *A*: ptē *B*   9 agendi *B*
9–10 sed ... dignum *om. A*   13 ex aduerso *1434 corr. (cf. 4. 2.
22)*: aduerso *AB*: e (*immo* ex: *cf.* 5. 13. *1*) diuerso *p**   15 quo *B*:
quia *A*   18 est *B*: esset *a in ras.*   huic *A*: *om. B*: *fort.*
huic ⟨parti⟩ (*nisi omisso* huic *cum Kiderlino 1885 scribas* haec *pro*
hanc *infra*: *ubi* hoc *iam E*)   praeparent et *B*: preparentis *A*
23 cui *B*: quae *A*   24 uideamur *A*

quaestiones pertinent ostendamus, deinde quae in quoque causae genere propria sunt exequamur.

1. Ac prima quidem illa partitio ab Aristotele tradita consensum fere omnium meruit, alias esse probationes quas extra dicendi rationem acciperet orator, alias quas ex causa traheret ipse et quodam modo gigneret; ideoque illas ἀτέχνους, id est inartificiales, ⟨has ἐντέχνους, id est artificiales,⟩ 2 uocauerunt. Ex illo priore genere sunt praeiudicia, rumores, tormenta, tabulae, ius iurandum, testes, in quibus pars maxima contentionum forensium consistit. Sed ut ipsa per se carent arte, ita summis eloquentiae uiribus et adleuanda sunt plerumque et refellenda. Quare mihi uidentur magnopere damnandi qui totum hoc genus a praeceptis remouerunt. 3 Nec tamen in animo est omnia quae pro his aut contra dici solent complecti. Non enim communes locos tradere destinamus, quod esset operis infiniti, sed uiam quandam atque rationem. Quibus demonstratis non modo in exequendo suas quisque uires debet adhibere, sed etiam inueniendo similia, ut quaeque condicio litium poscet. Neque enim de omnibus causis dicere quisquam potest saltem praeteritis, ut taceam de futuris.

2. Iam praeiudiciorum uis omnis tribus in generibus uersatur: rebus quae aliquando ex paribus causis sunt iudicatae, quae exempla rectius dicuntur, ut de rescissis patrum testamentis uel contra filios confirmatis: iudiciis ad ipsam causam pertinentibus, unde etiam nomen ductum est, qualia in

3 *rhet. 1355ᵇ35*   8 §§ 2-4 → *Vt. pp. 403. 29-404.*] 5
22 §§ 1-5 → *Vt. p. 404. 7-29*

AB]   1 quae *om. B*   2 sunt *R*: sint *AB*   4 probationes
A: propositiones *B*   5 acceperit *A*   7 has . . . artificiales
add. Regius   10 ipsa per se *A (numerose)*: ipse *B (manifesto errore)*:
ipsa *Vt.*   11 eloquentis *A*   et *om. A*   *fort.* adiuuanda (*cf. 5.12.6*)
13 a *B*: ac *A*   16 uiam *ed. Asc. 1516 (conf. Vt.):* uim *AB*
18 debet *B, Vt.*: debeat *A*   inueniendo *B, Vt.*: -di *A*   21 futuris.
DE PRAEIVDICIIS *AB*   22 iam *ed. Camp.*: tamen *AB*
uis *B, Vt.*: deis *A*¹ (de his *a*)   omnis *B, Vt.*: omnibus *A*

INSTITVTIO ORATORIA 5. 2. 5

Oppianicum facta dicuntur et a senatu aduersus Milonem: aut cum de eadem causa pronuntiatum est, ut in reis deportatis et adsertione secunda et partibus centumuiralium quae in duas hastas diuisae sunt. Confirmantur praecipue duobus: 2
5 auctoritate eorum qui pronuntiauerunt, et similitudine rerum de quibus quaeritur; refelluntur autem raro per contumeliam iudicum, nisi forte manifesta in iis culpa erit; uult enim cognoscentium quisque firmam esse alterius sententiam, et ipse pronuntiaturus, nec libenter exemplum quod in
10 se fortasse reccidat facit. Confugiendum ergo est in duobus 3 superioribus, si res feret, ad aliquam dissimilitudinem causae, uix autem ulla est per omnia alteri similis. Si id non continget aut eadem causa erit, actionum incusanda neglegentia aut de infirmitate personarum querendum contra
15 quas erit iudicatum, aut de gratia quae testes corruperit, aut de inuidia aut de ignorantia, aut inueniendum quod causae postea accesserit. Quorum si nihil erit, licet tamen dicere 4 multos iudiciorum casus ad inique pronuntiandum ualere, ideoque damnatum Rutilium, absolutos Clodium atque Cati-
20 linam, rogandi etiam iudices ut rem potius intueantur ipsam quam iuri iurando alieno suum donent. Aduersus consulta 5 autem senatus et decreta principum uel magistratuum remedium nullum est, nisi aut inuenta quantulacumque causae differentia aut aliqua uel eorundem uel eiusdem potestatis
25 hominum posterior constitutio quae sit priori contraria: quae si deerunt, lis non erit.

1 *Cic. Cluent. 49 seq.: Mil. 12 seq.*

AB] 1 a *A, Vt.*: *om. B* 2–3 deportatis *A* (*confirm. Vt.*): -tatum *B* 5 auctoritate *A, Vt.*: -tem *B* 7 uult *B*: uolunt *A* 8 quisque *b*: quisquam *AB* 9 quid *B* 10 ergo *om. B* 13 incusanda *A, Vt.*: in secunda *B* 14 de infirmitate *A, Vt.*: inde firmitate *B* quaerendum *AB, Vt.* 16 inueniundum *AB*: uidendum *Vt.* (*at cf. 5. 10. 114*) quod *AB* (*cf. 10. 1. 76*): quid *Vt.* 18 casus *A, Vt.*: causas *B* inique *B, Vt.*: iniquum *A* 23 quantulacumque *P*: quantulumcumque *AB, Vt.* 24 uel eorundem *B, Vt.*: eorundem *A* uel eiusdem *A, Vt.*: *om. B* 25 posterior *B, Vt.*: -orum *A*

239

3. Famam atque rumores pars altera consensum ciuitatis et uelut publicum testimonium uocat, altera sermonem sine ullo certo auctore dispersum, cui malignitas initium dederit, incrementum credulitas, quod nulli non etiam innocentissimo possit accidere fraude inimicorum falsa uulgantium. Exempla utrimque non deerunt: 4. sicut in tormentis quoque, qui est locus frequentissimus, cum pars altera quaestionem uera fatendi necessitatem uocet, altera saepe etiam causam falsa dicendi, quod aliis patientia facile mendacium faciat, aliis infirmitas necessarium. Quid attinet de his plura? Plenae sunt orationes ueterum ac nouorum. Quaedam tamen in hac parte erunt propria cuiusque litis. Nam siue de habenda quaestione agetur, plurimum intererit quis et quem postulet aut offerat et in quem et ex qua causa: siue iam erit habita, quis ei praefuerit, quis et quo modo sit tortus, an credibilia dixerit, an inter se constantia, perseuerauerit in eo quod coeperat an aliquid dolore mutarit, prima parte quaestionis an procedente cruciatu. Quae utrimque tam infinita sunt quam ipsa rerum uarietas.

5. Contra tabulas quoque saepe dicendum est, cum eas non solum refelli sed etiam accusari sciamus usitatum esse. Cum sit autem in his aut scelus signatorum aut ignorantia, tutius ac facilius id quod secundo loco diximus tractatur, quod pauciores rei fiunt. Sed hoc ipsum argumenta ex causa

1 cc. 3–5 → Vt. pp. 404. 30–405. 15

AB] 1 DE RVMORE Famam B: DE FAMA ATQVE RVMORE Fama A (sed in indice de rumore) famam B, Vt.: fama A 4 continentissimo A (~ Vt.) 5 uulgantium p (1470), Vt.: uulgarium A (uolg-), B 6 DE TORMENTIS Sicut AB in B, Vt.: om. A 7 uera a, Vt.: -am A¹B 8 saepe etiam causam B: quaestionem uel A 9 faciat B, Vt.: facti A 10 infirmitas B, Vt.: infirmatis∗ A plene B: quod plene A¹ (quando plenae a): quibus plenae t 14 auferat A (~ Vt.) et ex a, Vt.: ex A¹, B (ex et corr.?) 16 sese A (~ Vt.) constantia AB: consonantia (hoc non male) an Vt. 17 dolore B, Vt.: de coepto A 20 DE (om. B) TABVLIS Contra AB dictum A, Vt.: dictum saepe dicendum B cum B: quod cum A 21 usitatum esse A: inu. ord. B 22 signator A (~ Vt.) 23 ac B: aut A

INSTITVTIO ORATORIA 5. 6. 4

trahit, si forte aut incredibile est id actum esse quod tabulae continent, aut, ut frequentius euenit, aliis probationibus aeque inartificialibus soluitur, si aut is in quem signatum est aut aliquis signator dicitur afuisse uel prius esse defunctus, si tempora non congruunt, si uel antecedentia uel insequentia tabulis repugnant. Inspectio etiam ipsa saepe falsum deprendit.

6. Ius iurandum litigatores aut offerunt suum aut non recipiunt oblatum aut ab aduersario exigunt aut recusant cum ab ipsis exigatur. Offerre suum sine illa condicione ut uel aduersarius iuret fere improbum est. Qui tamen id faciet, aut uita se tuebitur, ut eum non sit credibile peieraturum, aut ipsa ui religionis (in qua plus fidei consequitur si id egerit ut non cupide ad hoc descendere, sed ne hoc quidem recusare uideatur), aut, si causa patietur, modo litis, propter quam deuoturus se ipse non fuerit: aut praeter alia causae instrumenta adiciet ex abundanti hanc quoque conscientiae suae fiduciam. Qui non recipiet condicionem et a multis contemni iuris iurandi metum dicet, cum etiam philosophi quidam sint reperti qui deos agere ⟨curam⟩ rerum humanarum negarent: eum uero qui nullo deferente iurare sit paratus et ipsum uelle de causa sua pronuntiare et quam id quod offert leue ac facile credat ostendere. At is qui defert alioqui agere

11 §§ 2–6 → *Vt. pp. 405. 16–406. 3*

AB] 2 ut *om. A* deuenit *A* 3 is in *N, Vt.*: his in *B*: in is (his *a*) *A* quem *B*: quod *A*: quo *cod. Vt.* 4 afuisse *B, Vt.*: fuisse *A* 6 etiam *hic A, Vt., post* saepe *B* falsum saepe *Vt., fort. recte* 8 DE (*om. B*) IVRE IVRANDO Ius *AB* 12 peierare *A* (∼ *Vt.*) 13 in *B, Vt.*: aut in *A* fidei *A, Vt.*: *om. B* consequetur *Patr.* (∼ *Vt.*) 16 aut *A*: aut si *B* (*et fortuito Vt.*) causae *t, Vt.*: causa *A*[1] (-am *a*), *B* 17 instrumenta *ed. Ald., Vt.*: -tum *AB* adiciet *Vt., ut coni. Spalding*: adicit *AB* 18 recipiet *B, Vt.*: recipit *A* (*deinde* et iniquam *add. a*: *et fieri potest ut tale quid desit; nam illi et a multis male respondet* eum uero *infra l. 21*) 20 agere curam *Burman, Vt.*: agere *A* (*sed* curam *post* humanarum *add. a*): ac *B* (*unde* habere curam *f*) 21 negant *A* (∼ *Vt.*) eum uero qui *B, Vt.*: qui uero *a in pari rasura* deferente *A* (*ex* differente, *ut b*): offerente *B, Vt.* et *B*: se *post corr. A*: *om. Vt.* 23 alioqui *om. B, Vt., fort. recte*

5. 6. 5   M. FABI QVINTILIANI

modeste uidetur, cum litis aduersarium iudicem faciat, et
eum cuius cognitio est onere liberat, qui profecto alieno iure
5 iurando stari quam suo mauult. Quo difficilior recusatio est,
nisi forte res est ea quam credibile sit notam ipsi non esse.
Quae excusatio si deerit, hoc unum relinquetur, ut inuidiam 5
sibi quaeri ab aduersario dicat, atque id agi ut in causa in
qua uincere non possit queri possit. Itaque hominem quidem
malum occupaturum hanc condicionem fuisse, se autem
probare malle quae adfirmet quam dubium cuiquam re-
6 linquere an peierarit. Sed nobis adulescentibus seniores in 10
agendo facti praecipere solebant ne umquam ius iurandum
deferremus, sicut neque optio iudicis aduersario esset permittenda nec ex aduocatis partis aduersae iudex eligendus.
Nam si dicere contraria turpe aduocato uideretur, certe
turpius habendum facere quod noceat.   15

7. Maximus tamen patronis circa testimonia sudor est.
Ea dicuntur aut per tabulas aut a praesentibus. Simplicior
contra tabulas pugna; nam et minus obstitisse uidetur pudor
inter paucos signatores et pro diffidentia premitur absentia.
Si reprehensionem non capit ipsa persona, infamare signa- 20
2 tores licet. Tacita praeterea quaedam cogitatio refragatur
his omnibus, quod nemo per tabulas dat testimonium nisi
sua uoluntate, quo ipso non esse amicum ei se contra quem
dicit fatetur. Neque tamen protinus cesserit orator quo minus

16 §§ *1–8* → *Vt. p. 406. 4–26*

AB]   1 cum *B, Vt.*: qui *a* (*om. A*¹)   2 eum *A, Vt.*: eius *B*
3 stari *B* (*et Vt. post corr.*): stare *A*   5 hoc *B, Vt.*: *om. A*   6 ut
B, Vt.: ea *a in ras.*   7 quaeri (*sic*) possit *B, Vt.*: *om. A*   hominem
B, Vt.: haec in eam *A*   8 malum occupaturum *B, Vt.*: mallīm-
utaturum A   se *B, Vt.*: *om. A*   9 probare malle *B, Vt.*: probatio rem aliae *a* (*ex* probarē aliae)   adfirmat *A* (∼ *Vt.*)   cuiquam
p*, Vt.: cuique *AB*   10 an *B, Vt.*: an se *A*   11 ne *1434*: neque
AB: ne temere *Halm* (*conl. Vt.*)   12 deferremus *B*: deferre illius *A*
esset *J*: esse *AB*: est *t*   13 partis *om. A*   16 DE TESTIBVS
Maximus *AB*   17 a *om. A* (∼ *Vt.*)   19 differentia* *A* (∼ *Vt.*)
21 cogitatio* *A*: significatione *B*   23 se *om. A* (*sed* ei *a in ras. III
litt.*), *unde* esse (se) *maluit Halm*

INSTITVTIO ORATORIA 5. 7. 8

et amicus pro amico et inimicus contra inimicum possit
uerum, si integra sit ei fides, dicere. Sed late locus uterque
tractatur.

Cum praesentibus uero ingens dimicatio est, ideoque uelut 3
duplici contra eos proque iis acie confligitur actionum et in-
terrogationum. In actionibus primum generaliter pro testibus atque in testis dici solet. Est hic communis locus, cum 4
pars altera nullam firmiorem probationem esse contendit
quam quae sit hominum scientia nixa, altera ad detrahendam illis fidem omnia per quae fieri soleant falsa testimonia
enumerat. Sequens ratio est cum specialiter quidem sed 5
tamen multos pariter inuadere patroni solent. Nam et gentium simul uniuersarum eleuata testimonia ab oratoribus
scimus et tota genera testimoniorum: ut de auditionibus
(non enim ipsos esse testes sed iniuratorum adferre uoces),
ut in causis repetundarum (qui se reo numerasse pecunias
iurant, litigatorum, non testium habendos loco). Interim 6
aduersus singulos derigitur actio, quod insectationis genus
et permixtum defensioni legimus in orationibus plurimis et
separatim editum, sicut in Vatinium testem. Totum igitur
excutiamus locum, quando uniuersam institutionem adgressi
sumus. Sufficiebant alioqui libri duo a Domitio Afro in hanc 7
rem compositi, quem adulescentulus senem colui, ut non
lecta mihi tantum ea, sed pleraque ex ipso sint cognita. Is
uerissime praecepit primum esse in hac parte officium oratoris ut totam causam familiariter norit: quod sine dubio ad
omnia pertinet; quomodo contingat explicabimus cum ad 8
destinatum huic parti locum uenerimus. Ea res suggeret
materiam interrogationi et ueluti tela ad manum submini-
strabit, eadem docebit ad quae iudicis animus actione sit
praeparandus. Debet enim uel fieri uel detrahi testibus fides

AB]   4 ingeniis dimicati *B*   5 acie *B*: quiei *A*¹ (quia ei *a*)
9 sit *A, Vt.*: scit *B*   12 inuaderi *A* (∼ *Vt.*)   13–14 uniuersarum ... testimoniorum *B*: uniuersa releuant testimoniarum *A (mediis,
ut fere in cod. Vt., omissis)*   17 locos *A*   18 dirigitur *B, Vt.*
20 uaticinium *A*   21 egressi *A*   23 colui ut *B*: uidi *a in ras.*
27 ⟨et⟩ quomodo *t*   29 uelut *A*   30 *ad* quae *A, Vt.*: atque *B*

243

5. 7. 9   M. FABI QVINTILIANI

oratione perpetua, quia sic quisque dictis mouetur ut est ad credendum uel non credendum ante formatus.

9   Et quoniam duo genera sunt testium, aut uoluntariorum aut eorum quibus ⟨in⟩ iudiciis publicis lege denuntiari solet, quorum altero pars utraque utitur, alterum accusatoribus tantum concessum est: separemus officium dantis testes et refellentis.

10 Qui uoluntarium producit scire quid is dicturus sit potest, ideoque faciliorem uidetur in rogando habere rationem. Sed haec quoque pars acumen ac uigilantiam poscit, prouidendumque ne timidus, ne inconstans, ne inprudens testis sit:

11 turbantur enim et a patronis diuersae partis inducuntur in laqueos et plus deprensi nocent quam firmi et interriti profuissent. Multum igitur domi ante uersandi, uariis percontationibus, quales haberi ab aduersario possunt, explorandi sunt. Sic fit ut aut constent sibi aut, si quid titubauerint, oportuna rursus eius a quo producti sunt interrogatione

12 uelut in gradum reponantur. In iis quoque adhuc qui constiterint sibi uitandae insidiae; nam frequenter subici ab aduersario solent et omnia profutura polliciti diuersa respondent, et auctoritatem habent non arguentium illa sed

13 confitentium. Explorandum igitur quas causas laedendi aduersarium adferant, nec id sat est inimicos fuisse, sed an desierint, an per hoc ipsum reconciliari uelint, ne corrupti sint, ne paenitentia propositum mutauerint. Quod cum in iis quoque qui ea quae dicturi uidentur [re] uera sciunt necessarium est praecauere, ⟨tum⟩ multo magis in iis qui se dic-

14 turos quae falsa sunt pollicentur. Nam et frequentior eorum paenitentia est et promissum suspectius et, si perseuerarint, reprensio facilior.

AB]   4 in add. ed. Ald.   denuntiari solet B: denuntiatur et A   5 altero B: -rum A   8 producit B: cum (eum a) producit A   13 laqueos et D'Orv. 13 (ut coni. Gernhard p. 576): laqueo sed B (unde laqueum sed J): latus et A   14–15 percunctationibus qualis A   15 ab om. A   possint A   21 respondent et B: respondente A   illas A   22 laedi A   26 uera Spalding (cf. 2. 10. 8): re uera AB: esse uera Meister 1853   27 tum P: om. AB   29 perseuerarint b: -uerarit A: -uerauerunt B (unde -uerauerint J)

244

INSTITVTIO ORATORIA   5. 7. 20

Eorum uero quibus denuntiatur pars testium est quae **15**
reum laedere uelit, pars quae nolit, idque interim scit accusator, interim nescit. Fingamus in praesentia scire; in utroque tamen genere summis artibus interrogantis opus est.
Nam si habet testem cupidum laedendi, cauere debet hoc **16** ipsum, ne cupiditas eius appareat, nec statim de eo quod in iudicium uenit rogare, sed aliquo circumitu ad id peruenire, ut illi quod maxime dicere uoluit uideatur expressum: nec nimium instare interrogationi, ne omnia respondendo testis fidem suam minuat, sed in tantum euocare eum quantum sumere ex uno satis sit. At in eo qui uerum inuitus dicturus **17** est, prima felicitas interrogantis extorquere quod is noluerit. Hoc non alio modo fieri potest quam longius interrogatione repetita. Respondebit enim quae nocere causae non arbitrabitur, ex pluribus deinde quae confessus erit eo perducetur ut quod dicere non uult negare non possit. Nam ut in ora- **18** tione sparsa plerumque colligimus argumenta, quae per se nihil reum adgrauare uideantur, congregatione deinde eorum factum conuincimus: ita huius modi testis multa de ante actis, multa de insecutis, loco tempore persona ceteris est interrogandus, ut in aliquod responsum incidat post quod illi uel fateri quae uolumus necesse sit uel iis quae iam dixerit repugnare. Id si non contingit, relicum erit ut eum **19** nolle dicere manifestum sit, protrahendusque ut in aliquo, quod uel extra causam sit, deprehendatur, tenendus etiam diutius, ut omnia ac plura quam res desiderat pro reo dicendo suspectus iudici fiat: quo non minus nocebit quam si uera in reum dixisset. At si, quod secundo loco diximus, nesciet **20** actor quid propositi testis attulerit, paulatim et, ut dicitur,

---

AB]   1 pars testium *AB*: testium pars *Spalding*: *fort.* pars
5 habent *A*   7 sed . . . circumitu *B*: se ab eo circum*itu
quodam A*   9 ⟨ad⟩ omnia *t*   11 at *a in ras.*: an *B*
13 non alio *B*: rato *A*   17 ∗*spar*sa *A*: prosa *B*: sparsis *Radermacher* (*tum* argumentis, *conlato 3. 6. 103*): perpetua *Meister 1865*
(*conl.* § 8): **malim** parua (*cf. 2. 1. 11: 5. 12. 5*)   19 coniungimus *A*   22 illi *om. B*   23 contigit *A*   25 quod *om. B*
causam (*ex* -sa) si*t A*: causas *B*   29 actor quid *B*: auctor qui *A*

245

5. 7. 21   M. FABI QVINTILIANI

pedetentim interrogando experietur animum eius, et ad id
21 responsum quod eliciendum erit per gradus ducet. Sed quia
nonnumquam sunt hae quoque testium artes, ut primo ad
uoluntatem respondeant, quo maiore fide diuersa postea
dicant, est actoris suspectum testem dum prodest dimittere.
22   Patronorum in parte expeditior, in parte difficilior interrogatio est. Difficilior hoc, quod raro umquam possunt ante
iudicium scire quid testis dicturus sit, expeditior, quod cum
23 interrogandus est sciunt quid dixerit. Itaque, quod in eo
incertum est, cura et inquisitione opus est, quis reum premat,
quas et quibus ex causis inimicitias habeat, eaque in oratione praedicenda atque amolienda sunt, siue odio conflatos
testes siue inuidia siue gratia siue pecunia uideri uolumus.
Et si deficietur numero pars diuersa, paucitatem, si abun-
dabit, conspirationem, si humiles producet, uilitatem, si
24 potentes, gratiam oportebit incessere. Plus tamen proderit
causas propter quas reum laedant exponere: quae sunt
uariae et pro condicione cuiusque litis aut litigatoris. Nam
contra illa quae supra diximus simili ratione responderi locis
communibus solet, quia et in paucis atque humilibus accusator simplicitate gloriari potest, quod neminem praeter eos
qui possint scire quaesierit, et multos atque honestos com-
25 mendare aliquanto est facilius. Verum interim et singulos
ut exornare, ita destruere contingit aut recitatis in actione
⟨testimoniis⟩ aut testibus nominatis, quod iis temporibus
quibus testis non post finitas actiones rogabatur facilius et
frequentius fuit. Quid autem in quemque testium dicendum
sit, sumi nisi ex ipsorum personis non potest.

AB]   1 et *om. B*   2 eligendum *A*   3 hae] heę *A post corr.*
(*ex* hec ?): hea *B*   5 actoris *Regius*: oratoris *AB*   6 patronum *B*   6–7 interrogatio est *om. A*   11 quas *B*: qua *A*
ex *a in ras.*: *om. B* (*ut est* 7. 4. 26)   14 et *om. A*   deficiet** *A*
(*at cf.* 4 *pr.* 7)   18 et *uoluit delere Halm* (*at cf.* 3. 8. 53)   20 et
E: ut *AB* (*similiter* ita *pro* et *l.* 22 *Spalding*)   22 possint *t*: -sunt *AB*
23 aliquanto *ed. Ald.*: -ando *AB*   est *B*: sit *A*   uero *A*   24 ut . . .
ita *B*: *aut* . . . ta (ā *a, id est* aut) *A*   contigit *A*   25 testimoniis
add. Halm (*cf.* 7. 10. 13), *sed is post* recitatis: *hic* testationibus *iam
Spalding*   26 potest *A*   facilius *A*: ut facilius *B* (*unde et*
facilius *P, fort. recte*)

246

INSTITVTIO ORATORIA 5. 7. 30

Reliquae interrogandi sunt partes: qua in re primum est 26
nosse testem. Nam timidus terreri, stultus decipi, iracundus
concitari, ambitiosus inflari, longus protrahi potest, prudens
uero et constans uel tamquam inimicus et peruicax dimitten-
5 dus statim, uel non interrogatione sed breui interlocutione
patroni refutandus est, aut aliquo, si continget, urbane dicto
refrigerandus, aut, si quid in eius uitam dici poterit, infamia
criminum destruendus. Probos quosdam et uerecundos 27
non aspere incessere profuit; nam saepe qui aduersus
10 insectantem pugnassent modestia mitigantur. Omnis autem
interrogatio aut in causa est aut extra causam. In causa,
sicut accusatori praecepimus, patronus quoque altius et unde
nihil suspecti sit repetita percontatione, priora sequentibus
adplicando saepe eo perducit homines ut inuitis quod prosit
15 extorqueat. Eius rei sine dubio neque disciplina ulla in scholis 28
neque exercitatio traditur, et naturali magis acumine aut
usu contingit haec uirtus. Si quod tamen exemplum ad imitationem demonstrandum sit, solum est quod ex dialogis
Socraticorum maximeque Platonis duci potest: in quibus
20 adeo scitae sunt interrogationes ut, cum plerisque bene
respondeatur, res tamen ad id quod uolunt efficere perueniat.
Illud fortuna interim praestat, ut aliquid quod inter se 29
parum consentiat a teste dicatur, interim, quod saepius
euenit, ut testis testi diuersa dicat. Acuta autem interrogatio
25 ad hoc quod casu fieri solet etiam ratione perducet. Extra 30
causam quoque multa quae prosint rogari solent, de uita
testium aliorum, de sua quisque, si turpitudo, si humilitas,
si amicitia accusatoris, si inimicitiae cum reo: in quibus aut
dicant aliquid quod prosit, aut in mendacio uel cupiditate

AB] 1 interrogandae (*ex* -de) *A* 3 longus *t*: longum (*ex* locum) *a*: *om*. *B* protrahi *om*. *B* 4 tamquam *B*: quasi iam *A* peruicax *B*: si (*ex* su) peruicax et *A* 5 uel *B*: et *A*
7 uita *B* 10 pugnat *A* (*ex* -natur ?) mitiga*tur A* 11 in[1] *p* (*ed. Jens.*): ex *AB* 13 repetitus *A* percontione (*sic*) *B*: *per*cunctatione *A* 20 plerisque *B*: plures quibus *A* 21 res *B*: tres *A* id *B*: si *A* uelint *A* 22 quo *A* (*ex* quod ?) 23 parum *B*: pars *A* teste *B*: -tes *A* 25 casu *B*: ea *A* perducat *A*
27 humilitas *B*: malitia *a in ras*.

31 laedendi deprendantur. Sed in primis interrogatio cum debet esse circumspecta, quia multa contra patronos uenuste testes saepe respondent eique praecipue rei uulgo fauetur, tum uerbis quam maxime ex medio sumptis, ut qui rogatur (is autem saepius est imperitus) intellegat, aut ne intellegere se **32** neget, quod interrogantis non leue frigus est. Illae uero pessimae artes, testem subornatum in subsellia aduersarii mittere, ut inde excitatus plus noceat uel dicendo contra reum cum quo sederit, uel, cum adiuuisse testimonio uidebitur, faciendo ex industria multa inmodeste atque intemperanter, per quae non a se tantum dictis detrahat fidem, sed ceteris quoque qui profuerant auferat utilitatem: quorum mentionem habui non ut fierent sed ut uitarentur.

Saepe inter se collidi solent inde testatio, hinc testes. Locus utrimque: haec enim se pars iure iurando, illa consensu sig- **33** nantium tuetur. Saepe inter testes et argumenta quaesitum est. Inde scientiam in testibus et religionem, ingenia esse in argumentis dicitur: hinc testem gratia metu pecunia ira odio amicitia ambitu fieri, argumenta ex natura duci, in his **34** iudicem sibi, in illis alii credere. Communia haec pluribus causis, multumque iactata sunt, semper tamen iactabuntur. Aliquando utrimque sunt testes, et quaestio sequitur ex ipsis, utri meliores uiri, ex causis, utri magis credibilia **35** dixerint, ex litigatoribus, utri gratia magis ualuerint. His adicere si qui uolet ea quae diuina testimonia uocant, ex responsis oraculis ominibus, duplicem sciat esse eorum tractatum: generalem alterum, in quo inter Stoicos et

16 §§ 33–7 → *Vt. pp. 406. 26–407. 7 (cf. p. 403. 31)*   27 *SVF* 2. 1195

AB] 1 deprendantur *B*: perducantur *A*   cum *om. B*   2 contra *B*: circum *A*   2–3 testis . . respondet *B*   3 rei *om. B*   5 saepius est *A*: est saepius et *B*   ne *om. A*   6 interrogatum non leui *A*   8 excitatus *B*: et citatus *A*   9 uidebatur *A*   11 per *om. A*   dicti *A*   12 afferat uilitatem *A*   17 scientiam in *B* (*partim confirmante Vt.*): scientia id *A*   19 fieri *AB*: deprauari *Vt.*   21 semper *B*: et semper *A*   22 et *B*: sed *A*   24 utri gratia . . . ualuerint *uix sanum*   26 omnibus *A¹B* (*at cf. Vt.*)

INSTITVTIO ORATORIA 5. 8. 2

Epicuri sectam secutos pugna perpetua est regaturne prouidentia mundus, specialem alterum circa partis diuinationum, ut quaeque in quaestionem cadet. Aliter enim oraculorum, **36** aliter haruspicum augurum coniectorum mathematicorum 5 fides confirmari aut refelli potest, cum sit rerum ipsarum ratio diuersa. Circa eius modi quoque instrumenta firmanda uel destruenda multum habet operis oratio, si quae sunt uoces per uinum somnum dementiam emissae, uel excepta paruolorum indicia, quos pars altera nihil fingere, altera 10 nihil iudicare dictura est.

Nec tantum praestari hoc genus potenter, sed etiam ubi **37** non est desiderari solet: 'Pecuniam dedisti: quis numerauit? ubi? unde?' 'Venenum arguis: ubi emi? a quo? quanti? per quem dedi? quo conscio?' Quae fere omnia pro Cluentio 15 Cicero in crimine ueneficii excutit.

Haec de inartificialibus quam breuissime potui.

8. Pars altera probationum, quae est tota in arte constatque rebus ad faciendam fidem adpositis, plerumque aut omnino neglegitur aut leuissime attingitur ab iis qui argumenta 20 uelut horrida et confragosa uitantes amoenioribus locis desident, neque aliter quam ii qui traduntur a poetis gustu cuiusdam apud Lotophagos graminis et Sirenum cantu deleniti uoluptatem saluti praetulisse, dum laudis falsam imaginem persecuntur ipsa propter quam dicitur uictoria 25 cedunt. Atqui cetera, quae continuo magis orationis tractu **2** decurrunt, in auxilium atque ornamentum argumentorum comparantur, neruisque illis quibus causa continetur

1 *Epic. frg. 368 Usener*   14 *167*

AB]   2 circa *Spalding*: contra *AB, Vt.*   diuinationum *D corr.* (*ut coni. Toernebladh*): -nem *AB*: -nis *Vt.* (*ut coni. Regius*)   3 cadet *A, Vt.*: cadit *B*   5 ipsarum *A*: earum *B*   6 eiusmodi *B*: odi *A* (*unde* odii *a*)   8 somnium *A* (∼ *Vt.*)   9 indicta *A*   9–10 fingere . . . nihil *om. B* (*at cf. Vt.*)   11 praestari *ed. Ald.* (*cf. Vt.*): -stare *AB*   16 de *om.* *A*¹*B*   17 DE PROBATIONE ARTIFICALI (*sed* -iciali *in indice A*) Pars *AB*   19 his *AB*   21 ii qui *B*: ii *A*¹: qui *a*   22 sirenarum *a in ras.*   25 quae *A*: qui *B*

249

5. 8. 3   M. FABI QVINTILIANI

adiciunt inducti super corporis speciem: ut, si forte quid factum ira uel metu uel cupiditate dicatur, latius quae cuiusque adfectus natura sit prosequamur. Isdem laudamus incusamus augemus minuimus describimus deterremus querimur 3 consolamur hortamur. Sed horum esse opera in rebus aut certis aut de quibus tamquam certis loquimur potest. Nec abnuerim esse aliquid in delectatione, multum uero in commouendis adfectibus: sed haec ipsa plus ualent cum se didicisse iudex putat, quod consequi nisi argumentatione aliaque omni fide rerum non possumus.

4 Quorum priusquam partior species, indicandum est esse quaedam in omni probationum genere communia. Nam neque ulla quaestio est quae non sit aut in re aut in persona, neque esse argumentorum loci possunt nisi in iis quae rebus 5 aut personis accidunt, eaque aut per se inspici solent aut ad aliud referri, neque ulla confirmatio nisi aut ex consequentibus aut ex pugnantibus, et haec necesse est aut ex praeterito tempore aut ex coniuncto aut ex insequenti petere, nec ulla res probari nisi ex alia potest eaque sit oportet aut maior 6 aut par aut minor. Argumenta uero reperiuntur aut in quaestionibus, quae etiam separatae a complexu rerum personarumque spectari per se possint, aut in ipsa causa, cum inuenitur aliquid in ea non ex communi ratione ductum sed eius iudicii de quo cognoscitur proprium. Probationum praeterea omnium aliae sunt necessariae, aliae credibiles, aliae 7 non repugnantes. Et adhuc omnium probationum quadruplex ratio est, ut uel quia est aliquid, aliud non sit, ut: 'dies est, nox non est', uel quia est aliquid, et aliud sit: 'sol est

AB] 1 inducti *B* 4 innuimus *A* 5 consolamus *A*
8–9 dedisse *A* 9 aliaque** (*om.* omni) *A* 11 partior *N*:
patior *B*: par*tiamur A* est *om. B* 14 loci *E*: loco *AB*
16 illa confirma*ri A* ex *om. B* 17 pugnantibus *B* (*cf. 5. 10.
74*): repugnantibus *A* (*ut est 5. 10. 2*) 18 insequenti *Halm* (*cf.
e.g. 5. 10. 94*): consequentibus *AB* (*ex l. 16*): sequenti *P* 19 alia
B: illa *A* 20 re*fell*untur *A* (*ex* repell-) aut *B*: aut etiam *A*
21 etiam *B*: etiam *sunt A* 21–2 personarumque *B*: personarumque quoque A* 22 possunt *T* in *om. A* 23 non ex
om. B 25 credibiles aliae *om. B*

INSTITVTIO ORATORIA   5. 9. 5

super terram, dies est', uel quia aliquid non est, aliud sit: 'non est nox, dies est', uel quia aliquid non est, nec aliud sit: 'non est rationalis, nec homo est'. His in uniuersum praedictis partes subiciam.

9. Omnis igitur probatio artificialis constat aut signis aut argumentis aut exemplis. Nec ignoro plerisque uideri signa partem argumentorum. Quae mihi separandi ratio haec fuit prima, quod sunt paene ex illis inartificialibus (cruenta enim uestis et clamor et liuor et talia sunt instrumenta, qualia tabulae, rumores, testes, nec inueniuntur ab oratore, sed ad eum cum ipsa causa deferuntur), altera, quod signa, siue **2** indubitata sunt, non sunt argumenta, quia ubi illa sunt quaestio non est, argumento autem nisi in re controuersa locus esse non potest, siue dubia, non sunt argumenta sed ipsa argumentis egent.

Diuiduntur autem in has primas duas species, quod eorum **3** alia sunt, ut dixi, quae necessaria ⟨sunt, alia quae non necessaria⟩. Priora illa sunt quae aliter habere se non possunt, quae Graeci tecmeria uocant. †Quae sunt† alyta semia: quae mihi uix pertinere ad praecepta artis uidentur; nam ubi est signum insolubile, ibi ne lis quidem est. Id autem accidit **4** cum quid aut necesse est fieri factumue esse, aut omnino non potest fieri uel esse factum: quo in causis posito non est lis [nisi] facti. Hoc genus per omnia tempora perpendi solet: nam et coisse eam cum uiro quae peperit, quod est praeteriti, **5** et fluctus esse cum magna uis uenti in mare incubuit, quod coniuncti, et eum mori cuius cor est uulneratum, quod futuri,

---

AB] 1 supra *A*   aliquid *p**: aliud *AB*   1–2 aliud sit ... aliquid non est *om*. *B*   3 est[2] *om*. *A*   4 subiciam. DE SIGNIS *AB*   5 omnes *A*   11 altera *B*: alia *A*   14 siue dubia *B*: sine dubio *A*   16 primas duas *B*: *inu. ord. A*   17–18 sunt alia quae non necessaria *add. Spalding (praeeuntibus Regio et Gesnero)*   18 priora illa sunt quae *B*: sunt quaeque *a in ras. maiore*   19 quae sunt *A*[1]? *(del. a), B*: *locus incertus et nondum eleganter emendatus* alita *B*: alia∗ *A*   21 inuolubile *A*[1] (inuiolabile *a*)   ne lis quidem *E*: ne is quidem *B*: *necessitas quaedam A*   23 quo ... posito *B*: quod (*ex* quo) ... positum *A*   lis *E*: iis *B*: aliis *a in ras.*   24 nisi *AB*: *del. 'Turnebus'*   reprendi *A*

5. 9. 6   M. FABI QVINTILIANI

necesse est. Nec fieri potest ut ibi messis sit ubi satum non est, ut quis Romae sit cum est Athenis, ut sit ferro uulnera-
6 tus qui sine cicatrice est. Sed quaedam et retrorsum idem ualent, ut uiuere hominem qui spirat et spirare qui uiuit, quaedam in contrarium non recurrunt: nec enim, quia moue-
7 tur qui ingreditur, etiam ingreditur qui mouetur. Quare potest et coisse cum uiro quae non peperit, et non esse uentus in mari cum est fluctus, neque utique cor eius uulneratum esse qui perit. Ac similiter satum fuisse potest ubi non fuit messis, nec fuisse Romae qui non fuit Athenis, nec fuisse ferro uulneratus qui habet cicatricem.
8   Alia sunt signa non necessaria, quae εἰκότα Graeci uocant: quae etiam si ad tollendam dubitationem sola non sufficiunt,
9 tamen adiuta ceteris plurimum ualent. Signum uocatur, ut dixi, σημεῖον (quamquam id quidam indicium, quidam uestigium nominauerunt): per quod alia res intellegitur, ut per sanguinem caedes. At sanguis uel ex hostia respersisse uestem potest uel e naribus profluxisse: non utique qui uestem
10 cruentam habuerit homicidium fecerit. Sed ut per se non sufficit, ita ceteris adiunctum testimonii loco ducitur, si inimicus, si minatus ante, si eodem in loco fuit: quibus signum cum accessit, efficit ut quae suspecta erant certa uidean-
11 tur. Alioqui sunt quaedam signa utrique parti communia, ut liuores tumores (nam uideri possunt et ueneficii et cruditatis), et uulnus in pectore sua manu et aliena perisse dicentibus in aequo est. Haec proinde firma habentur atque extrinsecus adiuuantur.

AB] 1 *i*bi A: ubi B 2 sit² B: si A 3 qui sine B: quis ne A^1 (quis sine *a*)   sed B: et A 3–4 retrorsum ... ualent B: retro sunt ... ualet A 6 etiam ... mouetur B: qui mouetur A^1: idcirco qui mouetur ingreditur *a*   8 est *a*: esset A^1 (?), B cor eius B: eum *a* (∗ ∗ ∗ eius A^1)   10 non *om.* B fuit² B: fuisset A 12 εἰκότα ed. Asc. *1531* (quamquam hoc uerbo, ut uidetur, errat noster): ΕΙΚΟΙΔ AB 13 non *om.* A^1 (*add. ante* sola *a*)   15 indicium quidam *om.* B 17 at *a*: ac A^1B 18 non B: ac ñ *a in ras.*: ⟨ita⟩ non *Kiderlin 1890-1*   20 si *om.* B 21 in *om.* B 23 sunt ... utrique *om.* A partim A 25 in¹ B: ans (*sic*) A *post* pectore *distinxit Gabler*   26 equo A: quo B perinde E

252

INSTITVTIO ORATORIA 5. 10. 1

Eorum autem quae signa sunt quidem sed non necessaria 12
genus Hermagoras putat non esse uirginem Atalanten quia
cum iuuenibus per siluas uagetur. Quod si receperimus,
uereor ne omnia quae ex facto ducuntur signa faciamus.
5 Eadem tamen ratione qua signa tractantur. Nec mihi uiden- 13
tur Ariopagitae, cum damnauerint puerum coturnicum oculos
eruentem, aliud iudicasse quam id signum esse perniciosis-
simae mentis multisque malo futurae si adoleuisset. Vnde
Spuri Maeli Marcique Manli popularitas signum adfectati
10 regni est existimatum. Sed uereor ne longe nimium nos ducat 14
haec uia. Nam si est signum adulterae lauari cum uiris, erit
et conuiuere cum adulescentibus, deinde etiam familiariter
alicuius amicitia uti: fortasse corpus uulsum, fractum incessum, uestem muliebrem dixerit mollis et parum uiri signa,
15 si cui (cum signum id proprie sit quod ex eo de quo quaeritur
natum sub oculos uenit) ut sanguis e caede, ita illa ex in-
pudicitia fluere uideantur. Ea quoque quae, quia plerumque 15
obseruata sunt, uulgo signa creduntur, ut prognostica:
   'uento rubet aurea Phoebe'
20 et   'cornix plena pluuiam uocat improba uoce',
si causas ex qualitate caeli trahunt, sane ita appellentur.
Nam si uento rubet luna, signum uenti est rubor: et si, ut
idem poeta colligit, densatus et laxatus aer facit ut sit inde 16
'ille auium concentus', idem sentiemus. Sunt autem signa
25 etiam parua magnorum, ut uel haec ipsa cornix; nam maiora
minorum esse nemo miratur.

10. Nunc de argumentis: hoc enim nomine complectimur
omnia quae Graeci enthymemata, epichiremata, apodixis

2 *frg. 8 Matthes*   5 § *13* → '*Cassiodorus*' *p. 503. 1–3*
19 *Verg. georg. 1. 431*   20 *ibid. 388*   24 *ibid. 422*

AB]   1 sed non *B*: non sint *A*   3–4 quod ... uereor *B*:
quo si reciperimus uero *A*   4 ex *B*: et *A*   7 eruentem ...
quam *B* (*cf.* '*Cass.*'): fruentem adiudicasse qua *A*   10 regnum *A*
existimata *Francius* (*at u. Loefstedt, Syntactica 2. 118*)   13 uti
B: aut *A*: uti aut *Bonnell* (*quod uoluit, ut uidetur, f*)   14 et *B*:
aut *A*   16 natum *post* oculos *repetit A*   e *B*: om. *A* (*unde*
caedis *a*)   23 sit inde *B*: *inu. ord. A*   25 ut *B*: et *A*
27 DE ARGVMENTIS Nunc *AB*   28 apodoxis *B*

253

uocant, quamquam apud illos est aliqua horum nominum differentia, etiam si uis eodem fere tendit. Nam enthymema (quod nos commentum sane aut commentationem interpretemur, quia aliter non possumus, Graeco melius usuri) unum intellectum habet quo omnia mente concepta significat (sed **2** nunc non de eo loquimur), alterum quo sententiam cum ratione, tertium quo certam quandam argumenti conclusionem uel ex consequentibus uel ex repugnantibus: quamquam de hoc parum conuenit. Sunt enim qui illud prius epichirema dicant, pluresque inuenias in ea opinione ut id demum quod pugna constat enthymema accipi uelint, et **3** ideo illud Cornificius contrarium appellat. Hunc alii rhetoricum syllogismum, alii inperfectum syllogismum uocauerunt, quia ⟨nec⟩ distinctis nec totidem partibus concluderetur: **4** quod sane non utique ab oratore desideratur. Epichirema Valgius adgressionem uocat; uerius autem iudico non nostram administrationem, sed ipsam rem quam adgredimur, id est argumentum quo aliquid probaturi sumus, etiam si nondum uerbis explanatum, iam tamen mente conceptum, **5** epichirema dici. Aliis uidetur non destinata uel inchoata sed perfecta probatio hoc nomen accipere ultima specie, ideoque propria eius appellatione et maxime in usu posita significatur certa quaedam sententiae comprensio, quae ex tribus **6** minime partibus constat. Quidam epichirema rationem appellarunt, Cicero melius ratiocinationem, quamquam et ille

12 *rhet. Her. 4. 25*   25 *inu. 1. 51 et 57*

AB]   2 enthimema *E*: ent(h)ymemata *AB*   4 qui *A* usuri *B*: uti *A*   6 quo *a*: quod *A*¹ (?), *B*   7 quo *A*: quod *B* 9 prius *B*: quidem *A*   10 adiciant *a in ras.*   id *om. A*   11 quod *Vat. lat. 1766*: quo *AB*   12 ideo illud *B*: idem illi ut *A*   14 nec¹ *add. p**   15 ephycireme *B*   16 uerius ... iudico *B*: *celsus (in ras. minore)* ... iudica*t (ex* -ico *?)*   17 rem *om. B* 18 simus *B*   20–1 destinatam ... inchoatam ... perfectam *a* 21 probatio *A*¹ (-onem *a*): oratio *B (def. Kiderlin 1890-1)*   ultima specie *B*: et *(add. a)* ultimam speciem *A*   22 appellatione *Halm*: -tio *AB (unde post* posita *add.* qua *a)*   usu *B*: usu est *A*   23 compressio *B*: conprehensio *A*   24 minime *om. B*: minimum *Obrecht (at cf. 9. 4. 125)*   25 ratiocinationem *ed. Col. 1521*: -cinatiuum *AB*

254

INSTITVTIO ORATORIA 5. 10. 9

nomen hoc duxisse magis a syllogismo uidetur: nam et statum syllogisticum ratiocinatiuum appellat ⟨et⟩ exemplis utitur philosophorum. Et quoniam est quaedam inter syllogismum et epichirema uicinitas, potest uideri hoc nomine recte abusus. Ἀπόδειξις est euidens probatio, ideoque apud **7** geometras γραμμικαὶ ἀποδείξεις dicuntur. Hanc et ab epichiremate Caecilius putat differre solo genere conclusionis et esse apodixin inperfectum epichirema eadem causa qua diximus enthymema a syllogismo distare; nam et enthymema syllogismi pars est. Quidam inesse epichiremati apodixin putant et esse partem eius confirmantem. Vtrumque autem **8** quamquam diuersi auctores eodem modo finiunt, ut sit ratio per ea quae certa sunt fidem dubiis adferens: quae natura est omnium argumentorum, neque enim certa incertis declarantur. Haec omnia generaliter pistis appellant, quod etiam si propria interpretatione dicere fidem possumus, apertius tamen probationem interpretabimur. Sed argumentum quo- **9** que plura significat. Nam et fabulae ad actum scaenarum compositae argumenta dicuntur, et ⟨cum⟩ orationum Ciceronis uelut thema [ipse] exponit Pedianus inquit: 'argumentum tale est', et ipse Cicero ad Brutum ita scribit: 'ueritus fortasse ne nos in Catonem nostrum transferremus illim

7 *frg. 31 Ofenloch*   21 *frg. epist. VII. 7*

AB]   2 statim *A*   ratiocinatiuum . . . et (*l. 4*) *om. A* et *D*: *om. B* (*unde* exemplisque *p, 1470*)   4 uicinitas . . . hoc *om. A*   5 est *om. A*   6 γραμμικαί *p**: ΓΡΑΜΜΑΤΙΚΑΙ *B*: ΠΡΑΓΜΑΤΙΚΑΙ *A*   dicunt haec *A*   7 conclusion*is A*: -one *B*   8 imperfectam *Gesner* (*at u. Spalding*)   9 a *om. A*   et . . . inesse (*l. 10*) *om. A*   enthymema *ed. Vasc. 1538*: epichirema *B*   11 et *om. A*   12 quamquam *a*: quam *A*[1]*B* fiunt *A*[1]*B*   ut sit ratio *B*: scilicet rationem *a* (*minus hab. A*[1])   13 fidem . . . adferens *B*: fidem dubiam *A*[1] (incertis fidem non dubiam afferentem *a*)   14 certa *B*: *in*certa *A*   15 etiam si *A*: enim sit *B*   16 fidem *P*: quidem *AB*   17 probationem *A*: interpretationem *B*: argumentum *Kiderlin 1890-1* quoque . . . argumentum (*p. 256 l. 1*) *om. A*   19 cum *hic addidi, ante* exponit *Vassis* (*simili ratione* exponens *ed. Ald.*)   20 ipse (*ex l. 21*) *del. Spalding*   inquit *post* argumentum *transposuit Regius* (*at cf. Sen. ep. 122. 13*): *del. Radermacher*

255

5. 10. 10   M. FABI QVINTILIANI

aliquid, etsi argumentum simile non erat'. Quo apparet om-
10 nem ad scribendum destinatam materiam ita appellari. Nec
mirum, cum id inter opifices quoque sit uulgatum, unde
Vergili 'argumentum ingens', uulgoque paulo numerosius
opus dicitur argumentosum. Sed nunc de eo dicendum argumento est quod ad * probationem indicium fidem adgressionem eiusdem rei nomina facit, parum distincte, ut
11 arbitror. Nam probatio et fides efficitur non tantum per haec,
quae sunt rationis, sed etiam per inartificialia. Signum
autem, quod ille indicium uocat, ab argumentis iam separaui.
Ergo cum sit argumentum ratio probationem praestans, qua
colligitur aliud per aliud, et quae quod est dubium per id
quod dubium non est confirmat, necesse est esse aliquid in
12 causa quod probatione non egeat. Alioqui nihil erit quo pro-
bemus, nisi fuerit quod aut sit uerum aut uideatur, ex quo
dubiis fides fiat. Pro certis autem habemus primum quae
sensibus percipiuntur, ut quae uidemus audimus, qualia sunt
signa, deinde ea ⟨in⟩ quae communi opinione consensus est:
13 'deos esse', 'praestandam pietatem parentibus', praeterea
quae legibus cauta sunt, quae persuasione etiam si non
omnium hominum, eius tamen ciuitatis aut gentis in qua res
agitur in mores recepta sunt, ut pleraque in iure non legibus
sed moribus constant: si quid inter utramque partem conuenit, si quid probatum est, denique cuicumque aduersarius
14 non contradicit. Sic enim fiet argumentum: 'cum prouidentia mundus regatur, administranda res publica ⟨est: sequitur

4 *Aen. 7. 791*

AB]   1 quo b : quod AB   appareret A   3 sit om. B
4 uergilius a   5 argumentum A (sed -um sed *in ras. maiore*)
6 quod ad A : quod B : *lacunam ita suppleuit Meister 1865*: quod ⟨pro-
bationem praestat (*cui fort. praeferas* quod ad ⟨probationem pertinet
ut *Kiderlin 1890-1*). Celsus quidem⟩: *Celsi* [*frg. rhet. 10 Marx*] *nomen
excidisse iam crediderat Regius, nomen Valgi introduxit Woehrer 1903*
iudicium B   8 efficitur p*: effici AB: *fort.* effici potest (*uel
possunt*)   9 sint A   12 aliud¹ AB (*cf.* 8. 4. 16): aliquid *ed.
Jens.* (*cf.* 5. 8. 7)   14 quo Regius: quod AB   15 quod om. B
18 in *add.* p (Regius)   22 legimus A   23 inter B: in A
24 quaecumque (*ex* qui- ?) A   25 fiat A   26–p.257 l. 1 *suppleuit Halm, uia a Regio demonstrata*

INSTITVTIO ORATORIA 5. 10. 20

ut administranda res publica⟩ sit, si liquebit mundum prouidentia regi'. Debet etiam nota esse recte argumenta tractaturo uis et natura omnium rerum, et quid quaeque earum plerumque efficiat: hinc enim sunt quae icota dicuntur. Credibilium autem genera sunt tria: unum firmissimum, quia fere accidit, ut 'liberos a parentibus amari', alterum uelut propensius: 'eum qui recte ualeat in crastinum peruenturum', tertium tantum non repugnans: 'in domo furtum factum ab eo qui domi fuit'. Ideoque Aristoteles in secundo de arte rhetorica libro diligentissime est executus quid cuique rei et quid cuique homini soleret accidere, et quas res quosque homines quibus rebus aut hominibus uel conciliasset uel alienasset ipsa natura, ut diuitias quid sequatur aut ambitum aut superstitionem, quid boni probent, quid mali petant, quid milites, quid rustici, quo quaeque modo res uitari uel adpeti soleat. Verum hoc exequi mitto: non enim longum tantum, sed etiam inpossibile ac potius infinitum est, praeterea positum in communi omnium intellectu. Si quis tamen desiderauerit, a quo peteret ostendi. Omnia autem credibilia, in quibus pars maxima consistit argumentationis, ex huius modi fontibus fluunt: 'an credibile sit a filio patrem occisum, incestum cum filia commissum', et contra ueneficium in nouerca, adulterium in luxurioso: illa quoque, 'an scelus palam factum', 'an falsum propter exiguam summam', quia suos quidque horum uelut mores habet, plerumque tamen, non semper: alioqui indubitata essent, non argumenta.

Excutiamus nunc argumentorum locos, quamquam quibusdam hi quoque de quibus supra dixi uidentur. Locos

4 § *16* → '*Cassiodorus*' *p. 503. 4–7*

AB] 4 plerumque *om. A*   hinc *Regius*: nihil *AB* (*quo recepto lacunam nescio quo loco ponemus: certe cum Spaldingio credendum est* credibilia *excidisse*)   6 amari *B*, '*Cass*.': amare *A* (*ex* mare)   9 qui domi *b*, '*Cass*.': qui domui *A*: quod omni *B*   11 soleret *Spalding* (soleat *Regius*): solet *AB*   13 quid *Regius*: quis *A*: qui *B*   16 solet *A*   17 ac *AB*: aut *P*   18 commune *A*   19 omnia autem *B*: at *a* (*in ras. III litt.*)   21 fluunt *ed. Camp*.: fiunt *AB*   24 falsus *A*   25 quicque *p* (*1470*): quisque *AB*   28 dixi *B*: dixi ut *A*

appello non, ut uulgo nunc intelleguntur, in luxuriem et
adulterium et similia, sed sedes argumentorum, in quibus
21 latent, ex quibus sunt petenda. Nam ut in terra non omni
generantur omnia, nec auem aut feram reperias, ubi quaeque
nasci aut morari soleat ignarus, et piscium quoque genera
alia planis gaudent, alia saxosis, regionibus etiam litoribus-
que discreta sunt, nec helopem nostro mari aut scarum
ducas: ita non omne argumentum undique uenit ideoque
22 non passim quaerendum est. Multus alioqui error est: ex-
hausto labore, quod non ratione scrutabimur non poterimus
inuenire nisi casu. At si scierimus ubi quodque nascatur, cum
ad locum uentum erit facile quod in eo est peruidebimus.
23 In primis igitur argumenta saepe a persona ducenda sunt,
cum sit, ut dixi, diuisio ut omnia in haec duo partiamur, res
atque personas: ut causa tempus locus occasio instrumentum
modus et cetera rerum sint accidentia. Personis autem non
quidquid accidit exequendum mihi est, ut plerique fecerunt,
24 sed unde argumenta sumi possunt. Ea porro sunt: genus,
nam similes parentibus ac maioribus suis plerumque creduntur, et nonnumquam ad honeste turpiterque uiuendum inde
causae fluunt: natio, nam et gentibus proprii mores sunt
25 nec idem in barbaro, Romano, Graeco probabile est: patria,
quia similiter etiam ciuitatium leges instituta opiniones
habent differentiam: sexus, ut latrocinium facilius in uiro,
ueneficium in femina credas: aetas, quia aliud aliis annis
magis conuenit: educatio et disciplina, quoniam refert a
26 quibus et quo quisque modo sit institutus: habitus corporis,
ducitur enim frequenter in argumentum species libidinis,
robur petulantiae, his contraria in diuersum: fortuna, neque

AB] 1 in *Regius*: ut *AB*: ut in *ed. Asc. 1516* 3 latent *B*: la*tent et A*
(*A*[1] *minus hab.*) petendi *A*[1]*B* 4 ubi quaeque *A*: ubique *B* 6 saxis
A 7 scarum *P*: scaurum *B*: carum *A* 9 est² *AB*: et *P* (*ut coni.
Meister 1865*) 11 quoque *A* 13 saepe *om. A* 14 sit ut dixi *B*: dixi
ut sit *A* partimur *A* 16 ceterarum *A* sit *A* 17 ut *om. A* 19 filii
add. post plerumque *t, post* suis *p**: *an* plerique? 20 numquam *ab*
honesto turpiter *A* 21 fluunt *B*: sunt *A* natio nam *B*: nationum *A* 22 idem *B*: idem *qui s̄ A* 24 differentiam *b*: -tia *AB*
26 a *om. A* 27 modo *om. A* 28 frequenter *om. A* libidini *A*

INSTITVTIO ORATORIA 5. 10. 30

enim idem credibile est in diuite ac paupere, propinquis
amicis clientibus abundante et his omnibus destituto (condicionis etiam distantia est: nam clarus an obscurus, magistratus an priuatus, pater an filius, ciuis an peregrinus, liber an
5 seruus, maritus an caelebs, parens liberorum an orbus sit,
plurimum distat): animi natura, etenim auaritia iracundia **27**
misericordia crudelitas seueritas aliaque his similia adferunt
fidem frequenter aut detrahunt, sicut uictus luxuriosus an
frugi an sordidus quaeritur: studia quoque, nam rusticus
10 forensis negotiator miles nauigator medicus aliud atque aliud
efficiunt. Intuendum etiam quid adfectet quisque, locuples **28**
uideri an disertus, iustus an potens. Spectantur ante acta
dictaque; ex praeteritis enim aestimari solent praesentia.
His adiciunt quidam commotionem: hanc accipi uolunt
15 temporarium animi motum, sicut iram pauorem. Consilia **29**
autem et praeteriti et praesentis et futuri temporis: quae
mihi, etiam si personis accidunt, referenda tamen ad illam
partem argumentorum uidentur quam ex causis ducimus,
sicut habitus quidam animi, quo tractatur amicus ⟨an⟩ ini-
20 micus. Ponunt in persona et nomen: quod quidem accidere **30**
ei necesse est, sed in argumentum raro cadit, nisi cum aut
ex causa datum est, ut Sapiens, Magnus, Pius, aut et ipsum
alicuius cogitationis attulit causam, ut Lentulo coniurationis,
quod libris Sibyllinis haruspicumque responsis dominatio
25 dari tribus Corneliis dicebatur, seque eum tertium esse

AB]   1 idem *B*: in *A*   3 distantia est *B*: distantiam
esse *a* (distantia *A¹*)   5 meritus *B*   6 distant *A*
8 luxuriosus *B*: luxuriosus *sit A*   11 etiam *A*: et *B*
11 quid ... quisque *B*: *quis affectus sit cuique A*   14 commuta-
tionem *A*   hanc *add. a*: *om. A¹B*: quem *tempt. Courtney*: *fort.* hunc
(*cf. 3. 6. 26*)   uolent *B*   16 autem *uix sanum*: item '*alii' secundum ed. Leid., ut uoluit Kiderlin 1890-1* (*qui ita distinxit ut* quae *ad* commotionem *quoque referretur, fort. recte*)   et praeteriti et praesentis *a* (et
preteritis *A¹*): et praesentis et praeteriti *B*: *cf.* § *42*   17 referenda
B: per se ferenda (referenda *a*) *A*   19 quo *A, B* (*cf.* § *52*): in quo
Spalding, fort. recte   19-20 animus inimicus *B*: a*nimus* amici
A: *corr. ed. Camp.*   22 Pius *Zumpt**: plenus *AB*: *cf. RLM
p. 215. 4*   23 attulit causam *repetit post* coniurationis *A*   24 -que
om. A

259

5. 10. 31   M. FABI QVINTILIANI

credebat post Sullam Cinnamque quia et ipse Cornelius erat.
31 Nam et illud apud Euripiden frigidum sane, quod nomen
Polynicis ut argumentum morum frater incessit. Iocorum
tamen ex eo frequens materia, qua Cicero in Verrem non
semel usus est. Haec fere circa personas sunt aut his similia; 5
neque enim complecti omnia uel hac in parte uel in ceteris
possumus, contenti rationem plura quaesituris ostendere.
32 Nunc ad res transeo, in quibus maxime sunt personis iuncta
quae agimus, ideoque prima tractanda. In omnibus porro
quae fiunt quaeritur aut quare aut ubi aut quando aut quo 10
33 modo aut per quae facta sunt. Ducuntur igitur argumenta
ex causis factorum uel futurorum: quarum materiam, †quam
quidam ὕλην, alii δύναμιν nominauerunt†, in duo genera sed
quaternas utriusque diuidunt species. Nam fere uersatur
ratio faciendi circa bonorum adeptionem incrementum con- 15
seruationem usum aut malorum euitationem liberationem
inminutionem tolerantiam: quae et in deliberando plurimum
34 ualent. Sed has causas habent recta, praua contra ex falsis
opinionibus ueniunt. Nam est his initium ex iis quae credunt
bona aut mala, inde errores existunt et pessimi adfectus, in 20
quibus sunt ira odium inuidia cupiditas spes ambitus audacia metus, cetera generis eiusdem. Accedunt aliquando fortuita, ebrietas, ignorantia, quae interim ad ueniam ualent,
interim ad probationem criminis, ut si quis dum alii insidia-
35 tur alium dicitur interemisse. Causae porro non ad conuin- 25
cendum modo quod obicitur, sed ad defendendum quoque
excuti solent, cum quis se recte fecisse, id est honesta causa,

   2 *Phoeniss. 636–7*

AB]   1 credebat *B*: dicebat *A*   3 locorum *B*   4 qua *A*:
quae *B*   5 autem *A*   7 plura *om. A*   10 quare *B*: qua de re *A*
12–13 *quam quidam* ΥΛΗΝ *alii* ΔΙΝΑΜΙΝ nominauerunt *A*: quam
ylen aly dinam ýṣ ali nominauerunt *B*: *del. Kayser*   14 uertitur *A*
15–16 conuersationem *B* (*et A*¹?)   16 liberationem *om. B* (*fort.
post* inminutionem *ponendum*)   17 tolerantiam *D'Orv. 13*: tolera-
tiam *A* : *om. B*   quae *Regius*: quaeque *A*: namque *B*   plurimum *A*:
-rima *B*   18 has *B*: haec *A*: honestas *W. Meyer*   rectum prauum *A*
19 est *B*: esse *A*   his (*pro* iis) *AB*   25 dicatur *ed. Vasc. 1542, ut
uoluit Gabler* (*conl. 7. 2. 29*)   27 idē *B*: id *A*

260

INSTITVTIO ORATORIA 5. 10. 42

contendit: qua de re latius in tertio libro dictum est. Fini- 36
tionis quoque quaestiones ex causis interim pendent: an
tyrannicida qui tyrannum a quo deprensus in adulterio
fuerat occidit, an sacrilegus qui ut hostes urbe expelleret
5 arma templo adfixa detraxit. Ducuntur argumenta et ex 37
loco. Spectatur enim ad fidem probationis montanus an
planus, maritimus an mediterraneus, consitus an incultus,
frequens an desertus, propincus an remotus, oportunus consiliis an aduersus: quam partem uidemus uehementissime
10 pro Milone tractasse Ciceronem. Et haec quidem ac similia 38
ad coniecturam frequentius pertinent, sed interim ad ius
quoque: priuatus an publicus, sacer an profanus, noster an
alienus, ut in persona magistratus, pater, peregrinus. Hinc 39
enim quaestiones oriuntur: 'Priuatam pecuniam sustulisti,
15 uerum, quia de templo, non furtum sed sacrilegium est'.
'Occidisti adulteros, quod lex permittit, sed quia in lupanari,
caedes est'. 'Iniuriam fecisti, sed quia magistratui, maiestatis
actio est'. Vel contra: 'licuit quia pater eram, quia magistra- 40
tus'. Sed circa facti controuersiam argumenta praestant,
20 circa iuris lites materiam quaestionum. Ad qualitatem
quoque frequenter pertinet locus; neque enim ubique idem
aut licet aut decorum est: quin etiam in qua quidque ciuitate quaeratur interest; moribus enim et legibus distant. Ad 41
commendationem quoque et inuidiam ualet; nam et Aiax
25 apud Ouidium 'ante rates' inquit 'agimus causam, et mecum
confertur Vlixes!' et Miloni inter cetera obiectum est quod
Clodius in monumentis ab eo maiorum suorum esset occisus.
Ad suadendi momenta idem ualet, sicut tempus, cuius trac- 42
tatum subiungam. Eius autem, ut alio loco iam dixi, duplex

10 53   25 *met. 13. 5–6*   26 *u. Cic. Mil. 17*

AB]   1–2 finitiones *B, omisso* quoque quaestiones   2, 4 an
B: in *A* (*unde* tyrannicidam *et* sacrilegum *a*)   3 a *om. A* (*unde*
quod *a*)   5 detrahit *A*   6 expectatur *B*: spectat *Spalding*
11 ad ius *P*: aditus *B*: ad*l*ocos *A*   15 est *om. A*   16 adulter-
um A lupanar *A*   17 maiestatis *N*: magestatis *B*: magistratus *A*
27 maior *B*   28 sicut *om. A*   29 alio *B*: in eo *A*   simplex *B*

5. 10. 43   M. FABI QVINTILIANI

significatio est: generaliter enim et specialiter accipitur. Prius illud est 'nunc', 'olim', 'sub Alexandro', 'cum apud Ilium pugnatum est', denique praeteritum, instans, futurum. Hoc sequens habet et constituta discrimina: 'aestate', 'hieme', 'noctu', 'interdiu', et fortuita: 'in pestilentia', 'in
43 bello', 'in conuiuio'. Latinorum quidam satis significari putauerunt si illud generale 'tempus', hoc speciale 'tempora' uocarent. Quorum utrorumque ratio et in consiliis quidem et in illo demonstratiuo genere uersatur, sed in iudiciis fre-
44 quentissima est. Nam et iuris quaestiones facit et qualitatem distinguit et ad coniecturam plurimum confert, ut cum interim probationes inexpugnabiles adferat, quales sunt si dicatur, ut supra posui, signator qui ante diem tabularum decessit, aut commisisse aliquid uel cum infans esset uel cum
45 omnino na us non esset: praeter id quod omnia facile argumenta aut ex iis quae ante rem facta sunt aut ex coniunctis rei aut insequentibus ducuntur. Ex antecedentibus: 'mortem minatus es, noctu existi, proficiscentem antecessisti'.
46 Causae quoque factorum praeteriti sunt temporis. Secundum tempus subtilius quidam quam necesse erat diuiserunt, ut esset iuncti 'sonus auditus est', adhaerentis 'clamor sublatus est'. Insequentis sunt illa: 'latuisti', 'profugisti', 'liuores et tumores apparuerunt'. Isdem temporum gradibus defensor
47 utetur ad detrahendam ei quod obicitur fidem. In his omnis factorum dictorumque ratio uersatur, sed dupliciter. Nam fiunt quaedam quia aliud postea futurum est, quaedam quia aliud antea factum est: ut cum obicitur reo lenocinii, speciosae marito, quod adulterii damnatam quandam emerit, aut

AB]   3 ilium *t*: illum *AB*   pugnam est (esset *a*) *A*   7 speciali *B*   9 genere *om. B*   14 aut *p (1470)*: an *AB*: *sed etiamnunc claudicat sensus*   15 omnino natus *B*: adhuc *natus* omnino *A*   facile *B*: facti* *A*   16 his *AB*   17 aut ⟨ex⟩ *a* 18 es *a*: est *A¹B*   20 subtilis *A*   erit *A, omisso* diuiserunt 20–1 ut esset *B*: esse ut *a in ras.* (ut ex con- *b*)   21 iuncti *D*: -tis *B*: -us *A*   22 est *B*: at *A* (et *b*)   insequentis *P*: -enti *AB* 26 esse *om. A*   quia² *a*: qui *A¹B*   27 ante *A*   27–8 speciosae . . . adulteri *B*: quod speciosam adulterio *a in ras.*: *locus obscurior*   28 quondam *Burman*

INSTITVTIO ORATORIA 5. 10. 52

parricidii reo luxurioso quod dixerit patri: 'non amplius me obiurgabis'. Nam et ille non quia emit leno est, sed quia leno erat emit, nec hic quia sic erat locutus occidit, sed quia erat occisurus sic locutus est. Casus autem, qui et ipse praestat **48**
argumentis locum, sine dubio est ex insequentibus, sed quadam proprietate distinguitur, ut si dicam: 'melior dux Scipio quam Hannibal, uicit Hannibalem': 'bonus gubernator, numquam fecit naufragium': 'bonus agricola, magnos sustulit fructus'. Et contra: 'sumptuosus fuit, patrimonium exhausit': 'turpiter uixit, [uel] omnibus inuisus est'. In- **49**
tuendae sunt praecipueque in coniecturis et facultates; credibilius est enim occisos a pluribus pauciores, a firmioribus inbecilliores, a uigilantibus dormientis, a praeparatis inopinatos: quorum contraria in diuersum ualent. Haec et in **50**
deliberando intuemur et in iudiciis ad duas res solemus referre, an uoluerit quis, an potuerit; nam et uoluntatem spes facit. Hinc illa apud Ciceronem coniectura: 'insidiatus est Clodius Miloni, non Milo Clodio: ille cum seruis robustis, hic cum mulierum comitatu, ille equis, hic in raeda, ille expeditus, hic paenula inretitus'. Facultati autem licet instrumen- **51**
tum coniungere; sunt enim in parte facultatis et copiae. Sed ex instrumento aliquando etiam signa nascuntur, ut spiculum in corpore inuentum. His adicitur modus, quem τρόπον **52**
dicunt, quo quaeritur quem ad modum quid sit factum. Idque tum ad qualitatem scriptumque pertinet, ut si negemus adulterum ueneno licuisse occidere, tum ad coniecturas quoque, ut si dicam: 'bona mente factum, ideo palam', 'mala, ideo ex insidiis, nocte, in solitudine'.

17 *Mil. 28 (non ad uerbum)*

AB]   4 casus *a in ras. (fort. non recte)*: is *B*   quia *A*   10 uel *del. p**   12–13 a firmioribus imbec*illiores A* : *om. B*   13–14 praeparantis inopinantis (-tes *a*) *A*   19 equis *AB*: in equo *ed. Vasc. 1538, Cic.*: eques *Burn. 243*   in *A, Cic.*: *om. B*   20 licet *om. B*   21 facultatis ... sed *B*: facultates et copia *A*   22 signa *B*: sic *A*   25 idque *B*: id*qualiter* idque *A*   tum *om. B*   scripti *A*   26 ueneno licuisse *B*: *cum* ueneno licuiss*et A*   occidere *A*: occidere sed uel (*pro quo* ferro *f, p, 1470: cf. quod in marg. cod. A man. rec. (?) habemus*: ferro occidisse) oportuisse *B*   tum ad *om. B*   27 ideoque *B*

53 In rebus autem omnibus de quarum ui ac natura quaeritur quasque etiam citra complexum personarum ceterorumque ex quibus fit causa per se intueri possumus, tria sine dubio rursus spectanda sunt: an sit, quid sit, quale sit. Sed quia sunt quidam loci argumentorum omnibus communes, diuidi haec tria genera non possunt, ideoque locis potius, ut in quosque incurrent, subicienda sunt.

54 Ducuntur ergo argumenta ex finitione seu fine; nam utroque modo traditur. Eius duplex ratio est: aut enim praecedente finitione quaeritur sitne hoc uirtus, aut simpliciter quid sit uirtus. Id aut uniuersum uerbis complectimur, ut 'rhetorice est bene dicendi scientia', aut per partes, ut 'rhetorice est inueniendi recte et disponendi et eloquendi **55** cum firma memoria et cum dignitate actionis scientia'. Praeterea finimus aut ui, sicut superiora, aut ἐτυμολογίᾳ, ut si assiduum ab aere dando et locupletem a locorum, pecuniosum a pecorum copia. Finitioni subiecta maxime uidentur genus species differens proprium: ex iis omnibus argumenta **56** ducuntur. Genus ad probandam speciem minimum ualet, plurimum ad refellendam. Itaque non quia est arbor platanus est, at quod non est arbor utique platanus non est: nec quod uirtus est utique iustitia est, at quod non est uirtus, utique non potest esse iustitia. Itaque a genere perueniendum

---

8 §§ 54–8, 60 → *Vt. pp. 398. 4–9, 15–399. 1*

AB] 1 ac *A*: aut *B*   2 citra *P*: circa *AB*   2–3 ceterarumque *A*   3 possimus *A*¹*B*   5 omnibus *B*: *his* omnibus *A*   6 ut *om. A* (*sed ras. II litt. est*)   7 in *om. B* quos *A*   8 ex *B*: et *A* (*unde* et a *a*)   9 eius *B*, *Vt.*: *om. A* 10–11 praecedente finitione ... simpliciter *Radermacher* (*conl. Vt.*): simpliciter ... praecedente (*sic A*, *Vt.*: cedente *B*) finitione *A* (*sed is* ⟨hoc⟩ quaeritur sitne hoc dictum, *contra Vt.*), *B*: sitne hoc uirtus *et* quid sit uirtus *iam transposuerat* 'Turnebus'   11 id ... complectimur *B*, *Vt.*: ita ut uniuers*am uim* uerbi complec*tamur A*   15 si *om. B*, *non male*   20 quia est *B*: que *A* (quae est *cod. Vt.*)   21 at quod *B*, *Vt.*: ad quid *A*   non est¹ *om. A* (*hab. Vt.*)   21–3 nec quod uirtus ... iustitia *habet integrum Vt.* (*nisi quod* utique² *l. 22 om.*): quod uirtus ... at *om. B*: iustitia est ... utique *om. A*: *locum sanauit Halm*   23 iniustitia *A* (∼ *Vt.*)   itaque ... uelis (*p. 265.* 4) *non habet Vt.*, *del. Radermacher*, *fort. recte*   a *om. B*

INSTITVTIO ORATORIA 5. 10. 61

est ad ultimam speciem, ut 'homo est animal' non est satis, id enim genus est: 'mortale'—etiam si est species, cum aliis tamen communis finitio: 'rationale'—nihil supererit ad demonstrandum quod uelis. Contra species firmam proba- **57** tionem habet generis, infirmam refutationem. Nam quod iustitia est, utique uirtus est: quod non est iustitia, potest esse uirtus, si est fortitudo, constantia, continentia. Numquam itaque tolletur a specie genus, nisi ut omnes species quae sunt generi subiectae remoueantur, hoc modo: 'quod neque inmortale est neque mortale, animal non est'. His **58** adiciunt propria et differentia. Propriis confirmatur finitio, differentibus soluitur. Proprium autem est aut quod soli accidit, ut homini sermo, risus, aut quidquid utique accidit, sed non soli, ut igni calfacere. Et sunt eiusdem rei plura propria, ut ipsius ignis lucere, calere. Ita quodcumque proprium deerit soluet finitionem, non utique quodcumque erit confirmabit. Saepissime autem quid sit proprium cuiusque **59** quaereretur, ut, si per ἐτυμολογίαν dicatur: 'tyrannicidae proprium est tyrannum occidere', negemus: non enim si traditum sibi eum carnifex occiderit tyrannicida dicatur; nec si inprudens uel inuitus. Quod autem proprium non erit, dif- **60** ferens erit, ut aliud est seruum esse, aliud seruire, qualis esse in addictis quaestio solet: 'qui seruus est si manu mittatur, fit libertinus, non item addictus', et plura, de quibus alio loco. Illud quoque differens uocant, cum genere in speciem **61** deducto species ipsa discernitur. Animal genus, mortale species, terrenum uel bipes differens; nondum enim proprium

AB]   1 est¹ *om. A*   3 commune *A*   4 quod *B*: *id* quod *A*
8 ab *A* (per speciem *Vt.*)   9 praemoueantur *A* (∼ *Vt.*)
10 immortale . . . mortale *B* (*conf. Vt.*): mortale . . . immortale *A*
11 adiciuntur propriae differentiae *A* (∼ *Vt.*)   propriis *A*, *Vt.*: a propriis *B*   12 soluitur *B*, *Vt.*: *om. A*   13 quidquid *A*: quod *B*
15 ita *A*: itaque *B*   16 soluet *B*, *Vt.*: -*it A*   17 confirmat *a* (*ex* -ma), *contra Vt.*   cuiusque *B*: huiusce *A*   18 quaeritur *B*
23 qui *B*, *Vt.*: si *A*   mittitur *Meister 1867, contra Vt.*   24 item *Francius*: idem *AB*, *Vt.*   addicitur *A* (∼ *Vt.*)   24–5 alio . . . illud *B*: aliud . . . aliud *A*   25 in *om. A*   26 deducto *B*
(*def. Kiderlin 1890-1*): diductos *A*: diducto *ed. Ven. 1493* (*quod* species postularet, idque praebet *ed. Vasc. 1538*)

5. 10. 62   M. FABI QVINTILIANI

est, sed iam differt a marino uel quadrupede: quod non tam
ad argumentum pertinet quam ad diligentem finitionis com-
62 prensionem. Cicero genus et speciem, quam eandem formam
uocat, a finitione diducit, et iis quae ad aliquid sunt subicit:
ut, si is cui argentum omne legatum est petat signatum quoque, utatur genere: at si quis, cum legatum sit ei quae uiro
mater familias esset, neget deberi ei quae in manum non conuenerit, specie, quoniam duae formae sint matrimoniorum.
63 Diuisione autem adiuuari finitionem docet, eamque differre
a partitione quod haec sit totius in partis, illa generis in formas. Partis incertas esse, ut 'quibus constet res publica', formas certas, ut 'quot sint species rerum publicarum', quas
tris accepimus: quae populi, quae paucorum, quae unius
64 potestate regerentur. Et ille quidem non iis exemplis utitur,
quia scribens ad Trebatium ex iure ducere ea maluit: ego
apertiora posui. Propria uero ad coniecturae quoque pertinent partem, ut, quia proprium est boni recte facere, ira-
cundi uerbis ⟨aut manu male facere, facta haec ab ipsis⟩ esse
credantur, aut contra. Nam ut quaedam in quibusdam
utique ⟨sunt, ita quaedam in quibusdam utique⟩ non sunt,
et ratio, quamuis [ita] ex diuerso, eadem est.

Diuisio et ad probandum simili uia ualet et ad refellen-
65 dum. Probationi interim satis est unum habere, hoc modo:
'ut sit ciuis, aut natus sit oportet aut factus'; utrumque tol-
66 lendum est: 'nec natus nec factus est'. Fit hoc et multiplex,
idque est argumentorum genus ex remotione, quo modo

---

3 *top. 11–14*   9 *top. 28*   14 § *64* → *Vt. p. 399. 2–5*

AB]   1 differt∗ *A* : differet *B*   4 diducit *J* : de- *AB*   his *AB*
7 debere *B*   8 species *A*   9 diuisionem *A*
autem *D* : aut *B* : *om. A* (*necnon* adiuuari finitionem)   11 ut *B* :
in *A*   12 quot *B* : quod *A*   13 accipimus *A*   populo *A*
14 non *B* : non in *A*   15 qui scribendas *A*   ex . . . ea
B : ducere eam *A*   18 aut . . . ipsis *suppleuit Halm* (*praeeuntibus
Toernebladh, aliis*) *ex uerbis Victoris, et ipsis partim corruptis*
19 nam ut *A, Vt.* : *om. B*   quaedam *B, Vt.* : quidam *A*   20 sunt . . .
utique *suppl. Kayser ex Victore*   21 ita *del. Regius*   22 et∗
om. A   22–3 repellendum *A*   24–5 utrumcumque tollendus
A   25 hac *A*   26 remotiore *B*   qua *p*∗

266

INSTITVTIO ORATORIA   5. 10. 70

efficitur totum falsum, modo id quod relinquitur uerum.
Totum falsum est hoc modo: 'Pecuniam credidisse te dicis:
aut habuisti ipse aut ab aliquo accepisti aut inuenisti aut
surripuisti. Si neque domi habuisti neque ab aliquo accepisti
5 et cetera, non credidisti'. Relicum fit uerum sic: 'hic seruus **67**
quem tibi uindicas aut uerna tuus est aut emptus aut donatus aut testamento relictus aut ex hoste captus aut alienus':
deinde remotis prioribus supererit 'alienus'. Periculosum et
cum cura intuendum genus, quia, si in proponendo unum
10 quodlibet omiserimus, cum risu quoque tota res soluitur.
Tutius quod Cicero pro Caecina facit, cum interrogat, si haec **68**
actio non sit, quae sit (simul enim remouentur omnia): uel
cum duo ponentur inter se contraria, quorum tenuisse
utrumlibet sufficiet, quale Ciceronis est: 'unum quidem certe
15 nemo erit tam inimicus Cluentio qui mihi non concedat, si
constet corruptum illud esse iudicium, aut ab Habito aut ab
Oppianico esse corruptum: si doceo non ab Habito, uinco ab
Oppianico, si ostendo ab Oppianico, purgo Habitum'. Fit **69**
etiam ex duobus, quorum necesse est ⟨esse⟩ alterum uerum,
20 eligendi aduersario potestas, efficiturque ut utrum elegerit
noceat. Facit hoc Cicero pro Oppio: 'utrum cum Cottam
adpetisset an cum ipse se conaretur occidere telum e manibus
ereptum est?' et pro Vareno: 'optio uobis datur, utrum
uelitis casu illo itinere Varenum usum esse an huius persuasu
25 et inductu': deinde utraque facit accusatori contraria.
Interim duo ita proponuntur ut utrumlibet electum idem **70**

11 37   14 *Cluent. 64*   21 *frg. orat. III. 1*   23 *frg. orat.*
II. 14

AB]   1 uerum *B*: de hoc uerum *A*   2–3 credidisse . . . aut¹
B: credidisset enim *A*   4 eripuisti *A*   si *om. A*   5 et *B*:
nec *A*   sic *p**: si *AB*   6 aut¹ *B*: ut *A*   14 est *om. A (ut e.g. 8.
3. 89)*   14–15 unum . . . nemo erit *B*, *Cic.*: utrum . . . mouerit *A*
16 illum *A*   habitu *B*   17 si *om. A*   18 si . . . Oppianico *om. A*
19 est esse *Halm*: est *AB*: esse *Spalding*   20 -que ut *B*: qui et
A   21 pro *om. A*   22 an *P*: at *A*: aut *B*   sese *B*
23 eruptum *B*   dabitur *A*   24 esse *om. A*

267

5. 10. 71   M. FABI QVINTILIANI

efficiat, quale est: 'philosophandum ⟨est, etiam si non est philosophandum'⟩, et illud uulgatum: 'quo schema, si intellegitur? quo, si non intellegitur?' et 'mentietur in tormentis qui dolorem pati potest, mentietur qui non potest'.

71 Vt sunt autem tria tempora, ita ordo rerum tribus momentis consertus est: habent enim omnia ⟨initium⟩, incrementum, summam, ut iurgium, deinde ⟨rixa, tum⟩ caedes. Est ergo hic argumentorum quoque locus inuicem probantium; nam et ex initiis summa colligitur, quale est: 'non possum togam praetextam sperare cum exordium pullum uideam', et contra: 'non dominationis causa Sullam arma **72** sumpsisse, argumentum est dictatura deposita'. Similiter ex incremento in utramque partem ducitur ratio cum in coniectura, tum etiam in tractatu aequitatis, an ad initium summa referenda sit, id est, an ei caedes inputanda sit a quo iurgium coepit.

73 Est argumentorum locus ex similibus: 'si continentia uirtus, utique et abstinentia': 'si fidem debet tutor, et procurator'. Hoc est ex eo genere quod ἐπαγωγήν Graeci uocant, Cicero inductionem. Ex dissimilibus: 'non si laetitia bonum, et uoluptas': 'non quod mulieri, idem pupillo'. Ex contrariis: 'frugalitas bonum, luxuria enim malum': 'si malorum causa bellum est, erit emendatio pax': 'si ueniam meretur qui inprudens nocuit, non meretur praemium qui inprudens pro- **74** fuit'. Ex pugnantibus: 'qui est sapiens, stultus non est'. Ex consequentibus siue adiunctis: 'si est bonum iustitia, recte

20 *top. 42: inu. 1. 51*

AB]   1–2 est... philosophandum *suppl. p** (*cf. Ps.-Ascon. Diu.* § *21 p. 192. 4–5 Stangl*)   6 initium *add. p**: exordium *add. s.l. a*   7 summum *A*   rixa tum *addidi* (pugna tum *Halm*: rixa *post* iurgium *Radermacher*): *quod* et strages *pro* est ergo *scribit a in ras.* aeque coniectura est   8 hinc *A*   13 in utramque partem *om. A* ratio *B*: re (rei *a*) ratio *A*   14 tractatum *A*   15 ei *om. A*   18 uirtus utique *B*: utrius *A* (uirtus *s.l. m. rec.*)   absentia *A* (abstinentia *s.l. m. rec.*)   18–19 debet... procurator *B*: tutorum et procuratorum *A*   19 ΕΠΑΡΟΓΙΚΗΝ *A*   20 ex dissimilibus *B*: de* similibus *A*   21 pupillo *p* (*ed. Ven. 1493*): popilio *AB* 26 est bonum iustitia *B*: bonum iustitia est *A*

INSTITVTIO ORATORIA 5. 10. 78

iudicandum': 'si malum perfidia, non est fallendum': idem retro. Nec sunt his dissimilia ideoque huic loco subicienda, cum et ipsa naturaliter congruant: 'quod quis non habuit, non perdidit': 'quem quis amat, sciens non laedit': 'quem 5 quis heredem suum esse uoluit, carum habuit, habet, habebit'. Sed cum sint indubitata, uim habent paene signorum inmutabilium. Sed haec consequentia dico, acolutha (est 75 enim consequens sapientiae bonitas), illa insequentia, parepomena, quae postea facta sunt aut futura. Nec sum de 10 nominibus anxius; uocet enim ut uoluerit quisque, dum uis rerum ipsa manifesta sit appareatque hoc temporis, illud esse naturae. Itaque non dubito haec quoque ⟨uocare⟩ con- 76 sequentia, quamuis ex prioribus dent argumentum ad ea quae secuntur, quorum duas quidam species esse uoluerunt, 15 actionis (ut pro Oppio: 'quos educere inuitos in prouinciam non potuit, eos inuitos retinere qui potuit?'), temporis, in Verrem: 'si finem praetoris edicto adferunt Kalendae Ian., cur non initium quoque edicti nascatur a Kalendis Ian.?' Quod utrumque exemplum tale est ut idem in diuersum, si 77 20 retro agas, ualeat; consequens enim est eos, qui inuiti duci non potuerint, inuitos non potuisse retineri. Illa quoque quae 78 ex rebus mutuam confirmationem praestantibus ducuntur (quae proprii generis uideri quidam uolunt et uocant ἐκ τῶν πρὸς ἄλληλα, Cicero ex rebus sub eandem rationem uenienti- 25 bus) fortiter consequentibus iunxerim: 'si portorium Rhodiis

15 Cic. frg. orat. III. 2   17 I. 109   24 inu. I. 46–7

AB]   1 idem AB (sc. locus): item t   2 retro B: recte A   similia B   6 dubitata A   7 immutabilium ed. Ald. (fort. iniuria): innumerabilium AB: insolubilium Regius   8 sequentia B 8–9 παρεπόμενα Victorius (p. 94): paregomena AB: equidem malim et hoc delere et illud acolutha   9 aut B: ac A   12 uocare add. Spalding: alii alia   13 dent nonnullis suspectum   14 quidem A 15–16 in ... inuitos om. A   18 a om. A   20–1 duci ... retineri (-ere A) AB (numerose): retineri ... duci Gesner: errat fortasse noster, nisi cum Vassis consequens ... retineri eiciamus   23 quae B: quia A   24 ἄλληλα] ΑΛΛΗΛΑC B: ΑΜΝΑΑC A: cf. Arist. rhet. 1397ᵃ23   25 rhodiis t, Cic.: rhod∗is A, B

269

locare honestum est, et Hermocreonti conducere', et: 'quod
79 discere honestum, et docere'. Vnde illa non hac ratione dicta
sed efficiens idem Domiti Afri sententia est pulchra: 'ego
accusaui, uos damnastis'. Est inuicem consequens et quod
ex diuersis idem ostendit, ut qui mundum nasci dicit per hoc
ipsum et deficere significet, quia deficit omne quod nascitur.
80 Simillima est his argumentatio qua colligi solent ex iis
quae faciunt ea quae efficiuntur, aut contra, quod genus a
causis uocant: haec interim necessario fiunt, interim plerumque sed non necessario. Nam corpus in lumine utique umbram facit, et umbra, ubicumque est, ibi esse corpus osten-
81 dit. Alia sunt, ut dixi, non necessaria, uel utrimque uel ex
altera parte: 'sol colorat: non utique qui est coloratus a sole
est': 'iter puluerulentum facit, sed neque omne iter puluerem
82 mouet, nec quisquis est puluerulentus ex itinere est'. Quae
utique fiunt, talia sunt: 'si sapientia bonum uirum facit,
bonus uir est utique sapiens', itemque: 'boni est honeste
facere, mali turpiter, et qui honeste faciunt, boni, qui turpiter, mali iudicantur': recte. At [exercitatio plerumque
robustum corpus facit, sed non quisquis est robustus exercitatus, nec quisquis exercitatus robustus est] nec, quia fortitudo praestat ne mortem timeamus, quisquis mortem non
timuerit uir fortis erit existimandus, nec si capitis dolorem
83 facit inutilis hominibus sol est. Haec ad exhortatiuum
maxime genus pertinent: 'uirtus facit laudem, sequenda
igitur: at uoluptas infamiam, fugienda igitur'. Recte autem
84 monemur causas non utique ab ultimo esse repetendas, ut
Medea:

       'utinam ne in nemore Pelio',

28 *Enn. Med. frg. 1 Klotz*

AB] 1 locare *B, Cic.*: locare homines *A*   7 iis] his *AB*   12 utrumque *A*   15 est² *om. A*   15–19 quae...at *susp. Spalding, del. Radermacher*   16 fecit *B*   17 itemque *Gesner*: ideoque *AB*
18 et *AB*: *fort.* ita   19 iudicantur recte *B*: *inu. ord. A*
19–21 exercitatio...est *seclusi*   21 est *om. A*   24 est *A*: et *B*
hortatiuum *B*   27 repetendas *P*: retinendas *AB*

INSTITVTIO ORATORIA 5. 10. 89

quasi uero id eam fecerit miseram aut nocentem quod illic
ceciderint abiegnae ad terram trabes: et Philocteta Paridi:
'si inpar esses tibi, ego nunc non essem miser':
quo modo peruenire quolibet retro causas legentibus licet.
Illud his adicere ridiculum putarem nisi eo Cicero uteretur, 85
quod coniugatum uocant, ut 'eos qui rem iustam faciunt
iuste facere', quod certe non eget probatione: 'quod com-
pascuum est, compascere licere'. Quidam haec, quae uel ex 86
causis uel ex efficientibus diximus, alieno nomine uocant
ecbasis, id est exitus; nam nec hic aliud tractatur quam quid
ex quoque eueniat.

Adposita uel comparatiua dicuntur quae minora ex maiori- 87
bus, maiora ex minoribus, paria ex paribus probant. Confirmatur coniectura ex maiore: 'si quis sacrilegium facit, faciet
et furtum'; ex minore: 'qui facile ac palam mentitur, peiera-
bit'; ex pari: 'qui ob rem iudicandam pecuniam accepit, et
ob dicendum falsum testimonium accipiet'. Iuris confirma- 88
tio est eius modi; ex maiore: 'si adulterum occidere licet, et
loris caedere'; ex minore: 'si furem nocturnum occidere licet,
quid latronem?'; ex pari: 'quae poena aduersus interfec-
torem patris iusta est, eadem aduersus matris'; quorum
omnium tractatus uersatur in syllogismis. Illa magis finitio- 89
nibus aut qualitatibus prosunt: †'si robur corporibus bonum
non est, minus sanitas';† 'si furtum scelus, magis sacrilegium'; 'si abstinentia uirtus, et continentia'; 'si mundus

2 *Acci Philoct. frg. XVIII Klotz*   5 *top. 12*

AB]   1 eam *B*: medaeam *a in ras. min.*   innocentem *B*
2 ceciderit abiegna *1418* (*at cf. Cic. top. 61*)   2–3 paridisi *B*
(*distinxit 1434*): paridis *A*: 'Pari duspari, si . . .' *Burman, fort. recte*
3 inpar *A*: par *B*: *uersum alius aliter rescripsit*   6 istam *B*
9 dicimus *Kiderlin 1890-1*   alio∗∗ *A*   10 nec *om. A*   12 uel
B: uel ex *A*   13 maiora ex minoribus *om. B*   13–14 probant
confirmatur *A*: confirmantur *B*   16 accepit *AB*: accipit *ed. Ven.*
1493   18 est eius modi *B*: ∗*huius modi est *A*: est *1418 ante corr.*
(*ut coni. Radermacher*)   ⟨licet⟩ et *Burman* (*ut Alcuin. PL 101.
971*): *at cf.* § 73 debet, et   20 latronum (*omisso* ex) *A*   20–1 inter-
fectorem . . . aduersus *om. A*   22 in *om. B*   23–4 *exemplum mirum*
24 non est *AB*: est, non *interpretatur Gedoyn*

271

prouidentia regitur, administranda res publica'; 'si domus aedificari sine ratione non potest, quid * '; '†agenda si† nauualium cura, et armorum.' Ac mihi quidem sufficeret hoc genus, sed in species secatur. Nam et ex pluribus ad unum et ex uno ad plura (unde est 'quod semel, et saepius') et ex parte ad totum ⟨et⟩ ex genere ad speciem ⟨et⟩ ex eo quod continet ad id quod continetur, aut ex difficilioribus ad faciliora et ex longe positis ad propiora, et ad omnia quae contra haec sunt, eadem ratione argumenta ducuntur. Sunt enim et haec maiora et minora aut certe uim similem optinent. Quae si persequamur, nullus erit ea concidendi modus: infinita est enim rerum comparatio—iucundiora grauiora, magis necessaria ⟨minus necessaria⟩, honestiora utiliora: sed mittamus plura, ne in eam ipsam quam uito loquacitatem incidam. Exemplorum quoque ad haec infinitus est numerus, sed paucissima attingam. Ex maiore pro Caecina: 'quod exercitus armatos mouet, id aduocationem non uidebitur mouisse?' Ex faciliore in Clodium et Curionem: 'ac uide an facile fieri tu potueris, cum is factus non sit cui tu concessisti'. Ex difficiliore: 'uide quaeso, Tubero, ut qui de meo facto non dubitem de Ligari audeam dicere'; et alibi: 'an sperandi Ligario causa non sit cum mihi apud te locus sit etiam pro altero deprecandi?' Ex minore pro Caecina: 'itane? scire esse armatos sat est ut uim factam probes, in manus eorum incidere non est satis?' Ergo, ut breuiter contraham

16 43   18 *frg. orat. XIV.* 7   20 *Lig.* 8   21 *ibid. 31*
23 45   25 § *94* → '*Cassiodorus*' *p.* 503. *8–9*

AB]   2 quid ⟨urbs uniuersa?⟩ *Radermacher exempli gr.*
agenda si *B*: agendas *A*: si agenda *Burman* (si agendast *Radermacher*)
4 in species *B*: specie *A*   6 ad¹ *B*: ac *A*   totum et *Bg*: totum
AB   et² *D'Orv. 13*: om. *AB*   7 quod om. *B*   aut *A*: ut *B*:
et *ed. Vasc. 1538*   8 et¹ om. *A*   8–9 et ad ... sunt *fort. lacunosum (nisi deleas* ad)   9 oratione *B*   11 concedendi *A*
13 minus necessaria *addidi (1964-2)*   16 maiora *B*   17 ⟨togatorum⟩ non *ed. Jens. (ex Cic.)*   18 a*n A, B*: ut *C. F. W. Mueller
(ad Cic. frg.)*   19 tu² *B*: non *A*   20 difficiliore ⟨pro Ligario⟩
Kiderlin 1890-1, probabiliter   21 et alibi *scripsi (cf. 4. 2. 110)*:
et ibi *B*: tibi *A*: et ibidem *Francius, fort. recte*   an om. *A*

INSTITVTIO ORATORIA 5. 10. 98

summam, ducuntur argumenta a personis causis locis tempore (cuius tres partes diximus, praecedens coniunctum insequens), facultatibus (quibus instrumentum subiecimus), modo (id est, ut quidque sit factum), finitione, genere specie
5 differentibus propriis, remotione, diuisione, initio incremento summa, similibus dissimilibus, pugnantibus, consequentibus, efficientibus, effectis, euentis, iugatis, comparatione (quae in pluris diducitur species).

Illud adiciendum uidetur, duci argumenta non a confessis **95**
10 tantum sed etiam a fictione, quod Graeci cat' hypothesin uocant, et quidem ex omnibus isdem locis quibus superiora, quia totidem species esse possunt fictae quot uerae. Nam **96** fingere hoc loco [hoc] est proponere aliquid quod, si uerum sit, aut soluat quaestionem aut adiuuet, deinde id de quo
15 quaeritur facere illi simile. Id quo facilius accipiant iuuenes nondum scholam egressi, primo familiaribus magis ei aetati exemplis ostendam. Lex: 'qui parentes non aluerit, uincia- **97** tur'. Non alit quis, et uincula nihilo minus recusat. Vtitur fictione, si miles, si infans sit, si rei publicae causa absit. Et
20 illa contra optionem fortium: 'si tyrannidem petas, si templorum euersionem'. Plurimum ea res uirium habet contra **98** scriptum. Vtitur his Cicero pro Caecina: 'Vnde tu aut familia aut procurator tuus. Si me uilicus tuus solus deiecisset . . . si

9 §§ 95–9 → *Vt. p. 403. 11–27*   22 55

AB]   1 causis *B*, '*Cass.*': *om. A*   2 *iun*ctum *A* (∼ '*Cass.*')
4 quique *B*   sit . . . genere *A*: re *B*   5–6 incrementis
B   6 dissimilibus *B*: *om. A*: dissimilibus ⟨contrariis⟩ *Rollin*
(*cf.* § 73)   7 *malim* ⟨siue⟩ euentis   iugatis *P*: fugatis *A*: *om.
B*: coniugatis *Capperonnier* (*ut est* § 85: *at u.* 6. 3. 66)   8 diducitur *J*: de- *AB*   9 a *om. B*   10 cathypotesin *B*: cathypoesin
A   11 quibus *B*, *Vt.*: quae *A*   13 est *J*, *Vt.*: hoc est *B*:
id est *A*   14–15 deinde . . . facere *B*, *Vt.*: et deinde quo queritur
(*sic et B*) facile *A*   15 quo *B*: quod *A* (*et cod. Vt.*)   16 ei
aetati *Burman*: et aetati *A*: que usitatis *B*   18 quis *B*: aquis
A[1] (*unde* aliquis *a*, *ut Vt.*)   19 si miles si *p* (*Regius*): simile si *B*:
similius *A*: si filius *Vt.*   infantis *A* (∼ *Vt.*)   20 opiniones
A   si[1] *B*, *Vt.*: sit *A*   20–1 templorum *t*, *Vt.*: temporum *AB*
21 plurimumque *B*   22 aut *B*, *Cic.*: autem *A* (a *cod. Vt.*)

5. 10. 99   M. FABI QVINTILIANI

uero ne habeas quidem seruum praeter eum qui me de-
99 iecerit', et alia in eodem libro plurima. Verum eadem fictio
ualet et ad qualitates: 'si L. Catilina cum suo consilio ne-
fariorum hominum quos secum eduxit hac de re posset iudicare, condemnaret L. Murenam'; et ⟨ad⟩ amplificationem:
'si hoc tibi inter cenam et in illis inmanibus poculis tuis acci-
disset'. Sic et: 'si res publica uocem haberet'.
100   Has fere sedes accepimus probationum in uniuersum, quas
neque generatim tradere sat est, cum ex qualibet earum in-
numerabilis argumentorum copia oriatur, neque per singulas
species exequi patitur natura rerum: quod qui sunt facere
conati, duo pariter subierunt incommoda, ut et nimium
101 dicerent nec tamen totum. Vnde plurimi, cum in hos inex-
plicabiles laqueos inciderunt, omnem, etiam quem ex ingenio suo potuerant habere, conatum uelut adstricti certis
legum uinculis perdiderunt et magistrum respicientes natu-
102 ram ducem sequi desierunt. Nam ut per se non sufficiet scire
omnes probationes aut a personis aut a rebus peti, quia
utrumque in plura diuiditur, ita ex antecedentibus et iunctis
et insequentibus trahenda esse argumenta qui acceperit num
protinus in hoc sit instructus, ut quid in quaque causa ducen-
103 dum sit ex his sciat?—praesertim cum plurimae probationes
in ipso causarum complexu reperiantur, ita ut sint cum alia
lite nulla communes, eaeque sint et potentissimae et minime
obuiae, quia communia ex praeceptis accepimus, propria

3 *Mur. 83*   6 *Phil. 2. 63*   7 (?) *Cat. 1. 27*

AB]   3 l *A*, *Vt.*, *Cic.*: om. *B*   5 condemnaret *B*, *Vt.*, *Cic.*:
commode maneret *A*   ad *b*: om. *AB*   amplificatione *a*   6 et
in illis *1418*, *ut coni. Emlein* (*cf. 8. 4. 10*): et illis *A*, *Vt.*: in illis in illis *B*
(*alia codd. Cic.*)   7 sic *del. Regius* (om. *Vt.*)   si *B*, *Vt.*: om. *A*
9 earum *B*: et earum *A*   9–10 innumerabiles *A*   11 patiatur
A   13 inde *A*   in om. *B* (*recte?*)   16 magistratum *A*
17 sufficit *B*   18 a² om. *B*   20 num *Obrecht*: unum *A*: om. *B*
21–2 ducenda *B*   22 cum plurimae *B*: plurima et *A*   23 in ipso
B: initio *A*   23–4 reperiantur ... lite *B*: repleantur ita cum sint alii
ali *A*   24 eaque *sunt* et portentissime *A*   25 ouuiae *B* (*recte
b*): oliuae *A*   communia ... accepimus *A*: communibus ex praeceptis *B*

· 274 ·

inuenienda sunt. Hoc genus argumentorum sane dicamus **104** ex circumstantia, quia περίστασιν dicere aliter non possumus, uel ex iis quae cuiusque causae propria sunt: ut in illo adultero sacerdote, qui lege qua unius seruandi potestatem habebat se ipse seruare uoluit, proprium controuersiae est dicere: 'non unum nocentem seruabas, quia te dimisso adulteram occidere non licebat'; hoc enim argumentum lex facit, quae prohibet adulteram sine adultero occidere. Et illa, in **105** qua lex est ut argentarii dimidium ex eo quod debebant soluerent, creditum suum totum exigerent. Argentarius ab argentario solidum petit. Proprium ex materia est argumentum creditoris, idcirco adiectum esse in lege ut argentarius totum exigeret: aduersus alios enim non opus fuisse lege, cum omnes praeterquam ab argentariis totum exigendi ius haberent. Cum multa autem nouantur in omni genere **106** materiae, tum praecipue in iis quaestionibus quae scripto constant, quia uocum et in singulis ambiguitas frequens et adhuc in coniunctis magis. Et haec ipsa plurium legum **107** aliorumue scriptorum uel congruentium uel repugnantium complexu uarientur necesse est, cum res rei aut ius iuris quasi signum est. 'Non debui tibi pecuniam: numquam me appellasti, usuram non accepisti, ultro a me mutuatus es'. 'Lex est: qui patri proditionis reo non adfuerit, exheres sit. Negat filius, nisi si pater absolutus sit'. Quid signi? Lex altera: 'proditionis damnatus cum aduocato exulet'. 'Cicero **108** pro Cluentio P. Popilium et Tiberium Guttam dicit non iudicii corrupti sed ambitus esse damnatos'. Quid signi? Quod accusatores eorum, qui erant ipsi ambitus damnati, e

25 *98*

AB] 2 qui *A* 3 his *AB* 5 habeat *B* 6 seruabat *A* te *A* : ante *B* demisso *A* 8–9 in qua *B*: inquam lata *A* 9 debeant *A* 10 argentarius *om. B* 11 peti *A*[1]*B* (*recte, si cum Spaldingio, Radermachero lacunam statuamus*) 12 esse ... ut *B*: esse ut in lege *at A* 13 legem *A* 16 his *AB* 17 et[2] *om. B* 18 ⟨rerum aut⟩ legum *Kiderlin 1890-1* 19 -ue *B*: uel *A* 22 es *B*: est *A* 24 filius *Spalding*: fit *AB*

275

109 lege sint post hanc uictoriam restituti. Nec minus in hoc curae debet adhiberi, quid proponendum, quam quo modo sit quod proposueris probandum: hic immo uis inuentionis maior, certe prior. Nam ut tela superuacua sunt nescienti quid petat, sic argumenta, nisi prouideris cui rei adhibenda **110** sint. Hoc est quod comprendi arte non possit. Ideoque, cum plures eadem didicerint, generibus argumentorum similibus utentur: alius alio plura quibus utatur inueniet. Sit exempli gratia proposita controuersia quae minime communes cum **111** aliis quaestiones habet: 'Cum Thebas euertisset Alexander, inuenit tabulas quibus centum talenta mutua Thessalis dedisse Thebanos continebatur. Has, quia erat usus commilitio Thessalorum, donauit his ultro: postea restituti a Casandro Thebani reposcunt Thessalos. Apud Amphictyonas agitur'. Centum talenta et credidisse eos constat et non **112** recepisse. Lis omnis ex eo quod Alexander ea Thessalis donasse dicitur pendet. Constat illud quoque, non esse iis ab Alexandro pecuniam datam: quaeritur ergo, an proinde sit **113** quod datum est ac si pecuniam dederit? Quid proderunt argumentorum loci nisi haec prius uidero, nihil eum egisse donando, non potuisse donare, non donasse? Et prima quidem actio facilis ac fauorabilis repetentium iure quod ui sit ablatum: sed hinc aspera et uehemens quaestio exoritur de iure belli, dicentibus Thessalis hoc regna, populos, fines gen- **114** tium atque urbium contineri. Inueniendum contra est quo distet haec causa a ceteris quae in potestatem uictoris uenirent, nec circa probationem res haeret, sed circa propositionem. Dicamus in primis: in eo quod in iudicium deduci potest nihil ualere ius belli, nec armis erepta nisi armis posse retineri. Itaque, ubi illa ualeant, non esse iudicem: ubi iudex

A B] 1 post *B* : in *A*   3 proposuerimus *A*   immo *B* : omnino *a in ras.*   4 sunt *t*: sint *A B*   5 petat sic *B*: pe*tet ita A*
6 posset *A*   8 quibus *B*: in quibus *A*   10 uertisse *A*¹ (-et *a*)
11 mutue *A*   14 apud *om. A*   16 lis *B*: alis *A*¹ (ea lis *a*)
18 proinde sit *B*: prode*rit A*   23 sed *A*: quod *B*   25 quo *B*:
quod *A*¹ (quid *a*)   26–7 uenirent *nonnullis suspectum* (ceteris, ⟨si⟩ ... uenerint *Halm*)   28 diduci *A*

sit, illa nihil ualere. Hoc inueniendum est, ut adhiberi possit **115** argumentum: ideo captiuos, si in patriam suam redierint, liberos esse quia bello parta non nisi eadem ui possideantur. Proprium et illud causae, quod Amphictyones iudicant, ut alia apud centumuiros, alia apud priuatum iudicem in isdem quaestionibus ratio. Tum secundo gradu, non potuisse donari **116** a uictore ius, quia id demum sit eius quod teneat: ius, quod sit incorporale, adprendi manu non posse. Hoc reperire est difficilius quam cum inueneris argumentis adiuuare, ut alia sit condicio heredis, alia uictoris, quia ad illum ius, ad hunc res transeat. Proprium deinde materiae, ius publici crediti **117** transire ad uictorem non potuisse, quia quod populus crediderit omnibus debeatur, et, quamdiu quilibet unus superfuerit, esse eum totius summae creditorem, Thebanos autem non omnis in Alexandri manu fuisse. Hoc non extrinsecus **118** probatur, quae uis est argumenti, sed ipsum per se ualet. Tertii loci pars prior magis uulgaris, non in tabulis esse ius, itaque multis argumentis defendi potest. Mens quoque Alexandri duci debet in dubium, honorarit eos an deceperit. Illud iam rursus proprium materiae et uelut nouae controuersiae, quod restitutione recepisse ius, etiam si quod amiserint, Thebani uidentur. Hic et quid Casander uelit quaeritur. Sed uel potentissima apud Amphictyonas aequi tractatio est.

Haec non idcirco dico quod inutilem horum locorum ex **119** quibus argumenta ducuntur cognitionem putem, alioqui nec tradidissem, sed ne se qui cognouerint ista, si cetera neglegant, perfectos protinus atque consummatos putent et nisi in ceteris quae mox praecipienda sunt elaborauerint mutam quandam scientiam consecutos intellegant. Neque enim arti- **120** bus editis factum est ut argumenta inueniremus, sed dicta sunt omnia antequam praeciperentur, mox ea scriptores

AB]   4 et B: est A 6 ratio tum B: rationum A 7 a uictore B: auctor $\bar{e}$ A eius A: ei B quod¹ B: quid A¹ (qui id a)
8 reprendi A est *om. B*   16 argumenti *sed A*: argumentis et B
21 quod¹ B: qui$a$ A 23 aequi B: eque A tractio B 26 nec tradidissem B: inter adidissem A¹ (inter cetera non addidissem a)
26 se A: si B 27 perfectos A: perfectos se B

obseruata et collecta ediderunt. Cuius rei probatio est quod exemplis eorum ueteribus utuntur et ab oratoribus illa repetunt, ipsi nullum nouum et quod dictum non sit inueniunt.
121 Artifices ergo illi qui dixerunt. Sed habenda his quoque gratia est, per quos labor nobis detractus est. Nam quae priores beneficii ingenii singula inuenerunt, nobis et non sunt requirenda et notata omnia. Sed non magis hoc sat est quam palaestram didicisse nisi corpus exercitatione, continentia, cibis, ante omnia natura iuuatur, sicut contra ne illa quidem
122 satis sine arte profuerint. Illud quoque studiosi eloquentiae cogitent, neque omnibus in causis ea quae demonstrauimus cuncta posse reperiri, neque, cum proposita fuerit materia dicendi, scrutanda singula et uelut ostiatim pulsanda, ut sciant an ad probandum id quod intendimus forte respon-
123 deant: nisi cum discunt et adhuc usu carent. Infinitam enim faciat ista res dicendi tarditatem, si semper necesse sit ut, temptantes unum quodque eorum, quod sit aptum atque conueniens experiendo noscamus: nescio an etiam impedimento futura sit nisi et animi quaedam ingenita natura et studio exercitata uelocitas recta nos ad ea quae conueniant
124 causae ferant. Nam ut cantus uocis plurimum iuuat sociata neruorum concordia, si tamen tardior manus, nisi inspectis dimensisque singulis, quibus quaeque uox fidibus iungenda sit dubitet, potius fuerit esse contentum eo quo simplex canendi natura tulerit: ita huius modi praeceptis debet quidem aptata esse et citharae modo intenta ratio doctrinae,
125 sed hoc exercitatione multa consequendum, ut, quem ad

10 §§ *122–3, 125* → *Vt. p. 407. 10–21*

─────────
AB]   3 et *om. A*   5 nobis ... est *B*: non est detractus est (etsi *a*) *A ut uid.*   6 et *B*: at *A*   7 notata *1434 corr.*: notat *B* (*unde* nota *t*): notant *A*[1] (notanda *a*)   magnos (-no *a*) haec *A* 8 ni *A*   10 profuerit *A*[1]*B* (*sc.* natura?)   12 praeposita *B*(∾ *Vt.*) 13 pulsandum *Francius* (∾ *Vt.*)   15 nisi cum *B*: nedum *a* (nidum *A*[1])   infinitam** (*om.* enim) *A* (∾ *Vt.*)   16 ista *Meister 1860* (*p. 22*) *ex Vt.*: ipsa *AB*   discendi *B* (*et cod. Vt.*)   17 ut temptantes *AB*: attemptantes *Kiderlin 1890-1* (*conlato 12. 8. 14*)   19 sit *A* (*ut coni. Spalding*): sint *B*   20 conueniunt *1418, fort. recte* 23 demensisque *B*   24 quod *A*

INSTITVTIO ORATORIA 5. 11. 3

modum illorum artificum, etiam si alio spectant, manus tamen ipsa consuetudine ad grauis, acutos, mediosque horum sonos fertur, sic oratoris cogitationem nihil moretur haec uarietas argumentorum et copia, sed quasi offerat se et occurrat, et, ut litterae syllabaeque scribentium cogitationem non exigunt, sic orationem sponte quadam sequantur.

11. Tertium genus, ex iis quae extrinsecus adducuntur in causam, Graeci uocant παράδειγμα, quo nomine et generaliter usi sunt in omni similium adpositione et specialiter in iis quae rerum gestarum auctoritate nituntur. Nostri fere similitudinem uocare maluerunt quod ab illis parabole dicitur, hoc alterum exemplum, quamquam et hoc simile est, illud exemplum. Nos, quo facilius propositum explicemus, 2 utrumque παράδειγμα esse credamus et ipsi appellemus exemplum. Nec uereor ne uidear repugnare Ciceroni, quamquam conlationem separat ab exemplo. Nam idem omnem argumentationem diuidit in duas partes, inductionem et ratiocinationem, ut plerique Graecorum in παραδείγματα et ἐπιχειρήματα, dixeruntque παράδειγμα ῥητορικὴν ἐπαγωγήν. Nam illa, qua plurimum est Socrates usus, hanc habuit uiam, 3 ⟨ut⟩, cum plura interrogasset quae fateri aduersario necesse esset, nouissime id de quo quaerebatur inferret ut simile

16 *inu. 1. 49 et 51*

AB] 1 spectent *B*   2 horum *AB*: neruorum *Gertz*   3 orationis *B*   4 sed quasi *B*: quae se *A*   offerat se et *B*: *offerat et (ex set) A*: offerant se et (*deinde* occurrant) *Spalding* (*simili ratione sequatur l. 7 Zumpt**): *Vt. haec aliter habet*   6 orationem *a* (-one *A*¹): rationem *B*   8 DE EXEMPLIS Tertium *AB*   genus *A*: est genus *B*: *fort. latet lacuna*   his *AB*   adducenda *B*   10 usi ... specialiter *om. A*   12 uocari uoluerunt *A*   13 hoc¹ *om. A*   hoc² *B*: huic *a* (*ex* h∗c)   est *AB*: est et *p**: et *Radermacher*   14 quo *A*: quoque *B*   15 credam *B*   19 ratiocinationem *1418*: rationem *AB*   ΠΑΡΑΔΙΓΜΑ *A*   20 -que *om. A*   *A*   ΡΗΤΟΡΙΚΕΗΝ ΕΝΑΓωΓΗΝ *B* (*corr.*): ΡΕΤΟΡΙΚΟΝ ΗΠΑΠΟΤΗΝ *A*   21 quam *A*   22 ut *suppl. Badius*   23 nouissime *B*: uerissima *A*   inferebat *A*

279

5. 11. 4   M. FABI QVINTILIANI

concessis. [Id est inductio.] Hoc in oratione fieri non potest,
4 sed quod illic interrogatur, hic fere sumitur. Sit igitur illa
interrogatio talis: 'Quod est pomum generosissimum? Nonne
quod optimum?' Concedetur. 'Quid? equus qui generosissimus? Nonne qui optimus?' Et plura in eundum modum.
Deinde, cuius rei gratia rogatum est: 'quid? homo nonne is
5 generosissimus qui optimus?' Fatendum erit. Hoc in testium interrogatione ualet plurimum, in oratione perpetua
dissimile est: aut enim sibi ipse respondet orator: 'Quod
pomum generosissimum? Puto quod optimum. Et equus?
Qui uelocissimus. Ita hominum non qui claritate nascendi,
sed qui uirtute maxime excellet' *

Omnia igitur ex hoc genere sumpta necesse est aut similia
esse aut dissimilia aut contraria. Similitudo adsumitur interim et ad orationis ornatum; sed illa cum res exiget, nunc
6 ea quae ad probationem pertinent exequar. Potentissimum
autem est inter ea quae sunt huius generis quod proprie
uocamus exemplum, id est rei gestae aut ut gestae utilis ad
persuadendum id quod intenderis commemoratio. Intuendum igitur est totum simile sit an ex parte, ut aut omnia ex
eo sumamus aut quae utilia erunt. Simile est: 'iure occisus
7 est Saturninus sicut Gracchi'. Dissimile: 'Brutus occidit
liberos proditionem molientis, Manlius uirtutem filii morte
multauit'. Contrarium: 'Marcellus ornamenta Syracusanis
hostibus restituit, Verres eadem sociis abstulit'. Et proban-
dorum et culpandorum ex his confirmatio eosdem gradus
8 habet. Etiam in iis quae futura dicemus utilis similium
admonitio est, ut si quis dicens Dionysium idcirco petere
custodes salutis suae ut eorum adiutus armis tyrannidem

AB]   1 concessis *Toernebladh*: concessisse *AB*   id est inductio
del. Spalding   hoc ... sumitur (*l.* 2) *alienum hoc loco esse iudicauit
Meister 1865, del. Radermacher, fort. recte*   ratione *A*   2 sit
igitur *om. A*   4 concedetur *Spalding*: -deretur *AB*   5 et *B*:
est *A*   9 aut (ut *a*) enim *A*¹*B*: etenim *Regius*: *melius Spalding,
alii, qui lacunam statuerunt in sequentibus (post* excellet *Halm*)
14 similitudo *Regius*: dissimilitudo *AB*   19 suadendum *B, non male*
20 est *om. B*   ut aut *P*: aut ut *B*: aut *A*   21 erunt *B*: *sunt *A*
25 eisdem *A*   27 his *AB*

INSTITVTIO ORATORIA 5. 11. 12

occupet, hoc referat exemplum, eadem ratione Pisistratum ad dominationem peruenisse.

Sed ut sunt exempla interim tota similia, ut hoc proxi- 9 mum, sic interim ex maioribus ad minora, ex minoribus ad maiora ducuntur. 'Si propter matrimonia uiolata urbes euersae sunt, quid fieri adultero par est?' 'Tibicines, cum ab urbe discessissent, publice reuocati sunt: quanto magis principes ciuitatis uiri et bene de re publica meriti, cum inuidiae cesserint, ab exilio reducendi!' Ad exhortationem uero prae- 10 cipue ualent inparia. Admirabilior in femina quam in uiro uirtus. Quare, si ad fortiter faciendum accendatur aliquis, non tantum adferent momenti Horatius et Torquatus quantum illa mulier cuius manu Pyrrhus est interfectus, et ad moriendum non tam Cato et Scipio quam Lucretia: quod ipsum est ex maioribus ad minora. Singula igitur horum 11 generum ex Cicerone (nam unde potius?) exempla ponamus. Simile est hoc pro Murena: 'etenim mihi ipsi accidit ut cum duobus patriciis, altero improbissimo ⟨atque audacissimo⟩, altero modestissimo atque optimo uiro, peterem: superaui tamen dignitate Catilinam, gratia Galbam'. Maius 12 minoris pro Milone: 'Negant intueri lucem esse fas ei qui a se hominem occisum esse fateatur. In qua tandem urbe hoc homines stultissimi disputant? Nempe in ea quae primum iudicium de capite uidit M. Horati, fortissimi uiri, qui nondum libera ciuitate tamen populi Romani comitiis liberatus est, cum sua manu sororem esse interfectam fateretur'. Minus maioris: 'occidi, occidi, non Spurium Maelium, qui

17 *17*   21 *7*   27 *ibid. 72*

AB]   4–5 ex minoribus ad maiora *om. B*   5 si . . . urbes *B*: urbes uiolata∗ propter matrimonia *A*   7 reuocatae *A*
10 *lauda*bilior *A*   11 accendatur *B*: accendend est *a* (*A*¹ accend∗)
15 ex *B*: ea *A*¹ (et a *a*)   16 gener*a A*   18 cum *B, Cic.*: in *A*
18–19 atque audacissimo *add. ex Cic. Philander*   19 atque . . .
uiro *B, Cic.*: atquiro puto *A*   21 minoris *B*: milonis *A*   quia a *B*
23 ∗∗∗putant *A*   24 de *D, Cic.*: dein *B*: *om. A*   26 fateatur *A*
27 occidi *semel B*   27–p. 282 l. 1 qui annona *B, Cic.*: qua non ad *A*

annona leuanda iacturisque rei familiaris, quia nimis amplecti plebem uidebatur, in suspicionem incidit regni adpetendi' et cetera, deinde: 'sed eum (auderet enim dicere, cum patriam periculo liberasset) cuius nefandum adulterium in puluinaribus', et totus in Clodium locus.

13 Dissimile pluris casus habet. Fit enim genere modo tempore loco ceteris, per quae fere omnia Cicero praeiudicia quae de Cluentio uidebantur facta subuertit: contrario uero exemplo censoriam notam, laudando censorem Africanum, qui eum quem peierasse conceptis uerbis palam dixisset, testimonium etiam pollicitus si quis contra diceret, nullo accusante traducere equum passus esset: quae quia erant longiora non suis 14 uerbis exposui. Breue autem apud Vergilium contrarii exemplum est:

'at non ille, satum quo te mentiris, Achilles
talis in hoste fuit Priamo.'

15 Quaedam autem ex iis quae gesta sunt tota narrabimus, ut Cicero pro Milone: 'pudicitiam cum eriperet militi tribunus militaris in exercitu C. Mari, propincus eius imperatoris, interfectus ab eo est cui uim adferebat: facere enim probus adulescens periculose quam perpeti turpiter maluit: atque hunc ille summus uir scelere solutum periculo liberauit';
16 quaedam significare satis erit, ut idem ac pro eodem: 'neque enim posset Ahala ille Seruilius aut P. Nasica aut L. Opimius aut me consule senatus non nefarius haberi, si sceleratos interfici nefas esset'. Haec ita dicentur prout nota erunt uel utilitas causae aut decor postulabit.

17 Eadem ratio est eorum quae ex poeticis fabulis ducuntur, nisi quod iis minus adfirmationis adhibetur: cuius usus qualis esse deberet, idem optimus auctor ac magister eloquentiae

7 seq. *Cluent.* 88 seq., *134*   15 *Aen.* 2. 540–1   18 9   23 8

AB]   1 leuandi *B*   3 adpetendi *B, Cic.*: affectandi *A*
eum *B, Cic.*: cum *A* (*eadem corruptio l. 9*)   6 casus (*i.e. formas?*)
B: excasus *A*¹ (ex se casus *a*): expectes species   10 petierasse *A*¹
(petieras sed *a*)   21 periculose *B, Cic.*: -ulo suo *A*   24 oppius *A*
28 horum *AB*

INSTITVTIO ORATORIA 5. 11. 22

ostendit. Nam huius quoque generis eadem in oratione re- 18
perietur exemplum: 'itaque hoc, iudices, non sine causa
etiam fictis fabulis doctissimi homines memoriae prodide-
runt, eum qui patris ulciscendi causa matrem necauisset,
5 uariatis hominum sententiis, non solum diuina sed sapientis-
simae deae sententia liberatum'. Illae quoque fabellae quae, 19
etiam si originem non ab Aesopo acceperunt (nam uidetur
earum primus auctor Hesiodus), nomine tamen Aesopi
maxime celebrantur, ducere animos solent praecipue rusti-
10 corum et imperitorum, qui et simplicius quae ficta sunt
audiunt, et capti uoluptate facile iis quibus delectantur consentiunt: si quidem et Menenius Agrippa plebem cum patribus in gratiam traditur reduxisse nota illa de membris
humanis aduersus uentrem discordantibus fabula, et Hora- 20
15 tius ne in poemate quidem humilem generis huius usum
putauit in illis uersibus:
'quod dixit uulpes aegroto cauta leoni'.

Αἶνον Graeci uocant et αἰσωπείους, ut dixi, λόγους et λιβυ-
κούς, nostrorum quidam, non sane recepto in usum nomine,
20 apologationem. Cui confine est παροιμίας genus illud quod 21
est uelut fabella breuior et per allegorian accipitur: 'non
nostrum' inquit 'onus: bos clitellas'.

Proximas exemplo uires habet similitudo, praecipueque 22
illa quae ducitur citra ullam tralationum mixturam ex rebus
25 paene paribus: 'ut qui accipere in campo consuerunt iis can-
didatis quorum nummos suppressos esse putant inimicissimi

---

1 8   14 ep. 1. 1. 73   21 u. Otto, Sprichwörter p. 57
25 Cic. Cluent. 75

AB]   1 eadem in B: in eadem A   2 hoc B, Cic.: ob hoc A
3 fictas fabulas A   5–6 diuinae sed patientissimae A
6 quoque fabellae om. B   10 facta B   12–13 patribus B:
ex patribus A   17 uulpes om. B   catta B (!)   18 ΔΙΝΟΝ
B: ΜΙΤΟC a in ras.   aesopius A: ΔΙCΟΠΙΟΤΔΙ B   19 quidem
A⁻   20 παροιμίας ed. Ven. 1493: ΠΔΡΟΙΜΔΙ B: ΠΔΡΟΙΜΙΔ;
A   22 inquit B: in quod A   bos edd. Gryph. et Asc. 1531: uos
AB   quomodo distinguendum sit, incertum   23 exemplo Regius:
-pli AB: -plis Spalding   -que om. A   24 qua B   illam A
mixtura A¹B   ex B: et A   25 iis om. B

283

solent esse: sic eius modi iudices infesti tum reo uenerant.'
23 Nam parabole, quam Cicero conlationem uocat, longius res quae comparentur repetere solet. Nec hominum modo inter se opera similia spectantur (ut Cicero pro Murena facit: 'quod si e portu soluentibus qui iam in portum ex alto in- uehuntur praecipere summo studio solent et tempestatum rationem et praedonum et locorum, quod natura adfert ut iis faueamus qui eadem pericula quibus nos perfuncti sumus ingrediantur: quo tandem me animo esse oportet, prope iam ex magna iactatione terram uidentem, in hunc, cui uideo maximas tempestates esse subeundas?') sed et a mutis atque
24 etiam inanimis interim * huius modi ducitur. Et quoniam similium alia facies in alia ratione, admonendum est rarius esse in oratione illud genus, quod εἰκόνα Graeci uocant, quo exprimitur rerum aut personarum imago,—ut Cassius:
'quis istam faciem planipedis senis torquens?'—
quam id quo probabilius fit quod intendimus: ut, si animum dicas excolendum, similitudine utaris terrae, quae neglecta sentes ac dumos, culta fructus creat: aut, si ad curam rei publicae horteris, ostendas apes etiam formicasque, non modo muta sed etiam parua animalia, in commune tamen
25 laborare. Ex hoc genere dictum illud est Ciceronis: 'ut corpora nostra sine mente, ita ciuitas sine lege suis partibus, ut neruis ac sanguine et membris, uti non potest'. Sed ut hac corporis humani pro Cluentio, ita pro Cornelio equorum, pro
26 Archia saxorum quoque usus est similitudine. Illa, ut dixi,

   2 e.g. inu. 1. 49   4 4   16 com. Rom. tog. frg. inc. IV
Ribbeck   22 Cluent. 146   25 frg. orat. VIII. inc. 2   Arch. 19

AB]   1 uenerant om. B (sed in marg. nueuerant)   3 comparentur ed. Vasc. 1542 (-antur Regius): parentur AB   neque B:
enim nec A   5 portum B: portu A   6 praedicere A   7 fert
Regius   8 perfructi A   simus B   9 oporteret A   11 sed et B:
sed a (A¹ set)   12 alius aliud huic sententiae addidit, ut e.g. similitudo
post interim E (ut coni. Zumpt)   13 in alia Spalding: in talia A:
in tali B   parius A   16 planipedis Regius: lanipedi A: lanipendi
B (-dis E): totus uersus incertus, sed iste bene Burman   19 sentes
B: spinas a   24 hoc A   26 ut dixi difficile (sc. § 22 paene
paribus?)

INSTITVTIO ORATORIA 5. 11. 30

propiora: 'ut remiges sine gubernatore, sic milites sine imperatore nihil ualere'. Solent tamen fallere similitudinum species, ideoque adhibendum est eis iudicium. Neque enim ut nauis utilior noua quam uetus, sic amicitia, uel ut lau-
5 danda quae pecuniam suam pluribus largitur, ita quae formam. Verba sunt in his similia uetustatis et largitionis, uis quidem longe diuersa [pecuniae et pudicitiae]. Itaque in hoc **27** genere maxime quaeritur an simile sit quod infertur. Etiam in illis interrogationibus Socraticis, quarum paulo ante feci
10 mentionem, cauendum ne incaute respondeas, ut apud Aeschinen Socraticum male respondit Aspasiae Xenophontis uxor, quod Cicero his uerbis transfert: 'Dic mihi, quaeso, **28** Xenophontis uxor, si uicina tua melius habeat aurum quam tu habes, utrumne illud ⟨an tuum malis? Illud,⟩ inquit.
15 Quid? si uestem et ceterum ornatum muliebrem pretii maioris habeat quam tu, tuumne an illius ⟨malis? Respondit: illius⟩ uero. Age sis, inquit, si uirum illa meliorem habeat quam tu habes, utrumne tuum uirum malis an illius?' Hic **29** mulier erubuit, merito: male enim responderat se malle
20 alienum aurum quam suum; nam est id improbum. At si respondisset malle se aurum suum tale esse quale illud esset, potuisset pudice respondere malle se uirum suum talem esse qualis melior esset.

Scio quosdam inani diligentia per minutissimas ista partis **30**

12 *inu. 1. 51 (quod transcripsit Vt. p. 408. 21–6 : cf. Albinum RLM p. 540. 7 seq.)*

AB] 1 propiora *1434*: -priora *B*: -pio*re A* 7 pecuniae (puc- *A*) et pudicitiae (amicitiae *A*) *AB*: del. *Meister 1853*: *quo recepto* nauis et amicitiae *add. Halm ante* pecuniae (*post* pudicitiae *iam Spalding*), *fort. recte* 8 quaereretur *A*, *non male* 9 Socraticis *ed. Vasc. 1542*: socratis *AB* quorum *B* 11 aspasi(a)e *P* (*et 1418 ?*): -sias *A* : -sia *B* 14 an tuum malis illud *Halm ex Cic.*: om. *AB* (utrumne tuum an illius malis illius *iam J, ex nescio quo codice Tulliano: cf. et Vt.*) 15 quid *B*, *Cic.*, *Vt.*: malis *a in ras.* 16 tu *AB (et, fortuito ut uidetur, Vt.*): tu habes *J, Cic.* 16–17 malis ... illius *P, Cic., Vt.*: om. *AB (iam suppl.* illius *J*) 17 uero age sis *B, Cic.*: ue*lis accedo A*: uero quid *Vt.* 20 id *a*: id hoc *A¹B*

285

5. 11. 31   M. FABI QVINTILIANI

secuisse, et esse aliquid minus simile, ut simia homini et [ut] marmora deformata prima manu, aliquid plus, ut illud 'non ouum tam simile ouo', et dissimilibus inesse simile, ut formicae et elephanto genus, quia sunt animalia, et similibus dissimile, ut 'canibus catulos et matribus haedos', differunt
31 enim aetate: contrariorum quoque aliter accipi opposita, ut noctem luci, aliter noxia, ut frigidam febri, aliter repugnantia, ut uerum falso, aliter separata, ut dura non duris: sed quid haec ad praesens propositum magnopere pertineant, non reperio.
32 Illud est adnotandum magis, argumenta duci ex iure simili, ut Cicero in Topicis: 'eum cui domus usus fructus relictus sit non restituturum heredi si corruerit, quia non restituat seruum si is decesserit'; ex contrario: 'nihil obstat quo minus iustum matrimonium sit mente coeuntium, etiam si tabulae signatae non fuerint: nihil enim proderit signasse tabulas si
33 mentem matrimonii non fuisse constabit'; ex dissimili, quale est Ciceronis pro Caecina: 'ut si qui me exire domo coegisset armis, haberem actionem, si qui introire prohibuisset, non haberem?' Dissimilia sic deprenduntur: 'non si, qui argentum omne legauit, uideri potest signatam quoque pecuniam reliquisse, ideo etiam quod est in nominibus dari uoluisse creditur'.
34 Ἀναλογίαν quidam a simili separauerunt, nos eam subiectam huic generi putamus. Nam ut unum ad decem, et decem

5 *Verg. ecl. 1. 22*   12 15   18 34   20 *Cic. top. 16:*
cf. 13

AB]   1 simia *A*: similia *B*   et *1434*: et ut *AB*: *fort.* ut
2 *aliquid* (e.g. inchoatis) *desidero post* manu   2–3 non ouum *A*: noum
B   3 tam *A*: iam *B*   4 qua *A*   7 noxia *B*: non (ex n) *A*
frigidam *ed. Ald.*: frigida in *B*: *aquam* frigidam *A*   7–8 aliter² ...
falso *om. A*   8 disparata *ed. Ald.* (cf. *Cic. inu. 1. 42*), *probabiliter*
11 uidendum *a in ras.*   12–13 eum . . . heredi *AB*: ei . . .
heredem *Regius*   12 fructus *om. A*   13 restituturum *B*: restituat *A*
14 discesserit et *A*   17 dissimile *A*   17–18 qualest *B*: quale sit *A*
18 domo *B*, *Cic.*: de domo *A*   20 si *B*: is *A*   21 quoque *om.*
B   24 ἀναλογίαν *ed. Ven. 1493*: ΔΠΟΔΠΙΔΝ *B*: *om. A*   a *om. A¹B*
25 et *AB*: ita *Spalding* (sic *iam Regius*)   25–p.287.1 decem ad *a in ras.*: ad decem *B*

INSTITVTIO ORATORIA   5. 11. 39

ad centum simile certe est, et ut hostis sic malus ciuis. Quamquam haec ulterius quoque procedere solent: 'si turpis dominae consuetudo cum seruo, turpis domino cum ancilla: si mutis animalibus finis uoluptas, idem homini'. Cui rei 35 facillime occurrit ex dissimilibus argumentatio: 'non idem est dominum cum ancilla coisse quod dominam cum seruo, nec, si mutis finis uoluptas, rationalibus quoque': immo ex contrario: 'quia mutis, ideo non rationalibus'.

Adhibebitur extrinsecus in causam et auctoritas. Haec 36 secuti Graecos, a quibus κρίσεις dicuntur, iudicia aut iudicationes uocant, ⟨non⟩ de quibus ex causa dicta sententia est (nam ea quidem in exemplorum locum cedunt), sed si quid ita uisum gentibus, populis, sapientibus uiris, claris ciuibus, inlustribus poetis referri potest. Ne haec quidem uulgo dicta 37 et recepta persuasione populari sine usu fuerint. Testimonia sunt enim quodam modo, uel potentiora etiam quod non causis accommodata sunt, sed liberis odio et gratia mentibus ideo tantum dicta factaque quia aut honestissima aut uerissima uidebantur. An uero me de incommodis uitae disseren- 38 tem non adiuuabit earum persuasio nationum quae fletibus natos, laetitia defunctos prosecuntur? Aut si misericordiam commendabo iudici, nihil proderit quod prudentissima ciuitas Atheniensium non eam pro adfectu sed pro numine accepit? Iam illa septem praecepta sapientium nonne quas- 39 dam uitae leges existimamus? Si causam ueneficii dicat adultera, non M. Catonis iudicio damnanda uideatur, qui nullam adulteram non eandem esse ueneficam dixit? Nam

26 ORF p. 95

AB]   1 certe D: certi B: certum A   malos B   3 domino AB: -ini p (ed. Camp.)   4 multis A (ita et l. 7)   5 ex B: a a (ea A¹)   7 finis om. A   8 contrario ... rationalibus B: contrario in rationalibus A (minus hab. A¹)   10 a quibus B: om. A¹ (qui a, deinde dicunt)   11 non add. Regius   causis A   12 in om. A   si om. A   17 accommodata sunt Spalding: accommodatis A: adcommodata B   18 qui B   20 rationum B   23 numine A: animo B   25–6 dicam adulteram A¹ (dicam in adulteram a)   26 damnata (hoc recte?) uidetur B   27 nam A: iam B

287

sententiis quidem poetarum non orationes modo sunt refertae, sed libri etiam philosophorum, qui quamquam inferiora omnia praeceptis suis ac litteris credunt, repetere tamen
40 auctoritatem a plurimis uersibus non fastidierunt. Neque est ignobile exemplum Megarios ab Atheniensibus, cum de Salamine contenderent, uictos Homeri uersu, qui tamen ipse non in omni editione reperitur, significans Aiacem naues suas
41 Atheniensibus iunxisse. Ea quoque quae uulgo recepta sunt hoc ipso, quod incertum auctorem habent, uelut omnium fiunt, quale est: 'ubi amici, ibi opes', et 'conscientia mille testes', et apud Ciceronem: 'pares autem, ut est in uetere prouerbio, cum paribus maxime congregantur'; neque enim durassent haec in aeternum nisi uera omnibus uiderentur.
42 Ponitur a quibusdam, et quidem in parte prima, deorum auctoritas, quae est ex responsis, ut 'Socraten esse sapientissimum'. Id rarum est, non sine usu tamen. Vtitur eo Cicero in libro de haruspicum responsis et in contione contra Catilinam, cum signum Iouis columnae inpositum populo ostendit, et pro Ligario, cum ⟨causam⟩ C. Caesaris meliorem quia hoc di iudicauerint confitetur. Quae cum propria causae sunt, diuina testimonia uocantur, cum aliunde arcessuntur,
43 argumenta. Nonnumquam contingit iudicis quoque aut aduersarii aut eius qui ex diuerso agit dictum aliquod aut factum adsumere ad eorum quae intendimus fidem. Propter quod fuerunt qui exempla et has auctoritates inartificialium probationum esse arbitrarentur, quod ea non inueniret
44 orator, sed acciperet. Plurimum autem refert; nam testis et quaestio et his similia de ipsa re quae in iudicio est

6 *Il.* 2. 558   11 *sen.* 7   17–18 *3. 21*   19 *19*

AB]   5 megarios *t*: -ius *AB*: -eos *Regius, fort. recte*   6 contenderet *AB*: *corr. t*   uictus *B*   uersus *A*   7 repetitur *B*
10 quale . . . ibi *B*: ubi est quale amici ubi *A*   16 id rarum
(*sic 1416*: id earum *A*: id et rarum *t*) . . . usu *om. B*   19 causam
P: *om. AB*   caesar *A*¹ (-rem *a*)   22 iudicis *P*: iud *B*: ut iudices *A*
23 diuersari aut eo *A*   aliquid *A*   26 probationum *A*: orationum *B*   inuenerit *A*   28 de *B*: ex *a in ras.*

INSTITVTIO ORATORIA 5. 12. 5

pronuntiant: extra petita, nisi ad aliquam praesentis disceptationis utilitatem ingenio adplicantur, nihil per se ualent.
12. Haec fere de probatione uel ab aliis tradita uel usu percepta in hoc tempus sciebam. Neque mihi fiducia est ut ea sola esse contendam, quin immo hortor ad quaerendum et inueniri posse fateor: quae tamen adiecta fuerint, non multum ab his abhorrebunt. Nunc breuiter quem ad modum sit utendum eis subiungam.

Traditum fere est argumentum oportere esse confessum; **2** dubiis enim probari dubia qui possunt? Quaedam tamen quae in alterius rei probationem ducimus ipsa probanda sunt. 'Occidisti uirum; eras enim adultera'. Prius de adulterio conuincendum est, ut, cum id coeperit esse pro certo, fiat incerti argumentum. 'Spiculum tuum in corpore occisi inuentum est'. Negat suum: ut probationi prosit, probandum est. Illud hoc loco monere inter necessaria est, nulla **3** esse firmiora quam quae ex dubiis facta sunt certa. 'Caedes a te commissa est: cruentam uestem habuisti' non est tam graue argumentum si fatetur quam si conuincitur. Nam si fatetur, multis ex causis potuit cruenta esse uestis: si negat, hic causae cardinem ponit, in quo si uictus fuerit etiam in sequentibus ruit. Non enim uidetur in negando mentiturus fuisse nisi desperasset id posse defendi si confiteretur.

Firmissimis argumentorum singulis instandum, infirmiora **4** congreganda sunt, quia illa per se fortia non oportet circumstantibus obscurare, ut qualia sunt appareant, haec inbecilla natura mutuo auxilio sustinentur. Ita quae non possunt **5** ualere quia magna sunt ualebunt quia multa sunt, †utique uero† ad eiusdem rei probationem omnia spectant. Vt, si

AB]   1 renuntiant *B*   3 DE VSV ARGVMENTORVM Haec
AB   7 horrebunt *A*   17 caedis *B*   18 cruentem *B*
(cruentam enim *Regius, ut RLM p. 359. 12*)   19 quam∗si *A* : quasi
B   26 inbecillia *A*   27 ita quae] itaque *A* (*unde* itaque si *a*), *B*
28 qua *B*   sunt *t*: sint *AB*   quia multa sunt (*ita t*: sint *A*) *A* : om.
B, spatio relicto   28–9 utique uero *A* : quae *B* : atque *Halm*: deest
aliquid, ut mihi uid.   29 spectant *B* : expectant *A* : spectantia
Zumpt

quis hereditatis gratia hominem occidisse dicatur: 'hereditatem sperabas et magnam hereditatem, et pauper eras et tum maxime a creditoribus appellabaris, et offenderas eum cuius heres eras, et mutaturum tabulas sciebas': singula leuia sunt et communia, uniuersa uero nocent, etiam si non ut fulmine, tamen ut grandine.

6 Quaedam argumenta ponere satis non est: adiuuanda sunt; ut 'cupiditas causa sceleris fuit': quae sit uis eius; 'ira': quantum efficiat in animis hominum talis adfectio. Ita et firmiora erunt ipsa et plus habebunt decoris si non nudos et 7 uelut carne spoliatos artus ostenderint. Multum etiam refert, si argumento nitemur odii, utrum hoc ex inuidia sit an ex iniuria an ex ambitu, uetus an nouum, aduersus inferiorem parem superiorem, alienum propincum. Suos habent omnia ista tractatus, et ad utilitatem partis eius quam tuemur 8 referenda sunt. Nec tamen omnibus semper quae inuenerimus argumentis onerandus est iudex, quia et taedium adferunt et fidem detrahunt. Neque enim potest iudex credere satis esse ea potentia quae non putamus ipsi sufficere qui diximus. In rebus uero apertis argumentari tam sit stultum quam in clarissimum solem mortale lumen inferre.

9 His quidam probationes adiciunt, quas παθητικάς uocant, ductas ex adfectibus. Atque Aristoteles quidem potentissimum putat ex eo qui dicit, si sit uir bonus: quod ut optimum 10 est, ita longe quidem sed sequitur tamen 'uideri'. Inde enim illa nobilis Scauri defensio: 'Q. Varius Sucronensis ait Aemilium Scaurum rem publicam populi Romani prodidisse: Aemilius Scaurus negat'. Cui simile quiddam fecisse

23 *rhet. 1356ᵃ13*

AB]   4 et *om. A*   5 nocent B: ualent A (*ex* uacent?)
6 tamen ut B: tantum A   8 ut *om. A*   iura A   9 animus B
affectatio A   12 odii B: di A¹ (diu *a*)   sint A   17 quia *b*:
quam B (*unde* quoniam H*alm*): *om. A*   19 qui B: quae A   20 rebus
B: uerbis A   22 ἠθικάς Capperonnier (*praeeunte* 'Turnebo')
24 didicit A   bonus A: optimus B   27–8 aemelium (*sic*) ... prodidisse A (*part. in marg.*): *om. B*

INSTITVTIO ORATORIA   5. 12. 15

Iphicrates dicitur, qui cum Aristophontem, quo accusante similis criminis reus erat, interrogasset an is accepta pecunia rem publicam proditurus esset isque id negasset, 'quod 11 igitur' inquit 'tu non fecisses, ego feci?' Intuendum autem et qui sit apud quem dicimus, et id quod illi maxime probabile uideatur requirendum: qua de re locuti sumus in prohoemii et suasoriae praeceptis. Altera ex adfirmatione probatio est: 12 'ego hoc feci!', 'tu mihi hoc dixisti!' et 'o facinus indignum!', similia; quae non debent quidem deesse orationi, et si desunt multum nocent, non tamen habenda sunt inter magna praesidia, cum hoc in eadem causa fieri ex utraque parte similiter possit. Illae firmiores ex sua cuique persona probationes 13 quae credibilem rationem subiectam habent: ut uulneratus aut filio orbatus non fuerit alium accusaturus quam nocentem, quando, si negotium innocenti facit, liberet eum noxa qui admiserit. Hinc et patres aduersus liberos et aduersus suos quisque necessarios auctoritatem petunt.

Quaesitum etiam potentissima argumenta primone po- 14 nenda sint loco, ut occupent animos, an summo, ut inde dimittant, an partita primo summoque, ut Homerica dispositione in medio sint infirma †aut animis† crescant. Quae prout ratio causae cuiusque postulabit ordinabuntur, uno (ut ego censeo) excepto, ne a potentissimis ad leuissima decrescat oratio.

Ego haec breuiter demonstrasse contentus, ita posui ut 15 locos ipsos et genera quam possem apertissime ostenderem: quidam executi sunt uerbosius, quibus placuit, proposita

20 *u. Il. 4. 299*

AB]   1 aristophontem *t*: aris(to)phonte *AB*: *fort.* -onta (*cf. 12. 10. 22*)   3-4 quod dicis inqui*t te* non fecisse * *A*   5 et *B*: sed *A*   6 in *Regius*: et *AB*   7 altera *B*: altera lipa *A*: aliqua *Radermacher, frigide* (at et aliqua *iam Spalding*)   probatio est *om. A*   9 ⟨et⟩ similia *t*   quae *B*: aeque *A*   12 cuiusque *P*   13 habeat *A*¹ (-eant *a*)   16 patres *A*: patres et *B*   19-20 summo . . . primo *om. A*   20 -que ut *B*: quod* *A*   21 aut animis *A*¹*B*: aut a minimis *a*: et a uicinis *Radermacher*: *alii alia*   26 possim *A*

291

5.12.16   M. FABI QVINTILIANI

locorum communium materia, quo quaeque res modo dici
16 posset ostendere; sed mihi superuacuum uidebatur. Nam et
fere apparet quid in iniuriam, quid in auaritiam, quid in
testem inimicum, quid ⟨in⟩ potentes amicos dicendum sit,
et de omnibus his omnia dicere infinitum est, tam hercule
quam si controuersiarum quae sunt quaeque futurae sunt
17 quaestiones argumenta sententias tradere uelim. Ipsas autem
argumentorum uelut sedes non me quidem omnis ostendisse
confido, plurimas tamen.

Quod eo diligentius faciendum fuit quia declamationes,
quibus ad pugnam forensem uelut praepilatis exerceri solebamus, olim iam ab illa uera imagine orandi recesserunt,
atque ad solam compositae uoluptatem neruis carent, non
alio medius fidius uitio dicentium quam quo mancipiorum
negotiatores formae puerorum uirilitate excisa lenocinantur.
18 Nam ut illi robur ac lacertos barbamque ante omnia et alia
quae natura proprie maribus dedit parum existimant decora,
quaeque fortia, si liceret, forent ut dura molliunt: ita nos
habitum ipsum orationis uirilem et illam uim stricte robuste-
que dicendi tenera quadam elocutionis cute operimus et,
dum leuia sint ac nitida, quantum ualeant nihil interesse
19 arbitramur. Sed mihi naturam intuenti nemo non uir spa-
done formosior erit, nec tam auersa umquam uidebitur ab
opere suo prouidentia ut debilitas inter optima inuenta sit, nec
id ferro speciosum fieri putabo quod si nasceretur monstrum
erat. Libidinem iuuet ipsum effeminati sexus mendacium,
numquam tamen hoc continget malis moribus regnum, ut si
20 qua pretiosa fecit fecerit et bona. Quapropter eloquentiam, licet hanc (ut sentio enim, dicam) libidinosam resupina
uoluptate auditoria probent, nullam esse existimabo quae

AB] 4 in *N*: om. *AB*   potentes amicos *B*: pro testes
(teste *a*) amico *A*   5 omnia *B*: et omnia *A*   6 sunt[2] *J*:
sint *AB* (cf. 4. 5. 1)   11 precipilatis *A*   14 dicentium
B:-endum *A*: docentium '*alias*' *inuenit Philander* (cf. 2. 10. 3)
15 puerum *A*   16 alia *B*: aliqua *A*   20 cui coeperimus *A*
21 sint *p**: sunt *AB*   23 erit om. *A*   25 speciosissimum *A*
putabo om. *A*   27 contingeret *A*   29 resupina *Badius*:
-nam *AB*

ne minimum quidem in se indicium masculi et incorrupti, ne dicam grauis et sancti, uiri ostentet. An uero statuarum **21** artifices pictoresque clarissimi, cum corpora quam speciosissima fingendo pingendoue efficere cuperent, numquam in hunc ceciderunt errorem, ut Bagoam aut Megabuxum aliquem in exemplum operis sumerent sibi, sed doryphoron illum aptum uel militiae uel palaestrae, aliorum quoque iuuenum bellicorum et athletarum corpora decora uere existimarunt: nos qui oratorem studemus effingere non arma sed tympana eloquentiae demus? Igitur et ille quem instituimus adulescens quam maxime potest componat se ad imitationem ueritatis, initurusque frequenter forensium certaminum pugnam iam in schola uictoriam spectet, et ferire uitalia ac tueri sciat, et praeceptor id maxime exigat, inuentum praecipue probet. Nam ut ad peiora iuuenes laude ducuntur, ita laudati in bonis manent. Nunc illud mali est, **23** quod necessaria plerumque silentio transeunt, nec in dicendo uidetur inter bona utilitas. Sed haec et in alio nobis tractata sunt opere et in hoc saepe repetenda: nunc ad ordinem inceptum.

13. Refutatio dupliciter accipi potest: nam et pars defensoris tota est posita in refutatione, et quae dicta sunt ex diuerso debent utrimque dissolui. Et hoc est proprie cui in causis quartus adsignatur locus, sed utriusque similis condicio est. Neque uero ex aliis locis ratio argumentorum in hac parte peti potest quam in confirmatione, nec locorum aut sententiarum aut uerborum et figurarum alia condicio est. Adfectus plerumque haec pars mitiores habet. **2**

Non sine causa tamen difficilius semper est creditum, quod Cicero saepe testatur, defendere quam accusare. Primum

AB] 1 in se *B*: ne *A* masculini *B* 2 ostendet *B*
4 fingendo *om. A (unde* pingendo uelut *a*) 5 bagoam *B*: bacchi٭
A Megabyzum *ed. Ald. (et Regius in lemmate*) 6 sumere
A¹B 7 actum *A* 8 bellico*sorum A* 9 existimarunt
D: -marint *AB* 13 expectet *A* 14 exigat *om. B* 16 laudati . . . manent *Kiderlin 1889-2*: laudari . . . mallent *AB* illuc
A 21 DE REFVTATIONE Refutatio *AB* et *om. A*
28 minores *A*

quod est res illa simplicior: proponitur enim uno modo, dissoluitur uarie, cum accusatori satis sit plerumque uerum esse id quod obiecerit, patronus neget defendat transferat excuset deprecetur molliat minuat auertat despiciat derideat. Quare inde recta fere atque, ut sic dixerim, clamosa est
3 actio: hinc mille flexus et artes desiderantur. Tum accusator praemeditata pleraque domo adfert, patronus etiam inopinatis freqüenter occurrit. Accusator dat testem, patronus ex re ipsa refellit. Accusator ⟨a⟩ criminum inuidia, etsi falsa sit, materiam dicendi trahit, de parricidio sacrilegio maiestate: quae patrono tantum neganda sunt. Ideoque accusationibus etiam mediocres in dicendo suffecerunt, bonus defensor nemo nisi qui eloquentissimus fuit. Nam ut quod sentio semel finiam, tanto est accusare quam defendere quanto facere quam sanare uulnera facilius.
4 Plurimum autem refert et quid protulerit aduersarius et quo modo. Primum igitur intuendum est id cui responsuri sumus, proprium sit eius iudicii an ad causam extra arcessitum. Nam si est proprium, aut negandum aut defendendum
5 aut transferendum: extra haec in iudiciis fere nihil est. Deprecatio quidem, quae est sine ulla specie defensionis, rara admodum et apud eos solos iudices qui nulla certa pronuntiandi forma tenentur. Quamquam illae quoque apud C. Caesarem et triumuiros pro diuersarum partium hominibus actiones, etiam si precibus utuntur, adhibent tamen patrocinia, nisi hoc non fortissime defendentis est, dicere: 'quid aliud egimus, Tubero, nisi ut quod hic potest nos possemus?'

26 Cic. Lig. 10

AB]   1 enim *om. A*   1–2 dissoluitur *B*: ∗*haec* dissoluitur *A*   4 minua*t* uertat *A*   5 clamosa *nonnullis suspectum*   6 tum *om. B*   7 praemeditata *A* (*cf. 4. 3. 16*): -itate *B*   9 re ipsa *a* (ipsa re *Halm*): ipsa *A*¹*B*   a *add. Gesner* (*cf. 4. 1. 54*) inuidiam *a*   etsi *B*: uel *A*   sint *1434*   10 materia *A*   13 nam *B*: quam *A*¹ (quamquam *a*)   ut *om. B*   14 tantum *A*   15 felicius *A*   16 qui *B*   protulerit *P*: -fuerit *AB*: -posuerit *Meister 1865*   19 aut negandum *om. A*   21 illa *A*   25 tament *B* (*unde* tamen et *Halm, non male*)   27 nisi *om. A*   non possumus *A*

INSTITVTIO ORATORIA   5. 13. 10

Quod si quando apud principem aliumue cui utrum uelit **6** liceat dicendum erit, dignum quidem morte eum pro quo loquemur, clementi tamen seruandum esse uel talem: primum omnium non erit res nobis cum aduersario sed cum iudice, deinde forma deliberatiuae magis materiae quam iudicialis utemur: suadebimus enim ut laudem humanitatis potius quam uoluptatem ultionis concupiscat. Apud iudices **7** quidem secundum legem dicturos sententiam de confessis praecipere ridiculum est. Ergo quae neque negari neque transferri possunt, utique defendenda sunt, qualiacumque sunt, aut causa cedendum. Negandi duplicem ostendimus formam, aut non esse factum aut non hoc esse quod factum sit. Quae neque defendi neque transferri possunt, utique neganda, nec solum si finitio potest esse pro nobis, sed etiam si nuda infitiatio superest. Testes erunt: multa in eos dicere **8** licet; chirographum: de similitudine litterarum disserendum. Vtique nihil erit peius quam confessio. Vltima est actionis controuersia, cum defendendi negandiue non est locus [id est relatio]. Atqui quaedam sunt quae neque negari neque **9** defendi neque transferri possint. 'Adulterii rea est quae cum anno uidua fuisset enixa est': lis non erit. Quare illud stultissime praecipitur, quod defendi non possit silentio dissimulandum, si quidem est id de quo iudex pronuntiaturus est. At si extra causam sit adductum et tantum coniunctum, **10** malim quidem dicere nihil id ad quaestionem nec esse in iis morandum et minus esse quam aduersarius dicat, tamen †uelut huic† simulationi obliuionis ignoscam; debet enim bonus aduocatus pro rei salute breuem neglegentiae reprensionem non pertimescere.

AB]   2–3 dignum . . . esse] *sc.* dicemus (*quod add. ed. Jens. ante* dicendum)   11 cadendum *ed. Ald.* (*at cf.* 6. 4. 16)   14 si *om. B*   16 disseremus *A*   18–19 id . . . relatio *del. Spalding*: id est translatio (*immo* tralatio) *Regius*   19 atque *A*   sint *A*   20 possunt *B*   24 extra ⟨ad⟩ *Spalding, probabiliter* (*cf.* § 4)   sit *B*: sit et *A*   coniunct*um A*: -uictum *B*   25 mallim *AB*: *corr. t* quideducere *A*[1] (quid deducere *a*)   26 esse *om. B*   dicit *B* 27 uelut huic *AB*: huic uelut *N*: uel huic *D* (*ut uol. Meister*): uel *Halm*: *an* hic uel?

295

11 Videndum etiam, simul nobis plura adgredienda sint an amolienda singula. Plura simul inuadimus si aut tam infirma sunt ut pariter inpelli possint, aut tam molesta ut pedem conferre cum singulis non expediat: tum enim toto corpore obnitendum et, ut sic dixerim, derecta fronte pugnandum **12** est. Interim, si resoluere ex parte diuersa dicta difficilius erit, nostra argumenta cum aduersariorum argumentis conferemus, si modo haec ut ualentiora uideantur effici poterit. Quae uero turba ualebunt, diducenda erunt, ut, quod paulo ante dixi: 'heres eras et pauper et magna pecunia appellabaris a creditoribus et offenderas et mutaturum tabulas **13** testamenti sciebas'. Vrgent uniuersa: at singula quaeque dissolueris, iam illa flamma, quae magna congerie conualuerat, diductis quibus alebatur concidet, ut si uel maxima flumina in riuos ⟨diducantur⟩ qualibet transitum praebent. Itaque propositio quoque secundum hanc utilitatem accommodabitur, ut ea nunc singula ostendamus, nunc complectamur **14** uniuersa. Nam interim quod pluribus collegit aduersarius, sat est semel proponere: ut, si multas causas faciendi quod arguit reo dicet accusator fuisse, nos non enumeratis singulis semel hoc in totum negemus, quia non quisquis causam **15** faciendi sceleris habuit et fecerit. Saepius tamen accusatori congerere argumenta, reo dissoluere expediet.

Id autem quod erit ab aduersario dictum quo modo refutari debeat intuendum est. Nam si erit palam falsum, negare satis est, ut pro Cluentio Cicero eum quem dixerat accusator **16** epoto poculo concidisse negat eodem die mortuum. Palam etiam contraria et superuacua et stulta reprendere nullius

26 *168*

AB] 5 enitendum *B*, *non male* 8 poterint *A* 12 iungunt (*ex* ungunt) *A* at *B*: a*t A* (si *add. s.l. m.* 2) 14 concidet *B*: -tinet *A* (-tinetur *a*): -sidet *Burman* (*recte ?*) 15 diducantur *add. p** quamlibet *A* 17 ut ea *B*: uter *A* 19 quod *B*: qu*ibus A* 20 reum *A* 21 in totum *Becher 1891*: intuendum *AB* (*ex l. 25 ?*): in uniuersum *iam Meister 1865* 28 et stulta *B*: ex uita *A* (*ex* exulta *?*)

INSTITVTIO ORATORIA   5. 13. 21

est artis, ideoque nec rationem eorum nec exempla tradere necesse est. Id quoque (obscurum uocant) quod secreto et sine teste aut argumento dicitur factum, satis natura sua infirmum est (sufficit enim quod aduersarius non probat), item si ad causam non pertinet. Sed tamen interim oratoris **17** est efficere ut quid aut contrarium esse aut a causa diuersum aut incredibile aut superuacuum aut nostrae potius causae uideatur esse coniunctum. Obicitur Oppio quod de militum cibariis detraxerit: asperum crimen, sed id contrarium ostendit Cicero, quia idem accusatores obiecerint Oppio quod is uoluerit exercitum largiendo corrumpere. Testes in Cornelium **18** accusator lecti a tribuno codicis pollicetur: facit hoc Cicero superuacuum, quia ipse fateatur. Petit accusationem in Verrem Q. Caecilius, quod fuerat quaestor eius: ipsum Cicero ut pro se uideretur effecit. Cetera quae proponuntur **19** communis locos habent. Aut enim coniectura excutiuntur, an uera sint, aut finitione, an propria, aut qualitate, an inhonesta iniqua improba inhumana crudelia et cetera quae ei generi accidunt. Eaque non modo in propositionibus aut **20** rationibus, sed in toto genere actionis intuenda: an sit crudelis, ut Labieni in Rabirium lege perduellionis, inhumana, ut Tuberonis Ligarium exulem accusantis atque id agentis ne ei Caesar ignoscat, superba, ut in Oppium ex epistula Cottae reum factum: perinde praecipites insidiosae inpotentes deprehenduntur; ex quibus tamen fortissime inuaseris **21** quod est aut omnibus periculosum (ut dicit Cicero pro Tullio: 'quis hoc statuit umquam, aut cui concedi sine summo omnium periculo potest, ut eum iure potuerit occidere a quo

10 *frg. orat. III. 7a*   13 *cf. frg. orat. VII. 6*   23 *Cic. frg. orat. III. 7b*   26 56

AB]   1 ratione *B* (*unde* rationes *N*[2], *J*)   2 ⟨quod⟩ obscurum *a*
5–6 sed . . . est *B*: est (*in ras. a*) tamen est (*quod del. a*) interim oratoris *A*   6 a *om. A*   9 contraxerit *A*   12 lecto *A* (*deinde* codice*)   14 Q. *P*: l *AB*   15 praeponuntur *A*
16 locus *A*[1]: *om. B*   habet *A*[1]*B* (*cf. 8. 4. 14*)   18 ei *om. A*
19 succedunt *a in ras. min.*   modo *om. A*   21 in *om. B*   papirium *A*   24 perinde *Gesner*: pro- *AB*   26 dicitur *B*

297

5.13.22

metuisse se dicat ne ipse posterius occideretur?') aut ipsis iudicibus, ut pro Oppio monet pluribus ne illud actionis
22 genus in equestrem ordinem admittant. Nonnumquam tamen quaedam bene et contemnuntur uel tamquam leuia uel tamquam ad causam nihil pertinentia. Multis hoc locis facit Cicero. Et haec simulatio interim huc usque procedit ut quae dicendo refutare non possumus quasi fastidiendo calcemus.

23 Quoniam uero maxima pars eorum similibus constat, rimandum erit diligentissime quid sit in quoque quod adsumitur dissimile. In iure facile deprenditur: est enim scriptum de rebus utique diuersis, tantoque magis ipsarum rerum differentia potest esse manifesta. Illas uero similitudines quae ducuntur ex mutis animalibus aut inanimis facile est
24 eludere. Exempla rerum uarie tractanda sunt, si nocebunt: quae si uetera erunt, fabulosa dicere licebit, si indubia, maxime quidem dissimilia; neque enim fieri potest ut paria sint omnia, ut, si Nasica post occisum Ti. Gracchum defendatur exemplo Ahalae a quo Maelius est interfectus, Maelium regni adfectatorem fuisse, a Graccho leges modo latas esse popularis, Ahalam magistrum equitum fuisse, Nasicam priuatum esse dicatur. Si defecerint omnia, tum uidendum erit an optineri possit ne illud quidem recte factum. Quod de exemplis, idem etiam de iudicatis obseruandum.

25 Quod autem posui, referre quo quidque accusator modo dixerit, huc pertinet ut, si est minus efficaciter elocutus, ipsa

2 *frg. orat. III. 7c*

AB]   1 posterius *AB*: potius *Francius*: prius *Capperonnier*
2 ut *om. A*   oppio *B*: positum *A*   4 uel tamquam leuia *om. A (deinde* uel *del. a)*   5 ad causam nihil *B*: nihil ad causam *A*   6 fecit *A*   et *A* : sed *B*   8 calcamus *A*   9 quoniam *B*: quoniam in has erit *A*   eorum *non 'certum habet respectum'* (*Spalding*)   11 dissimili *B*   16 ultera *A*   adicere *A* indubiam *A*   17 fieri *B*: esse *a* (e* *A*[1])   17–18 paria (*ex raria ?*) sint *A* : raita sit *B*   18 omnia (*sc. quae in causis sunt*) *A*: optima *B*: per omnia *Spalding*   Ti. *Halm*: T *A*: *om. B*   22 tum *om. A*   23 optinere *A*   24 de[1] *om. A*[1]*B*   exempli *B*

INSTITVTIO ORATORIA   5. 13. 29

eius uerba ponantur: si acri et uehementi fuerit usus oratione, eandem rem nostris uerbis mitioribus proferamus, ut Cicero de Cornelio: 'codicem attigit', et protinus cum 26 quadam defensione, ut, si pro luxurioso dicendum sit: 'obiecta est paulo liberalior uita'. Sic et pro sordido parcum, pro maledico liberum dicere licebit. Vtique numquam 27 committendum est ut aduersariorum dicta cum sua confirmatione referamus, aut etiam loci alicuius executione adiuuemus, nisi cum eludenda erunt: 'apud exercitum mihi fueris', inquit, 'tot annis forum non attigeris, afueris tam diu, et, cum tam longo interuallo ueneris, cum his qui in foro habitarunt de dignitate contendas?' Praeterea in contra- 28 dictionibus interim totum crimen exponitur, ut Cicero pro Scauro circa Bostarem facit ueluti orationem diuersae partis imitatus, aut pluribus propositionibus iunctis (ut pro Vareno: 'cum iter per agros et loca sola faceret cum Pompuleno, in familiam Anchariam incidisse dixerunt, deinde Pompulenum occisum esse, ilico Varenum uinctum adseruatum dum hic ostenderet quid de eo fieri uellet'): quod prodest utique si erit incredibilis rei ordo et ipsa expositione fidem perditurus; interim per partes dissoluitur quod contextu nocet, et plerumque id est tutius. Quaedam contradictiones natura sunt singulae: id exemplis non eget.

Communia bene adprenduntur non tantum quia utriusque 29 sunt partis, sed quia plus prosunt respondenti. Neque enim

3 *frg. orat. VII. 29*   5 *id. frg. orat. B. 23*   9 *Cic. Mur.*
21   13 neglegit *Clark*   15 *frg. orat. II. 5*

AB]   2 rem *om. A*¹ (*add. post* nostris *a*)   proferamus *A*: per-
B   3 et *om. A* (*sed A*¹ attiget)   4 dicendum *B*: dicit
didicendum *A*   8 ioci *B*   cuius exsecutionem (-ne *A*¹) *A*
9 adiuuemus *ed. Gryph. 1536*: -iuues *AB*   erunt *om. B*   10 fuerit
A   quot annis eorum *A*   12–13 in contradictionibus *p* (*tempt.
Regius*): in contradictionis *A*: de contradictionibus *B*: *del. Regius*
13 ut Cicero *om. A*   14 ueluti *a*: uelut in *A*¹*B*   orationem *A*¹:
rationem *aB*   15 propositionibus *1416*: prae- *AB*   16 popu-
lenio *A* (*et infra* populenium)   19 prodest *Becher* (*ap. Rad.*): est
AB (*quo recepto* utile *pro* utique *ed. Ald. post Regium,* utique ⟨utile⟩
Halm)   20 erit *B*: ierit *A*   22 et *om. A*   25 sint *A*

299

pigebit, quod saepe monui, referre: commune qui prior dicit,
30 contrarium facit; est enim contrarium quo aduersarius bene
uti potest: 'At enim non ueri simile est tantum scelus M.
Cottam esse commentum. Quid? hoc ueri simile est, tantum
scelus Oppium esse conatum?' Artificis autem est inuenire in
actione aduersarii quae inter semet ipsa pugnent aut pugnare
uideantur, quae aliquando ex rebus ipsis manifesta sunt,
ut in causa Caeliana Clodia aurum se Caelio commodasse
dicit, quod signum magnae familiaritatis est, uenenum sibi
31 paratum, quod summi odii argumentum est. Tubero Ligarium accusat quod is in Africa fuerit, et queritur quod ab eo
ipse in Africam non sit admissus. Aliquando uero praebet
eius rei occasionem minus considerata ex aduerso dicentis
oratio: quod accidit praecipue cupidis sententiarum, ut ducti
occasione dicendi non respiciant quid dixerint, dum locum
32 praesentem, non totam causam intuentur. Quid tam uideri
potest contra Cluentium quam censoria nota? Quid tam
contra eundem quam filium ab Egnatio corrupti iudicii, quo
Cluentius Oppianicum circumuenisset, crimine exheredatum?
33 At haec Cicero pugnare inuicem ostendit: 'Sed tu, Atti, consideres, censeo, diligenter utrum censorium iudicium graue
uelis esse an Egnati. Si Egnati, leue est quod censores de
ceteris subscripserunt; ipsum enim Gnaeum Egnatium,
quem tu grauem esse uis, ex senatu eiecerunt. Sin autem
censorum, hunc Egnatium, quem pater censoria subscriptione
exheredauit, censores in senatu, cum patrem eiecissent,
34 retinuerunt'. Illa magis uitiose dicuntur quam acute reprenduntur, argumentum dubium pro necessario, controuersum

   3 *Cic. frg. orat. III. 3*   8 *31*   10 *cf. Cic. Lig. 9*
20 *Cluent. 135*

AB]   1 in*nui *A*   2 facit ... contrarium *om. A*   quod
A   4 contentum *A*   6 inter *B*: contra *a* (*ex* c̄ ?)   7 quae
B: quale *A*   7–8 manifest*um est* ut *A*   8 iuliana *A*   caeli *A*
9 signum *B*: etiam *A*   12 uero *om. A*   13 accusationem
A   14 ducti *B*: d*ata A*   19 exhaereditatum *A*   22 si Egnati
om. A   23 enim *om. A*   Cn. *Philander, Cic.*: genus *A*: *om. B*
24 quem ... Egnatium (25) *om. A*   25 censorium *J*   27 quam
p?, *1470*: quod *AB*   27–8 reprendunt *B*   28 controuersiam *A*

300

INSTITVTIO ORATORIA 5. 13. 38

pro confesso, commune pluribus pro proprio, uulgare, superuacuum, stultum, contra fidem. Nam et illa accidunt parum cautis, ut crimen augeant quod probandum est, de facto disputent cum de auctore quaeratur, inpossibilia adgrediantur, pro effectis relinquant uixdum inchoata, de homine dicere quam de causa malint, hominum uitia rebus adsignent **35** (ut si quis decemuiratum accuset, non Appium), manifestis repugnant, dicant quod aliter accipi possit, summam quaestionis non intueantur, non ad proposita respondeant: quod unum aliquando recipi potest, cum mala causa adhibitis extrinsecus remediis tuenda est, ut cum peculatus reus Verres fortiter et industrie tuitus contra piratas Siciliam dicitur.

Eadem aduersus contradictiones nobis oppositas prae- **36** cepta sunt, hoc tamen amplius, quod circa eas multi duobus uitiis diuersis laborant. Nam quidam etiam ⟨in⟩ foro tamquam rem molestam et odiosam praetereunt, et iis plerumque quae composita domo attulerunt contenti sine aduersario dicunt, et scilicet multo magis in scholis, in quibus non solum contradictiones omittuntur, uerum etiam materiae ipsae sic plerumque finguntur ut nihil dici pro parte altera possit. Alii diligentia lapsi uerbis etiam uel sententiolis omni- **37** bus respondendum putant, quod est et infinitum et superuacuum; non enim causa reprenditur, sed actor, quem ego semper uideri malim disertum, ut, si dixerit quod rei prosit, ingenii credatur laus esse, non causae, si forte quod laedat, causae, non ingeni culpa. Itaque illae reprensiones, ut ob- **38** scuritatis, qualis in Rullum est, infantiae in dicendo, qualis

27 *Cic. leg. agr.* 2. *13*

AB] 1 pluribus *om. B*   uulgare *B*: legare uulgare *A*   2 stultum *scripsi* (*cf. e.g.* § *16*): seruum *A*¹ (serum *a*): constitutum *B*   6 uitia *Obrecht*: uita *A*¹: uitam *aB*   8 possint *A*   10 tum *A*   11 utenda *A*   13 eandem *B*   15 etiam in *Regius*: etiam *AB*: et in *E*   16 et iis] et his (*ex* et is) *A*: etenim *B*   17 continenti *B*   19 non *om. A*¹*B*   21 lapsi *B*: ipsi *A*¹ (ipsis *a*)   22 est et *B*: est *a in ras.*   23 dependitur *A*   24 uideri malim *B*: uiderim al*ii A*   si *A*: *om. B*   re promisit *A*   25 quod *ed. Vasc. 1542*: non *AB*: *del. Becher* (*ap. Rad.*)   26 responsiones *A* ut *A*: aut *B*   27 rutilium *A*

301

in Pisonem, inscitiae rerum uerborumque et insulsitatis etiam, qualis in Antonium est, animo dantur et iustis odiis, suntque utiles ad conciliandum iis quos inuisos facere **39** uolueris odium. Alia respondendi patronis ratio est: aliquando tamen eorum non oratio modo sed uita etiam, uultus denique incessus habitus recte incusari solet, ut aduersus Quintium Cicero non haec solum sed ipsam etiam praetextam demissam ad talos insectatus est; presserat enim turbulentis **40** contionibus Cluentium Quintius. Nonnumquam eleuandae inuidiae gratia quae asperius dicta sunt eluduntur, ut a Cicerone Triarius. Nam cum Scauri columnas per urbem plaustris uectas esse dixisset: 'ego porro' inquit 'qui Albanas habeo columnas clitellis eas adportaui'. Et magis hoc in accusatores concessum est, quibus conuiciari aliquando **41** patrocinii fides cogit. Illa uero aduersus omnis et recepta et non inhumana conquestio, si callide quid tacuisse breuiasse **42** obscurasse distulisse dicuntur. Defensionis quoque permutatio reprenditur saepe, ut Attius aduersus Cluentium, Aeschines aduersus Ctesiphontem facit, cum ille Ciceronem lege usurum modo, hic minime de lege dicturum Demosthenen queritur.

Declamatores uero in primis sunt admonendi ne contradictiones eas ponant quibus facillime responderi possit, neu sibi stultum aduersarium fingant. Facimus autem (quod maxime uberes loci popularesque sententiae nascuntur materiam dicendi nobis quod uolumus ducentibus) ut non sit ille inutilis uersus:

'non male respondit, male enim prior ille rogarat'.

1 *Cic. Pis. e.g. 1*   2 *id. Phil. e.g. 3. 22*   7 *Cluent. 111*
11 *Scaur. 45 l*   18 *cf. Cic. Cluent. 143*   19 *206*

AB]   1 uerborumque et *B*: uerborum *A* (*de* et ... etiam *cf. 3. 7. 6*)   2 et *A*: ut *B*   odii *A*   4 alia *B*: ✶alia *A*¹ (est alia *a*) est *Halm*: et *AB*   8 insectatus *ed. Jens.*: sectatus *B*: spectatus *A*   11 nam *om. B*   12 dixit *AB*: *corr. Pithoeus (in ed. Leid.)*   inquit *1416*: -is *A, B*   quia *A*   13 depellis easdem portaui *A*   14 uitiari *A*   15 cogitatio *A*   16 acuisse *A*¹*B*   17–18 permutatio *mihi suspectum*   18 appius *A*   26 quo *A*

INSTITVTIO ORATORIA 5. 13. 47

Fallet haec nos in foro consuetudo, ubi aduersario, non ipsi **43**
nobis respondebimus. Aiunt Accium interrogatum cur
causas non ageret cum apud eum in tragoediis tanta uis esset
hanc reddidisse rationem, quod illic ea dicerentur quae ipse
5 uellet, in foro dicturi aduersarii essent quae minime uellet.
Ridiculum est ergo, in exercitationibus quae foro praeparant, **44**
prius cogitare quid responderi quam quid ex diuerso dici
possit. Et bonus praeceptor non minus laudare discipulum
debet si quid pro diuersa quam si quid pro sua parte acriter
10 excogitauit. Rursus est aliud in scholis permittendum sem- **45**
per, in foro rarum. Nam loco a petitore primo contradictione
uti qui possumus ubi uera res agitur, cum aduersarius adhuc
nihil dixerit ? Incidunt tamen plerique in hoc uitium uel **46**
consuetudine declamatoria uel etiam cupiditate dicendi,
15 dantque de se respondentibus uenustissimos lusus, cum
modo se uero nihil dixisse neque tam stulte dicturos, modo
bene admonitos ab aduersario et agere gratias quod adiuti
sint iocantur, frequentissime uero, id quod firmissimum est,
numquam iis responsurum aduersarium fuisse quae pro-
20 posita non essent nisi illa sciret uera esse et ad fatendum
conscientia esset inpulsus, ut pro Cluentio Cicero: 'Nam hoc **47**
persaepe dixisti, tibi sic renuntiari me habere in animo
causam hanc praesidio legis defendere. Itane est ? Ab amicis
inprudentes uidelicet prodimur, et est nescio quis de
25 iis quos amicos nobis arbitramur qui nostra consilia ad aduersarium deferat. Quisnam hoc tibi renuntiauit ? Quis
tam improbus fuit ? Cui ego autem narraui ? Nemo, ut
opinor, in culpa est: nimirum tibi istud lex ipsa renuntiauit'.

21 *143*

AB]   3 esset *B*: esset optime respondi (respondendi *b*) *A*
4 quae *B*: qua et *A*   6 est *B*: ∗ qu*e* sui *A*   praeparant
*A*¹: pr(a)eparantur *aB*   10 est *om. B*   11 a *B*: ap-
A   12 qui *om. A*   possimus *A*   15 cum *B*: com- *A*
16–17 modo bene *B*: *inu. ord. A*   18 sint *B*: sinit *A*   21 ut *t*:
in *A*: *om. B*   nam *B*: -nem *A*   22 dixisti *Regius* (dixti *P*),
codd. Tulliani: dixi *AB*   24 est *B*, *Cic.*: iste *A*   26 quis *B*,
Cic.: ut (aut *a*) quis *A*   28 lex *B*, *Cic.*: res *A*

303

48 At quidam contradictione non contenti totos etiam locos explicant: scire se hoc dicturos aduersarios et ita prosecuturos. Quod factum uenuste nostris temporibus elusit Vibius Crispus, uir ingenii iucundi et elegantis: 'ego uero' inquit **49** 'ista non dico; quid enim attinet illa bis dici?' Nonnumquam tamen aliquid simile contradictioni poni potest, si quid ab aduersario testationibus comprensum in aduocationibus iactatum ⟨est⟩ (respondebimus enim rei ab illis dictae, non a nobis excogitatae) aut si id genus erit causae ut proponere possimus certa extra quae dici nihil possit, ut, cum res furtiua in domo deprensa sit, dicat necesse est reus aut se ignorante inlatam aut depositam apud se aut donatam sibi: quibus omnibus, etiam si proposita non sunt, responderi **50** potest. At in scholis recte et narrabimus et contradictionibus occurremus, ut in utrumque locum, id est primum et secundum, simul exerceamur. Quod nisi fecerimus, numquam utemur contradictione; non enim erit cui respondeamus.

51 Est et illud uitium nimium solliciti et circa omnia momenta luctantis; suspectam enim facit iudici causam, et frequenter quae statim dicta omnem dubitationem sustulissent dilata ipsis praeparationibus fidem perdunt, quia patronus et aliis crediderit opus fuisse. Fiduciam igitur orator prae se ferat, semperque ita dicat tamquam de causa optime sentiat.
52 Quod sicut omnia in Cicerone praecipuum est. Nam illa summa cura securitatis est similis, tantaque in oratione auctoritas ut probationis locum optineat, dubitare nobis non audentibus. Porro qui scierit quid pars aduersa, quid nostra habeat ualentissimum, facile iudicabit quibus maxime rebus uel occurrendum sit uel instandum.

AB]   2–3 persecuturos *T* (*at cf. 2. 6. 1*)   6 contradictione *A*   8 est *add. hic Meister, ante* iactatum *Halm*: sit *hic iam ed. Leid.*   11 sit *AB*: est *Halm*   13 propositę *A*   14 at *B*: id *A*   et narrabimus et *scripsi*: et et *B* (*sed spatio VI litt. interueniente*): enaribus *A*¹ (plenaribus *a*): et propositionibus et *Badius*: *alii alia*   16 simul *B*: primum *A*¹ (plurimum *a*)   17 non *om. A*   18 nimium *B*: maum *A*¹ (magnum *a*)   sollicitae *A* (-ite *a*)   19–20 et frequenter quae *B*: frequenterque *A*¹ (*add.* quae *a*)   21 qua *A*   25 est *B*: et *A*   27 audientibus *A*

INSTITVTIO ORATORIA 5. 13. 58

Ordo quidem in parte nulla minus adfert laboris. Nam si 53 agimus, nostra confirmanda sunt primum, tum quae nostris opponuntur refutanda: si respondemus, prius incipiendum a refutatione. Nascuntur autem ex iis quae contradictioni 54 opposuimus aliae contradictiones, euntque interim longius: ut gladiatorum manus quae secundae uocantur fiunt et tertiae si prima ad euocandum aduersarii ictum prolata erat, et quartae si geminata captatio est, ut bis cauere, bis repetere oportuerit. Quae ratio et ultra ducit. Sed illam etiam 55 quam supra ostendi simplicem ex adfectibus atque ex adfirmatione sola probationem recipit refutatio, qualis est illa Scauri de qua supra dixi, quin nescio an etiam frequentior ubi quid negatur. Videndum praecipue utrique parti ubi sit rei summa; nam fere accidit ut in causis multa dicantur, de paucis iudicetur.

In his probandi refutandique ratio est, sed adiuuanda 56 uiribus dicentis et adornanda. Quamlibet enim sint ad docendum quod uolumus accommodata, ieiuna tamen erunt et infirma nisi maiore quodam oratoris spiritu implentur. Quare 57 et illi communes loci de testibus, de tabulis, de argumentis aliisque similibus magnam uim animis iudicum adferunt, et hi proprii quibus factum quodque laudamus aut contra, iustum uel iniustum docemus, maius aut minus, asperius aut mitius. Ex his autem alii ad comparationem singulorum argumentorum faciunt, alii ad plurium, alii ad totius causae inclinationem. Ex quibus sunt qui praeparent animum 58 iudicis, sunt qui confirment. Sed praeparatio quoque aut

1–4 si agimus . . . refutatione *exscripsit 'Cassiodorus' p. 503. 9–11*

AB] 3 prius *E*: plus *AB*: saepius '*Cass.*': potius *Kiderlin 1891-1*
4–5 contradictioni . . . aliae *om. A*   7 si *B*: isti *A*¹ (ista *a*)
euocandum *Regius*: uocandum *AB*   8 ut bis *B*: ubis *A*¹ (ubi si *a*)
9 ex ultra ductis *A*   sed illam (*sic ed. Ald.*): illa *B*) etiam *B*:
etiam est ille tam (illa etiam *a*) *A*   11 quali *A*   16 probandis refutandisque *A*   17 ornanda *A*   sunt *A*   17–18 docendum *Regius*: dic- *A*, *B*   18 ieiuna *Bonnell* (*cf. 6. 2. 7*):
pecunia *A*: *om. B*: tenuia *Burman*   21 aliisque *B*: aliisque his *A*
22 ii *AB*   quodque *Regius*: quoque *AB*   22–3 *distinxit Kiderlin 1891-1*   25 plurium∗ *A*: -rimum *B*

814654   305   X

confirmatio aliquando totius causae est, aliquando partium,
59 et proinde ut cuique conueniunt subicienda. Ideoque miror
inter duos diuersarum sectarum uelut duces non mediocri
contentione quaesitum singulisne quaestionibus subiciendi
essent loci, ut Theodoro placet, an prius docendus iudex
quam mouendus, ut praecipit Apollodorus, tamquam perierit
haec ratio media et nihil cum ipsius causae utilitate sit deliberandum. Haec praecipiunt qui ipsi non dicunt in foro, ut
artes a securis otiosisque compositae ipsa pugnae necessitate
60 turbentur. Namque omnes fere qui legem dicendi quasi
quaedam mysteria tradiderunt, certis non inueniendorum
modo argumentorum locis sed concludendorum quoque nos
praeceptis alligauerunt: de quibus breuissime praelocutus,
quid ipse sentiam, id est quid clarissimos oratores fecisse
uideam, non tacebo.

14. Igitur enthymema et argumentum ipsum, id est rem
quae probationi alterius adhibetur, appellant et argumenti
elocutionem, eam uero, ut dixi, duplicem: ex consequentibus,
quod habet propositionem coniunctamque ei protinus probationem, quale pro Ligario: 'causa tum dubia quod erat aliquid in utraque parte quod probari posset; nunc melior ea
iudicanda est quam etiam di adiuuerunt.' Habet enim
rationem et propositionem, non habet conclusionem: ita est
2 ille inperfectus syllogismus. Ex pugnantibus uero, quod
etiam solum enthymema quidam uocant, fortior multo probatio est. Tale est Ciceronis pro Milone: 'eius igitur mortis
sedetis ultores cuius uitam si putetis per uos restitui posse

20 *19*   26 *79*

AB]   1 aliquando[1] *om. A*   4 singulis *A*   7 medii *A*
8 precipiunt qui *B*: accidunt his *quipraecipiunt A*   10 Namque]
incipit hic nouum caput in A et B, in solo B praescriptis his: QVIBVS
CONSTET EPICHEREMA ET QVIBVS REFELLAT. *Sed in indice codicis A
legimus* Quibus constet epichirema De enthymaematae Et enthime-
matos   legem *B*: legendi *A*[1] (*del. a*)   12 modo . . .
concludendorum *om. A*   14 sententiam id quod *A*
16 et *om. A*   20 quale *B*: quae est *A*: quale est *Kiderlin 1891-2*
22 quam *B, Cic.*: quo *A*   23 rationem et *om. B*

nolitis'. Quod quidem etiam aliquando multiplicari solet, ut 3
est ab eodem ⟨et pro eodem⟩ reo factum: 'quem igitur cum
aliqua gratia noluit, hunc uoluit cum aliquorum querela?
Quem iure, quem loco, quem tempore, ⟨quem inpune⟩ non
5 est ausus, hunc iniuria, iniquo loco, alieno tempore, cum
periculo capitis non dubitauit occidere?' Optimum autem 4
uidetur enthymematis genus cum proposito dissimili uel
contrario ratio subiungitur, quale est Demosthenis: 'Non
enim, si quid umquam contra leges actum est idque tu es
10 imitatus, idcirco te conuenit poena liberari, quin e contrario
damnari multo magis. Nam ut, si quis eorum damnatus
esset, tu haec non scripsisses, ita, damnatus tu si fueris, non
scribet alius'.

Epichirematos et quattuor et quinque et sex etiam factae 5
15 sunt partes a quibusdam. Cicero maxime quinque defendit,
ut sit propositio, deinde ratio eius, tum adsumptio et eius
probatio, quinta complexio: quia ⟨uero⟩ interim et propositio non egeat rationis et adsumptio probationis, nonnumquam etiam complexione opus non sit, et quadripertitam et
20 tripertitam et bipertitam quoque fieri posse ratiocinationem. Mihi et pluribus nihilominus auctoribus tres sum- 6
mum uidentur. Nam ita se habet ipsa natura ut sit de quo
quaeratur et per quod probetur: tertium adici potest uelut
ex consensu duorum antecedentium. Ita erit prima intentio,
25 secunda adsumptio, tertia conexio. Nam confirmatio primae
ac secundae partis ⟨et⟩ exornatio isdem cedere possunt

2 *41*   8 *Androt. 7*   15 *inu. 1. 67*

AB]   2 et pro eodem *add. p**   3 aliqua *AB*: omnium
Philander ex Cic.   4 quem impune *add. Regius ex Cic.*
7 proposito *B*: in propositio (-one *a*) *A*   10 penali *B*   quin e
Regius: quod e *B*: quod de *A*   12 damnatus tu *B*: damnatus
(*ex* -atu) *A*   16 proposito *B*   tum *om. A*   16–18 et eius
... rationis et *om. A*   17 uero *add. Regius* (autem *add. Halm
inter addenda*)   18 assumtionis probatio *a in ras.*   19 complexione *Regius*: complexio *a in ras.*: cum plane *B*   20 et bipertitam *om. A*   21–2 tres ... uidentur *B*: rectissimum uidetur *a in
ras.*   22 ipsa *A*: ista *B*   24 ex *hic A, post* duorum *B*   26 et
add. Capperonnier   eisdem *E*: eidem *B*: est et∗is∗dem *A* (*minus
hab. A¹*)

7 quibus subiciuntur. Sumamus enim ex Cicerone quinque partium exemplum: 'Melius gubernantur ea quae consilio reguntur quam quae sine consilio administrantur. Hanc primam partem numerant, eam deinceps rationibus uariis et quam copiosissimis uerbis adprobari putant oportere'. Hoc ego totum cum sua ratione unum puto: alioqui si ratio pars 8 est, est autem uaria ratio, plures partes esse dicantur. Adsumptionem deinde ponit: 'Nihil autem omnium rerum melius quam omnis mundus administratur. Huius adsumptionis quarto in loco aliam porro inducunt adprobationem': 9 de quo idem quod supra dico. 'Quinto inducunt loco complexionem, quae aut id infert solum quod ex omnibus partibus cogitur, hoc modo: consilio igitur mundus administratur, aut, unum in locum cum conduxit breuiter propositionem et adsumptionem, adiungit quid ex his conficiatur, ad hunc modum: quod si melius geruntur quae consilio quam quae sine consilio administrantur, nihil autem omnium rerum melius quam omnis mundus administratur, ⟨consilio igitur mundus administratur'.⟩ Cui parti consentio.
10 In tribus autem quas fecimus partibus non est forma semper eadem, sed una in qua idem concluditur quod intenditur: 'anima inmortalis est, nam quidquid ex se ipso mouetur inmortale est, anima autem ex se ipsa mouetur, inmortalis igitur est anima'. Hoc fit non solum in singulis argumentis sed in totis causis, quae sunt simplices, et in quaestionibus.
11 Nam et hae primam habent propositionem: 'sacrilegium commisisti', 'non quisquis hominem occidit caedis tenetur',

1 *inu. 1. 58–9*

AB]   2 adgubernantur *A* : accurantur *Cic.*   3 geruntur *Cic.*   4 numerant *B*, *Cic.*: erant *A*   6 cum *p (1470)* : in *AB*   6–7 alioqui ... uaria ratio *B* : aliqui∗ ratio (-onis *a*) *A*   10 aliam *Philander ex Cic.*: iam *AB*   12 infert *J, Cic.*: fert *AB*   14 conduxerit *P (uel p*)*, *Cic.*   14–15 propositionem *t, Cic.*: expos- *AB*   15 confiteatur *A*   17 quam ... consilio *om. A*   19 consilio ... administratur *p*, *Cic.*: *om. AB*   21–2 quod intenditur *om. B*   23 inmortale ... mouetur *om. A* (*sed supra* quicquid *add. a* immortale est)

deinde rationem (sed haec est in causis et quaestione longior quam in singulis argumentis), et plerumque summa complexione uel per enumerationem uel per breuem conclusionem testantur quid effecerint. In hoc genere propositio dubia est, de hac enim quaeritur. Altera est complexio non par intentioni, sed uim habens parem: 'mors nihil ad nos, nam quod est dissolutum sensu caret, quod autem sensu caret nihil ad nos'. In alio genere non eadem propositio est quae conexio: 'omnia animalia meliora sunt quam inanima, nihil autem melius est mundo, mundus igitur animal'. Hic potest uideri deesse intentio; potuit enim sic constitui ratiocinatio: 'animal est mundus, omnia enim animalia meliora sunt quam inanima' et cetera. Haec propositio aut confessa est ut proxima, aut probanda, ut: 'qui beatam uitam uiuere uolet, philosophetur oportet', non enim conceditur; cetera sequi nisi confirmata prima parte non possunt. Item adsumptio interim confessa est, ut: 'omnes autem uolunt beatam uitam uiuere', interim probanda ut illa: 'quod est dissolutum sensu caret', cum soluta corpore anima an sit inmortalis uel ad tempus certum maneat sit in dubio. Quod adsumptionem alii, rationem alii uocant.

Epichirema autem nullo differt a syllogismis nisi quod illi et plures habent species et uera colligunt ueris, epichirematis frequentior circa credibilia est usus. Nam si contingeret semper controuersa confessis probare, uix esset in hoc genere usus oratoris. Nam quo ingenio est opus ut dicas: 'bona ad me pertinent, solus enim sum filius defuncti', uel

5. 14. 16   M. FABI QVINTILIANI

'solus heres' (cum iure bonorum possessio testati secundum
16 tabulas testamenti detur), 'ad me igitur pertinet'? Sed cum
ipsa ratio in quaestionem uenit, efficiendum est certum id
quo probaturi sumus quod incertum est, ut, si ipsa forte intentione dicatur aut 'filius non es' aut 'non es legitimus' aut
'non es solus', itemque aut 'non es heres' aut 'non iustum
testamentum est' aut 'capere non potes' aut 'habes coheredes', efficiendum est †iustum† propter quod nobis adiu-
17 dicari bona debeant. Sed tum est necessaria illa summa
conexio cum interuenit ratio longior, alioqui sufficiunt intentio ac ratio: 'silent enim leges inter arma, nec se expectari
iubent, cum ei qui expectare uelit ante iniusta poena luenda
sit quam iusta repetenda'. Ideoque id enthymema quod est
ex consequentibus rationis simile dixerunt. Sed et singula
interim [quae] recte ponuntur, ut ipsum illud 'silent leges
18 inter arma', et a ratione incipere fas est, deinde concludere,
ut ibidem: 'quod si duodecim tabulae nocturnum furem
quoquo modo, diurnum autem, si se telo defenderet, interfici
inpune uoluerunt, quis est qui quoquo modo ⟨quis⟩ interfectus sit puniendum putet?' Variauit hic adhuc et rursus
rationem tertio loco posuit: 'cum uideat aliquando gladium
19 nobis ab ipsis porrigi legibus'. Per omnis autem partis duxit
ordinem: 'insidiatori uero et latroni quae potest inferri

11 *Cic. Mil. 11*   17 *9*   23 *ibid. 10*

A]   1 testati *Regius*: intestatis *A* (intestati *p**): intestati
⟨secundum agnationem [*immo* proximitatem: *cf. 3. 6. 95*], testati⟩
Gertz, praeeunte Burmanno, probabiliter   2 pertinet (*sc.* possessio?) *A*: -ent *p**   4 quo *Gesner*: quod *A*   forte *p**: fere *A*
8 iustum *A*: istud *Gesner* (*immo uel* id *uel* illud?): id certum *Halm*: *del.
Radermacher*   10 alioqui *Halm*: aliqui *A*: aliquando *Regius*
11 nec se *1434, Cic.*: necesse *A*   expectari *P, Cic.* (-are *iam t*): excepta rei *A*   12 ei qui *1434, Cic.*: et quis *A*   expectare uelit *t,
Cic.*: peccare uelint *A*   12–13 luenda sit *1418, Cic.*: luenda∗ *est A*
(luendas sed *G*)   14–15 singula interim *scripsi*: singula interim qu*ae
A*: singula quaeque interim *ed. Asc. 1516* (*cf. 5. 13. 13*)   16–17 concludere ut *Regius*: concluderent *A*[1] (-ere *a*)   18 autem *P, Cic.*:
aut *A*   19 quis[2] *P, Cic.*: om. *A*   20 poeniendum *fort. A*[1] (*cf. 9. 3. 6*)
22 per omnis *scripsi* (*cf.* §§ *20, 24: 10. 1. 85*): *p*∗*rio*ris *A* (*et G*): tris
omnis (*deinde* ordine) *iam Kiderlin 1891-2*: *alii alia*

INSTITVTIO ORATORIA 5. 14. 24

iniusta nex?' (hoc intentio); 'quid comitatus nostri, quid gladii uolunt?' (hoc ratio); 'quos habere certe non liceret si uti illis nullo pacto liceret': hoc ex ratione et intentione conexio.

Huic generi probationis tribus occurritur modis, id est per omnis partis. Aut enim expugnatur intentio aut adsumptio aut conclusio, nonnumquam omnia. [Sed omnia haec tria sunt.] Intentio expugnatur: 'iure occidi eum qui insidiatus sit'; nam prima statim quaestio pro Milone est 'an ei fas sit lucem intueri qui a se hominem necatum esse fateatur'. Expugnatur adsumptio omnibus iis quae de refutatione diximus. Et ratio quidem numquam est uera nisi et propositio uera sit; interim uerae propositionis falsa ratio est, ut 'uirtus bonum est' uerum est: si quis rationem subiciat 'quod ea locupletes faciat', uerae intentionis falsa sit ratio. Conexio autem aut uera negatur, cum aliud colligit quam id quod ex prioribus efficitur, aut nihil ad quaestionem dicitur pertinere. Non est uera sic: 'insidiator iure occiditur; nam cum uitae uim adferat ut hostis, debet etiam repelli ut hostis: recte igitur Clodius ut hostis occisus est'; non utique, nondum enim Clodium insidiatorem ostendimus. Sed sit uera conexio 'recte igitur insidiator ut hostis occiditur': nihil ad nos, nondum enim Clodius insidiator apparet. Sed ut potest uera esse intentio et ratio et tamen falsa conexio, ita, si illa falsa sunt, numquam est uera conexio.

Enthymema ab aliis oratorius syllogismus, ab aliis pars dicitur syllogismi, propterea quod syllogismus utique

5 §§ 20–3 → Vt. p. 415. 7–22

A]   1 nex 1418, Cic.: ex A   2 gladii P, Cic.: clari A¹ (clari uiri a)   7–8 sed ... sunt del. Gesner (non hab. Vt.)   12–13 numquam ... uera sit Halm ex Vt.: nonnumquam est uera cum eius propositio uera non (hoc s.l. a) sit A   15 falsa (ex -se) sit G, Vt.: falsa erit A   16 autem aut Bonnell ex Vt.: aut A¹ (recte?): autem a   18 sic A: sicut hoc Vt.   18–19 cum uitae Halm ex Vt.: curauit ne A¹ (qui curauit ut uel q.c. ut ne a)   21 sit a: si A¹, cod. Vt.: fit t: fort. si sit   26 oratorius P: -ribus A   27 propterea ed. Jens.: propter A

conclusionem et propositionem habet et per omnes partes efficit quod proposuit, enthymema tantum intellegi contentum
25 sit. Syllogismus talis: 'solum bonum uirtus, nam id demum bonum est quo nemo male uti potest: ⟨uirtute nemo male uti potest⟩; bonum est ergo uirtus'. Enthymema ex consequentibus: 'bonum est uirtus, qua nemo male uti potest'. Et contra: 'non est bonum pecunia; non enim bonum ⟨est⟩ quo quis male uti potest; pecunia potest quis male uti; non igitur bonum est pecunia'. Enthymema ex pugnantibus: 'an
26 bonum est pecunia, qua quis male uti potest?' 'Si pecunia quae est in argento signato argentum est, qui argentum omne legauit et pecuniam quae est in argento signato legauit: argentum autem omne legauit; igitur et pecuniam quae est in argento legauit' habet formam syllogismi. Oratori satis est dicere: 'cum argentum legauerit omne, pecuniam quoque legauit quae est in argento'.
27 Peregisse mihi uideor sacra tradentium partes, sed consilio locus superest. Namque ego, ut in oratione syllogismo quidem aliquando uti ⟨non⟩ nefas duco, ita constare totam aut certe confertam esse aggressionum et enthymematum stipatione minime uelim. Dialogis enim et dialecticis disputationibus erit similior quam nostri operis actionibus, quae
28 quidem inter se plurimum differunt. Namque ⟨in⟩ illis homines docti et inter doctos uerum quaerentes minutius et scrupulosius scrutantur omnia et ad liquidum confessumque perducunt, ut qui sibi et inueniendi et iudicandi uindicent partis, quarum alteram τοπικήν, alteram κριτικήν uocant.
29 Nobis ad aliorum iudicia componenda est oratio, et saepius

3 § 25 → *Vt. p. 410. 10–14*

A] 2 contentum *P*: -enta *A*   3 sit *A* : *quidni* est?   4–5 uirtute . . . potest *P* (*sic fere Vt.*): om. *A*   7 est² *Halm ex Vt.*: om. *A*   8 quis¹ *Halm ex Vt.*: quisque *A*   10 quis *Halm*: quisque *A*   14 habet *Halm* (*ex cod. Argentor.*): -beat* *A*   17 partes *Gertz*: artes *A*   19 non nefas *scripsi* (*cf. 4. 2. 85*): nefas *A*: nefas non *Regius*: esse fas *Halm*   20 aggressionem et *Regius*: adgressionem ex *A*   23 in illis *Halm*: illis *A*: illi *P*: illic *Rollin*   27 quarum *1418*: quorum *A*

INSTITVTIO ORATORIA   5. 14. 33

apud omnino imperitos atque illarum certe ignaros litterarum loquendum est, quos nisi et delectatione adlicimus et uiribus trahimus et nonnumquam turbamus adfectibus, ipsa quae iusta ac uera sunt tenere non possumus. Locuples et **30** speciosa ⟨et imperiosa⟩ uult esse eloquentia: quorum nihil consequetur si conclusionibus certis et crebris et in unam prope formam cadentibus concisa et contemptum ex humilitate et odium ex quadam seruitute et ex copia satietatem et ex similitudine fastidium tulerit. Feratur ergo non semitis **31** sed campis, non ut ieiuni fontes angustis fistulis colliguntur, sed ut beatissimi amnes totis uallibus fluunt, ac sibi uiam, si quando non acceperit, faciat. Nam quid illa miserius lege uelut praeformatas infantibus litteras persequentium et, ut Graeci dicere solent, quem mater amictum dedit sollicite custodientium: [propositio conclusio ex consequentibus, propugnantibus] non inspiret? non augeat? non mille figuris **32** uariet ac uerset, ut ea nasci et ipsa prouenire natura, non manu facta et arte suspecta magistrum fateri ubique uideantur? Quis umquam sic dixit orator? Nonne apud ipsum Demosthenen paucissima huius generis reperiuntur? Quae adprensa Graeci magis (nam hoc solum peius nobis faciunt) in catenas ligant et inexplicabili serie conectunt et indubitata colligunt et probant confessa et se antiquis per hoc similes uocant, deinde interrogati numquam respondebunt quem imitentur.

Sed de figuris alio loco. Nunc illud adiciendum, ne iis **33**

4 § 30 → *Vt. p. 411. 25–8*   4–5 locuples . . . eloquentia *exscripsit 'Cassiodorus' p. 503. 11–12*   26 §§ 33–5 → *Vt. pp. 420. 22–4, 34–421. 4*

A]   3 uicibus *Meister (inter addenda), non male*   5 et imperiosa *add. Halm ex 'Cass.': om. A (et Vt.)*   9 similitudine *Bonnell ex Vt.*: amplitudine *A*   tulerit *A*: attulerit *Vt.*   10 ieiuni *a in ras. maiore*: ietuti *G*   11 fluunt *A*: pluant *G*   13 persequentium *P*: pro- *A*   14 greci *t*: gracchi *A*   15–16 propositio . . . propugnantibus *del. Burman (respicit, ut uid., ad* § 25)   18 ficta *A: corr. t*   19 dixit *p**: uixit *A*: uicit *Radermacher*   20 generis *Zumpt* (modi *iam Regius*): ueris *A*[1] (artis *a*)   21 nam *p**: non *A* nobis *p**: nos *A* (*quod post* catenas *transtulit a*)

313

5. 14. 34 QVINTILIANI INSTITVTIO

quidem consentire me qui semper argumenta sermone puro et dilucido et distincto, ceterum minime elato ornatoque putant esse dicenda. Namque ea distincta quidem ac perspicua debere esse confiteor, in rebus uero minoribus etiam **34** sermone ac uerbis quam maxime propriis et ex usu: at si maior erit materia, nullum iis ornatum, qui modo non obscuret, subtrahendum puto. Nam et saepe plurimum lucis adfert ipsa tralatio, cum etiam iuris consulti, quorum summus circa uerborum proprietatem labor est, litus esse **35** audeant dicere qua fluctus eludit, quoque quid est natura magis asperum, hoc pluribus condiendum est uoluptatibus, et minus suspecta argumentatio dissimulatione, et multum ad fidem adiuuat audientis uoluptas: nisi forte existimamus Ciceronem haec ipsa male ⟨in⟩ argumentatione dixisse, 'silere leges inter arma', et 'gladium nobis interim ab ipsis porrigi legibus'. Is tamen habendus est modus ut sint ornamento, non impedimento.

15 *Mil. 11 et 9*

A]   2 elato *Meister 1856 (conf. Vt.)*: lato *A*: laeto *Obrecht*
11 condiendum *g, Vt.*: -dicendum *A*   14 male *G (ex* -lae): mala *A*
in *add. Regius*   16 is *Spalding 11. VI (cf. 4. 1. 35)*: his *A¹?* (hic *a*):
in his *Vt.*   est *scripsi dubitanter* (est is *iam Radermacher*): istis
A: pius *corrupte (ut uid.) cod. Vt.*: iustus *Burman*

LIBER SEXTVS

⟨PROHOEMIVM⟩

Haec, Marcelle Vitori, ex tua uoluntate maxime ingressus, **1** tum si qua ex nobis ad iuuenes bonos peruenire posset utilitas, nouissime paene etiam necessitate quadam officii delegati mihi sedulo laborabam, respiciens tamen illam curam meae uoluptatis, quod filio, cuius eminens ingenium sollicitam quoque parentis diligentiam merebatur, hanc optimam partem relicturus hereditatis uidebar, ut, si me, quod aecum et optabile fuit, fata intercepissent, praeceptore tamen patre uteretur. At me fortuna id agentem diebus ac **2** noctibus festinantemque metu meae mortalitatis ita subito prostrauit ut laboris mei fructus ad neminem minus quam ad me pertineret. Illum enim de quo summa conceperam, et in quo spem unicam senectutis reponebam, repetito uulnere orbitatis amisi. Quid nunc agam? aut quem ultra esse **3** usum mei dis repugnantibus credam? Nam ita forte accidit ut eum quoque librum quem de causis corruptae eloquentiae emisi iam scribere adgressus ictu simili ferirer. Vnum igitur optimum fuit, infaustum opus et quidquid hoc est in me infelicium litterarum super inmaturum funus consumpturis uiscera mea flammis inicere neque hanc impiam uiuacitatem nouis insuper curis fatigare. Quis enim mihi bonus parens **4** ignoscat si studere amplius possum, ac non oderit hanc animi mei firmitatem si quis in me alius usus uocis quam ut incusem deos superstes omnium meorum, nullam in terras despicere prouidentiam tester?—si non meo casu, cui tamen nihil obici nisi quod uiuam potest, at illorum certe quos utique

A]   2 *titulum in indice praebet A* Prohoemium in *quo* conquestio de fortuna sua   3 Marcelle *ed. Ald.*: m̅ *A*   uictori *A*: *corr. Nohl*   8 sollicitam *g*: -ita *A*   diligentiam *G*: -tia *A*   14 illum *P*: -ud *A*   19 unum *Radermacher*: num *A*: nunc *t* (tunc *Regius*)   25 firmitatem *P*: infirmitatem *A*   26-7 nulla ... prouidentia *A*: *corr. t*   26 dispicere *A*: *corr. t*

M. FABI QVINTILIANI

inmeritos mors acerba damnauit, erepta prius mihi matre eorundem, quae nondum expleto aetatis undeuicesimo anno duos enixa filios, quamuis acerbissimis rapta fatis,⟨non⟩ infelix
5 decessit. Ego uel hoc uno malo sic eram adflictus ut me iam nulla fortuna posset efficere felicem. Nam cum, omni uirtute quae in feminas cadit functa, insanabilem attulit marito dolorem, tum aetate tam puellari, praesertim meae comparata, potest et ipsa numerari inter uulnera orbitatis.
6 Liberis tamen superstitibus et—quod nefas erat [sera] sed optabat ipsa—me saluo, maximos cruciatus praecipiti uia effugit. Mihi filius minor quintum egressus annum prior
7 alterum ex duobus eruit lumen. Non sum ambitiosus in malis nec augere lacrimarum causas uolo, utinamque esset ratio minuendi: sed dissimulare qui possum quid ille gratiae in uultu, quid iucunditatis in sermone, quos ingenii igniculos, quam substantiam placidae et (quod scio uix posse credi) iam tum altae mentis ostenderit: qualis amorem quicumque
8 alienus infans mereretur. Illud uero insidiantis quo me ualidius cruciaret fortunae fuit, ut ille mihi blandissimus me suis nutricibus, me auiae educanti, me omnibus qui sollicitare
9 illas aetates solent anteferret. Quapropter illi dolori quem ex matre optima atque omnem laudem supergressa paucos ante menses ceperam gratulor. Minus enim est quod flendum meo nomine quam quod illius gaudendum est. Vna post haec Quintiliani mei spe ac uoluptate nitebar, et poterat sufficere
10 solacio. Non enim flosculos, sicut prior, sed iam decimum aetatis ingressus annum certos ac deformatos fructus ostenderat. Iuro per mala mea, per infelicem conscientiam, per illos manes, numina mei doloris, has me in illo uidisse uirtutes, non ingenii modo ad percipiendas disciplinas, quo nihil praestantius cognoui plurima expertus, studiique iam tum non coacti (sciunt praeceptores), sed probitatis pietatis

A]   3 non infelix *Halm*: infelix *A*: felix *p* (*Badius*)   9 erat *M*: erat sera *A*   14 ille *D'Orv. 13*: illae *A*   17 iam tum '*alii*' *secundum ed. Leid.*: tantum *A*   19 ut ille *g*: utile *A*   20 qui *A*: quae *Daniel*   25 poteras *A*: *corr. g*   30 ingeni non *A*, *contra numeros*: *transpos. Gertz*

INSTITVTIO ORATORIA 6 PR. 15

humanitatis liberalitatis, ut prorsus posset hinc esse tanti
fulminis metus, quod obseruatum fere est celerius occidere
festinatam maturitatem, et esse nescio quam quae spes tan-
tas decerpat inuidiam, ne uidelicet ultra quam homini datum
5 est nostra prouehantur. Etiam illa fortuita aderant omnia, 11
uocis iucunditas claritasque, oris suauitas et in utracumque
lingua, tamquam ad eam demum natus esset, expressa proprietas omnium litterarum. Sed hae spes adhuc: illa matura,
constantia, grauitas, contra dolores etiam ac metus robur.
10 Nam quo ille animo, qua medicorum admiratione mensum
octo ualetudinem tulit! Vt me in supremis consolatus est!
Quam etiam deficiens iamque non noster ipsum illum aliena-
tae mentis errorem circa scholas, litteras habuit! Tuosne ego, 12
o meae spes inanes, labentis oculos, tuum fugientem spiri-
15 tum uidi? Tuum corpus frigidum exsangue complexus, animam recipere auramque communem haurire amplius potui,
dignus his cruciatibus quos fero, dignus his cogitationibus?
Tene consulari nuper adoptione ad omnium spes honorum 13
propius admotum, te auunculo praetori generum destinatum,
20 te [omnium spes] auitae eloquentiae candidatum, superstes
parens tantum ⟨in⟩ poenas: et si non cupido lucis, certe
patientia uindicet te reliqua mea aetate; nam frustra mala
omnia ad crimen fortunae relegamus. Nemo nisi sua culpa
diu dolet. Sed uiuimus et aliqua uiuendi ratio quaerenda est, 14
25 credendumque doctissimis hominibus, qui unicum aduer-
sorum solacium litteras putauerunt. Si quando tamen ita
resederit praesens impetus ut aliqua tot luctibus alia cogitatio inseri possit, non iniuste petierim morae ueniam. Quis
enim dilata studia miretur quae potius non abrupta esse
30 mirandum est? Tum si qua fuerint minus effecta iis quae 15

A]   1 possit *A* : *corr. Gesner*   2 fere *P*: fecere *A*   est *G*: et
a in ras.   8 matura *Gertz* (*cf. Cic. orat. 107*): maiora *A*
12 iamque *Muretus* '*ex codice*': quamque *A*   13 mentes *A*: *corr.*
g   solas *g*: scholas (ac) *Meiser* (*ap. Halm*)   19 propius *Buecheler*
et Meiser (*ap. Halm*): prius *A*   20 omnium spes *del. Spalding*
auitae *Erasmus*: acutis *A*   18–21 *excidit uerbum, e.g.* amisi (*ut*
uidit Regius)   21 in *addidi* (ad iam *add. p, ed. Ald.*)   22 reliqua *g*: realiquam *A*   30 fuerit minus effectet *A* : *corr. t*

317

leuius adhuc adflicti coeperamus, imperitanti fortunae remittantur, quae si quid mediocrium alioqui in nostro ingenio uirium fuit, ut non extinxerit, debilitauit tamen. Sed uel propter hoc nos contumacius erigamus, quod illam ut perferre nobis difficile est, ita facile contemnere. Nihil enim sibi aduersus me reliquit, et infelicem quidem sed certissimam tamen attulit mihi ex his malis securitatem. Boni autem consulere nostrum laborem uel propter hoc aecum est, quod in nullum iam proprium usum perseueramus, sed omnis haec cura alienas utilitates, si modo quid utile scribi, spectat. Nos miseri sicut facultates patrimonii nostri, ita hoc opus aliis praeparabamus, aliis relinquemus.

1. Peroratio sequebatur, quam cumulum quidam, conclusionem alii uocant. Eius duplex ratio est, posita aut in rebus aut in adfectibus. Rerum repetitio et congregatio, quae Graece dicitur ἀνακεφαλαίωσις, a quibusdam Latinorum enumeratio, et memoriam iudicis reficit et totam simul causam ponit ante oculos, et, etiam si per singula minus mouerat, turba ualet. In hac quae repetemus quam breuissime dicenda sunt, et, quod Graeco uerbo patet, decurrendum per capita. Nam si morabimur, non iam enumeratio, sed quasi altera fiet oratio. Quae autem enumeranda uidentur, cum pondere aliquo dicenda sunt et aptis excitanda sententiis et figuris utique uarianda: alioqui nihil est odiosius recta illa repetitione uelut memoriae iudicum diffidentis. Sunt autem innumerabiles, optimeque in Verrem Cicero: 'si pater ipse iudicaret, quid diceret cum haec probarentur?' et deinde

13 §§ *1–2 et 8 →* '*Cassiodorus*' *p. 503. 13–19*   26 *5. 136*

A]   1 imperitanti *Lochmann* (*u. Spalding*): imperi aut *A*: *fort.* imperio (*cf. Stat. silu. 5. 5. 60*)   3 tamen *p* (*ed. Ald.*): iamen *A*
8 aecum *Muretus*: caecum *A*   10 cura *t*: curas *G*: cura *est A* alienas utilitates *Gulielmius*: alienas (-is *a*) utiles (-is *a*) *A*   scribimus *t, probabiliter*   12 praeparabimus *a*   13 DE PERORATIONE *in marg. A*   13–14 conclusionem *G*: -onum *A*   16–17 enumeratio *P*: renum- *A*, '*Cass.*'   18 et *G*: ea *A*: ut '*Cass.*' (*deinde aliter*) 22 enumeranda *P*: adnum- *A* (*m. 2, ut tot. context.*)   25 diffidenti *Regius*   26 innumerabiles (*sc.* figurae) *A*: innumerabiles species *Halm*

INSTITVTIO ORATORIA 6.1.9

subiecit enumerationem; aut cum idem et in eundem per inuocationem deorum spoliata a praetore templa dinumerat. Licet et dubitare num quid nos fugerit, et quid responsurus sit aduersarius his et his, aut quam spem accusator habeat om-
nibus ita defensis. Illa uero iucundissima, si contingat aliquod 4 ex aduersario ducere argumentum, ut si dicas: 'reliquit hanc partem causae', aut 'inuidia premere maluit', aut 'ad preces confugit merito, cum sciret haec et haec'. Sed non sunt sin- 5 gulae species persequendae, ne sola uideantur quae forte nunc dixero, cum occasiones et ex causis et ex dictis aduersariorum et ex quibusdam fortuitis quoque oriantur. Nec referenda modo nostra, sed postulandum etiam ab aduersariis ut ad quaedam respondeant: id autem si et actionis supererit 6 locus et ea proposuerimus quae refelli non possint; nam prouocare quae inde sint fortia non arguentis est sed monentis. Id unum epilogi genus uisum est plerisque Atticorum, et 7 philosophis fere omnibus qui de arte oratoria scriptum aliquid reliquerunt. Id sensisse Atticos credo quia Athenis adfectus mouere etiam per praeconem prohibebatur orator. Philosophos minus miror, apud quos uitii loco est adfici, nec boni moris uidetur sic a uero iudicem auerti, nec conuenire bono uiro uitiis uti. Necessarios tamen adfectus fatebuntur si aliter optineri uera et iusta et in commune profutura non possint. Ceterum illud constitit inter omnes, etiam in aliis 8 partibus actionis, si multiplex causa sit et pluribus argumentis defensa, utiliter ἀνακεφαλαίωσιν fieri solere, sicut nemo dubitauerit multas esse causas in quibus nullo loco sit necessaria, si breues et simplices fuerint. Haec pars perorationis accusatori patronoque ex aequo communis est.

Adfectibus quoque isdem fere utuntur, sed aliis hic, aliis 9

---

1 *ibid. 184 seq.*

A] 1 subicit *Meister 1865* 3 licet et *G*: lice*bit A* 10 occasiones *ed. Camp.*: accusationes *A* 13 actioni *Spalding (cf. 5. 14. 27)*: *locus incertus (sensus fort. est: 'si secunda actio erit')* 21 moris uidetur *D'Orv. 13 (ut coni. Meister 1853)*: mores uidentur *A* 30 hic *P*: sic *A* aliis² *Spalding*: aut *A*

6. 1. 10 M. FABI QVINTILIANI

ille saepius ac magis; nam huic concitare iudices, illi flectere conuenit. Verum et accusator habet interim lacrimas ex miseratione eius [rei] quem ulciscitur, et reus de indignitate calumniae conspirationis uehementius interim queritur. Diuidere igitur haec officia commodissimum, quae plerumque sunt, ut dixi, prohoemio similia, sed liberiora pleniora-
10 que. Inclinatio enim iudicum ad nos petitur initio parcius, cum admitti satis est et oratio tota superest: in epilogo uero est qualem animum iudex ⟨in⟩ consilium ferat, et iam nihil **11** amplius dicturi sumus, nec restat quo reseruemus. Est igitur utrisque commune conciliare sibi, auertere ab aduersario iudicem, concitare adfectus et componere. Et breuissimum quidem hoc praeceptum dari utrique parti potest, ut totas causae suae uires orator ponat ante oculos, et cum uiderit quid inuidiosum fauorabile inuisum miserabile aut sit in rebus aut uideri possit, ea dicat quibus, si iudex esset, ipse maxime moueretur. Sed certius est ire per singula.
12 Et quae concilient quidem accusatorem in praeceptis exordii iam diximus. Quaedam tamen, quae illic ostendere sat est, in peroratione implenda sunt magis, si contra inpotentem inuisum perniciosum suscepta causa est, si iudicibus ipsis aut gloriae damnatio rei aut deformitati futura **13** absolutio. Nam egregie in Vatinium Caluus 'factum' inquit 'ambitum scitis omnes, et hoc uos scire omnes sciunt'. Cicero quidem in Verrem etiam emendari posse infamiam iudiciorum damnato reo dicit, quod est unum ex supra dictis. Metus etiam, si est adhibendus, ut facit idem, hunc habet locum fortiorem quam in prohoemio. Qua de re quid sentirem, alio

23 *ORF p. 497*   25 *act. prim. 43*

A]   3 eius *ed. Camp.*: eius rei *A*   4 conspirationisue *Gertz*: *alii aliter coniunxerant*   8 cum *1418*: tum *A*   9 animam *A*: *corr. t*   in consilium *p**: consilio *A*   ferat *P*: fecerat *A*   11 utrisque *H*: utriusque *a in ras.*   18 accusatorem (*ex* -ore) *A*: accusatori iudicem *tempt. Halm (at cf. 9. 1. 21)*   27 adhibendus *P*: habendus *A*   idem *A*: idem ⟨in eundem⟩ *Gertz (immo* idem ⟨et in eundem⟩: *cf. § 3): possis* ibidem

INSTITVTIO ORATORIA 6. 1. 18

iam libro exposui. Concitare quoque inuidiam odium iram 14
liberius in peroratione contingit: quorum inuidiam gratia,
odium turpitudo, iram offensio iudici facit, si contumax
adrogans securus sit: quae non ex facto modo dictoue aliquo
sed uultu habitu aspectu moueri solet, egregieque nobis adulescentibus
dixisse accusator Cossutiani Capitonis uidebatur,
Graece quidem, sed in hunc sensum: 'erubescis Caesarem
timere'. Summa tamen concitandi adfectus accusatori in 15
hoc est, ut id quod obiecit aut quam atrocissimum aut
etiam, si fieri potest, quam maxime miserabile esse uideatur.
Atrocitas crescit ex his: quid factum sit, a quo, in quem,
quo animo, quo tempore, quo loco, quo modo; quae omnia
infinitos tractatus habent. Pulsatum querimur: de re primum 16
ipsa dicendum, tum si senex, si puer, si magistratus, si probus,
si bene de re publica meritus, etiam si percussus sit a
uili aliquo contemptoque uel ex contrario a potente nimium
uel ab eo quo minime oportuit, et si die forte sollemni aut
iis temporibus cum iudicia eius rei maxime exercerentur, aut
in sollicito ciuitatis statu, item in theatro, in templo, in
contione; crescit inuidia et si non errore nec ira, uel etiam, si 17
forte ira, sed iniqua, quod patri adfuisset, quod respondisset,
quod honores contra peteret, et si plus etiam uideri potest
uoluisse quam fecit; plurimum tamen adfert atrocitatis
modus, si grauiter, si contumeliose, ut Demosthenes ex parte
percussi corporis, ex uultu ferientis, ex habitu inuidiam
Midiae quaerit. Occisum queror: ferro an igne an ueneno, 18
uno uulnere an pluribus, subito an expectatione tortus, ad
hanc partem maxime pertinet. Vtitur frequenter accusator

24 *Mid. 72*

A]   1 odium iram *P*: odio ira *A*   2 perorationem *A*: *corr. t*
4 securus ⟨reus⟩ *Kiderlin 1889-2*   5 solent *Spalding*   9 ob(i)-
icit *ed. Vasc. 1538*   aut[1] *G*: at* *A*   18 his temporibus cum *t*:
cum is (his *a*) temporibus *A*   19 item ⟨si⟩ *Vat. lat. 1762* (*ut coni.
Halm*)   20 *post* contione *fortiter distinxi* (*ut e.g. ed. Camp.*), *post*
statu *edd. recc.*   23 affert *P*: affert at *a* (*ut uid. ex* adferat)
26 occisum queror *scripsi* (*cf.* § *16: 6. 2. 31*)*:* occisus uero *A* (occisus
utrum *G, edd.*)   igne *a* (*quam formam habemus 8. 6. 24*): igni *A*[1]

6.1.19 M. FABI QVINTILIANI

et miseratione, cum aut eius casum quem ulciscitur aut
19 liberorum ac parentium solitudinem conqueritur. Etiam
futuri temporis imagine iudices mouet, quae maneant eos
qui de ui et iniuria questi sunt nisi uindicentur: fugiendum
de ciuitate, cedendum bonis, aut omnia quaecumque 5
20 inimicus fecerit perferenda. Sed saepius id est accusatoris,
auertere iudicem a miseratione qua reus sit usurus, atque ad
fortiter [ad] iudicandum concitare. Cuius loci est etiam
occupare quae dicturum facturumue aduersarium putes.
Nam et cautiores ad custodiam suae religionis iudices facit, 10
et gratiam responsuris aufert cum ea ⟨quae⟩ praedicta sunt
ab accusatore iam, si pro reo repetentur, non sint noua,
ut †Seruius Sulpicius contra Aufidiam† ne signatorum,
ne ipsius discrimen obiciatur sibi praemonet. Nec non ab
Aeschine quali sit usurus Demosthenes actione praedictum 15
est. Docendi quoque interim iudices quid rogantibus respondere debeant, quod est unum repetitionis genus.
21   Periclitantem uero commendat dignitas et studia fortia
et susceptae bello cicatrices et nobilitas et merita maiorum.
Hoc quod proxime dixi Cicero atque Asinius certatim sunt 20
22 usi, pro Scauro patre hic, ille pro filio. Commendat et causa
periculi, si suscepisse inimicitias ob aliquod factum honestum uidetur, praecipue bonitas humanitas misericordia;
iustius enim petere ea quisque uidetur a iudice quae aliis
ipse praestiterit. Referenda pars haec quoque ad utilitatem 25
rei publicae, ad iudicum gloriam, ad exemplum, ad me-
23 moriam posteritatis. Plurimum tamen ualet miseratio, quae
iudicem non flecti tantum cogit, sed motum quoque animi
sui lacrimis confiteri. Haec petetur aut ex iis quae passus est

13 *ORF p. 531*   15 *Ctes. 206 seq.*   20 *ORF pp. 519–20*

A]   2 solitudinem *1418*: sollicitudinem *A*   8 fortiter
t: fortiter ad *A*   11 quae *add. ed. Vasc. 1538*   12 petentur
A: *corr. Spalding*   13 Seruius ... Aufidiam] *hic tamen pro Aufidia
dixit: sed causa tam obscura ut haec non audeam rescribere, ut
e.g.* Seruium Sulpicium ⟨Messala⟩ ⟨*deinde* obiciat⟩ *Schoell 1879*
29 petetur *Gesner* (petitur *iam Patr.*): petentur *A*   his *A*

INSTITVTIO ORATORIA 6.1.27

reus, aut iis quae [quam] cum maxime patitur, aut iis quae damnatum manent: quae et ipsa duplicantur cum dicimus ex qua illi fortuna et in quam reccidendum sit. Adfert in his 24 momentum et aetas et sexus et pignora, liberi, dico, et parentes et propinqui. Quae omnia tractari uarie solent. Nonnumquam etiam ipse patronus has partes subit (ut Cicero pro Milone: 'O me miserum! O te infelicem! Reuocare me tu in patriam, Milo, potuisti per hos, ego te in patria per eosdem retinere ⟨non potero⟩ ?') maximeque si, ut tum accidit, non conueniunt ei qui accusatur preces; nam quis ferret 25 Milonem pro capite suo supplicantem qui a se uirum nobilem interfectum quia id fieri oportuisset fateretur? Ergo et illi captauit ex ipsa praestantia animi fauorem et in locum lacrimarum eius ipse successit.

His praecipue locis utiles sunt prosopopoeiae, id est fictae alienarum personarum orationes. †Quale litigatore dicit patronum† nudae tantum res mouent: at cum ipsos loqui fingimus, ex personis quoque trahitur adfectus. Non enim 26 audire iudex uidetur aliena mala deflentis, sed sensum ac uocem auribus accipere miserorum, quorum etiam mutus aspectus lacrimas mouet: quantoque essent miserabiliora si ea dicerent ipsi, tanto sunt quadam portione ad adficiendum potentiora cum uelut ipsorum ore dicuntur, ut scaenicis actoribus eadem uox eademque pronuntiatio plus ad mouendos adfectus sub persona ualet. Itaque idem Cicero, 27

7 102

A] 1 cum *Cortius* (*ad Plin. ep. 6. 31. 15*): quam cum *A*: tum *1418* 7 te *A*: me *ed. Ald., Cic.* (*quod fort. hic legendum est: cf. 11. 3. 172*) 8 tu *P*: tum *A* (*unde suspiceris Quintilianum, ut ipsum Ciceronem, me post tu scripsisse, ut est 11. 3. 172: et sic praebet ed. Ald.*) patria *P, Cic.*: -iam *A* 9 non potero *P ex Cic.*: om. *A* -que si ut tum *1434*: quaesiu*i* tum *A* 12 oportuisse *A*: *corr. t* 15 fictae *F*: factae *A* 16–17 quale (-es *a*) litigatore (-rem *a*) dicit (decet *a*) patronum *A*:, quales litigatorum ore dicit patronus *Halm* (*praeeunte Luenemanno*): *melius alii, qui lacunam ita ponunt ut* nudae ... mouent πρότασιν *accipiat* (*ut e.g.* Quando enim pro litigatore dicit patronus, nudae) 17 at *Bonnell*: aut *A* 20 accipere *P*: accire *A* 22 afficiendum *Regius*: eff- *A*

323

6.1.28 M. FABI QVINTILIANI

quamquam preces non dat Miloni eumque potius animi praestantia commendat, accommodauit tamen ei uerba, conuenientis etiam forti uiro conquestiones: 'Frustra' inquit 'mei suscepti labores! O spes fallaces! O cogitationes inanes meas!'

Numquam tamen debet longa esse miseratio. Nec sine causa dictum est nihil facilius quam lacrimas inarescere. **28** Nam cum etiam ueros dolores mitiget tempus, citius euanescat necesse est illa quam dicendo effinximus imago: in qua si moramur, fatigatur lacrimis auditor et requiescit et ab illo **29** quem ceperat impetu ad rationem redit. Non patiamur igitur frigescere hoc opus, et adfectum cum ad summum perduxerimus relinquamus, nec speremus fore ut aliena mala quisquam diu ploret, ideoque cum in aliis, tum in hac maxime parte crescere debet oratio, quia quidquid non adicit prioribus etiam detrahere uidetur, et facile deficit adfectus qui descendit.

30 Non solum autem dicendo, sed etiam faciendo quaedam lacrimas mouemus, unde et producere ipsos qui periclitentur squalidos atque deformes et liberos eorum ac parentis institutum, et ab accusatoribus cruentum gladium ostendi et lecta e uulneribus ossa et uestes sanguine perfusas uidemus, **31** et uulnera resolui, uerberata corpora nudari. Quarum rerum ingens plerumque uis est uelut in rem praesentem animos hominum ducentium, ut populum Romanum egit in furorem praetexta C. Caesaris praelata in funere cruenta. Sciebatur interfectum eum, corpus denique ipsum impositum lecto erat, [at] uestis tamen illa sanguine madens ita repraesentauit imaginem sceleris ut non occisus esse Caesar sed tum **32** maxime occidi uideretur. Sed non ideo probauerim, quod factum et lego et ipse aliquando uidi, depictam ⟨in⟩ tabula

3 *Mil. 94*

A]   2 uerba *fort. delendum*   3 frustra *A*: o frustra *ed. Ald., Cic.*   13 ideoque cum *t*: ideo cumque *A*   17 DE AFFECTIBVS Non *A*   21 e uulneribus *a in ras. min.*: e funeribus Burman (*debuit* ex f.): *neutrum placet* (in capite *habemus 8. 5. 21, Sen. ben. 5. 24. 3*)   27 erat *P*: erat at *a in ras.*   30–p. 325 l. 1 in tabula siparioue *optime Conrad*: tabulam supra iouem *A*

INSTITVTIO ORATORIA 6.1.37

siparioue imaginem rei cuius atrocitate iudex erat commouendus: quae enim est actoris infantia qui mutam illam effigiem magis quam orationem pro se putet locuturam? At sordes et squalorem et propinquorum quoque similem habitum scio profuisse, et magnum ad salutem momentum preces attulisse; quare et obsecratio illa iudicum per carissima pignora, utique si et reo sint liberi coniux parentes, utilis erit, et deorum etiam inuocatio uelut ex bona conscientia profecta uideri solet; stratum denique iacere et genua complecti, nisi si tamen persona nos et ante acta uita et rei condicio prohibebit; quaedam enim tam fortiter tuenda quam facta sunt. Verum sic habenda est auctoritatis ratio ne sit inuisa securitas. Fuit quondam inter haec omnia potentissimum quo L. Murenam Cicero accusantibus clarissimis uiris eripuisse praecipue uidetur, persuasitque nihil esse ad praesentem rerum statum utilius quam duos Kal. Ian. ingredi consulatum. Quod genus nostris temporibus totum paene sublatum est, cum omnia curae tutelaeque unius innixa periclitari nullo iudicii exitu possint.

De accusatoribus et reis sum locutus quia in periculis maxime uersatur adfectus. Sed priuatae quoque causae utrumque habent perorationis genus, et illud quod est ex enumeratione probationum et hoc quod ex lacrimis, si aut statu periclitari aut opinione litigator uidetur. Nam in paruis quidem litibus has tragoedias mouere tale est quasi si personam Herculis et coturnos aptare infantibus uelis.

Ne illud quidem indignum est admonitione, ingens in epilogis meo iudicio uerti discrimen quo modo se dicenti qui excitatur accommodet. Nam et imperitia et rusticitas et rigor et deformitas adferunt interim frigus, diligenterque

15 *Mur.* 4 *et* 79

A]   7–8 utilis erit *P*: et iusserit *A*   8 inuocatio, ⟨quae⟩ *Gertz*   9 iacere] *constructio incerta: sc.* utile erit?   10 uita et *g*: uitae et *a* (uitet *A*¹)   14 murenam *g*: murena (*ex* munera) *A*   16 duos *Stroux 1930*: prid *a in ras.*: duo *post* consulatum *iam add. Kiderlin 1889-2*   21 priuat(a)e *P*: priuitatae *A*   25 quasi *A*: quale *p**   27 ne illud *Spalding*: illud ne *A*

325

38 sunt haec actori prouidenda. Equidem repugnantis patrono et nihil uultu commotos et intempestiue residentis et facto aliquo uel ipso uultu risum etiam mouentis saepe uidi, praecipue uero cum aliqua uelut scaenice fiunt [aliam cadunt]. **39** Transtulit aliquando patronus puellam, quae soror esse aduersarii dicebatur (nam de hoc lis erat), in aduersa subsellia, tamquam in gremio fratris relicturus; at is a nobis praemonitus discesserat. Tum ille, alioqui uir facundus, inopinatae rei casu obmutuit et infantem suam frigidissime reportauit. **40** Alius imaginem mariti pro rea proferre magni putauit, at ea risum saepius fecit. Nam et ii quorum officii erat ut traderent eam, ignari qui esset epilogus, quotiens respexisset patronus offerebant palam, et prolata nouissime deformitate ipsa (nam senis cadaueri ⟨cera erat⟩ infusa) praeteritam quoque **41** orationis gratiam perdidit. Nec ignotum quid Glyconi, cui Spyridion fuit cognomen, acciderit. Huic puer, quem is productum quid fleret interrogabat, a paedagogo se uellicari respondit. Sed nihil illa circa Caepasios Ciceronis fabula effi- **42** cacius ad pericula epilogorum. Omnia tamen haec tolerabilia iis quibus actionem mutare facile est: at qui a stilo non recedunt aut conticescunt ad hos casus aut frequentissime falsa dicunt. Inde est enim 'tendit ad genua uestra supplices manus' et 'haeret in complexu liberorum miser' et 'reuocat **43** ecce me' etiam si nihil horum is de quo dicitur faciat. Ex scholis haec uitia, in quibus omnia libere fingimus—et inpune, quia pro facto est quidquid uoluimus; non admittit hoc idem ueritas, egregieque Cassius dicenti adulescentulo: 'quid me toruo uultu intueris, Seuere?' 'non mehercule'

18 *Cluent. 57 seq.*

A]   1 equidem *P*: et quidem (*corr. ex* quidem∗∗) *A*   2 renidentes *Spalding* (ridentes *t*)   4 *glossam eiecit Regius*: , talia incidunt *Kiderlin 1889-2* (*facilius* talia accidunt): alia incidunt *iam Burn. 243*   8 tum *1418*: cum *A*   11 officii *P* (*cf. 4. 4. 3*): -cio *A*   14 cadaueri *ed. Camp.*: caducaueri *A*   cera erat *add. Halm* (cera *iam Burman*): ceris *pro* senis *P* (*deinde* cadauer attulerant infusum *p et fere 1470*)   17 quid *t*: quod *A*

INSTITVTIO ORATORIA 6.1.49

inquit 'faciebam, sed sic scripsisti: ecce!' et quam potuit truculentissime eum aspexit. Illud praecipue monendum, ne **44** qui nisi summis ingenii uiribus ad mouendas lacrimas adgredi audeat; nam ut est longe uehementissimus hic cum inualuit adfectus, ita si nil efficit tepet; quem melius infirmus actor tacitis iudicum cogitationibus reliquisset. Nam et uultus et **45** uox et ipsa illa excitati rei facies ludibrio etiam plerumque sunt hominibus quos non permouerunt. Quare metiatur ac diligenter aestimet uires suas actor, et quantum onus subiturus sit intellegat: nihil habet ista res medium, sed aut lacrimas meretur aut risum.

Non autem commouere tantum miserationem sed etiam **46** discutere epilogi est proprium, cum oratione continua, quae motos lacrimis iudices ad iustitiam reducat, tum etiam quibusdam urbane dictis, quale est 'date puero panem, ne ploret', et corpulento litigatori, cuius aduersarius, item puer, **47** circa iudices erat ab aduocato latus: 'Quid faciam? Ego te baiulare non possum'. Sed haec tamen non debent esse mimica. Itaque nec illum probauerim, quamquam inter clarissimos sui temporis oratores fuit, qui pueris in epilogum productis talos iecit in medium, quos illi diripere coeperunt; namque haec ipsa discriminis sui ignorantia potuit esse miserabilis: neque illum qui, cum esset cruentus gladius ab **48** accusatore prolatus, quo is hominem probabat occisum, subito ex subselliis ut territus fugit, et capite ex parte uelato, cum ad †agendum† ex turba prospexisset, interrogauit an iam ille cum gladio recessisset. Fecit enim risum, sed ridiculus fuit. Discutiendae tamen oratione eius modi scaenae, **49** egregieque Cicero, qui contra imaginem Saturnini pro Rabirio grauiter, et contra iuuenem cuius subinde uulnus in iudicio resoluebatur pro Vareno multa dixit urbane.

30 *Rab. perd. 24 seq.*   31 *frg. orat. II. 17*

A]   1 inquit *p* (*ed. Camp.*): quid*ni A*   19 itaque nec *A*: ita neque *1418*   25 fugit et *t*: fugit∗ *A* (fugiet *G*)   26 agendum *A*: agendum ⟨uocatus⟩ *Schenkl*: agentem *ed. Col. 1521* (agentes *iam Regius*)   28 tamen oratione] *i.e. non mimice* (*cf.* § 47)

6. 1. 50   M. FABI QVINTILIANI

50   Sunt et illi leniores epilogi, quibus aduersario satisfacimus, ⟨si⟩ forte sit eius persona talis ut illi debeatur reuerentia, aut cum amice aliquid commonemus et ad concordiam hortamur. Quod est genus egregie tractatum a Passieno, cum ⟨in⟩ Domitiae uxoris suae pecuniaria lite aduersus fratrem eius Aenobarbum ageret; nam cum de necessitudine multa dixisset, de fortuna quoque, qua uterque abundabat, adiecit: 'nihil uobis minus deest quam de quo contenditis'.
51   Omnis autem hos adfectus, etiam si quibusdam uidentur in prohoemio atque in epilogo sedem habere, in quibus sane sint frequentissimi, tamen aliae quoque partes recipiunt, sed breuiores, ut cum ex iis plurima sint reseruanda. At hic, si
52 usquam, totos eloquentiae aperire fontes licet. Nam et, si bene diximus reliqua, possidebimus iam iudicum animos, et e confragosis atque asperis euecti tota pandere possumus uela, et, cum sit maxima pars epilogi amplificatio, uerbis atque sententiis uti licet magnificis et ornatis. Tunc est commouendum theatrum cum uentum est ad ipsum illud quo ueteres tragoediae comoediaeque cluduntur 'plodite'.
53   In aliis autem partibus tractandus erit adfectus ut quisque nascetur; nam neque exponi sine hoc res atroces et miserabiles debent, cum de qualitate alicuius rei quaestio est, et
54 probationibus unius cuiusque rei recte subiungitur. Vbi uero coniunctam ex pluribus causam agimus, etiam necesse erit uti pluribus quasi epilogis, ut in Verrem Cicero fecit; nam et Philodamo et nauarchis et cruci ciuis Romani et aliis
55 plurimis suas lacrimas dedit. Sunt qui hos μερικοὺς ἐπιλόγους uocent, quo partitam perorationem significant. Mihi non tam partes eius quam species uidentur, si quidem et epilogi

    5 FOR pp. 536–7   25 I. 75 seq.: 5. 117 seq., 162 seq.

A]   2 si P[1], Vat. lat. 1766: om. A   5 in add. Regius (cf. 7. 2. 26)   11 sunt t (at cf. 6. 2. 5 efficiant sane)   12 sint reseruanda ed. Jens.: sit res eruenda A (at cf. 7. 10. 12)   12–13 si usquam ed. Jens.: si cuiusquam A   15 tota a: toto A[1]: tuto t possumus 1416: -imus A   22 est et a in ras. (est G): et non hic sed post debent Spalding   26 cruci ciuis Spalding: eruciciui∗ A (ọrucitius G)

INSTITVTIO ORATORIA 6.2.5

et perorationis nomina ipsa aperte satis ostendunt hanc esse consummationem orationis.

2. Quamuis autem pars haec iudicialium causarum summe praecipueque constet adfectibus et aliqua de iis necessario dixerim, non tamen potui ac ne debui quidem istum locum in unam speciem concludere. Quare adhuc opus superest cum ad optinendum quae uolumus potentissimum, tum supra dictis multo difficilius, mouendi iudicum animos atque in eum quem uolumus habitum formandi et uelut transfigurandi. Qua de re pauca quae postulabat materia sic attigi ut 2 magis quid oporteret fieri quam quo id modo consequi possemus ostenderem. Nunc altius omnis rei repetenda ratio est.

Nam et per totam, ut diximus, causam locus est adfectibus, et eorum non simplex natura nec in transitu tractanda. Quo nihil adferre maius uis orandi potest: nam cetera 3 forsitan tenuis quoque et angusta ingeni uena, si modo uel doctrina uel usu sit adiuta, generare atque ad frugem aliquam perducere queat: certe sunt semperque fuerunt non parum multi qui satis perite quae essent probationibus utilia reperirent. Quos equidem non contemno, sed hactenus utiles credo, ne quid per eos iudici sit ignotum, atque (ut dicam quod sentio) dignos a quibus causam diserti docerentur: qui uero iudicem rapere et in quem uellet habitum animi posset perducere, quo dicente flendum irascendum esset, rarus fuit. Atqui hoc est quod dominetur in iudiciis: hic eloquentia 4 regnat. Namque argumenta plerumque nascuntur ex causa, et pro meliore parte plura sunt semper, ut qui per haec uicit tantum non defuisse sibi aduocatum sciat: ubi uero animis 5

A]   1 ipsa *F*: -se *A*   2 orationis *P*: rationis *A*
3 summe *f*: summa *A* (*quo recepto delendum est illud* -que)   7 super *A* : *corr. t*   16 , quo⟨niam⟩ *Spalding*: quod *Obrecht*   22 sit *a in ras.*: esset *Vassis*   25 dicente *Spalding* (*cf. 12. 10. 62*): dicto *A* irascendum *A* : et irascendum *t*: gaudendum irascendum *Radermacher*: malim irascendum indignandum (*cf. 11. 3. 58, 61*)   rarius *A* : *corr. Burman* (*cf. 12 pr. 3*)   26 dominatur *ed. Camp.*   hic *Halm*: haec *A*
27 regnat *Patr.* (*ut coni. Halm*): regunt *A* (*unde* eloquentiam): *repugnant numeri, sed cf. 7. 4. 24*   ex g: e∗ *A* (et *G*[1])

iudicum uis adferenda est et ab ipsa ueri contemplatione abducenda mens, ibi proprium oratoris opus est. Hoc non docet litigator, hoc causarum libellis non continetur. Probationes enim efficiant sane ut causam nostram meliorem esse iudices putent, adfectus praestant ut etiam uelint; sed id
6 quod uolunt credunt quoque. Nam cum irasci fauere odisse misereri coeperunt, agi iam rem suam existimant, et, sicut amantes de forma iudicare non possunt quia sensum oculorum praecipit animus, ita omnem ueritatis inquirendae rationem iudex omittit occupatus adfectibus: aestu fertur
7 et uelut rapido flumini obsequitur. Ita argumenta ac testes quid egerint pronuntiatio ostendit, commotus autem ab oratore iudex quid sentiat sedens adhuc atque audiens confitetur. An cum ille qui plerisque perorationibus petitur fletus erupit, non palam dicta sententia est? Huc igitur incumbat orator, hoc opus eius, hic labor est, sine quo cetera nuda ieiuna infirma ingrata sunt: adeo uelut spiritus operis huius atque animus est in adfectibus.
8 Horum autem, sicut antiquitus traditum accepimus, duae sunt species: alteram Graeci πάθος uocant, quod nos uertentes recte ac proprie adfectum dicimus, alteram ἦθος, cuius nomine, ut ego quidem sentio, caret sermo Romanus: mores appellantur, atque inde pars quoque illa philosophiae ἠθική
9 moralis est dicta. Sed ipsam rei naturam spectanti mihi non tam mores significari uidentur quam morum quaedam proprietas; nam ipsis quidem omnis habitus mentis continetur. Cautiores uoluntatem complecti quam nomina interpretari maluerunt. Adfectus igitur hos concitatos, illos mites atque compositos esse dixerunt: in altero uehementes motus, in

19 §§ 8–10 et 12 → 'Cassiodorus' p. 503. 20–6

A]   4 enim *t*: anim *A*¹ (animi *a*)   17 sint *A*: *corr. g*
22 caret *1418*: cadet *A*   28 hos . . . illos *A*: πάθος . . . ἦθος
Radermacher, miro uerborum ordine (consentit specie tantum 'Cass.'):
eadem Graeca post concitatos *et* compositos *add. Regius*: *fort.* hoc . . .
illud (*uel in* hoc . . . in illo)   29 motus *Halm ex 'Cass.'*: commotus *A*¹ (-tos *a*)

INSTITVTIO ORATORIA 6.2.14

altero lenes, denique hos imperare, illos persuadere, hos ad perturbationem, illos ad beniuolentiam praeualere. Adiciunt 10 quidam ἦθος perpetuum, πάθος temporale esse. Quod ut accidere frequentius fateor, ita nonnullas credo esse materias 5 quae continuum desiderent adfectum. Nec tamen minus artis aut usus hi leniores habent, uirium atque impetus non tantundem exigunt. In causis uero etiam pluribus uersantur, immo secundum quendam intellectum in omnibus. Nam 11 †cum ex illo et hoc loco nihil non ab oratore tractetur†, quid-10 quid de honestis et utilibus, denique faciendis ac non faciendis dicitur, ἦθος uocari potest. Quidam commendationem atque excusationem propria huius officii putauerunt, nec abnuo esse ista ⟨in⟩ hac parte, sed non concedo ut sola sint. Quin illud adhuc adicio, πάθος atque ἦθος esse interim ex 12 15 eadem natura, ita ut illud maius sit, hoc minus, ut amor πάθος, caritas ἦθος, interdum diuersa inter se, sicut in epilogis; nam quae πάθος concitauit, ἦθος solet mitigare. Proprie tamen mihi huius nominis exprimenda natura est, quatenus appellatione ipsa non satis significari uidetur. Ἦθος, quod intelle- 13 20 gimus quodque a dicentibus desideramus, id erit quod ante omnia bonitate commendabitur, non solum mite ac placidum, sed plerumque blandum et humanum et audientibus amabile atque iucundum, in quo exprimendo summa uirtus ea est, ut fluere omnia ex natura rerum hominumque uidean-25 tur, quo mores dicentis ex oratione perluceant et quodam modo agnoscantur. Quod est sine dubio inter coniunctas 14 maxime personas, quotiens ferimus ignoscimus satisfacimus monemus, procul ab ira, procul ab odio. Sed tamen alia patris aduersus filium, tutoris aduersus pupillum, mariti 30 aduersus uxorem moderatio est (hi enim praeferunt eorum

A] 2 perturbationem *Regius*, 'Cass.': perlationem *A*   3 ἦθος perpetuum *Meister 1862-2 ex 'Cass.'* (perp. ἦθος iam *Spalding*): hoc pertuum *A*   3–4 accedere *A*: *corr. g*   6 hic *A*: *corr. g* leniores *Bodl. add. C 169*: leu- *A*   9 cum ... tractetur *ualde dubium*: ethico *pro* et hoc *Halm, uix meliore sensu*: *del. Kiderlin 1889-2*   11 dicitur *1418*: discitur *A*   ἦθος *Daniel*: hoc *A* 13 in *add. t*   19 significare *A*: *corr. p (ed. Asc. 1516)*   20 quodque *P*: quoque *A*   25 quo *A* (quae *G*): utque *Halm*

331

6.2.15 M. FABI QVINTILIANI

ipsorum a quibus laeduntur caritatem, neque alio modo inuisos eos faciunt quam quod amare ipsi uidentur), alia cum senex adulescentis alieni conuicium, honestus inferioris fert;
15 hic enim tantum concitari, illic etiam adfici debet. Sunt et illa ex eadem natura, sed motus adhuc minoris, ueniam petere 5 adulescentiae, defendere amores. Nonnumquam etiam lenis caloris alieni derisus ex hac forma uenit, sed is non ex iocis tantum. Verum aliquanto magis propria fuerit uirtutis simulatio satisfaciendi rogandi, et εἰρωνεία, quae diuersum
16 ei quod dicit intellectum petit. Hinc etiam ille maior ad 10 concitandum odium nasci adfectus solet, cum hoc ipso quod nos aduersariis summittimus intellegitur tacita inpotentiae exprobratio: namque eos grauis et intolerabiles id ipsum demonstrat, quod cedimus. Et ignorant cupidi maledicendi aut adfectatores libertatis plus inuidiam quam conuicium 15 posse; nam inuidia aduersarios, conuicium nos inuisos facit.
17 Ille iam paene medius adfectus est ex amoribus, ex desideriis amicorum et necessariorum; nam et hoc maior est et illo minor. Non parum significanter etiam illa in scholis ἤθη dixerimus, quibus plerumque rusticos superstitiosos auaros 20 timidos secundum condicionem positionum effingimus; nam si ἤθη mores sunt, cum hos imitamur ex his ducimus orationem.
18 Denique ἦθος omne bonum et comem uirum poscit. Quas uirtutes cum etiam in litigatore debeat orator, si fieri potest, 25 adprobare, utique ipse aut habeat aut habere credatur. Sic proderit plurimum causis, quibus ex sua bonitate faciet fidem. Nam qui dum dicit malus uidetur utique male dicit

10 § 16 → 'Cass.' p. 503. 27–8

A]   4 locus obscurus: ille *pro* illic Spalding, iniuria: decet *pro* debet temptauit idem: fort. dedecet   7 is Halm: his A iocis Halm: locis A   8 fuerit Spalding: fuit A   9 simulatio Spalding: simulationi A[1] (simulatio nisi *ut uid. a*)   et ΙΡѠΝΙΔ F[1] (felici casu) (et εἰ. f): ΕΤΙΡѠΝΙΔ A: εἰρωνεία Vat. lat. 1766
17 ex[2] A: et ex t: et Halm   19 HΘΕΙ A   24 ἦθος Meister 1865: hoc A

INSTITVTIO ORATORIA 6.2.23

[non enim uidetur iusta dicere, alioqui ἦθος non uideretur].
Quare ipsum etiam dicendi genus in hoc placidum esse debet **19**
ac mite, nihil superbum, nihil elatum saltem ac sublime
desiderat: proprie iucunde credibiliter dicere sat est, ideoque
5 ei medius ille orationis modus maxime conuenit.

Diuersum est huic quod πάθος dicitur quodque nos adfec- **20**
tum proprie uocamus, et, ut proxime utriusque differentiam
signem, illud comoediae, hoc tragoediae magis simile. Haec
pars circa iram odium metum inuidiam miserationem fere
10 tota uersatur, quae quibus ex locis ducenda sint et manifestum omnibus et a nobis in ratione prohoemii atque epilogi
dictum est. Et metum tamen duplicem intellegi uolo, quem **21**
patimur et quem facimus, et inuidiam: namque altera in-
uidum, altera inuidiosum facit. Hoc autem hominis, illud
15 rei est, in quo †et plus† habet operis oratio. Nam quaedam
uidentur grauia per se, parricidium caedes ueneficium, quaedam efficienda sunt. Id autem contingit cum magnis alioqui **22**
malis grauius esse id quod passi sumus ostenditur, quale est
apud Vergilium:
20   'o felix una ante alias Priameia uirgo,
      hostilem ad tumulum Troiae sub moenibus altis
      iussa mori'—
quam miser enim casus Andromachae si comparata ei felix
Polyxena: aut cum ita exaggeramus iniuriam nostram ut **23**
25 etiam quae multo minora sunt intoleranda dicamus: 'si pul-
sasses, defendi non poteras: uulnerasti'. Sed haec diligentius
cum de amplificatione dicemus. Interim notasse contentus
sum non id solum agere adfectus, ut quae sunt ostendantur

19 *Aen. 3. 321-3*

A]   1 non ... uideretur *del. Radermacher*   HΘOC non *a in ras.*: et uos *G* (*unde* et bonus *Spalding*)   2 hoc *t*: ac *A*[1] (hac *a*): an hac ⟨parte⟩?   4 desideret *A*: *corr. Rollin*   5 ei *Vassis*: et *A*: ei et *Meister* (huic parti *iam Patr.*)   10 sint *ed. Gryph.* *1531*: sunt *A*   15 et plus *uix sanum*: ⟨minus⟩ et plus *Kiderlin 1889-2* (est *a*)   21 hostilem *g, Verg.*: -ile *A*   23 ei *P*: et *A*[1]   27 de amplificatione *Halm*: ad eam amplificationem *A* (eam *del. Regius*)

333

6.2.24 M. FABI QVINTILIANI

acerba ac luctuosa, sed etiam ut quae toleranda haberi
solent grauia uideantur, ut cum in maledicto plus iniuriae
quam in manu, in infamia plus poenae dicimus quam in
24 morte. Namque in hoc eloquentiae uis est, ut iudicem non
in id tantum compellat in quod ipsa rei natura ducetur, sed
aut qui non est aut maiorem quam est faciat adfectum. Haec
est illa quae dinosis uocatur, rebus indignis asperis inuidiosis
addens uim oratio, qua uirtute praeter alias plurimum Demosthenes ualuit.

25 Quod si tradita mihi sequi praecepta sufficeret, satisfeceram
huic parti nihil eorum quae legi uel didici, quod modo probabile fuit, omittendo: sed promere in animo est quae latent
et penitus ipsa huius loci aperire penetralia, quae quidem
non aliquo tradente sed experimento meo ac natura ipsa duce
26 accepi. Summa enim, quantum ego quidem sentio, circa mouendos adfectus in hoc posita est, ut moueamur ipsi. Nam et
luctus et irae et indignationis aliquando etiam ridicula fuerit
imitatio, si uerba uultumque tantum, non etiam animum
accommodarimus. Quid enim aliud est causae ut lugentes
utique in recenti dolore disertissime quaedam exclamare
uideantur, et ira nonnumquam indoctis quoque eloquentiam
faciat, quam quod illis inest uis mentis et ueritas ipsa
27 morum? Quare, in iis quae esse ueri similia uolemus, simus
ipsi similes eorum qui uere patiuntur adfectibus, et a tali
animo proficiscatur oratio qualem facere iudici uolet. An ille
dolebit qui audiet me, qui in hoc dicam, non dolentem?
Irascetur, si nihil ipse qui in iram concitat ei quod exigit
simile patietur? Siccis agentis oculis lacrimas dabit? Fieri
28 non potest: nec incendit nisi ignis nec madescimus nisi umore
'nec res ulla dat alteri colorem quem non ipsa habet'.
Primum est igitur ut apud nos ualeant ea quae ualere
apud iudicem uolumus, adficiamurque antequam adficere

A]   6 aut¹ *A*¹: aut eum *a*   12 promere *Meister*: mere *A*:
eruere *Burman*   23 morum *A*: motuum *Spalding*   his *A*
25 iudicem *A*: *corr. Slothouwer*   27 concitat ei *Roth (ap. Halm)*:
concita*t* se id *A* (concitasse id *G*)   30 *hendecasyllabos indicauit*
Wells

INSTITVTIO ORATORIA 6.2.32

conemur. At quo modo fiet ut adficiamur? Neque enim sunt 29
motus in nostra potestate. Temptabo etiam de hoc dicere.
Quas φαντασίας Graeci uocant (nos sane uisiones appellemus),
per quas imagines rerum absentium ita repraesentantur
5 animo ut eas cernere oculis ac praesentes habere uideamur,
has quisquis bene ceperit is erit in adfectibus potentissimus. 30
[has] Quidam dicunt εὐφαντασίωτον qui sibi res uoces actus
secundum uerum optime finget: quod quidem nobis uolentibus facile continget; nisi uero inter otia animorum et spes
10 inanes et uelut somnia quaedam uigilantium ita nos hae de
quibus loquor imagines prosecuntur ut peregrinari nauigare
proeliari, populos adloqui, diuitiarum quas non habemus
usum uideamur disponere, nec cogitare sed facere: hoc animi
uitium ad utilitatem non transferemus. [ad] Hominem 31
15 occisum queror: non omnia quae in re praesenti accidisse
credibile est in oculis habebo? non percussor ille subitus
erumpet? non expauescet circumuentus, exclamabit uel
rogabit uel fugiet? non ferientem, non concidentem uidebo?
non animo sanguis et pallor et gemitus, extremus denique
20 expirantis hiatus insidet? Insequetur ἐνάργεια, quae a 32
Cicerone inlustratio et euidentia nominatur, quae non tam
dicere uidetur quam ostendere, et adfectus non aliter quam si
rebus ipsis intersimus sequentur. An non ex his uisionibus
illa sunt:
25   'excussi manibus radii reuolutaque pensa',
         'leuique patens in pectore uulnus',

21 inlustratio *nusquam in Cic. libris inuenitur: de* euidentia *u. acad.
pr. 2. 17*   25 Verg. Aen. 9. 476   26 *ibid. 11. 40*

A]   5 cernere g: censere A   6 conceperit P (at cf. § 33,
10. 7. 15)   7 has a (is A¹): *del. Halm:* istum *Kiderlin 1889-2:
malim* eum *post* dicunt *addere*   ΕΥΠΑΝΤΑCΙCΟΤΟΝ A (CICO
in ras.)   9 nisi uero *Toernebladh:* nihil uero A: an uero *Spalding,
non male*   10 quadam A : *corr.* g   14 hominem *Spalding*: ad (at a) homine (-em a) A: *fort. delendum (cf. 6. 1. 16)*
15 occidisse A : *corr.* t   16 oculos A : *corr.* g   20 insequitur A¹:
hinc sequetur *Patr. (ut coni. Spalding):* inde sequitur *Kiderlin 1889-2*
ΕΝΕΡΓΕΙΑ A (*ex* -ΚΕΙΑ): *corr.* p (*1470*)   21 inlustratio A : illustris oratio *Kayser (ad Cornific. p. 312), fort. recte (cf. Cic. part. orat. 20)*

335

33 equus ille in funere Pallantis 'positis insignibus'? Quid? non idem poeta penitus ultimi fati cepit imaginem, ut diceret: 'et dulcis moriens reminiscitur Argos'? **34** Vbi uero miseratione opus erit, nobis ea de quibus queremur accidisse credamus, atque id animo nostro persuadeamus. Nos illi simus quos grauia indigna tristia passos queremur, nec agamus rem quasi alienam, sed adsumamus parumper illum dolorem: ita dicemus quae in nostro simili casu dicturi **35** essemus. Vidi ego saepe histriones atque comoedos, cum ex aliquo grauiore actu personam deposuissent, flentes adhuc egredi. Quod si in alienis scriptis sola pronuntiatio ita falsis accendit adfectibus, quid nos faciemus, qui illa cogitare **36** debemus ut moueri periclitantium uice possimus? Sed in schola quoque rebus ipsis adfici conuenit, easque ueras sibi fingere, hoc magis quod illic ⟨ut⟩ litigatores loquimur frequentius quam ut aduocati: orbum agimus et naufragum et periclitantem, quorum induere personas quid attinet nisi adfectus adsumimus?

Haec dissimulanda mihi non fuerunt, quibus ipse, quantuscumque sum aut fui, peruenisse me ad aliquod nomen ingeni credo: frequenter motus sum ut me non lacrimae solum deprenderent, sed pallor et ueri similis dolor.

3. Huic diuersa uirtus quae risum iudicis mouendo et illos tristes soluit adfectus et animum ab intentione rerum frequenter auertit et aliquando etiam reficit et a satietate uel a fatigatione renouat. Quanta sit autem in ea difficultas uel duo maximi oratores, alter Graecae, alter Latinae eloquentiae

---

1 *Verg. Aen. 11. 89*   3 *ibid. 10. 782*

A]   1 equus *Spalding*: et quos *A*: et equus *iam P* (*quo recepto* ⟨et⟩ leuique *scribamus cum Philandro*)   2 concepit *Spalding* (*at cf.* § *30*)   5 id *Regius*: in *A*   6 tristia *1416*: tristitia *A* 8 casus *A*: *corr.*   9 essemus *t*: uidissemus *A*: fuimus *Halm* 12 accendit *P*: accedit *A*   13 ut ... possimus *1418*: et ... possumus *A*   14 uera *A*: *corr. t*   15 illic ut *t*: illi *A*   17 quid *t*: quod *A*   20 sum *p**: is *A*: sim *g*   aliquod *G*: -quid *A* 21 ⟨ita⟩ motus *Halm*   22 ueri *H*: uere *A*: uero *g*   23 DE RISV Huic *A*   27 gr(a)ec(a)e *1434*: graeca *A*: gcāe *G* (*corr. ex* gcā?)

INSTITVTIO ORATORIA 6.3.7

princeps, docent: nam plerique Demostheni facultatem de- 2
fuisse huius rei credunt, Ciceroni modum. Nec uideri potest
noluisse Demosthenes, cuius pauca admodum dicta nec sane
ceteris eius uirtutibus respondentia palam ostendunt non
displicuisse illi iocos sed non contigisse. Noster uero non 3
solum extra iudicia sed in ipsis etiam orationibus habitus
est nimius risus adfectator. Mihi quidem, siue id recte iudico
siue amore inmodico praecipui in eloquentia uiri labor, mira
quaedam in eo uidetur fuisse urbanitas. Nam et in sermone 4
cotidiano multa et in altercationibus et interrogandis testibus plura quam quisquam dixit facete, et illa ipsa quae sunt
in Verrem dicta frigidius aliis adsignauit et testimonii loco
posuit, ut, quo sunt magis uulgaria, eo sit credibilius illa non
ab oratore ficta sed passim esse iactata. Vtinamque libertus 5
eius Tiro, aut alius, quisquis fuit, qui tris hac de re libros
edidit, parcius dictorum numero indulsissent et plus iudicii
in eligendis quam in congerendis studii adhibuissent: minus
obiectus calumniantibus foret, qui tamen nunc quoque, ut in
omni eius ingenio, facilius quod reici quam quod adici possit
inuenient. Adfert autem rei summam difficultatem primum 6
quod ridiculum dictum plerumque falsum est [hoc semper
humile], saepe ex industria deprauatum, praeterea numquam honorificum: tum uaria hominum iudicia in eo quod
non ratione aliqua sed motu animi quodam nescio an enarra-
bili iudicatur. Neque enim ab ullo satis explicari puto, licet 7
multi temptauerint, unde risus, qui non solum facto aliquo
dictoue, sed interdum quodam etiam corporis tactu lacessi-
tur. Praeterea non una ratione moueri solet: neque enim
acute tantum ac uenuste, sed stulte iracunde timide dicta

12 *Verr.* 1. 121

A]   1 princeps *1416*: principes *A*   2 huius *t*: huic *A*
5 iocos *1434*: locos *A*   7 affectator *1418*: affectatior
A   12 uerrem *t*: uerre *a* (*ex* uere)   15 aut *ed. Col. 1521*: et *A*
19 quod . . . quod *ed. Camp.*: quid . . . quid *A*   20 summam *G*:
summa *A*   21–2 hoc semper humile *del. Vollmer* (*ap. Rad.*): ac *pro*
hoc *p* (*1470*)   28 una ratione *P*: ut narratione *A*   soleat *A*:
corr. p (*1470*)

6.3.8 M. FABI QVINTILIANI

ac facta ridentur, ideoque anceps eius rei ratio est, quod a
8 derisu non procul abest risus. Habet enim, ut Cicero dicit,
sedem in deformitate aliqua et turpitudine: quae cum in
aliis demonstrantur, urbanitas, cum in ipsos dicentis reccidunt, stultitia uocatur.

Cum uideatur autem res leuis, et quae a scurris, mimis,
insipientibus denique saepe moueatur, tamen habet uim
nescio an imperiosissimam et cui repugnari minime potest.
9 Erumpit etiam inuitis saepe, nec uultus modo ac uocis exprimit confessionem, sed totum corpus ui sua concutit.
Rerum autem saepe, ut dixi, maximarum momenta uertit,
10 ut cum odium iramque frequentissime frangat. Documento
sunt iuuenes Tarentini, qui multa de rege Pyrrho sequius inter cenam locuti, cum rationem facti reposcerentur et neque
negari res neque defendi posset, risu sunt et oportuno ioco
elapsi. Namque unus ex iis 'immo', inquit, 'nisi lagona defecisset, occidissemus te', eaque urbanitate tota est inuidia
criminis dissoluta.

11 Verum hoc quidquid est, ut non ausim dicere carere omnino arte, quia nonnullam obseruationem habet suntque ad
id pertinentia et a Graecis et a Latinis composita praecepta,
ita plane adfirmo praecipue positum esse in natura et in
12 occasione. Porro natura non tantum in hoc ualet, ut acutior
quis atque habilior sit ad inueniendum (nam id sane doctrina
possit augeri), sed inest proprius quibusdam decor in habitu
ac uultu, ⟨ut⟩ eadem illa minus alio dicente urbana esse
13 uideantur. Occasio uero et in rebus est, ⟨cuius est⟩ tanta uis
ut saepe adiuti ea non indocti modo sed etiam rustici salse

2 *de orat.* 2. *236*

A]   6 et quae *t*: atque *a in ras.* (cetque *G*)   a scurris *P*:
abcurris *G¹* (*ab* scurris *A*)   7 insipientibus *1418*: inspicientibus *A*
tamen *Regius*: tum *A*   9 inuitus *A*: *corr. Regius*   nec uultus
ed. Ald.: nec uultum *a* (nec uultus ope nec uultum *A¹*)   13 sequius *A¹* (?), *Halm*: securius *a in ras.*   14 resposcerentur *A*: *corr. t*
25 quibus *A*: *corr. g*   decor *P*: decorum *a* (deorum *A¹*)   26 ut
add. p*   27 cuius est *add. Halm* (⟨cuius⟩ *iam Spalding*)   28 salse
g (*ex* saise): *satise A*

INSTITVTIO ORATORIA   6.3.19

dicant, et in eo, quid aliquis dixerit prior; sunt enim longe
uenustiora omnia in respondendo quam in prouocando.
Accedit difficultati quod eius rei nulla exercitatio est, nulli 14
praeceptores. Itaque in conuiuiis et sermonibus multi
5 dicaces, quia in hoc usu cotidiano proficimus: oratoria urbanitas rara, nec ex arte propria sed ad hanc consuetudine
commodata. Nihil autem uetabat et componi materias in 15
hoc idoneas, ut controuersiae permixtis salibus fingerentur,
uel res proponi singulas ad iuuenum talem exercitationem.
10 Quin ipsae illae (dicta sunt ac uocantur) quas certis diebus 16
festae licentiae dicere solebamus, si paulum adhibita ratione
fingerentur aut aliquid in his serium quoque esset admixtum,
plurimum poterant utilitatis adferre: quae nunc iuuenum
uel sibi ludentium exercitatio est.
15   Pluribus autem nominibus in eadem re uulgo utimur: 17
quae tamen si diducas, suam quandam propriam uim osten-
dent. Nam et urbanitas dicitur, qua quidem significari uideo
sermonem praeferentem in uerbis et sono et usu proprium
quendam gustum urbis et sumptam ex conuersatione
20 doctorum tacitam eruditionem, denique cui contraria sit
rusticitas. Venustum esse quod cum gratia quadam et uenere 18
dicatur apparet. Salsum in consuetudine pro ridiculo tantum
accipimus: natura non utique hoc est, quamquam et ridicula
esse oporteat salsa. Nam et Cicero omne quod salsum sit ait
25 esse Atticorum non quia sunt maxime ad risum compositi,
et Catullus, cum dicit:
              'nulla est in corpore mica salis',
non hoc dicit, nihil in corpore eius esse ridiculum. Salsum 19
igitur erit quod non erit insulsum, uelut quoddam simplex
30 orationis condimentum, quod sentitur latente iudicio uelut
palato, excitatque et a taedio defendit orationem. Sales enim,

24 *orat. 90*   26 *86. 4*

A]   6 consuetudinem *A*¹   10 ipsae illae] *sc.* res   14 sibi
mirum est   18 sono *g*: soso *A*   usu *A*: *fort.* gestu (*cf.* § *107*)
24 salsum *g*: sum *A*   25 sint *Gesner* (*at cf.* 2. 4. 31)   31 sales
enim *Spalding*: sane tamen *A* (tamen *del. p**)

339

6.3.20 M. FABI QVINTILIANI

ut ille in cibis paulo liberalius adspersus, si tamen non sit inmodicus, adfert aliquid propriae uoluptatis, ita hi quoque in dicendo habent quiddam quod nobis faciat audiendi sitim. Facetum quoque non tantum circa ridicula opinor consistere; neque enim diceret Horatius facetum carminis genus natura concessum esse Vergilio. Decoris hanc magis et excultae cuiusdam elegantiae appellationem puto. Ideoque in epistulis Cicero haec Bruti refert uerba: 'ne illi sunt pedes faceti ac †deliciis ingredienti mollius'.† Quod conuenit cum illo Horatiano:
   'molle atque facetum Vergilio'.

21 Iocum uero id accipimus quod est contrarium serio: nam et fingere et terrere et promittere interim iocus est. Dicacitas sine dubio a dicendo, quod est omni generi commune, ducta est, proprie tamen significat sermonem cum risu aliquos incessentem. Ideo Demosthenen urbanum fuisse dicunt, dicacem negant.

22 Proprium autem materiae de qua nunc loquimur est ridiculum, ideoque haec tota disputatio a Graecis περὶ γελοίου inscribitur. Eius prima diuisio traditur eadem quae est omnis **23** orationis, ut sit positum in rebus ac uerbis. Vsus autem maxime triplex: aut enim ex aliis risum petimus aut ex nobis aut ex rebus mediis. Aliena aut reprendimus aut refutamus aut eleuamus aut repercutimus aut eludimus. Nostra ridicule indicamus et, ut uerbo Ciceronis utar, dicimus aliqua subabsurda. Namque eadem quae si inprudentibus excidant **24** stulta sunt, si simulamus uenusta creduntur. Tertium est

---

5, 10 *sat. I. 10. 44–5*   8 *frg. epist. XVII. 2*   25 *de orat. 2. 289*   26–7 namque ... creduntur → '*Cassiodorus*' *p. 503. 29–30*

A]   1 adspersus ⟨nocet⟩ *Zumpt**: *malim* ⟨displicet⟩   6 carminis *ed. Ald.*: catominis *A*   9 illi *1461*: ulli *A*   facti *A*: *corr. t*   deliciis ... mollius *A*: ⟨per⟩ delicias ingredientis mollius *tempt. Watt (ad Cic. frg.)*: deliciis ingrediendi molles (*sic t*) *p*   10–11 quod ... Vergilio *secl. Gesner*   12 *lacunam post* serio *statuit Halm praeeunte Spaldingio*   13 et fingere *1418*: effingere *A*   17 dictacem *A*: *corr. g*   22 triplex *ed. Asc. 1516*: simplex *A*   24 ridicula *A*: *corr. Regius*

INSTITVTIO ORATORIA 6. 3. 28

genus, ut idem dicit, in decipiendis expectationibus, dictis aliter accipiendis, ceteris, quae neutram personam contingunt ideoque a me media dicuntur. Item ridicula aut facimus 25 aut dicimus. Facto risus conciliatur interim admixta grauitate, ut M. Caelius praetor, cum sellam eius curulem consul Isauricus fregisset, alteram posuit loris intentam (dicebatur autem consul a patre flagris aliquando caesus): interim sine respectu pudoris, ut in illa pyxide Caeliana, quod neque oratori neque ulli uiro graui conueniat. Idem autem de uultu 26 gestuque ridiculo dictum sit: in quibus est quidem sua gratia, sed maior cum captare risum non uidentur; nihil enim est iis quae †dicenti† salsa dicuntur insulsius. Quamquam autem gratiae plurimum dicentis seueritas adfert, fitque ridiculum id ipsum, quod qui dicit illa non ridet, est tamen interim et aspectus et habitus oris et gestus non inurbanus, cum iis modus contingit. Id porro quod dicitur aut est lasciuum et 27 hilare, qualia Gabbae pleraque, aut contumeliosum, qualia nuper Iuni Bassi, aut asperum, qualia Cassi Seueri, aut lene, qualia Domiti Afri. Refert his ubi quis utatur. Nam in con- 28 uictibus et cotidiano sermone lasciua humilibus, hilaria omnibus conuenient. Laedere numquam uelimus, longeque absit illud propositum, potius amicum quam dictum perdendi. In hac quidem pugna forensi malim mihi lenibus uti licere. Nonnumquam et contumeliose et aspere dicere in aduersarios permissum est, cum accusare etiam palam et caput alterius iuste petere concessum sit. Sed hic quoque tamen inhumana

5 *Cael. 69*

A]   2 ceteris *A* (*cf.* 5. 11. 13): ceterisque *t*   5 c(a)elius *Burn. 243*: caccilius *A*   9 oratori *G*: aratori *A* (!) *de ed. Camp.*: sed *A*   10 sua *Spalding* (*cf.* 4. 5. 24: 9. 3. 86): summa *A*   11 uidentur *1418*: uidetur *A*   12 dicti *A*: sicut *Gesner inter addenda* (*fort.* sicuti)   insulsius *1418*: insullius *A*   16 contingit *G*[1] (*felici errore?*): -tigit *A* (*et g*)   17 Gabbae *Buecheler 1899*: *galbae *A*: *quam ὀρθογραφίαν saepe in hoc capite praebet A* (§§ 64, 66, 90: *u. etiam* §§ 62, 80)   19 afri *1416*: apri *A*   20 humilibus *1418*: humilis *A*   21 ludere *A*: *corr. Rollin*   22 perdidi *A*: *corr. Muretus*   23 forensi *Regius*: -sium *A*   26 iuste *secl. Spalding*

6.3.29 M. FABI QVINTILIANI

uideri solet fortunae insectatio, uel quod culpa caret uel quod
redire etiam in ipsos qui obiecerunt potest. Primum itaque
considerandum est et quis ⟨et⟩ in qua causa et apud quem
29 et in quem et quid dicat. Oratori minime conuenit distortus
uultus gestusque, quae in mimis rideri solent. Dicacitas
etiam scurrilis et scaenica huic personae alienissima est:
obscenitas uero non a uerbis tantum abesse debet, sed etiam
a significatione. Nam si quando obici potest, non in ioco ex-
30 probranda est. Oratorem praeterea ut dicere urbane uolo,
ita uideri adfectare id plane nolo. Quapropter ne dicet
quidem salse quotiens poterit, et dictum potius aliquando
31 perdet quam minuet auctoritatem. Nec accusatorem autem
atroci in causa nec patronum in miserabili iocantem feret
quisquam. Sunt etiam iudices quidam tristiores quam ut
32 risum libenter patiantur. Solet interim accidere ut id quod
in aduersarium dicimus aut in iudicem conueniat aut in
nostrum quoque litigatorem, quamquam aliqui reperiuntur
qui ne id quidem quod in ipsos reccidere possit euitent. Quod
fecit Longus Sulpicius, qui, cum ipse foedissimus esset, ait
eum contra quem iudicio liberali aderat ne faciem quidem
habere liberi hominis: cui respondens Domitius Afer 'ex
tui' inquit 'animi sententia, Longe, qui malam faciem habet
33 liber non est?' Vitandum etiam ne petulans, ne superbum,
ne loco, ne tempore alienum, ne praeparatum et domo alla-
tum uideatur quod dicimus: nam aduersus miseros, sicut
supra dixeram, inhumanus est iocus. Sed quidam ita sunt
receptae auctoritatis ac notae uerecundiae ut nocitura sit in
eos dicendi petulantia; nam de amicis iam praeceptum est.
34 Illud non ad oratoris consilium, sed ad hominis pertinet:
lacessat hoc modo quem laedere sit periculosum, ne aut
inimicitiae graues insequantur aut turpis satisfactio. Male
etiam dicitur quod in pluris conuenit, si aut nationes totae

A] 2 redire *A* : recidere *Regius* (*cf.* § *32*) 3 et² *post Regium ed. Gryph. 1536*: om. *A* 4 quem *1418*: que *A* 23 superbus *A*: corr. *p** 24 tempori *Regius* 26 sed *A*: et *Halm* 28 dicenti *Gesner, fort. recte* 29 oratoris *Harster* (*ap. Halm*): ora (orā *a*) *fori* *A* 31 insequentur *A*: corr. *t*

INSTITVTIO ORATORIA 6.3.40

incessantur aut ordines aut condicio aut studia multorum.
Ea quae dicet uir bonus omnia salua dignitate ac uerecundia 35
dicet: nimium enim risus pretium est si probitatis inpendio
constat.

5   Vnde autem concilietur risus et quibus ex locis peti soleat,
difficillimum dicere. Nam si species omnis persequi uelimus,
nec modum reperiemus et frustra laborabimus. Neque enim 36
minus numerosi sunt loci ex quibus haec dicta quam illi ex
quibus eae quas sententias uocamus ducuntur, neque alii.
10 Nam hic quoque est inuentio et elocutio, atque ipsius elocutionis uis alia in uerbis, alia in figuris. Risus igitur oriuntur 37
aut ex corpore eius in quem dicimus, aut ex animo, qui factis
ab eo dictisque colligitur, aut ex iis quae sunt extra posita;
intra haec enim est omnis uituperatio: quae si grauius posita
15 sit, seuera est, si leuius, ridicula. Haec aut ostenduntur aut
narrantur aut dicto notantur. Rarum est ut oculis subicere 38
contingat, ut fecit C. Iulius: qui cum Heluio Manciae saepius
obstrepenti sibi diceret: 'iam ostendam qualis sis', isque
plane instaret interrogatione qualem tandem se ostensurus
20 esset, digito demonstrauit imaginem Galli in scuto Cimbrico
pictam, cui Mancia tum simillimus est uisus: tabernae autem
erant circa forum ac scutum illud signi gratia positum.
Narrare quae salsa sint in primis est subtile et oratorium, ut 39
Cicero pro Cluentio narrat de Caepasio atque Fabricio aut
25 M. Caelius de illa D. Laeli collegaeque eius in prouinciam
festinantium contentione. Sed in his omnibus cum elegans
et uenusta exigitur tota expositio, tum id festiuissimum est
quod adicit orator. Nam et a Cicerone sic est Fabrici fuga
illa condita: 'itaque cum callidissime se putaret dicere et 40

17 u. Cic. de orat. 2. 266   24 57 seq.   25 et p. 344 l. 7 ORF p. 489

A]   2 salua *P*: sal*i*ta *A* (sallia *G*)   3 dicet *D'Orv. 13*: decet *A*
9 eae *p?*, *1470* (causae *Vat. lat. 1766*): eas *A*: ea *ed. Camp.*, *fort. recte*
13 dictisque *p**: dicitis que *A*: dictis qui *G*   his *A*   14 intra *P*:
inter* *A*   15 sit *A*: est *ed. Camp.*   17 Manciae *Philander*:
mancipe *A*   18 diceret iam *Regius*: dicere (diceret *a*) etiam *A*
19 tandem *1418*: talem *A*   21 piotam *A*: *corr. t*   Mancia
Philander: mance*ps* *A*   23 falsa *1416*

343

cum illa uerba grauissima ex intimo artificio deprompsisset:
"respicite, iudices, hominum fortunas, respicite C. Fabrici
senectutem", cum hoc "respicite" ornandae orationis causa
saepe dixisset, respexit ipse: at Fabricius a subselliis demisso
capite discesserat', et cetera quae adiecit (nam est notus
locus), cum in re hoc solum esset, Fabricium a iudicio reces-
41 sisse; et Caelius cum omnia uenustissime finxit, tum illud
ultimum: 'hic subsecutus quo modo transierit, utrum rati
an piscatorio nauigio, nemo sciebat: Siculi quidem, ut sunt
lasciui et dicaces, aiebant in delphino sedisse et sic tamquam
42 Ariona transuectum'. In narrando autem Cicero consistere
facetias putat, dicacitatem in iaciendo. Mire fuit in hoc
genere uenustus Afer Domitius, cuius orationibus complures
huius modi narrationes insertae reperiuntur, sed dictorum
43 quoque ab eodem urbane sunt editi libri. Illud quoque genus
est, positum non in hac ueluti iaculatione dictorum et
inclusa breuiter urbanitate, sed in quodam longiore actu,
quod de L. Crasso contra Brutum Cicero in secundo de
44 Oratore libro et aliis quibusdam locis narrat. Nam cum
Brutus in accusatione C. Planci excitatis duobus lectoribus
ostendisset contraria L. Crassum patronum eius in oratione
quam de colonia Narbonensi habuerat suasisse iis quae de
lege Seruilia dixerit, tris excitauit et ipse lectores, iisque
patris eius dialogos dedit legendos: quorum cum in Priuer-
nati unus, alter in Albano, tertius in Tiburti sermonem
habitum complecteretur, requirebat ubi essent eae posses-
siones. Omnis autem illas Brutus uendiderat, et tum paterna
emancupare praedia turpius habebatur. Similis in apologis
quoque et quibusdam interim etiam historiis exponendis
gratia consequi solet.

11 *orat. 87*   18 *223 seq.: cf. Cluent. 140*

A]   4 demisso *P, Cic.*: dimiso *A*¹ (dimisso *a*)   8 rate *a*
12 iaciendo *Regius (cf. Cic.)*: fac- *A*   14 insert(a)e *1418*: infertae
A   19 aliis *P*: alii *A*   narrat *P*: narra*n*t *A*   20 Cn. *Philander*
excitatis *Pithoeus (in ed. Leid.)*: ex *A*   23 dixerat *Regius*
29 exponendis *ed. Ven. 1493*: exponendi *A*

Sed acutior est illa atque uelocior in urbanitate breuitas. **45**
Cuius quidem duplex forma est, dicendi ac respondendi, sed
ratio communis in parte; nihil enim, quod in lacessendo dici
potest, non etiam in repercutiendo: at quaedam propria sunt **46**
respondentium. Illa meditata atque cogitata adferri solent,
haec plerumque in altercatione aut in rogandis testibus
reperiuntur. Cum sint autem loci plures ex quibus dicta
ridicula ducantur, repetendum est mihi non omnis eos
oratoribus conuenire, in primis ex amphibolia, neque illa **47**
obscura quae Atellanio more captant, nec qualia uulgo
iactantur ⟨a⟩ uilissimo quoque, conuersa in maledictum fere
ambiguitate: ne illa quidem quae Ciceroni aliquando sed
non in agendo exciderunt, ut dixit, cum is candidatus qui
coci filius habebatur coram eo suffragium ab alio peteret:
'ego quoque tibi fauebo'; non quia excludenda sint omnino **48**
uerba duos sensus significantia, sed quia raro belle respondeant, nisi cum prorsus rebus ipsis adiuuantur. Quare [non]
hoc [modo] paene et ipsum scurrile Ciceronis est in eundem
de quo supra dixi Isauricum: 'miror quid sit quod pater
tuus, homo constantissimus, te nobis uarium reliquit'. Sed **49**
illud ex eodem genere praeclarum: cum obiceret Miloni
accusator, in argumentum factarum Clodio insidiarum, quod
Bouillas ante horam nonam deuertisset, ut expectaret dum
Clodius a uilla sua exiret, et identidem interrogaret quo tempore Clodius occisus esset, respondit 'sero': quod uel solum
sufficit ut hoc genus non totum repudietur. Nec plura modo **50**

18 *frg. orat. B. 3*

A]   3 partem *A* : *corr.* *p**   5 meditata atque *dubitanter scripsi*: etiam itaque *A* : meditati *iam Halm* (*et pro illo* concitati *Spalding*): alii alia (*ut e.g.* etiam atque etiam *Spalding*)   cogitata *Becher* (*ap. Rad.*): concitati *A*   afferre *a*   7 reperiuntur *Spalding*: requiruntur *A* (requiruntur *t*)   10 obscura *A* (*def. Beare*): obscena *Teuffel*   attelanio *p**: atellaniae *A* : Atellani e (*debuit* ex) *Spalding*   11 a *add. ed. Vasc. 1538*   14 ab alio *Vat. lat. 1766*: ab eo *A* : *malim deletum*   18 hoc *scripsi*: non hoc modo *A* : *del. Halm*   Ciceronis *fort. delendum*   23 diuertisset *A* : *corr.* *Burman*

significari solent, sed etiam diuersa, ut Nero de seruo pessimo dixit: 'nulli plus apud se fidei haberi, nihil ei nec clusum
51 neque signatum esse'. Peruenit res usque ad aenigma, quale est Ciceronis in Plaetorium Fontei accusatorem, cuius matrem dixit dum uixisset ludum, postquam mortua esset magistros habuisse (dicebantur autem, dum uixit, infames feminae conuenire ad eam solitae, post mortem bona eius uenierant): quamquam hic 'ludus' per tralationem dictum
52 est, 'magistri' per ambiguitatem. In metalempsin quoque cadit eadem ratio dictorum, ut Fabius Maximus, incusans Augusti congiariorum quae amicis dabantur exiguitatem, heminaria esse dixit (nam congiarium commune liberalitatis
53 atque mensurae) a mensura ducta inminutione rerum. Haec tam frigida quam est nominum fictio adiectis detractis mutatis litteris, ut Acisculum, quia esset pactus, 'Pacisculum', et Placidum nomine, quod is acerbus natura esset, 'Acidum', et Tullium, cum fur esset, 'Tollium' dictos inuenio.
54 Sed haec eadem genera commodius in rebus quam in nominibus respondent. Afer enim uenuste Manlium Suram multum in agendo discursantem salientem, manus iactantem, togam deicientem et reponentem, non agere dixit sed satagere. Est enim dictum per se urbanum 'satagere', etiam si nulla subsit
55 alterius uerbi similitudo. Fiunt et adiecta et detracta adspiratione et diuisis coniunctisque uerbis similiter saepius frigida, aliquando tamen recipienda: eademque condicio est in iis quae a nominibus trahuntur. Multa ex hoc ⟨genere⟩ Cicero in Verrem, sed ut ab aliis dicta: modo futurum ut omnia uerreret [cum diceretur Verres], modo Herculi, quem

27 cf. 2. 18   28 4. 95

A]   2 nec clusum *D'Orv. 13*: nec lusum *A*¹ (ne oclusum *a*): nec occlusum *Cic. de orat. 2. 248*   3 peruenit res *t*: peruenires *A* enigma *P*: enignam *A* (-mam *G*)   quale *p**: quae *A*   11 Augusti *Regius*: angustae *A*   dabant *A*: *corr. t*: dabat *tempt. Halm* 12 heminariam *A*: *corr. Regius*   14 adiectis *p**: adiecit *A*¹ (adiecitis *a*)   17 acidum *p**: acitum *A*   26 genere *suppl. Spalding, fort. iniuria*   28 cum . . . Verres *del. Gesner*

INSTITVTIO ORATORIA 6.3.61

expilauerat, molestiorem quam aprum Erymanthium fuisse, modo malum sacerdotem qui tam nequam uerrem reliquisset, quia Sacerdoti Verres successerat. Praebet tamen aliquando **56** occasionem quaedam felicitas hoc quoque bene utendi, ut 5 pro Caecina Cicero in testem Sex. Clodium Phormionem: 'nec minus niger' inquit 'nec minus confidens quam est ille Terentianus Phormio'.

Acriora igitur sunt et elegantiora quae trahuntur ex ui **57** rerum. In iis maxime ualet similitudo, si tamen ad aliquid 10 inferius leuiusque referatur: qualia ueteres illi iocabantur, qui Lentulum 'Spintherem' et Scipionem 'Serapionem' esse dixerunt. Sed ea non ab hominibus modo petitur, uerum etiam ab animalibus, ut nobis pueris Iunius Bassus, homo in primis dicax, 'asinus albus' uocabatur, et Sarmentus * **58** 15 †seu P. Blessius† Iulium, hominem nigrum et macrum et pandum, 'fibulam ferream' dixit. Quod nunc risus petendi genus frequentissimum est. Adhibetur autem similitudo **59** interim palam, interim †solet parabolae†: cuius est generis ⟨illud⟩ Augusti, qui militi libellum timide porrigenti 'noli' 20 inquit 'tamquam assem elephanto des'. Sunt quaedam †ui† **60** similia, unde Vatinius dixit hoc dictum, cum reus agente in eum Caluo frontem candido sudario tergeret idque ipsum accusator in inuidiam uocaret: 'quamuis reus sum', inquit, 'et panem tamen candidum edo'. Adhuc est subtilior **61** 25 illa ex simili tralatio, cum quod in alia re fieri solet in aliam mutuamur; ea dicatur sane fictio: ut Chrysippus, cum in

2 *1. 121*   5 *27*

A]   1 molestiorem *G*: mod- *A*   apro erym*a*ntio *A*: *corr. Halm*
3 sacerdoti verres *Burn. 243*: sacerdos** uerri* *A*   10 qualia *Spalding*: q⟨ iam *A*   11 serapionem *p* (*Regius*): serat- *A*
14 *lacunam indicauit Rademacher: excidit et exemplum ad Sarmentum pertinens et (quod iam Kiderlin 1889-2 dispexerat) mentio noui generis 'ab inanimis' (uel sim.)*   15 *seu sine dubio post corruptionem additum est ut nomina coniungeret*   18 interim² *t* (*sed is seruato serio*): serio *A*   solet parabolae *A*: inseri solet parabolae *Regius (miro ordine)*: *malim* sicut parabole   19 illud *add. Halm* (⟨id⟩ *iam t*)
20 assem elephanto *1418*: et semel panto *A*   ui *nondum explicatum: excidit fortasse aliquid*   24 panem tamen *scripsi*: parentem *A*: panem *P*: panem item *Haupt 1873*

347

triumpho Caesaris eborea oppida essent tralata et post dies
paucos Fabi Maximi lignea, thecas esse oppidorum Caesaris
dixit. Et Pedo de myrmillone qui retiarium consequebatur
62 nec feriebat 'uiuum' inquit 'capere uult'. Iungitur amphibo-
liae similitudo, ut a L. Galba, qui pilam neglegenter petenti
'sic' inquit 'petis tamquam Caesaris candidatus'. Nam illud
'petis' ambiguum est, securitas similis. Quod hactenus osten-
63 disse satis est. Ceterum frequentissima aliorum generum
cum aliis mixtura est, eaque optima quae ex pluribus constat. Eadem dissimilium ratio est. Hinc eques Romanus, ad
quem in spectaculis bibentem cum misisset Augustus qui ei
diceret: 'ego si prandere uolo, domum eo', 'tu enim' inquit
64 'non times ne locum perdas'. Ex contrario non una species.
Neque enim eodem modo dixit Augustus praefecto quem
ignominia mittebat, subinde interponenti precibus: 'quid
respondebo patri meo?' 'dic me tibi displicuisse', quo Gabba
paenulam roganti: 'non possum commodare, domi maneo',
cum cenaculum eius perplueret. Tertium adhuc illud, nisi
quod ut ne auctorem ponam uerecundia ipsius facit: 'libi-
dinosior es quam ullus spado', quo sine dubio et opinio
decipitur, sed ex contrario. Et hoc ex eodem loco est, sed
nulli priorum simile, quod dixit M. Vestinus cum ei nuntia-
65 tum esset * 'aliquando desinet putere'. Onerabo librum
exemplis, similemque iis qui risus gratia componuntur effi-
ciam, si persequi uoluero singula ueterum.

Ex omnibus argumentorum locis eadem occasio est. Nam
et finitione usus est Augustus de pantomimis duobus qui
alternis gestibus contendebant, cum eorum alterum salta-
66 torem dixit, alterum interpellatorem, et partitione Gabba,
cum paenulam roganti respondit: 'non pluit, non opus est
tibi: si pluet, ipse utar'. Proinde genere specie propriis

A]   3 myrmillo*ne* . . . retiarum (*sic A: corr. t) A*: retiario . . .
myrmillonem *Leemans*   4–5 amphibologiae *A : corr. p**   5 l. galba
A: galba *G, unde* Gabba *Buecheler 1899, fort. recte*   14 quem ⟨cum⟩
Burman   18 nisi *Becher 1887-1*: si *A*   23 mentionem mortis
foedi cuiusdam hominis excidisse dispexit *Burman*   28–9 saltorem
A: corr. t   31 pluet *p (1470)*: pluuit *A* (pluit *H*)

INSTITVTIO ORATORIA 6.3.71

differentibus iugatis adiunctis consequentibus antecedentibus repugnantibus causis effectis, comparatione parium maiorum minorum similis materia praebetur, sicut in tropos quoque omnis cadit. An non plurima dicuntur ⟨per hyper- **67** bolen? ut⟩ quod refert Cicero de homine praelongo, caput eum ad fornicem Fabium offendisse, et quod P. Oppius dixit de genere Lentulorum, cum assidue minores parentibus liberi essent, nascendo interiturum. Quid ironia? nonne etiam **68** quae seuerissime fit ioci paene genus est? Qua urbane usus est Afer, cum Didio Gallo, qui prouinciam ambitiosissime petierat, deinde, impetrata ea, tamquam coactus querebatur: 'age' inquit 'aliquid et rei publicae causa'. Metaphora quoque Cicero lusit, cum Vatini morte nuntiata, cuius parum certus dicebatur auctor: 'interim' inquit 'usura fruar'. Idem per allegorian M. Caelium, melius obicientem **69** crimina quam defendentem, bonam dextram, malam sinistram habere dicebat. Emphasi A. Villius dixit ferrum in Tuccium incidisse.

Figuras quoque mentis, quae σχήματα διανοίας dicuntur, **70** res eadem recipit omnis, in quas nonnulli diuiserunt species dictorum. Nam et interrogamus et dubitamus et adfirmamus et minamur et optamus; quaedam ut miserantes, quaedam ut irascentes dicimus. Ridiculum est autem omne quod aperte fingitur. Stulta reprehendere facillimum est, nam per **71** se sunt ridicula; sed rem urbanam facit aliqua ex nobis adiectio. Stulte interrogauerat exeuntem de theatro Campatium Titius Maximus an spectasset. Fecit Campatius dubitationem eius stultiorem dicendo: '⟨non⟩, sed in orchestra pila lusi'.

5 de orat. 2. 267

A] 4-5 per hyperbolen ridicula (*sed hoc non necessarium*)? ut *suppl. Radermacher*: alii alia similia 8 interiturum *Gesner*: interit utrumque *A* 9 siuerissime *A*: *corr. Spalding* paene *scripsi*: proene *A* (proe *G, unde* proprie *t,* prope *P uel p**) qua *p**: quam *A* 12 causa. Metaphora *bene Spalding*: causare et abora *A* (causam et labora *G*) 17 uillius *G*: tullius *A* 20 recipit *T*: recepit *A* 24 aperte *t*: aparte *A* 27 fecit *Burn. 243*: facit *A* 28 non *add. Regius*

349

72 Refutatio cum sit in negando redarguendo defendendo eleuando, ridicule negauit Manius Curius; nam cum eius accusator in sipario omnibus locis aut nudum eum in neruo aut ab amicis redemptum ex alea pinxisset, 'ergo ego' inquit **73** 'numquam uici'. Redarguimus interim aperte, ut Cicero Vibium Curium multum de annis aetatis suae mentientem: 'tum ergo cum una declamabamus non eras natus', interim et simulata adsensione, ut idem Fabia Dolabellae dicente triginta se annos habere: 'uerum est', inquit, 'nam hoc illam **74** iam uiginti annis audio'. Belle interim subicitur pro eo quod neges aliud mordacius, ut Iunius Bassus, querente Domitia Passieni quod incusans eius sordes calceos eam ueteres diceret uendere solere, 'non mehercules' inquit 'hoc umquam dixi, sed dixi emere te solere'. Defensionem imitatus est eques Romanus, qui obicienti Augusto quod patrimonium **75** comedisset, 'meum' inquit 'putaui'. Eleuandi ratio est duplex, ut aut nimiam quis iactantiam minuat (quem ad modum C. Caesar Pomponio ostendenti uulnus ore exceptum in seditione Sulpiciana, quod is se passum pro Caesare pugnantem gloriabatur, 'numquam fugiens respexeris' inquit) aut crimen obiectum, ut Cicero obiurgantibus quod sexagenarius **76** Publiliam uirginem duxisset 'cras mulier erit' inquit. Hoc genus dicti consequens uocant quidam, estque illi simile quod Cicero Curionem, semper ab excusatione aetatis incipientem, facilius cotidie prohoemium habere dixit, quia **77** ista natura sequi et cohaerere uideantur. Sed eleuandi genus est etiam causarum relatio, qua Cicero est usus in Vatinium. Qui pedibus aeger cum uellet uideri commodioris ualetudinis factus et diceret se iam bina milia passuum ambulare, 'dies enim' inquit 'longiores sunt'. Et Augustus, nuntiantibus Terraconensibus palmam in ara eius enatam, 'apparet'

A] 4 alea *ed. Jens.*: ale *A* 6 Curium *ed. Zar.*: curtum *A* 8 et *Regius*: ut *A*: *fort. delendum* dicente *Spalding*: dicenti *A* 12 Passieni *ed. Ald.*: passionis *A* 17 nimiam *Deffner (ap. Halm)*: ueniam *A* (uerecundiam *a*) *post* quis *add.* aut *A* (*fort. m. 1) s.l.* 22 publiam *A* (publicam *G*): *corr. ed. Camp.* 23 estque *Radermacher*: atque *A*: atque est *Meister*

INSTITVTIO ORATORIA 6. 3. 83

inquit 'quam saepe accendatis'. Transtulit crimen Cassius 78
Seuerus; nam cum obiurgaretur a praetore quod aduocati
eius L. Varo Epicurio, Caesaris amico, conuicium fecissent,
'nescio' inquit 'qui conuiciati sint, et puto Stoicos fuisse'.
Repercutiendi multa sunt genera, uenustissimum quod
etiam similitudine aliqua uerbi adiuuatur, ut Trachalus
dicenti Suelio 'si hoc ita est, is in exilium', 'si non est ita,
redis' inquit. Elusit Cassius Seuerus, obiciente quodam quod 79
ei domo sua Proculeius interdixisset, respondendo 'numquid
ergo illuc accedo?' Sed eluditur et ridiculum ridiculo (ut
diuus Augustus, cum ei Galli torquem aureum centum pondo
dedissent, et Dolabella per iocum, temptans tamen ioci sui
euentum, dixisset: 'imperator, torque me dona', 'malo'
inquit 'te ciuica donare'), mendacium quoque mendacio, ut 80
Gabba, dicente quodam uictoriato se uno in Sicilia quinque
pedes longam murenam emisse, 'nihil' inquit 'mirum; nam
ibi tam longae nascuntur ut iis piscatores pro restibus cingantur'.
Contraria est neganti confessionis simulatio, sed 81
ipsa quoque multum habet urbanitatis. Sic Afer, cum ageret
contra libertum Claudi Caesaris et ex diuerso quidam condicionis
eiusdem cuius erat litigator exclamasset: 'praeterea
tu semper in libertos Caesaris dicis', 'nec mehercule' inquit
'quicquam proficio'. Cui uicinum est non negare quod obicitur,
cum et id palam falsum est et inde materia bene respondendi
datur, ut Catulus dicenti Philippo: 'quid latras?'
'furem uideo' inquit. In se dicere non fere est nisi scurrarum 82
et in oratore utique minime probabile: quod fieri totidem
modis quot in alios potest, ideoque hoc, quamuis frequens
sit, transeo. Illud uero, etiam si ridiculum est, indignum 83
tamen est homine liberali, quod aut turpiter aut potenter
dicitur: quod fecisse quendam scio qui humiliori libere

A]   3 uareo *A* : *corr. t*   5 uenustissimum *P*: uet*u*ssimum
A   6 Trachalus *Obrecht*: trachalatus *A*   7 suelio *P*:
suclio *A*   9 proclueius *A* : *corr. t*   10 sed *Spalding*: sic *A*
14 te *P*: ter *A*   15 gabba *Vat. lat. 1762 ante corr.* (*ut uol. Buecheler
1899*): galla *A*   siciliam *A*: *corr. t*   24 id *secl. Spalding*
26 fere *1418*: ferre *A*   30 liberali *ed. Bas. 1529*: tolerabili *A*

6. 3. 84 M. FABI QVINTILIANI

aduersus se loquenti 'colaphum' inquit 'tibi ducam, et formulam scribes quod caput durum habeas'. Hic enim dubium est utrum ridere audientes an indignari debuerint.

84 Superest genus decipiendi opinionem aut dicta aliter intellegendi, quae sunt in omni hac materia uel uenustissima. Inopinatum et a lacessente poni solet, quale est quod refert Cicero: 'quid huic abest nisi res et uirtus?' aut illud Afri: 'homo in agendis causis optime uestitus': et in occurrendo, ut Cicero audita falsa Vatini morte, cum obuium libertum eius interrogasset 'rectene omnia?' dicenti 'recte' 'mortuus
85 est!' inquit. Plurimum autem circa simulationem ⟨et dissimulationem⟩ risus est, quae sunt uicina et prope eadem, sed simulatio est certam opinionem animi sui imitantis, dissimulatio aliena se parum intellegere fingentis. Simulauit Afer cum in causa subinde dicentibus Celsinam de re cognouisse (quae erat potens femina) 'quis est' inquit 'iste?' Celsinam
86 enim uideri sibi uirum finxit. Dissimulauit Cicero cum Sex. Annalis testis reum laesisset et instaret identidem accusator: 'dic, M. Tulli, si quid potes de Sexto Annali'; uersus enim dicere coepit de libro Enni annali sexto:

'quis potis ingentis causas euoluere belli?'

87 Cui sine dubio frequentissimam dat occasionem ambiguitas, ut Cascellio, qui consultatori dicenti 'nauem diuidere uolo' 'perdes' inquit. Sed auerti intellectus et aliter solet, cum ab asperioribus ad leniora deflectitur: ut qui, interrogatus quid sentiret de eo qui in adulterio deprehensus esset, tardum
88 fuisse respondit. Ei confine est quod dicitur per suspicionem, quale illud apud Ciceronem querenti quod uxor sua ex fico se suspendisset: 'rogo des mihi surculum ex illa arbore ut

7 *de orat.* 2. 281   20 174   28 *de orat.* 2. 278

A]   4 opinione *A*: *corr. Burman*   7 abest *ed. Jens., Cic.*: est *A*   11–12 et dissimulationem *suppl. ed. Camp.*   18–19 accusator 'dic *Halm* (accusator ei dic *iam P*): accusatodi *A*   19 Tulli si quid *Halm* (tulli numquid *iam P*): tullius inquit *A*   20 annalis *A*: *corr. t*   23 consultatori *A* (*ut idem* 9. 2. 100, 3. 32): consultori *Regius*   24 pedes *A*: *corr. p**   25 indeflectitur *A*: *corr. ed. Asc. 1516*   27 ei *Regius*: et *A*

INSTITVTIO ORATORIA 6.3.93

inseram'; intellegitur enim quod non dicitur. Et hercule **89**
omnis salse dicendi ratio in eo est, ut aliter quam est rectum
uerumque dicatur: quod fit totum fingendis aut nostris aut
alienis persuasionibus aut dicendo quod fieri non potest.
Alienam finxit Iuba, qui querenti quod ab equo suo esset **90**
adspersus 'quid? tu' inquit 'me Hippocentaurum putas?'
Suam C. Cassius, qui militi sine gladio decurrenti 'heus, commilito, pugno bene uteris' inquit, et Gabba de piscibus, qui,
cum pridie ex parte adesi et uersati postera die positi essent,
'festinemus, alii subcenant' inquit. Tertium illud Cicero, ut
dixi, aduersus Curium; fieri enim certe non poterat ut cum
declamaret natus non esset. Est et illa ex ironia fictio, qua **91**
usus est C. Caesar. Nam cum testis diceret a reo femina sua
ferro petita, et esset facilis reprehensio, cur illam potissimum
partem corporis uulnerare uoluisset, 'quid enim faceret',
inquit, 'cum tu galeam et loricam haberes?' Vel optima est **92**
autem simulatio contra simulantem, qualis illa Domiti Afri
fuit. Vetus habebat testamentum, et unus ex amicis recentioribus, sperans aliquid ex mutatione tabularum, falsam
fabulam intulerat, consulens eum an primipilari seni intestato suaderet ordinare suprema iudicia: 'noli' inquit 'facere;
offendis illum'.

Iucundissima sunt autem ex his omnibus lenta ⟨et⟩, ut sic **93**
dixerim, boni stomachi: ut Afer idem ingrato litigatori conspectum eius in foro uitanti per nomenclatorem missum ad
eum 'amas me', inquit, 'quod te non uidi?' et dispensatori,
qui, cum reliqua non reponeret, dicebat subinde 'non

A]   1 intelligitur *G*: intellegit cur *A*   5 suo* *A* (suos *G*):
sputo *P*: *si mutandum est, malim* luto   7 suam *Halm*: sua *A*
(*unde* aliena *l. 5 t*)   9 adesi *ed. Asc. 1516*: adusti *A*   11 curium
Burn. 243: curuum *A* (curbum *G*)   11–12 cum declamaret *A* : *fort.*
declamaret cum (*cf. 5. 10. 44*)   17 autem *scripsi*: ḥ (*ex* ḥ?) *A*
20 primipilari seni *Obrecht*: primipilaris enim *A*   20–1 intestato
scripsi: intestator *A*: iam testato (*hoc Obrecht*) rursus *Spalding, fort.
recte*   23 lenta *A*: lenia *H*   et *1418*: *om. A*   24 Afer idem
ingrato *Spalding* (Afer *iam Regius*, ingrato *1418*): aperia (-iam *a*)
demigrato *A*   27 reponeret *Seeck* (*ap. Rad.*): responeret *A*[1]
(responderet *a*): responderent *Obrecht*

6.3.94   M. FABI QVINTILIANI

comedi; pane et aqua uiuo', 'passer, redde quod debes':
94 quae †ὑπὸ τὸ ἦθος† uocant. Est gratus iocus qui minus exprobrat quam potest, ut idem dicenti candidato 'semper domum tuam colui', cum posset palam negare, 'credo', inquit, †'et uerum'.† Interim de se dicere ridiculum est: et, quod in alium si absentem diceretur urbanum non erat, quoniam
95 ipsi palam exprobratur mouet risum; quale Augusti est cum ab eo miles nescio quid improbe peteret ⟨et⟩ ueniret contra Marcianus, quem suspicabatur et ipsum aliquid iniuste rogaturum: 'non magis' inquit 'faciam, commilito, quod petis quam quod Marcianus a me petiturus est'.
96   Adiuuant urbanitatem et uersus commode positi, seu toti ut sunt (quod adeo facile est ut Ouidius ex tetrastichon Macri carmine librum in malos poetas composuerit), quod fit gratius si qua etiam ambiguitate conditur, ut Cicero in Lartium, hominem callidum et uersutum, cum is in quadam causa suspectus esset:

'nisi si qua Vlixes lintre euasit Lartius':

97 seu uerbis ex parte mutatis, ut in eum qui, cum antea stultissimus esset habitus, post acceptam hereditatem primus sententiam rogabatur:

'hereditas est quam uocant sapientiam'

pro illo 'felicitas est': seu ficti notis uersibus similes, quae
98 παρῳδία dicitur: et prouerbia oportune aptata, ut homini nequam lapso et ut adleuaretur roganti 'tollat te qui non nouit'. Ex historia etiam ducere urbanitatem eruditum est,

13 *frg. 9 Lenz*   18 *frg. trag. inc. XLVII Klotz*   22 *frg. com. inc. 35 (p. 140 Ribbeck³)*

A]   1 pane (panem *a*) et aqua (aquam *a*) bibo *A*: *corr. Haupt 1873, optime*   2 *Graeca ualde dubia*   iocus *Burn. 243 (et p?)*: locus *A*   4–5 et uer*um A* (et uerum est *G*): *excidit, ut uid., aliquid* 6 diceret *A*: *corr. Obrecht*   8 et *add. Spalding*   12 toti *Regius*: tot *A*   15–16 *in l*ertium *A* (inartium *G*): *corr. Bonnell post Spaldingium*   16 hominem *1418*: nomine *A*   18 lintre (rate *iam 1418*) euasit *Spalding*: interuasit *A*: arte euasit *'alii' secundum ed. Leid.*   24–5 homini nequam *P*: homine nequam *a* (homine quam *A¹*)   26 ducere *P*: doc- *A*

354

ut Cicero fecit cum ei testem in iudicio Verris roganti dixisset Hortensius: 'non intellego haec aenigmata'; 'atqui debes', inquit, 'cum Sphingem domi habeas'; acceperat autem ille a Verre Sphingem aeneam magnae pecuniae.

Subabsurda illa constant stulti simulatione: [et] quae nisi **99** fingantur stulta sunt, ut qui mirantibus quod humile candelabrum emisset 'pransorium erit' inquit. Sed illa similia absurdis sunt acria quae tamquam sine ratione dicta feruntur, ut seruus Dolabellae, cum interrogaretur an dominus eius auctionem proposuisset, 'domum' inquit 'uendidit'. De- **100** prensi interim pudorem suum ridiculo aliquo explicant, ut qui testem dicentem se a reo uulneratum interrogauerat an cicatricem haberet, cum ille ingentem in femine ostendisset, 'latus' inquit 'oportuit'. Contumeliis quoque uti belle datur: ut Hispo †obicientibus arbore† crimina accusatori '⟨me ex te⟩ metiris?' inquit. Et Fuluius propincus legatario interroganti an in tabulis quas proferebat chirographus esset 'et uerus', inquit, 'domine'.

Has aut accepi species aut inueni frequentissimas ex qui- **101** bus ridicula ducerentur; sed repetam necesse est infinitas esse tam salse dicendi quam seuere, quas praestat persona locus tempus, casus denique, qui est maxime uarius. Itaque **102** haec ne omisisse uiderer attigi: illa autem quae de usu ipso et modo iocandi complexus sum adfirmarim ⟨esse⟩ plane necessaria.

His adicit Domitius Marsus, qui de urbanitate diligentissime scripsit, quaedam non ridicula, sed cuilibet seuerissimae orationi conuenientia eleganter dicta et proprio

A]   1 testem *A* : tecte *Eberhard (ap. Rad.)*   5 stulti simulatione *Spalding*: stultissimi imitatione *A (at cf.* § *23 : 9. 2. 26)* quae *Spalding*: et quae *A* : *fort.* atque   6 humilem *A* : *corr. t* 8–9 ferunt *A* : *corr. t*   14 contumeliis *Badius* (iurgiis *iam Regius*): umis *A*   15 obicientibus arbore *A* : ob(i)icienti (*hoc recte*) acerba *ed. Camp.*: alii alia   15–16 me (men *Radermacher*) ex te metiris *Buttmann (u. edit. Spald. III. X), praeeunte Schuetz 1804*: mentis *A* 16 legatario *scripsi*: legato *A*   24 adfirmarim esse *scripsi (cf. 11. 3. 5)*: adeo infirmare (-rem *a*) *A* : *fort.* confirmarim esse (*de corruptione cf. 10. 5. 7*): audeo confirmare *Madvig* (*addito* esse *post* plane)

quodam lepore iucunda: quae sunt quidem urbana, sed risum
tamen non habent. Neque enim ei de risu sed de urbanitate
est opus institutum, quam propriam esse nostrae ciuitatis
et sero sic intellegi coeptam, postquam urbis appellatione,
etiam si nomen proprium non adiceretur, Romam tamen
accipi sit receptum. Eamque sic finit: 'urbanitas est uirtus
quaedam in breue dictum coacta et apta ad delectandos
mouendosque homines in omnem adfectum animi, maxime
idonea ad resistendum uel lacessendum, prout quaeque
res ac persona desiderat'. Cui si breuitatis exceptionem
detraxeris, omnis orationis uirtutes complexa sit. Nam si
constat rebus et personis, quod in utrisque oporteat dicere
perfectae eloquentiae est. Cur autem breuem esse eam uoluerit, nescio, cum idem atque in eodem libro dicat fuisse et in
multis narrandi urbanitatem. Paulo post ita finit, Catonis, ut
ait, opinionem secutus: 'Vrbanus homo [non] erit cuius multa
bene dicta responsaque erunt, et qui in sermonibus circulis
conuiuiis, item in contionibus, omni denique loco ridicule
commodeque dicet. Risus erit quicumque haec faciet orator'.
Quas si recipimus finitiones, quidquid bene dicetur et urbane
dicti nomen accipiet. Ceterum illi qui hoc proposuerat con-
sentanea fuit illa diuisio, ut dictorum urbanorum alia seria,
alia iocosa, alia media faceret: nam est eadem omnium bene
dictorum. Verum mihi etiam iocosa quaedam uidentur posse
⟨in⟩ non satis urbana referri. Nam meo quidem iudicio illa est
urbanitas, in qua nihil absonum, nihil agreste, nihil incondi-
tum, nihil peregrinum neque sensu neque uerbis neque ore
gestuue possit deprendi, ut non tam sit in singulis dictis quam
in toto colore dicendi, qualis apud Graecos atticismos ille
reddens Athenarum proprium saporem. Ne tamen iudicium

A] 3 ciuitatis ⟨ait⟩ *Regius* 5 romam *P*: roma *A*
10 ac *t*: ā *A*, *unde* aut *Zumpt* 14 atque *Radermacher*: ad quem *A et del. Spalding* 16 non *del. t* 19 risus ... orator *dubium est et fort. delendum*: orator *del. Hendrickson, recte ut uidetur, nisi deleas et* item in contionibus *et* risus 21 eterum *A*: *corr. t* 25 in *add. Meinel* (*ap. Halm*) urbane *t* (*quo recepto offendit illud* referri) 28 gestuue *P*: -uque *A* 30 redolens *Regius* (*at cf. Plin. N.H. 36. 177*)

INSTITVTIO ORATORIA 6. 4. 1

Marsi, hominis eruditissimi, subtraham, seria partitur in tria genera, honorificum contumeliosum medium. Et honorifici ponit exemplum Ciceronis pro Q. Ligario apud Caesarem: 'qui nihil soles obliuisci nisi iniurias', et contumeliosi quod **109**
5 Attico scripsit de Pompeio et Caesare: 'habeo quem fugiam, quem sequar non habeo', et medii, quod ἀποφθεγματικόν uocat †et est ita cum dixerit† neque grauem mortem accidere uiro forti posse nec inmaturam consulari nec miseram sapienti. Quae omnia sunt optime dicta, sed cur proprie nomen ur-
10 banitatis accipiant non uideo. Quod si non totius, ut mihi **110** uidetur, orationis color meretur, sed etiam singulis dictis tribuendum est, illa potius urbana esse dixerim, quae sunt generis eiusdem ⟨ex⟩ quo ridicula ducuntur et tamen ridicula non sunt, ⟨ut⟩ de Pollione Asinio seriis iocisque pariter ac-
15 commodato dictum est esse eum omnium horarum, et de **111** actore facile dicente ex tempore, ingenium eum in numerato habere: etiam Pompei, quod refert Marsus, in Ciceronem diffidentem partibus: 'transi ad Caesarem, me timebis'. Erat enim, si de re minore aut alio animo aut denique non ab ipso
20 dictum fuisset, quod posset inter ridicula numerari. Etiam **112** illud quod Cicero Caerelliae scripsit, reddens rationem cur illa C. Caesaris tempora tam patienter toleraret: 'haec aut animo Catonis ferenda sunt aut Ciceronis stomacho'; stomachus enim ille habet aliquid ioco simile. Haec quae
25 monebam dissimulanda mihi non fuerunt: in quibus ut errauerim, legentis tamen non decepi, indicata et diuersa opinione, quam sequi magis probantibus liberum est.

4. Altercationis praecepta poterant uideri tunc inchoanda cum omnia quae ad continuam orationem pertinent

3 *35*   5 *8. 7. 2*   7 *Cat. 4. 3*   21 *frg. epist. XII. 1*

A]   6 ἈΠΟΦΘΗΜΑΤΙΚΟΝ *A*   7 ita *A*: in Catilinam *Spalding*   dixit *Regius*   12 urb*ana esse A* (urbe exerio *G*): urbana ex serio *Vat. lat. 1762, ut coni. Spalding* (ex serio *iam t*)   13 ex *add. Spalding*   14 ut *add. Regius*   asinio *1418*: annio *A*   25 monebam *Halm*: mouebant *A*   28 DE ALTERCATIONE Altercationis *A*   poteram *A* : *corr. t*

357

6.4.2   M. FABI QVINTILIANI

peregissem: nam est usus eius ordine ultimus; sed cum sit posita in sola inuentione neque habere dispositionem possit nec elocutionis ornamenta magnopere desideret aut circa memoriam et pronuntiationem laboret, prius quam secundam quinque partium hanc quae tota ex prima pendet tractaturus non alieno loco uideor. Quam scriptores alii fortasse ideo reliquerunt quia satis ceteris praeceptis in hanc quoque uide‑ **2** batur esse prospectum. Constat enim aut intentione aut depulsione, de quibus satis traditum est, quia quidquid in actione perpetua circa probationes utile est, idem in hac breui atque concisa prosit necesse est. Neque alia dicuntur in altercatione, sed aliter, aut interrogando aut respondendo. Cuius rei fere omnis obseruatio in illo testium loco excussa **3** nobis est. Tamen quia latius hoc opus adgressi sumus neque perfectus orator sine hac uirtute dici potest, paulum inpendamus huic quoque peculiaris operae, quae quidem in **4** quibusdam causis ad uictoriam uel plurimum ualet. Nam ut in qualitate generali, in qua rectene factum quid an contra sit quaeritur, perpetua dominatur oratio, et quaestionem finitionis actiones plerumque satis explicant et omnia paene in quibus de facto constat aut coniectura artificiali ratione colligitur: ita in iis causis, quae sunt frequentissimae, quae uel solis extra artem probationibus uel mixtis continentur, asperrima in hac parte dimicatio est, nec alibi dixeris magis **5** mucrone pugnari. Nam et firmissima quaeque memoriae iudicis inculcanda sunt et praestandum quidquid in actione promisimus et refellenda mendacia: nusquam est denique qui cognoscit intentior. Nec inmerito quidam quamquam in dicendo mediocres hac tamen altercandi praestantia merue‑ **6** runt nomen patronorum. At quidam, litigatoribus suis illum modo ambitiosum declamandi sudorem praestitisse contenti, cum turba laudantium destituunt subsellia, pugnamque

A]   8 prospectum *p* (*1470*): perfectum *A*: profectum *ed. Gryph.*
1531   aut (*sic G*) ... aut *t*: ex ... ac *A* (*non male: at cf.* 3. 5. *1*)
11 dicuntur *T*: -antur *A*   16 quoque *t*: quorum *A*   21 con‑
iectura *nominatiuo casu* (*cf.* 5. 10. *87*)   22 his *A*   22–3 qu(a)e
uel *1418*: quaeue *A*   30 suis *p**: uix *a in ras.* (uis *G*)

358

INSTITVTIO ORATORIA 6. 4. 10

illam decretoriam imperitis ac saepe pullatae turbae relincunt. Itaque uideas alios plerumque in iudiciis priuatis ad 7 actiones aduocari, alios ad probationem. Quae si diuidenda sunt officia, hoc certe magis necessarium est, pudendumque dictu si plus litigantibus prosunt minores. In publicis certe iudiciis uox illa praeconis †praeter patronos† ipsum qui egerit citat.

Opus est igitur in primis ingenio ueloci ac mobili, animo 8 praesenti et acri. Non enim cogitandum, sed dicendum statim est et prope sub conatu aduersarii manus exigenda. Quare cum ⟨in⟩ omni parte huiusce officii plurimum facit totas non diligenter modo sed etiam familiariter [nos] nosse causas, tum in altercatione maxime necessarium est omnium personarum instrumentorum temporum locorum habere notitiam: alioqui et tacendum erit saepe et aliis subicientibus (plerumque autem studio loquendi fatue modo ⟨monent⟩) accedendum: quo nonnumquam accidit ut nostra credulitate aliena stultitia erubescamus. Neque tamen cum his ipsis 9 monitoribus clam res erit: quidam faciunt ⟨ut⟩ aperte quoque rixemur. Videas enim plerosque ira percitos exclamantis, ut iudex audiat contrarium id esse quod admoneant, sciatque ille qui pronuntiaturus est in causa malum quod tacetur. Quare bonus altercator uitio iracundiae careat; 10 nullus enim rationi magis obstat adfectus et fert extra causam plerumque et deformia conuicia facere ac mereri cogit et in ipsos nonnumquam iudices incitat. Melior moderatio

23–6 bonus ... incitat *exscripsit 'Cassiodorus' p. 503. 31–3*

A]   2 in iudiciis *Halm* (iudiciis *iam Regius*): insidiis *A* (inr- *G*)   6 praeter patronos *A*: inter patronos *Spalding*: *fort. delendum*   10 statim *P*: sat*im A* (satis *G*)   11 in *add. t* (*fort. iniuria*)   12 nos *del. Regius*   15 erit *ed. Ald.* (est *iam p, 1470*): ergo *A*   16 monent *addidi, exempli gratia*: fit *ante* fatue *add. Schenkl*   17 accredendum *Zumpt**   18 tamen *ed. Camp.* (*sine* cum): tam *A*: iam *Spalding*: tantum *t* (*deleto* cum)   19 clam res erit *Halm* (clam res fit *iam Spalding*): clarescit *A*   ut *add. Madvig* (*deinde, ut Zumpt**, rixentur, *fort. recte*) *praeeunte Burmanno*   20 quoque *Madvig*: que *A*   21 ammoneant *A*: admoneatur *t, fort. recte* (*nisi* -eamur?)   25 plerumque et *Halm ex 'Cass.'*: et plerumque et *A*[1]? (et plerumque *a*)

6.4.11 M. FABI QVINTILIANI

ac nonnumquam etiam patientia; neque enim refutanda tantum quae ex contrario dicuntur, sed contemnenda eleuanda ridenda sunt, nec usquam plus loci recipit urbanitas. Hoc, dum ordo est et pudor: contra turbantis audendum et
11 impudentiae fortiter resistendum. Sunt enim quidam praeduri in hoc oris, ut obstrepant ingenti clamore et medios sermones intercipiant et omnia tumultu confundant, quos ut non imitari, sic acriter propulsare oportebit, et ipsorum improbitatem retundendo, et iudices uel praesidentis magistratus appellando frequentius ut loquendi uices seruentur. Non est res animi iacentis et mollis supra modum frontis, fallitque plerumque quod probitas uocatur quae est inbe-
12 cillitas. Valet autem in altercatione plurimum acumen, quod sine dubio ex arte non uenit (natura enim non docetur), arte
13 tamen adiuuatur. In qua praecipuum est semper id in oculis habere de quo quaeritur et quod uolumus efficere: quod propositum tenentes nec in rixam ibimus nec causae debita tempora conuiciando conteremus, gaudebimusque si hoc aduersarius facit.

14   Omnia †tempore† fere parata sunt meditatis diligenter quae [quid] aut ex aduerso dici aut responderi a nobis possunt. Nonnumquam tamen solet hoc quoque esse artis genus, ut quaedam in actione dissimulata subito in altercando proferantur (est inopinatis eruptionibus aut incursioni ex insidiis factae simillimum); id autem tum faciendum est cum ⟨est⟩ aliquid cui responderi non statim possit, potuerit autem si tempus ad disponendum fuisset. Nam quod fideliter firmum est, a primis statim actionibus arripere optimum est,
15 quo saepius diutiusque dicatur. Illud uix saltem praecipiendum uidetur, ne turbidus et clamosus tantum sit altercator,

---

A] 2 continenda *A*: *corr. t* 4 dum *Spalding*: dium *A* 5 inpudentiae *G*: -tia *A* 20 omnia *H*: omni *A* tempore *A*, *fort. recte* (= ἐν καιρῷ?): *del. Rollin* (*ut ex l. 18*) ferre *A*: *corr. t* 21 quid *del. ed. Col. 1521* 24 ⟨quod⟩ est *Kiderlin 1889-2* incursioni *Spalding*: incisio *A* 25 autem tum *t*: aut tentum *A* (autem dum *G*) 25–6 est cum est *t*: est cum *A*: cum est *1418*, *non male*

INSTITVTIO ORATORIA 6.4.21

et quales fere sunt qui litteras nesciunt. Nam improbitas, licet aduersario molesta sit, iudici inuisa est. Nocet etiam diu pugnare in iis quae optinere non possis. Nam ubi uinci **16** necesse est, expedit cedere, quia, siue plura sunt de quibus quaeritur, facilior erit in ceteris fides, siue unum, mitior solet poena inrogari uerecundiae. Nam culpam, praesertim deprensam, pertinaciter tueri culpa altera est.

Dum stat acies, multi res consilii atque artis est ut erran- **17** tem aduersarium trahas et ire quam longissime cogas, ut uana interim spe exultet. Ideo quaedam bene dissimulantur instrumenta; instant enim et saepe discrimen omne committunt quod deesse nobis putant et faciunt probationibus nostris auctoritatem postulando. Expedit etiam dare aliquid **18** aduersario quod pro se putet, quod adprehendens maius aliquid cogatur dimittere: duas interim res proponere quarum utramlibet male sit electurus, quod in altercatione fit potentius quam in actione, quia in illa nobis ipsi respondemus, in hac aduersarium quasi confessum tenemus. Est in **19** primis acuti uidere quo iudex dicto moueatur, quid respuat: quod et uultu saepissime et aliquando etiam dicto aliquo factoue eius deprehenditur. Et instare proficientibus et ab iis quae non adiuuent quam mollissime pedem oportet referre. Faciunt hoc medici quoque, ut remedia proinde perseuerent adhibere uel desinant ut illa recipi uel respui uident. Nonnumquam, si rem euoluere propositam facile **20** non sit, inferenda est alia quaestio, atque in eam iudex, si fieri potest, auocandus. Quid enim, cum respondere non possis, agendum est nisi ut aliud inuenias cui aduersarius respondere non possit? In plerisque idem est, ut dixi, **21** qui circa testes locus, et personis modo distat, quod hic patronorum inter se certamen, illic pugna inter testem et patronum.

A]   1 fere *Badius* (*cf. 4. 2. 117*): facti *A*: facile *Zumpt**
3 pugnare *Patr.*: pugna *A*   7 depṡam *A*: *corr. t*   8 res *Spalding* (*V. 349*): in re *A*: interim *Meister*: *del. Radermacher*
11–12 *excidit aliquid, ut e.g. ei* (*melius* in id ?) *quod post* committunt *add. Spalding*   29 idem *Spalding*: iudex *A*

Exercitatio uero huius rei longe facilior. Nam est utilissimum frequenter cum aliquo qui sit studiorum eorundem sumere materiam uel uerae uel etiam fictae controuersiae et diuersas partes altercationis modo tueri: quod idem etiam ⟨in⟩ simplici genere quaestionum fieri potest. Ne illud quidem ignorare aduocatum uolo, quo quaeque ordine probatio sit apud iudicem proferenda, cuius rei eadem ⟨quae⟩ in argumentis ratio est, ut potentissima prima et summa ponantur; illa enim ad credendum praeparant iudicem, haec ad pronuntiandum.

5. His pro nostra facultate tractatis non dubitassem transire protinus ad dispositionem, quae ordine ipso sequitur, nisi uererer ne, quoniam fuerunt qui iudicium inuentioni subiungerent, praeterisse hunc locum quibusdam uiderer: qui mea quidem opinione adeo partibus operis huius omnibus conexus ac mixtus est ut ne a sententiis quidem aut uerbis saltem singulis possit separari, nec magis arte traditur quam gustus aut odor. Ideoque nos quid in quaque re sequendum cauendumque sit docemus ac deinceps docebimus, ut ad ea iudicium derigatur. Praecipiam igitur ne quod effici non potest adgrediamur, ut contraria uitemus et communia, ne quid in eloquendo corruptum obscurum sit? Referatur oportet ad sensus, qui non docentur.

3 Nec multum a iudicio credo distare consilium, nisi quod illud ostendentibus ⟨se⟩ rebus adhibetur, hoc latentibus et aut omnino nondum repertis aut dubiis: et iudicium frequentissime certum est, consilium uero ratio est quaedam alte petita et plerumque plura perpendens et comparans habensque in se et inuentionem et iudicationem. Sed ne de hoc quidem praecepta in uniuersum expectanda sunt: nam ex re sumitur; cuius locus ante actionem est frequenter (nam Cicero summo consilio uidetur in Verrem uel contrahere

A]   5 in *add. t*   7 quae *add. Spalding*   8 et *t*: ut *A*: aut *Radermacher*   9 pr(a)eparant *1418*: praeparanti *A*
11 DE IVDICIO ET CONSILIO His *A*   20 derigatur *Meister*: di- *A*
22 *de hac nota interrogationis u. Spalding*   23 *fort.* ⟨id⟩ referatur (*uel sim.*)   25 se *add. p* (*1470*: e *Vat. lat. 1766*)

INSTITVTIO ORATORIA 6. 5. 10

tempora dicendi maluisse quam in eum annum quo erat Q.
Hortensius consul futurus incidere), et in ipsis actionibus
primum ac potentissimum optinet locum: nam quid dicendum, quid tacendum, quid differendum sit exigere consilii
5 est: negare sit satius an defendere, ubi prohoemio utendum
et quali, narrandumne et quo modo, iure prius pugnandum
an aequo, qui sit ordo utilissimus, tum omnes colores, aspere
an leniter an etiam summisse loqui expediat. Sed haec
quoque ut quisque passus est locus monuimus, idemque in
10 reliqua parte faciemus, pauca tamen exempli gratia ponam,
quibus manifestius appareat quid sit quod demonstrari
posse praeceptis non arbitror. Laudatur consilium Demosthenis, quod, cum suaderet bellum Atheniensibus parum
id prospere expertis, nihil adhuc factum esse ratione mon-
15 strauit: poterat enim emendari neglegentia, at si nihil esset
erratum, melioris in posterum spei non erat ratio. Idem cum
offensam uereretur si obiurgaret populi segnitiam in adser-
enda libertate rei publicae, maiorum laude uti maluit, qui
rem publicam fortissime administrassent; nam et faciles
20 habuit aures et natura sequebatur ut meliora probantis
peiorum paeniteret. Ciceronis quidem uel una pro Cluentio
quamlibet multis exemplis sufficiet oratio. Nam quod in eo
consilium maxime mirer? primamne expositionem, qua
matri, cuius filium premebat auctoritas, abstulit fidem? an
25 quod iudicii corrupti crimen transferre in aduersarium
maluit quam negare propter inueteratam, ut ipse dicit, infamiam? an quod in re inuidiosa legis auxilio nouissime ⟨est⟩
usus?—quo genere defensionis etiam offendisset nondum
praemollitas iudicum mentes; an quod se ipsum inuito Cluen-
30 tio facere testatus est? Quid pro Milone? quod non ante

12 *Phil. 1. 2*   26 *1*   27 *143 seq.*

A]   4 differendum *Vat. lat. 1766*: diffidendum *A*   5 satius
1418: satis *A*   14–15 monstrat *A¹*   20 ut *t*: et *A*
22 sufficiet•••• *A*: sufficeretur *G, unde* sufficeret *t*, suffecerit *ed. Vasc.
1542*   27 est *G*: *om. A*   28 quod *A*: *corr. t*   offendisset *P*: defen-
disset *A*   30 *malim* ⟨id⟩ facere

363

6. 5. 11　QVINTILIANI INSTITVTIO

narrauit quam praeiudiciis omnibus reum liberaret? quod insidiarum inuidiam in Clodium uertit, quamquam re uera fuerat pugna fortuita? quod factum et laudauit et tamen a uoluntate Milonis remouit? quod illi preces non dedit et in earum locum ipse successit? Infinitum est enumerare ut Cottae detraxerit auctoritatem, ut pro Ligario se opposuerit, **11** Cornelium ipsa confessionis fiducia eripuerit. Illud dicere satis habeo, nihil esse non modo in orando sed in omni uita prius consilio, frustraque sine eo tradi ceteras artis, plusque uel sine doctrina prudentiam quam sine prudentia facere doctrinam. Aptare etiam orationem locis temporibus personis est eiusdem uirtutis. Sed hic quia latius fusus est locus mixtusque cum elocutione, tractabitur cum praecipere de apte dicendo coeperimus.

6 *frg. orat. III. 8*　　7 *frg. orat. VIII. inc. 3*

A]　　2 re *1418*: res *A*　　3 a *om. A*[1]